# DInSAR 铁路沉降监测技术及应用

高文峰　王长进　甘　俊　著

中国铁道出版社有限公司

2020 年·北　京

## 内容简介

本书介绍了DInSAR的基本原理及铁路常规沉降监测方法，结合铁路沉降监测当前常用的方法、现状、特征和存在的问题及DInSAR技术和传统监测方法的差异与互补的特点，对DInSAR技术在铁路勘察设计、施工建设和运营维护全生命周期中的应用技术展开详细的论述和深入分析。重点对DInSAR技术在铁路工程不同阶段的应用方法、适用范围、生产策略、精度指标、工程应用技巧进行了详细的阐述，并通过大量典型工程应用案例进一步阐述该技术的可行性以及使用方法，以推进DInSAR在铁路工程中的应用。

全书共分7章：第1章介绍铁路发展现状及变形监测的主要方法和手段，常见SAR数据源和处理软件及DInSAR应用现状；第2章介绍DInSAR技术基本原理；第3章介绍铁路工程中DInSAR的应用流程和策略；第4章阐述铁路工程中DInSAR沉降监测关键技术；第5章介绍DInSAR数据应用和管理系统；第6章完整讲解DInSAR在铁路行业几种典型的应用案例；第7章对DInSAR技术在铁路工程中的应用前景进行展望。

本书可供工程勘察技术人员及相关院校师生参考。

**图书在版编目（CIP）数据**

DInSAR铁路沉降监测技术及应用／高文峰，王长进，甘俊著．—北京：中国铁道出版社有限公司，2020.10

ISBN 978-7-113-27165-7

Ⅰ.①D… Ⅱ.①高… ②王… ③甘… Ⅲ.①铁路路基-路基沉降-监测 Ⅳ.①U213.1

中国版本图书馆CIP数据核字(2020)第147411号

**书　　名：DInSAR铁路沉降监测技术及应用**
**作　　者：**高文峰　王长进　甘　俊

**策　　划：**陈小刚
**责任编辑：**程东海　　　**编辑部电话：**(010)51873162
**封面设计：**刘　莎
**责任校对：**焦桂荣
**责任印制：**高春晓

**出版发行：**中国铁道出版社有限公司（100054，北京市西城区右安门西街8号）
**网　　址：**http://www.tdpress.com
**印　　刷：**国铁印务有限公司
**版　　次：**2020年10月第1版　2020年10月第1次印刷
**开　　本：**787 mm×1 092 mm　1/16　印张：15　字数：367千
**书　　号：**ISBN 978-7-113-27165-7
**定　　价：**86.00元

# 序

DInSAR技术为沉降监测提供了一种非接触且直接有效的手段。该技术因其提取的沉降信息精度高、监测点位密度大、具有历史回溯性以及成本低等特点，在城市地面沉降、采空区监测、工程建设监测、地质灾害普查中发挥着越来越重要的作用。随着技术的进步，以DInSAR为核心衍生的一系列先进时序分析技术，进一步拓展了其应用范围，而铁路工程行业便是典型代表之一。如何将DInSAR技术优势与铁路工程行业特点有机结合，挖掘应用焦点、改进处理策略、优化相关算法、综合成果表达、建设具有行业特性的DInSAR工程应用系统一直是铁路行业者追求的目标。但目前为止，国内外尚未出现专门针对铁路行业应用的DInSAR专著。

中国铁路设计集团有限公司作为铁路行业DInSAR铁路工程应用研究和示范的先行者，多年来一直积极开拓DInSAR技术在轨道交通行业的应用。经过多年坚持不懈的研究和实践，中国铁路设计集团有限公司DInSAR研究团队的成果已经完整应用到铁路工程勘察设计、施工建设、运营维护的全生命周期监测之中。在11年之多的行业应用经验积累中，中国铁路设计集团有限公司在应用场景挖掘、算法改进、成果可视化，以及应用系统建设等方面走在了行业前列。《DInSAR铁路沉降监测技术及应用》一书系统阐述了该团队将DInSAR与铁路工程应用场景相结合的研究成果与实际案例，是第一部关于DInSAR在铁路行业应用的系统性专著，具有重要的行业参考价值。

该书聚焦铁路工程应用，重点阐述了DInSAR技术在铁路工程应用中涉及的关键难点与创新性成果。书中通过大量案例总结了DInSAR技术在铁路工程中的应用流程、分级精度和专题监测结果表达方法，为技术工程化奠定了基础。专著中提出的时序DInSAR与传统沉降监测技术融合法为铁路构筑物线上沉降监测提供了新的方案，而研发的DInSAR沉降监测分析与管理系统对其他线状工程应用具有重要的指导作用。

虽然该书的研究成果、典型案例来自于铁路行业，但对其他工程类项目也具有重要的参考价值。我相信该书的出版将会对解决 DInSAR 技术从实验室到产业应用“最后一公里”难题中发挥重要的引领和推动作用，吸引更多其他工程应用行业的人参与到 DInSAR 研究中。期待本书早日面世，为推动差分合成孔径雷达干涉技术在铁路工程行业乃至其他工程领域的全面深入应用和推广做出贡献。

西南交通大学地球科学与环境工程学院院长

2020 年 10 月

# 前言

根据《“十三五”现代综合交通运输体系发展规划》和《铁路“十三五”发展规划》，至2019年底，中国铁路营运里程为13.9万km，其中高铁为3.5万km，建成“八纵八横”高铁运输网络，覆盖80%以上100万常住人口城市，实现绿色交通和高效运输。

伴随着铁路的快速发展和技术的不断进步，铁路工程不同阶段（勘察设计、施工建设、运营维护）都对新技术从方法、效率、质量等多个方面提出了更高的要求。其中对于区域地面沉降地质灾害的预测和对运营铁路沉降的监测是非常重要的环节，传统靠收集资料的方法已经无法完全满足勘察设计的需要，靠精密水准、全球定位系统（GNSS）、全站仪等接触式监测方法也很难大幅提高监测的效率。高速铁路沉降监测是高铁运行安全风险的重要评估因素之一，作为目前高铁线上沉降监测及区域沉降监测中的主要手段之一，精密水准测量具有精度较高、技术成熟的优点，同时也存在监测工作量较大、作业天窗时间短、作业环境差、安全生产风险大以及监测精度不一致等不足。

合成孔径雷达差分干涉测量（DInSAR）是近些年快速发展起来的一种遥感/大地测量技术。该技术利用雷达卫星（或者地基雷达）对地表（或者构筑物）进行定期观测成像，通过对雷达回波信号相位信息的处理得到地表（或构筑物）沉降信息，具有非接触监测、测量范围广、空间分辨率高、可持续监测且监测效率高等优点，是一种便捷高效、安全可靠的沉降监测技术。近年来在地质灾害调查、矿区监测、城市地表沉降和建筑物形变监测等方面有较多的应用。

中国铁路设计集团有限公司自2009年开始研究DInSAR技术在铁路工程中的应用，经过十几年的研究和工程实践，总结出了DInSAR技术在铁路工程中应用的一套流程，并在京沪高铁、京津城际、雅万高铁、京雄商铁路、津维烟铁路、德大铁路、京沈高铁等大量国内外铁路工程项目的不同阶段进行了推广应用，积累了丰富的经验。实践表明，DInSAR技术能够为铁路勘察设计提供精确的地表沉降区域、沉降量和沉降漏斗中心，能够为施工建设过程中因堆载变化导致的周边地表变形提供监测，能够为铁路运营过程中地表和构筑物变形提供高精度监测，同时可以与传统精密水准等监测技术融合，实现高铁构筑物的沉降监测，提高监测效率。为了解决应用问题，课题组还开发了 DInSAR 沉降监测成果分析和管理软件，实现了从 DInSAR 专业知识到工程化应用的转化。

本书主要面对铁路行业工程技术人员，结合作者多年来在科研和生产应用中的经验，重点对时序 DInSAR 技术在铁路行业勘察设计、施工建设和运营维护全生命周期过程中的应用进行细致的探讨，尤其是对如何将时序 DInSAR 技术与传统沉降监测技术融合，来解决当前高铁构筑物需要人工上线进行沉降监测难题方面，进行了深入的探索和总结。本书通过大量的完整工程案例，进一步详细阐述如何在铁路工程中利用 DInSAR 技术解决好工程问题。需要说明的是，本书所讨论的方法和经验总结多是基于铁路工程特点，具特定的应用场景，所讲的具体方案和案例并不一定是通用的技术方案，也不一定是标准的流程，作者希望通过分享对时序 DInSAR 技术的理解和铁路工程应用经验，能够为一种新技术的推广应用起到抛砖引玉的作用，也希望能够促进更多的专家学者关注 DInSAR 技术在铁路行业的应用，从而推动我国铁路勘测技术的高质量发展，这也是作者编写本书的初衷。

本书是王长进“空天地”一体化测绘及监测检测技术团队的结晶之一，在本书编写过程中，得到了整个团队的鼎力支持，同时得到了中国铁路设计集团有限公司测绘院刘成院长、张冠军总工程师等两位教授级高级工程师的悉心指导。北京大学王腾助理教授（研究员）、中国地质大学（北京）杨红磊副教授对本书进行了阅读并提出了宝贵意见，参与本书编写的还有郑雪峰、李广宇、周文明、翟旭，在此表示衷心的感谢。

由于编者水平有限，虽然进行了反复校对，但难免有不足之处，敬请各位专家、同行们批评指正。相关建议和意见可以发送到作者邮箱 gaowenfeng@crdc. com，不胜感激。

2020 年 7 月

# 目录


第 1 章　概　　述 …… 1

1.1　铁路发展现状 …… 1

1.2　铁路形变监测主要技术手段 …… 2

1.3　国内外 InSAR 技术发展现状 …… 9

1.4　常见 SAR 数据源 …… 11

1.5　常用的 SAR 处理软件 …… 25

1.6　铁路行业 DInSAR 技术应用现状 …… 28

1.7　DInSAR 在铁路行业应用的意义 …… 28

第 2 章　DInSAR 沉降监测技术原理 …… 30

2.1　合成孔径雷达基本原理 …… 30

2.2　合成孔径雷达干涉基本原理 …… 34

2.3　合成孔径雷达差分干涉测量基本原理 …… 36

2.4　DInSAR 数据处理基本流程 …… 39

2.5　主要误差源分析 …… 40

2.6　基于时间序列的差分干涉测量基本原理 …… 42

2.7　DInSAR 方法在工程应用中的对比分析 …… 56

第 3 章　DInSAR 铁路沉降监测策略 …… 58

3.1　概　　述 …… 58

3.2　铁路 DInSAR 生产流程 …… 59

3.3　铁路工程不同阶段应用策略 …… 60

3.4　质量控制 …… 67

第 4 章　DInSAR 铁路沉降监测关键技术 …… 69

4.1　概　　述 …… 69

4.2　人工角反射器（CR）点布设及监测 …… 70

4.3　高铁构筑物监测沉降信息精确提取与分析 …… 73

4.4 PSI 与精密测量结合进行高精度沉降监测 …… 92

**第 5 章 DInSAR 沉降监测数据管理** …… 130

5.1 DInSAR 沉降监测系统开发 …… 130
5.2 DInSAR 沉降监测结果应用 …… 137

**第 6 章 DInSAR 铁路监测案例分析** …… 141

6.1 DInSAR 用于历史沉降漏斗探测案例 …… 141
6.2 DInSAR 用于软土区沉降监测案例 …… 148
6.3 DInSAR 在施工建设中的应用案例 …… 161
6.4 DInSAR 用于运营高铁沉降监测 …… 171
6.5 基于 Sentinel-A/B 时序 DInSAR 的大区域高速铁路沉降监测 …… 195
6.6 地基 InSAR 监测隧道边坡 …… 215

**第 7 章 展 望** …… 222

**参考文献** …… 226

# 第1章　概　　述

## 1.1　铁路发展现状

从1876年，上海英商怡和洋行修建了上海至吴淞港码头之间约16 km的中国第一条铁路开始，到1949年底，全国铁路总里程约2.18万km，且分布极不平衡，机车种类繁多，钢轨类型杂乱。新中国成立后开始大力发展经济，为铁路建设提供了前所未有的历史发展机遇，从1953年到1980年，铁路经历了5个“五年计划”建设，取得了辉煌成就。到1980年底，铁路营业里程约5万km，基本上形成了国家铁路网骨架。进入21世纪，中国铁路迎来了发展黄金期，2003年铁道部推出“推动中国铁路跨越式发展”的总体规划，2004年1月7日，《国家中长期科学和技术发展规划纲要（2006—2020）》获得国务院常务会议讨论通过，纲要明确了中国铁路网中长期发展目标。2016年国家发展和改革委员会、交通运输部和铁路总公司联合发布了《中长期铁路网规划（2016—2025）》，打造以“八纵八横”通道为主、城际铁路为补充的高速铁路网。

从1997年到2007年10年的时间里，中国铁路实施了六次大提速，铁路电气化率、复线率得到大幅提升，旅客列车速度从48 km/h，提高到最高时速250 km，和谐号成为奔驰在祖国大地上一道道靓丽的风景线。2008年8月1日，中国第一条350 km时速的高速铁路京津城际通车运营，从北京南站到天津站仅需要30 min，从此中国进入高速铁路时代。之后武广高铁、郑西高铁、京沪高铁、广深港高铁、哈大高铁、大西高铁、郑徐高铁、沪昆高铁、京张高铁等相继开通运营。截至2019年底，中国铁路总运营里程达到13.9万km，其中高速铁路3.5万km，居世界第一，中国高铁成为一张国家名片。

中国铁路的发展不但速度越来越快，铁路的智能化程度也越来越高。2018年中国铁路总公司在北京至沈阳高铁辽宁段建设期间全面启动“高速铁路智能关键技术综合试验”，推进中国智能高铁建设，对自主化列控、自动驾驶、智能变电所等关键技术项目进行测试攻关。2019年12月30日，我国第一条智能高速铁路京张高铁（北京至张家口）通车运营，智能型复兴号动车组实现了对车辆行驶过程中进行实时检测，自动驾驶技术实现了自动发车、加速、减速、精准停车等自动运营，减声降噪技术使得列车车厢内更加安静和舒适。2020年智慧京雄城际铁路（北京至雄安新区）将通车运营，进一步推动高铁智能化运营。中国高铁实现了从“中国制造”向“中国创造”的转变。习近平总书记在2018年两院院士大会上称赞“‘复兴号’高速列车迈出从追赶到领跑的关键一步”，我国铁路技术装备制造迎来了一个崭新的时代。

中国铁路的高速发展，为中国经济发展带来了新的发展动力，为人们出行提供了便利、舒适的交通方式。但同时也要看到，随着铁路运营里程越来越长，铁路速度越来越快，维护铁路运营安全也显得越来越重要。其中铁路沉降监测对维护铁路（尤其是高速铁路）的运营安全，起着至关重要的作用。

## 1.2 铁路形变监测主要技术手段

### 1.2.1 精密水准

精密水准测量在铁路行业是伴随着高铁的发展出现的一种水准测量技术，相对于一般的水准测量，精度要求更高，因此在测量设备、测量方式、数据平差等方面有更严格的要求。到目前为止，精密水准测量还是铁路勘测设计、施工建设和运营维护期间高程测量和沉降监测的主要手段。勘察设计阶段，利用精密水准测量沿铁路设计线位建立高程控制网，为地形图测绘、断面测量、专项测量等提供统一的高程基准，同时服务于铁路沿线区域及周边构筑物沉降的观测；在铁路施工建设阶段，在首级高程控制网的基础上进行高程点加密，以满足施工过程中高程测量的需要，确保施工顺利进行；在运营维护阶段，需要定期对铁路控制网进行复测，对遭到破坏或者发生沉降的控制点进行及时更新，确保高程控制网高程的现势性。根据复测结果的对比，可以获取沿线地表的沉降基本情况，图 1－1为运营维护期间对高铁桥墩进行精密水准测量的现场作业图。

在高铁建设施工和运营阶段，根据设计文件要求对铁路沿线及其附属建筑物进行变形测量。变形测量的内容主要包括路基、桥梁、隧道、涵洞、车站以及高铁线路两侧高边坡、滑坡地段的垂直位移监测和水平位移监测，其中桥梁、路基和涵洞等建（构）筑物的变形观测以垂直位移为主，一般采用精密水准测量手段进行监测，水平位移监测则根据桥梁、路基等工点的具体要求确定。针对沿线存在区域沉降的情况，需要根据地质条件布设地面沉降观测网进行长期监测，而水准测量作业的工作将会极大增加。

图 1－1　高铁桥墩精密水准测量

精密水准测量只能对具体点位的高程进行测量，测量精度高，需要技术人员现场操作，适应于建立精密水准网、施工高程控制、构筑物的沉降监测等。作为监测手段时，为消除或削弱地面沉降监测过程中水准点间的不均匀下沉所产生的影响，保证观测精度，需要采取一些措施：尽量缩短水准观测时间；测量路线、测量季节及所使用的测量仪器保持固定；从沉降量大的点向沉降量小的地区推进等。

### 1.2.2 全站仪自动化监测

全站仪自动化监测技术是最近几年伴随着测量机器人、自动控制技术、无线网络通信技术的发展而快速发展起来的一种监测技术，它利用自动控制技术，驱动高精度全站仪对靶标的自动化观测，实现无人值守、全站仪自动观测、数据自动上传和处理，是一种高度自动化的监测技术。主要应用于城市轨道交通、普通铁路、高速铁路自动化变形监测，监测精度达到0.2~0.5mm以内。尤其是在隧道以及地质灾害等人员难以持续监测或者风险较大的局部工点，优势更加明显。

全站仪全自动监测系统由三部分组成：数据采集端、服务器端（负责数据解算、发布等）、用户端（登录数据发布网站浏览、下载数据），如图1-2所示。数据采集端：主要由控制器和全站仪组成，控制器定期启动全站仪对目标点进行多测回观测，并将数据发往服务器。服务器端：负责接收监测现场发送的原始观测数据，并进行数据质量检查与解算，以及通过网站向用户发布监测成果。用户端：通过电脑、手机等远程登录数据发布网站查询、下载监测成果。

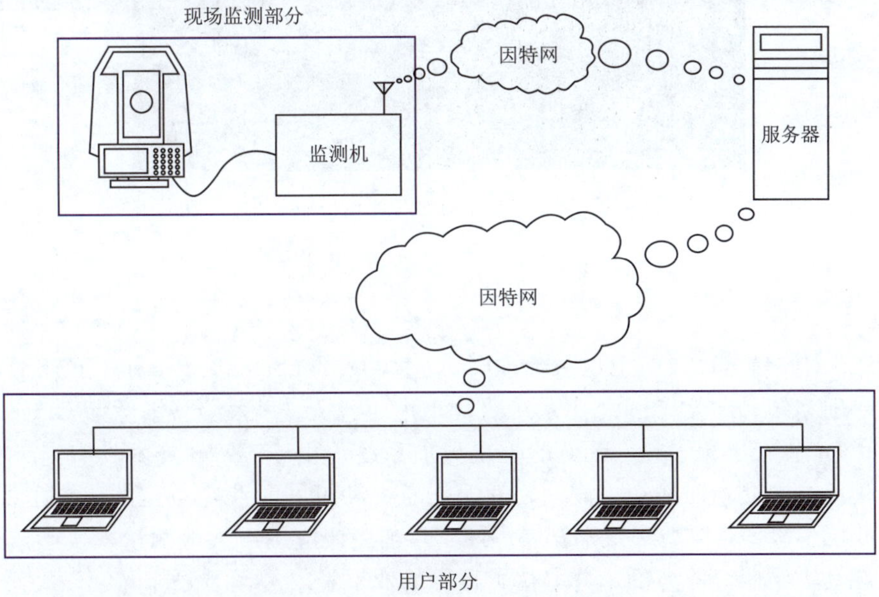


图1-2 全站仪全自动化监测系统组成

全站仪自动化监测技术相比传统的人工监测方法优势明显，一是无需人员到现场进行观测，大大提高了监测效率，降低了人员外业监测的风险。二是用户通过远程登录数据发布网站，实现在线查询、下载监测信息以及报表输出等，更加方便快捷。三是网站采用先宏观后微观的形式向用户展示监测信息，通过图形可一目了然地掌控变形状态，监测信息实时掌握。四是一次性获取每个监测点的三维坐标信息，最大限度减少人员投入，节约人工成本。该技术的缺点是设备安装系统调试比较复杂，需要进行系统培训；受全站仪、监控机及系统费用较高的影响，该系统不适用与大范围监测。目前该技术已经成熟，在全国多个城市的城市轨道交通、国家铁路等项目中成功应用，如图 1 –3 所示。

图 1 –3　全站仪自动化隧道监测现场

### 1. 2. 3　GNSS 监测

GNSS 的全称是全球导航卫星系统（Global Navigation Satellite System，GNSS），泛指所有的卫星导航系统，包括中国北斗系统（BDS）、美国 GPS 系统、俄罗斯 GLONASS 系统和欧洲 Galileo 系统等全球的、区域的卫星导航系统。由于 GNSS 技术具有全天候、全时域、定位精度高、测量时间短、测站之间无须通视和可同时测定点位的三维坐标等优点，近年来，我国 GNSS 对地观测技术发展迅速。目前主要应用于大地测量、变形监测、地震地质和地球动力学研究等方面，并取得了良好的效果。

相比其他监测方法，GNSS 自动化监测技术的优点主要有：系统安装后可全天候自动监测、数据自动上传、数据自动解算、实时在线查询下载监测信息，自动报表输出；可以获取每个监测点的空间三维变形信息；监测频次最高可达到每秒监测一次数据；监测点间及监测点与基准点间不需要相互通视；最大限度减少成本投入，提高了监测的安全性。

GNSS 监测的缺点主要有：受接收卫星信号的影响，监测点位要具有一定的对天通视条件，高边坡或隧道内环境下不能采用；目前单个监测设备费用偏高，设备体积偏大，对该技术的推广应用有一定影响。

中国铁设在北斗接收机软硬件研发的基础上，大幅降低设备费用和体积，已经将北斗应用于铁路运营维护监测阶段，如图 1-4 所示在高铁沿线布设的北斗监测装置，诸如北斗导航在内的 GNSS 导航系统在铁路方面的应用主要有以下几方面：

图 1-4 中国铁设北斗监测装置布设现场图

（1）应用于列车监控、调度管理、确保列车安全行驶以及提高线路的运输效率。

（2）通过比较分析多个时期的观测数据，获取铁路构筑物在时间序列上的位移形变。在一些不影响列车运行的特殊位置，可以长时间安置 GNSS 接收机，通过周期性的连续观测，实时测量构筑物的三维坐标，通过比较不同时间节点的坐标，推算构筑物的形变量，从而进行铁路基础设施（如桥梁、隧道、铁轨、路基、输电线路等）和沿线地质灾害（如滑坡，沉降、泥石流等）的监测，确保线路的正常安全运行。

（3）在铁路基础建设期间，利用设置在铁路桥梁及路基地段设置固定的强制观测墩，采用静态定位技术，通过 1 ~ 2 h 的连续观测，获取铁路基础设施的精确三维坐标，提供精确的工程测量（主要为坐标）信息。

（4）对铁路重要运输物资、铁路关键工位、作业人员的定位跟踪。

### 1.2.4 静力水准仪

静力水准沉降测量系统（图 1-5）采用连通管的原理，利用连通管中液体压强的变化，测量待测物体的垂直位移变形。在某建筑物的墙上安装静力沉降测量系统来测量建筑物是否会有垂直位移发生，在整个系统的初始端，安装一个测量仪器并有液体压力平衡系统来保持液体的压力，被测量的点安装同样的测量仪器，通过连通管和初始端的压力平衡系统相连，当连通管中的液体压强有相对变化，说明被测量的点产生了垂直位移，测量仪器会记录液体压强的变化。

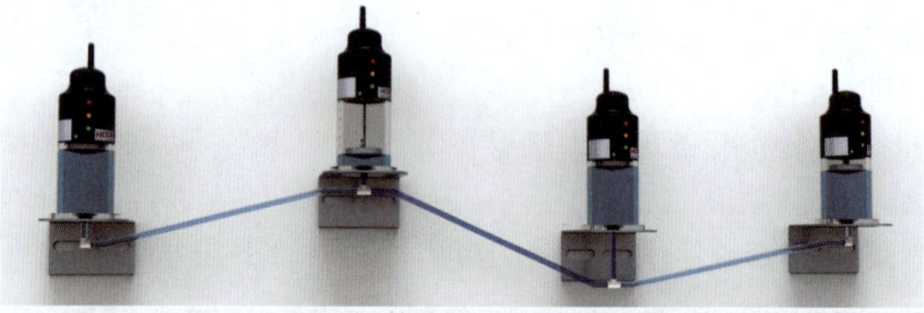

图 1-5　静力水准仪示意图

相比传统的人工监测方法，静力水准仪自动化监测技术在工程中的应用（图 1-6）优点主要有：系统安装后可全自动化监测和数据上传，用户通过远程登录数据发布网站，可实现在线查询、下载监测信息，以及报表输出等，能最大限度减少人员投入，节约人工成本。

图 1-6　静力水准仪在工程中的应用示例

静力水准仪的缺点主要有：设备安装系统调试比较复杂，需要进行系统培训；静力水准仪只能对监测点的高程变形进行监测，不能对监测点的平面变形进行监测；系统对于监测环境（如温度、震动）要求比较苛刻，该系统不适用大范围监测，适合于环境稳定的工点使用。

由于受设备机理限制，加上设备对环境变化比较敏感，且安装和维护比较麻烦，目前该项技术在铁路行业中的应用受到一定的限制，未大规模推广应用。

### 1.2.5　分布式光纤

分布式光纤传感技术的发展始于 20 世纪 70 年代中期，为适应光纤通信中对光纤诊断的要求，产生了以背向瑞利散射为测量信号的光时域反射计（Optical Time-Domain Reflectometer）。分布式光纤感测技术是一种以光为载体、光纤为媒介，感知和传输外界信号（被测量）的新型传感技术，它应用光纤几何上的一维特性，把被测参量作为光纤位置长度的函数，可以在整个光纤长度上对沿光纤几何路径分布的外部物理参量进行连续的测量，同时获取被测物理参量的空间分布状态和随时间变化的信息，它是分布式监测的主要手段。目前常用的监测方式有点式监测、准分布式监测、全分布式监测，如图1-7所示。

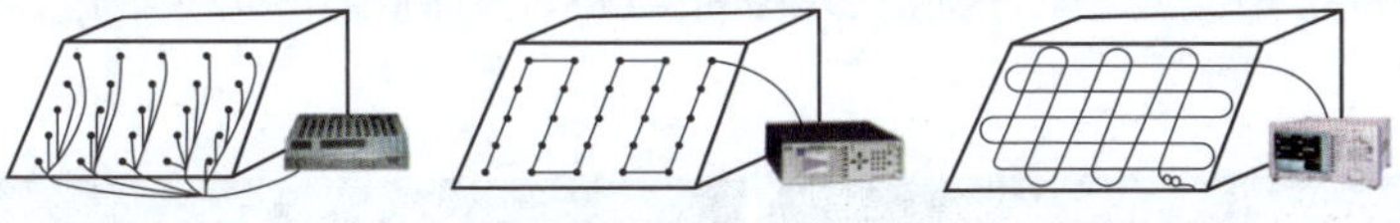


图1-7 光纤监测示意图

近年来国内在这方面的逐步开展了研究，南京大学、中国地质科学院、东南大学、南京理工大学等单位引进了进行了BOTDR光纤应变分析仪，利用BOTDR技术对光纤的布设工艺、在结构应变监测中的应用、在结构裂缝监测中的应用等进行了研究，取得了可喜的成果。目前该领域的最新成果包括基于光纤后向散射光时域及频域反射技术、基于光纤瑞利散射偏振光时域反射、基于长距离光干涉技术的分布式光纤传感技术以及基于非同和全同光纤布拉格光栅复用的准分布式光纤传感技术。

图1-8 光纤现场安装图

分布式光纤传感技术的优势为工程的安全监测与健康诊断提供了重要手段，已经成为国内外的一大发展趋势，也是一项需要继续深入研究、不断完善的高新技术。中国铁设测绘院对分布式光纤技术进行了研究，并在部分项目中进行了变形监测测试，图1-8为光纤现场的安装。该系统的优点：设备造价相对便宜，以普通通信光纤作为传感介质，具有耐久性和抗干扰的特性，能够长距离监测，适合普查变形监测，适用于变形定性分析判断。该系统的缺点：不能进行变形定量测量及分析。

### 1.2.6 阵列式位移传感器

阵列式位移传感器（Shape Accelerometer Array，SAA），是一种新型的监测仪器，内部由三轴微电子机械系统（MEMS）加速度计组成。它采用微机电感应方式和阵列式计算原理，实时的获取连续变形曲线。SAA是目前世界上先进的3D测量系统，能够测量三维和二维形状及三维振动，具体高精度、高稳定性、大量程、自动化、信息化、标准化及抗干扰能力强等特点。

中国铁设测绘院基于SAA硬件独立研发了拥有自主知识产权的自动化监测系统，如图1-9~图1-11所示，实现了隧道收敛、路基沉降、滑坡监测等变形监测的亚毫米级的高精度自动化，本系统已经成功应用于成兰铁路隧道围岩收敛监测、天津市泰达城R5地块二期基坑位移监测等项目。数据处理系统，该系统的优点：能远程控制SAA量测数据的自动采集、传输、转换和入库，在客户端能够图形显示变形监测效果；精度高，受外界环境影响小，系统稳定。该系统的缺点：造价高，只能应用于局部工点监测；该系统只能根据重力方向的变化监测物体变形，水平布设不能监测水平位移变化，垂直布设不能监测竖向位移变化。

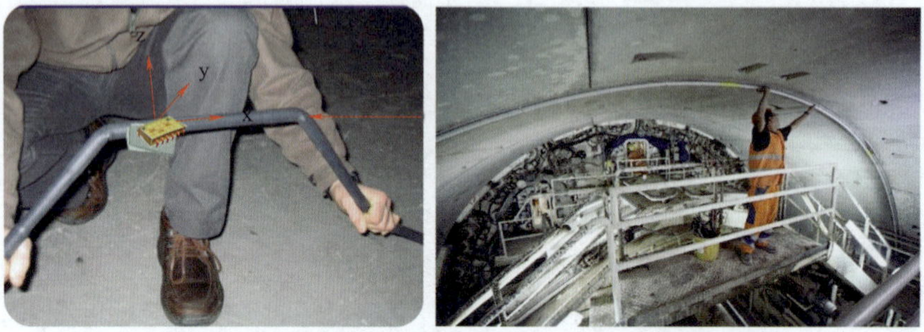


图 1-9　SAA 结构及隧道内部安装示意图

图 1-10　SAA 大坝监测安装

图 1-11　SAA 铁路变形监测安装

### 1.2.7 DInSAR

合成孔径雷达差分干涉测量技术（Differential Interferometric Synthetic Aperture Radar，DInSAR）是利用覆盖同一块区域不同时刻获取的SAR影像数据，借助模型估算非形变相位相位，通过差分干涉方法提取区域形变相位信息。目前，DInSAR方法在常规二轨DInSAR方法的基础上发展了众多时序DInSAR方法，广泛应用于地面沉降、构筑物形变、滑坡、冻土和地震等监测，中国铁设测绘院在业界首次将DInSAR技术应用于铁路预可研和可研阶段以及运营监测阶段。相对于其他沉降监测手段而言，DInSAR的优势主要有：

（1）全天时、全天候监测。SAR卫星的主动微波遥感方式，可以穿透云雾天气，同时，随着SAR卫星传感器系统的进步和发射，可利用的卫星平台、SAR波段等都十分丰富，可随时迅速获取高铁沿线区域形变，满足不同的应急监测。

（2）空间分辨率高，地表沉降漏斗可发现性强。相对于传统精密水准、全站仪自动化监测、GNSS等点测量方式，DInSAR是面测量方式，可以及时发现和反演区域沉降漏斗在时空维的分布。民用高分SAR影像分辨率最高可以达到1 m，这为监测大坝、建筑和高铁桥梁等提供了高点密度预警监测。

（3）历史存档数据丰富，可获取区域历史形变。历史退役SAR卫星和目前在轨SAR卫星已经获取了覆盖全球20多年的SAR影像，这为高铁可研和预可研阶段的选线工作提供了过去难以提供的沉降资料参考，避免了高铁设计线路经过沉降区，从而减弱了未来高铁的运营安全隐患。

（4）非人工监测，自动化程度高，覆盖范围广。遥感手段应用的关键就在于省时省力，面对短则几十公里长则几百公里的高铁沿线区域沉降监测，人工监测的周期在十几天至几个月不等，而DInSAR监测方法则需要一至两天的时间。尤其是面对高铁线上监测，天窗期人工监测时间限制紧张且安全隐患多，随着高分SAR成像技术和时序DInSAR算法的发展，完全可以尝试取代部分或者全部人工线上监测工作量。

DInSAR技术目前趋于成熟，并逐步被成功应用于工程、地灾等各个领域，随着DInSAR和卫星SAR成像技术的提高，可以提供更丰富和详细的沉降监测信息。但目前在高铁领域应用的瓶颈在于DInSAR解算参数的经验性、非传统测量的可视化方式和时间序列监测精度，这些都是需要在后续实际工程应用中进行改进和总结。

## 1.3 国内外InSAR技术发展现状

InSAR技术被用于测绘，起源于美国国家航空航天局喷气推进实验室（JPL）的Zebker等开展的机载InSAR地形三维重建的实验研究，获取了美国旧金山海湾地区的三维地形数据，并报道了InSAR地形测量精度为10～30 m。这标志着InSAR技术在地形测绘中的首次成功应用，随后在地形测绘中得到逐步推广。InSAR技术于1989年首次被用于提取地面形变，Gabriel等首次使用Seasat SAR影像进行干涉处理，提取了美国加利福尼亚因皮里尔河谷地面位移信息，并提出了差分合成孔径雷达干涉（DInSAR）的概念、原理及数据处理方法。此后 DInSAR 技术被应用到地面沉降、冰川漂移、地震形变场、火山及滑坡等领域。随着国内外研究的不断深入，研究人员也意识到 DInSAR 监测地面位移精度受到时空失相关、基线误差、大气延迟、相位噪声、高程误差等的制约。尤其是缓慢累积性的地面沉降，量级很小的地面形变相位很容易被大气延迟和其他噪声相位所掩盖，进而导致沉降提取精度降低或失败。

针对常规 DInSAR 在提取地面形变中存在的缺陷，时序 DInSAR 技术于 20 世纪末应运而生，Ferretti 等于 1999 年提出永久散射体（Permanent Scatterer，PS）的概念。PS 是指 SAR 影像中的稳定散射目标，如人工地物和岩石等自然目标，其特点是可以在长时间内保持稳定的散射特性，较少受时空失相干的影响。2000 年，Ferreti 等提出了时序 DInSAR 中非线性形变相位的解算方法，在此基础上于 2001 年正式提出永久散射体雷达干涉技术（Permanent Scatterer InSAR，PSI）方法。2002 年，Berardino 等提出了小基线集（Small BAseline Subsets，SBAS）差分雷达干涉形变建模和解算方法，通过限制自由组合干涉对的垂直基线获得短空间基线差分干涉对，从而进一步降低空间失相干和外部 DEM 误差对形变提取精度的影响。此外，该方法在时序形变解算时没有假设线性模型，使得解算方法容易适用于不同形变时序特征。除经典的 PSI、SBAS 方法外，还出现了如 GAMMA 干涉点目标分析 IPTA 方法、Stanford Method for Persistent Scatterer（StaMPS）等改进算法。2011 年，Ferreti 等提出基于分布式散射体的 DS-InSAR 方法，又进一步克服时序 DInSAR 监测点稀疏造成的空间细节缺失和监测误差大等问题。在国内，关于时序 DInSAR 方法的研究和应用稍晚于国外，但发展较为迅速。2004 年，李德仁等首次将永久散射体雷达干涉技术引入国内。随后，涌现一批进行时序 DInSAR 方法应用与研究的专家和青年学者，2007 年，刘国祥等提出了基于 PS 的观测网络建模与参数稳健估计方法；2009 年，刘国祥等改进了 PS 构网方式，提出了 PS 自由连接网（Freely Connected Network，FCN）方法。

值得指出的是，DInSAR 和时序 DInSAR 的进步与应用离不开合成孔径雷达系统的发展。目前合成孔径雷达系统已经发展成为多平台、多极化、多模式、分辨率多样、重访周期短的成像机制，星载、机载和地基等“空天地”平台已经开始逐步应用，其中星载系统的发展最为成熟和广泛，机载和地基 SAR 系统也在逐步被应用。星载 SAR 系统的最早发展于 1978 年的美国海洋卫星 SEASAT，后续美国、俄罗斯、欧洲空间局、日本、加拿大、意大利、德国和中国等都相继发射自己的星载 SAR 卫星，至今已经有大量的存档 SAR 卫星数据，这些存档 SAR 数据为监测历史形变和地质情况提供了宝贵的资源，现已被我单位广泛应用与高铁线路设计期间的预可研和可研阶段。而在轨运行且可以编程的 SAR 卫星有 RADARSAT-2（2007 年）、TerraSAR-X（2007 年）、TanDEM-X（2019 年）、COSMO-SkyMed（五星座，2007 ~ 2019 年）、ALOS-2 PALSAR-2（2014 年）、Sentinel-1（2014 年，2016 年）、高分 3 号卫星（2016 年）等。

为了克服卫星轨道和飞行姿态对 SAR 传感器观测角度的限制，并回避复杂地形造成视线向遮挡和阴影区的问题，自 20 世纪 90 年代后期国际上竞相开展了地基 SAR 平台的研究。近十年间发布的新型系统包括：欧盟综合研究中心研制的 LiSA、意大利的 Joint Research Centre 和佛罗伦萨大学共同研制的 IBIS 系统、瑞士 GAMMA 公司研制的 GPRI 系统、澳大利亚 Reutech 公司的 MSR300 系统、西班牙 UPC 机构研发的 RISKSAR 系统、英国 Sheffield 大学研制的 GMF 系统。韩国的江原国际大学和日本的东北大学也研制了类似的地基 SAR 系统。期间，欧美学者针对地基 SAR 平台获取地表形变灵活高效的特点，在古建筑保护、冰川、火山运动、山体滑坡监测等领域开展了深入的研究，就时/空失相干、大气相位延迟等不良影响提出了关键的补偿措施。在国内，中国科学院电子学研究所和国防科技大学电子科学与工程学院分别对地基 SAR 系统进行了研发，先后推出了 ASTRO 系统和 SFCW-SAR 系统。曲世勃等结合 ASTRO 系统成像几何给出了其形变监测模型和精度分析，并通过实验验证了 ASTRO 系统的形变监测能力可达到毫米级。而率先进入中国的意大利 IBIS 系统平台，在平朔露天煤矿、胜利露天煤矿的边坡稳定性监测以及多项大坝与滑坡体变形监测研究工作中也获得了可靠的观测结果。中科院电子所和西南交通大学、以及北京理工大学和中国地质大学（北京）等团队也陆续开展了地基 SAR 研制工作并取得突破，自主研发的系统样机已达到国外地基 SAR 设备相同的性能。上述研究成果更坚定了广大学者继续推进地基 SAR 理论创新和应用拓展的信心。

综上可知，InSAR 技术在 SAR 传感器的不断精进下得到了持续长足的发展，为其推广应用奠定了坚实的理论基础。近些年来，InSAR 技术已经在国土资源调查、城市沉降监测、地质灾害监测等方面进行了大量的应用，国内外许多科研院校及相关机构对 InSAR 技术的应用研究也日渐深入，InSAR 技术在国民经济中的作用也越来越被认知。2012 年，在国务院批复的《2011 年—2020 年全国地面沉降防治规划》中，国土资源部大量使用 InSAR 技术，并于 2015 年将 InSAR 技术列入《地面沉降调查与监测规范》中。2018 年，结合大量的地面形变监测经验和知识，国家测绘地理信息局出台了《时间序列 InSAR 地表形变监测数据处理规范》，这对后续时序 DInSAR 的应用提供了参考性指导和规范。

## 1.4 常见 SAR 数据源

SAR 数据源获取最多的遥感平台是卫星，自 1978 年开始，载有 SAR 系统的卫星数目已有数十颗，仍在轨服务的商业或非营利星载 SAR 系统也有十几颗，如图 1－12 所示，国际上主要的 SAR 卫星及其服务年限。前已述及，国际多个国家或组织都在 SAR 卫星星座建立和发射上做出了成绩，这其中，欧洲空间局（European Space Agency，ESA）、日本宇航研究机构（Japan Aerospace Exploration Agency，JAXA）、德国宇航中心（Deutsches Zentrum für Luft-und Raumfahrt，DLR）、意大利航天局（Agenzia Spaziale Italiana，ASI）和加拿大航天局（Canadian Space Agency，CSA）发射的 SAR 卫星，是广大科研和生产工作者最为熟悉的。

上述机构发射的 SAR 系列卫星一直走在科技前沿，并为人类持续服务至今。ESA 在 1991 年 7 月和 1995 年 4 月发射了 C 波段的姊妹卫星 ERS-1 和 ERS-2，在 2002 年 3 月发射了 ENVISAT 卫星，搭载了 C 波段的 ASAR 系统，在 2014 年 4 月和 2016 年 4 月发射了“哥白尼”全球对地观测技术中的 SAR 卫星星座 Sentinel-1A 和 Sentinel-1B，为全球免费提供 SAR 数据源；JAXA 在 1992 年 2 月发射了一颗搭载 L 波段 SAR 传感器的 JERS-1 卫星，在 2006 年 1 月发射搭载 L 波段 PALSAR 系统的 ALOS 卫星，该卫星失联后，在 2014 年 5

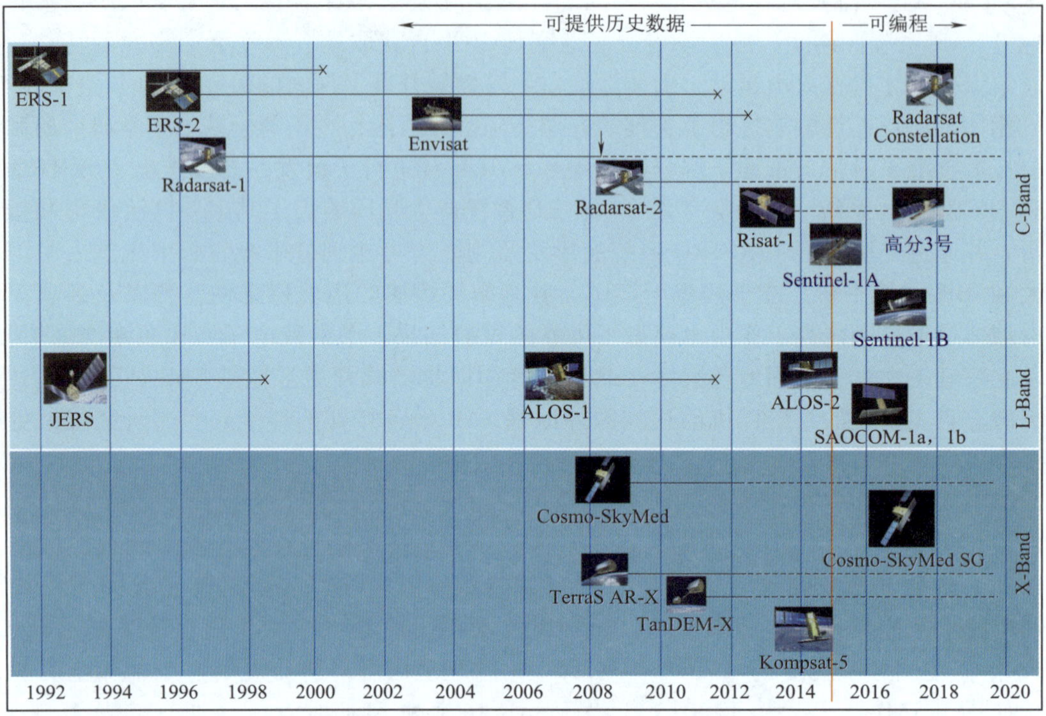


**图 1－12　国际上主要的 SAR 卫星及其服务年限**

月发射了 ALOS-2 卫星；CSA 在 1995 年 11 月发射了 C 波段的 RADARSAT-1 雷达卫星，在 2007 年发射了 RADARSAT-2 卫星，并在今后会继续发射 3 颗 RADARSAT 卫星。ASI 在 2007 年 6 月、2007 年 12 月、2008 年 10 月、2010 年 11 月连续发射了 4 颗 Cosmo-SkyMed 卫星，组成了 X 波段的高分辨率卫星星座，2019 年底发射了第 5 颗，组成 5 颗 X 波段的星座同时为全球客户提供商业服务。DLR 在 2007 年 6 月发射了 X 波段的 TerraSAR-X 卫星，在 2010 年 6 月又发射了 TanDEM-X，与 TerraSAR 编队飞行，可与 TerraSAR 数据进行干涉，如今已经为全球提供数高分辨率字地形模型，最新 DEM 结果可以满足 1∶25 000 比例尺的地形图精度。由于卫星服务年限和意外情况，在 2007 年之前发射的 SAR 卫星系统均已经停止运行，但为工程勘察设计以及其他生产科研提供了大量的存档数据支持，在 2007 年之后发射的 SAR 卫星系统均在轨运行，可以提供编程数据，能够为地质灾害监测及时提供最新的数据支撑，比如我国由于雨季带来的洪涝和滑坡灾害等。在可预期的时间内，国际各个宇航组织仍然在计划发射多极化、高分辨率、高重访周期的 SAR 卫星。

基于 DInSAR 技术的铁路工程沉降监测，采取分阶段实施策略，其数据源选取与 SAR 既有数据量、轨道精度、数据处理方法、成本，以及精度需求有关，在应用过程需综合考虑各种因素，按照“满足精度，性价比最优”的原则选取数据源，见表 1－1，目前经实验论证合理数据源如下：

表 1-1 SAR 数据源相关参数指标

| 名 称 | 波长（cm） | 空间分辨率（m） | 扫描宽（窄幅） | 重复周期 | 轨道精度（cm） | 备 注 |
|---|---|---|---|---|---|---|
| ERS-2 | C | 25 | 100 km | 35 | 30 | |
| Envisat | C | 30 | 80 km | 35 | | 2006 年 ~ 2011 年 |
| ALOS-PAlSAR | L | 3 ~ 10 | 35 ~ 70 km | 14 | > 100 | |
| RADARSAT | C | 1/3/25 | 20 km | 24 | < 100 | |
| TerraSAR-X TenDEM | X | 1/3/15 | 10 km | 11 | 10 | |
| CosmoSky Med（四颗） | X | 1/3/15 | 10 km | 16 | > 10 | |
| Sentinel-1 | C | 5/20 | 250 km | 12 | 10 | |

### 1.4.1 Envisat

#### 1.4.1.1 基本概况

Envisat 卫星在 2002 年 3 月 1 日发射升空，是欧空局的对地观测卫星系列之一，是欧洲迄今建造的最大环境卫星，也是费用最高的地球观测卫星，见表 1-2。在 ERS1/2 卫星传感器改进的基础上，卫星共载有 10 种传感器设备，其中最大设备是先进合成孔径雷达（Advanced SAR，ASAR），可生成海洋、海岸、极地冰冠和陆地的高质量图像。作为 ERS-1/2 合成孔径雷达卫星的延续，Envisat-1 主要用于监视环境，对地球表面和大气层进行连续的观测，供制图、资源勘查、气象及灾害判断之用。在运行了 250 亿 km 之后，于 2012 年 4 月停止服务，共计为国际约 4 000 个单位提供有关地球大气、陆地、海洋和冰川等方面的科研数据。

表 1-2 Envisat 相关参数指标

| | |
|---|---|
| 发射时间 | 2002 年 3 月 1 日（欧洲中部时间） |
| 运载工具 | 阿里亚纳 5 号火箭 |
| 发射重量 | 8 200 kg |
| 有效载荷重量（仪器） | 2 050 kg |
| 设计寿命 | 5 ~ 10 年 |
| 星上仪器数量 | 10 |
| 轨道 | 太阳同步，高度 800 km |
| 轨道倾角 | 98° |
| 单圈时间 | 101 min |
| 重复周期 | 35 d |
| 耗资 | 大约 20 亿欧元 |

#### 1.4.1.2 数据特点

Envisat 卫星携带了一颗 C 波段的 SAR 传感器，波长 5.6 cm，空间分辨率在 10 ~

1 000 m之间，有 Image 模式、Alternating Polarisation 模式、Wide Swath 模式、Global Monitoring 模式和 Wave 模式等五种成像模式，并具有多极化、可变观测角度等特点，成像模式见表 1－3。

**表 1－3 Envisat-ASAR 相关参数指标**

| 成像模式 | Image | Alternating Polarisation | Wide Swath | Global Monitoring | Wave |
| --- | --- | --- | --- | --- | --- |
| 成像宽度 | 最大 100 km | 最大 100 km | 约 400 km | 约 400 km | 5 km |
| 下行数据率 | 100 Mbit/s | 100 Mbit/s | 100 Mbit/s | 0. 9 Mbit/s | 0. 9 Mbit/s |
| 极化方式 | VV 或 HH | VV / HH 或 VV / VH 或 HH / HV | VV 或 HH | VV 或 HH | VV 或 HH |
| 分 辨 率 | 30 m | 30 m | 150 m | 1 000 m | 10 m |

1. 4. 1. 3 市场应用

目前该卫星已经停止服务，但是，该卫星在 2002 年 3 月至 2012 年 4 月获取了全球大量 SAR 存档数据，对科学研究和区域历史沉降信息提取等工程项目仍然具有重要的意义。2009 年，中铁设测绘院采用 Envisat 数据对京沪线施工期间的区域沉降进行了监测（详见后面章节叙述），取得了良好的效果。

### 1. 4. 2 ALOS-PALSAR-1/2

1. 4. 2. 1 基本概况

ALOS 即 Advanced Land Observing Satellite（先进陆地观测卫星）。日本 NASDA 机构于 1993 年开始了 ALOS 卫星系统的概念性研究以及相应的遥感传感器制造和试验研究，直到 2006 年 1 月 24 日发射了 ALOS 卫星，该卫星设计服役 3 年，因 2011 年日本大地震导致供电异常，于 2011 年 4 月以后停止接收数据。

ALOS 卫星携带三种遥感传感器：

（1）全色立体测图传感器 PRISM（Panchromatic Remote Sensing Instruments for Stereo Mapping），主要为了获取数字高程模型和立体测图目的。

（2）新型可见光和近红外辐射计 AVNIR-2（Advanced Visible and Near Infrared Radiometer Type-2），主要用于精确的土地覆盖观测。

（3）相阵型 L-波段合成孔径雷达 PALSAR（Phased Array Type L-band Synthetic Aperture Radar），主要为了实现全天候的陆地观测。继 ALOS 卫星的 PALSAR 卫星之后，日本宇航机构在 2014 年 5 月发射了 ALOS-2 卫星，重访周期为 14 d，不同于 PALSAR 的三个传感器，PALSAR-2 只载有一个 L 波段 SAR 传感器，与 PALSAR-1 传感器相比，PALSAR-2 在分辨率、观测频带、数据提供的时延等各方面都有了显著提高，同时 ALOS-2 卫星也有了更高的数据传输速度和位置保持精度，具有了更快更高精度的灾害服务速度，也为后续的卫星设计提供了新技术支持。

1. 4. 2. 2 数据特点

ALOS 卫星携带的 L 波段 PALSAR 传感器具有高分辨率 StripMap/Spotlight 模式和 ScanSAR 模式两种模式，在后一种模式下，仪器通过改变观察角度，根据扫描次数的不同，扫描范围可达250～350 km，其成像宽度是任何常规SAR系统的三到五倍。表1－4是ALOS星和PALSAR传感器的参数。

**表1－4 ALOS-PALSAR主要参数指标**

| | | | |
|---|---|---|---|
| 轨 道 | 准太阳同步回归轨道；高度691.65km（赤道）<br>倾角：98.16°；回归天数：46 d | | |
| 频 率 | 1 270 MHz（L band） | | |
| 工作模式 | 高分辨率 | 扫描 | 全极化 |
| 极 化 | HH VV | HH VV | HH/HV＋VV/VH |
| 带 宽 | 28 MHz，14 MHz | 14，28 MHz | 14 MHz |
| 入射角 | 9.9°～50.8° | 18°～43° | 8°～30° |
| 地面分辨率 | 7.0～44.3 m | 100 m（多视） | 24.1～88.6 m |
| 数据量化 | 5 bits | 5 bits | 3或5 bits |
| 数据率 | 240 Mbit/s | 120或240 Mbit/s | 240 Mbit/s |
| 测绘带 | 40～70 km | 250～350 km | 30 km |
| 耗 资 | 大约20亿欧元 | | |
| 天线尺寸 | 8.9 m×3.1 m | | |
| 数据处理方式 | 数字 | | |
| 脉 宽 | 27 μs / 16 μs | | |
| PRF | 1 500 ～2 500 Hz | | |
| 采样频率 | 32/16 MHz | | |
| 波位数 | 18＋5（ScanSAR） | | |
| 峰值功率 | 2 kW | | |
| 天线重量 | 500 kg | | |
| SAR质量 | 600 kg | | |
| 侧视方向 | 右侧视 | | |

PALSAR-2有3种成像模式，分别为聚束模式（Spotlight mode）、条带模式（Strip Map mode）、ScanSAR模式。聚束模式是最详细观测模式，分辨率在1至3 m，观测宽度为25 km；条带模式可以提供3 m、6 m和10 m的高分辨率模式，观测宽度在50或者70 km；ScanSAR模式可提供350 km或者490 km的广域宽幅影像，分辨率为100 m或者60 m，每种模式的特点各有侧重，详见表1－5，可以根据监测需求选取最合适的模式。

**表1－5 ALOS-PALSAR-2主要参数指标**

| 观测模式 | Spotlight | ScanSAR | | |
|---|---|---|---|---|
| | | [28 MHz] | [14 MHz] | [490 km] |
| 模式ID | SBS | WWS/WWD | WBS/WBD | VBS/VBD |
| 距离向长度 | 25 km | 350.5 km | 350.5 km | 489.5 km |
| 方位向长度 | 25 km | 355 km | 355 km | 355 km |

续上表

| 观测模式 | Spotlight | ScanSAR | | |
|---|---|---|---|---|
| | | [28 MHz] | [14 MHz] | [490 km] |
| 方位向持续时间 | N/A | 52 s | 52 s | 52 s |
| 距离向分辨率 | 3.0 m | 47.5 m | 95.1 m | 44.2 m |
| 方位向分辨率 | 1.0 m | 77.7 m | 77.7 m | 56.7 m |
| 像素间隔 Levels 1.5/3.1 | 0.625 m | 25 m | | |
| 像素间隔 Levels 2.1 | 0.625 m/1.25 m/2.5 m | 25 m/50 m/100 m | | |
| 极化方式 | 单一极化（HH，HV，VH，VV） | 单一极化（HH，HV，VH，VV）<br>双极化（HH + HV　VH + VV） | | |

| 观测模式 | Stripmap | | Full（Quad.）Polarimetry | | |
|---|---|---|---|---|---|
| | [3 m] | [6 m] | [10 m] | [6 m] | [10 m] |
| 模式 ID | UBS/UBD | HBS/HSD | FBS/FBD | HBQ | FBQ |
| 距离向长度 | 55 km（最大） | 55 km（最大） | 70 km（最大） | 40 ~ 50 km | 30 km |
| 方位向长度 | 70 km | 70 km | 70 km | 70 km | 70 km |
| 方位向持续时间 | 10 s | 10 s | 10 s | 10 s | 10 s |
| 距离向分辨率 | 3.0 m | 6.0 m | 9.1 m | 5.1 m | 8.7 m |
| 方位向分辨率 | 3.0 m | 4.3 m | 5.3 m | 4.3 m | 5.3 m |
| 像素间隔 Levels 1.5/3.1 | 2.5 m | 3.125 m | 6.25 m（2look） | 3.125 m | 6.25 m（2look） |
| 像素间隔 Levels 2.1 | 2.5 m/5.0 m/10.0 m | 3.125 m/6.25 m/12.5 m | 6.25 m/12.5 m | 3.125 m/6.25 m/12.5 m | 6.25 m/12.5 m |
| 极化方式 | 单一极化（HH，HV，VH，VV）<br>Dual（HH + HV，VH + VV） | | （HH + HV + VH + VV） | | |

1.4.2.3　市场应用

由于日本灾害和地面地物特点，PALSAR 数据的应用优势在于长波段的穿透性能力以及大梯度形变的监测能力较强，适用于云层覆盖厚、植被覆盖较多和山地等区域，可以应用于地震、洪涝、滑坡和冰川消融等灾害监测和预警。目前，在国内应用方面，PALSAR-1 和 PALSAR-2 SAR 数据经常被用于植被覆盖区的地面沉降监测、大梯度形变的开采沉陷区、植被覆盖较多和云层覆盖较厚的山区滑坡，比如常年多云多雾的西南地区，PALSAR-2 的数据在灾害应急监测方面有较大的优势。

### 1.4.3　TerraSAR

1.4.3.1　基本概况

TerraSAR 是在 Public-Private-Partnership（PPP）协议框架下，由德国联邦教育和研究部（BMBF）、德国航空航天局（DLR）、欧洲航空防务和航天公司下属的阿斯特留姆公司

(EADS Astrium GmbH) 合作实施的雷达卫星，也是德国发射的第一颗卫星。TerraSAR-X 和 TanDEM-X 卫星分别于 2007 年 6 月 15 日和 2010 年 6 月 21 日发射升空，可通过单偏振和双偏振方式操纵雷达执行特定任务。同时，这两颗卫星一直以几百米距离的紧密队形飞行，是星载 SAR 系统中第一个可以同时成像并能干涉处理的合成孔径雷达卫星星座，并在三年内同步完成全球观测，生成高精度的 WorldDEM。

1.4.3.2 数据特点

TerraSAR-X 和 TanDEM-X 这两颗卫星几乎完全相同，均携带了一颗 X 波段的雷达传感器，能以相同的工作模式对地观测，可以提供从超聚焦模式的 25 cm 分辨率和 4 km × 3.7 km 场景到宽幅扫描模式的分辨率 40 m 和 270 km × 200 km 场景大小。它们的优势在于超高分辨率、超高轨道精度和同时获取地面相同范围内的干涉 SAR 影像的能力，可以获取超高精度的三维地形模型。主要有三种工作模式，如图 1－13 所示。

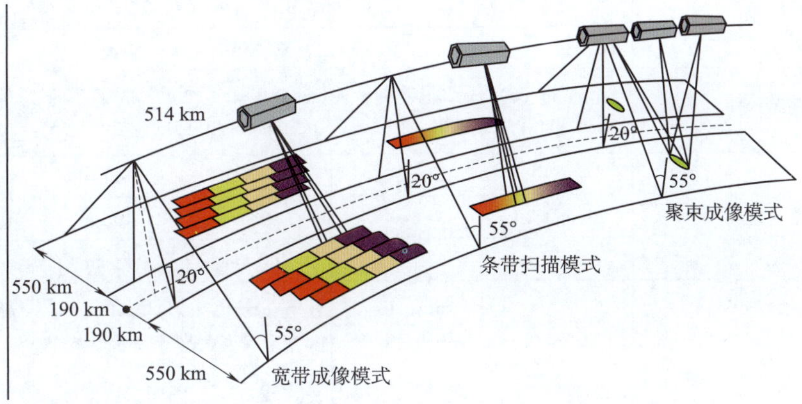


**图 1－13 TerraSAR-X 不同模式工作示意图**

1. 聚束成像模式

聚束成像模式 (Spotlight Mode)。主要特点是几何分辨率高、入射角可选、多种极化方式，能够适应市场需求，提供多种成像方式的雷达影像数据产品。其获取的数据产品加上精密轨道数据，可以用于重复轨道干涉测量，并获得观测目标区域的数字高程模型。

2. 条带扫描模式

条带成像模式 (Stripmap Mode)。以入射角固定的波束沿飞行方向推扫成像，主要特点是几何分辨率高、覆盖范围较大、入射角可选。其数据产品加上精密轨道数据，也可以用于重复轨道干涉测量，并获得观测目标区域的数字高程模型。

3. 宽扫成像模式

宽扫成像模式 (ScanSAR Mode)。天线（雷达波束）在成像时沿距离向扫描，使观测范围加宽，同时也将降低方位向分辨率。主要特点是中等几何分辨率、覆盖率高、能够平行获取多于 4 个扫描条带的影像、入射角可选、多种极化方式等。一周内 TerraSAR-X 能够以 16 m 的分辨率，在全球任何地方覆盖大于 100 000 km 的区域。

TerraSAR-X 卫星主要参数指标见表 1－6。

**表 1-6　TerraSAR 卫星参数表**

<table>
<tr><td>轨道高度（km）</td><td colspan="2">514.8</td><td colspan="2">轨道倾角（°）</td><td>97.44</td></tr>
<tr><td>轨道重复周期（d）</td><td colspan="2">11</td><td colspan="2">轨道类型</td><td>太阳同步轨道</td></tr>
<tr><td>极化方式</td><td colspan="2">HH，VV，HV，VH</td><td colspan="2">侧视方向</td><td>右视</td></tr>
<tr><td>波长（cm）［频率（GHz）］</td><td colspan="2">3.11（9.65）X 波段</td><td colspan="2">天线类型</td><td>有源相控阵天线</td></tr>
<tr><td>方位向扫描角（°）</td><td colspan="2">±0.75</td><td colspan="2">天线尺寸（m）</td><td>4.784×0.704×0.15</td></tr>
<tr><td>距离向扫描角（°）</td><td colspan="2">±19.2</td><td colspan="2">波束宽度（°）</td><td>方位向：0.33，高度向：2.3</td></tr>
<tr><td>Chirp 带宽（MHz）</td><td colspan="2">5~300</td><td colspan="2">PRF（kHz）</td><td>3.0~6.5</td></tr>
<tr><td>功率消耗（W）</td><td colspan="2">605</td><td colspan="2">峰值输出功率（W）</td><td>2 260</td></tr>
<tr><td>系统噪声（dB）</td><td colspan="2">5.0</td><td colspan="2">数据存储（Gbit）</td><td>256</td></tr>
<tr><td>ADC 采样率（Hz）</td><td colspan="2">300，165，110</td><td colspan="2">数据传输（Mbit/s）</td><td>300（X 波段下行链路）</td></tr>
<tr><td>RAW 数据特性</td><td colspan="5">I&Q 8 bit，BAQ 压缩至 4，3，2 bit</td></tr>
<tr><td>极化方式</td><td colspan="5">单极化，双极化，全极化模式</td></tr>
<tr><td>入射角范围</td><td colspan="5">StripMap（SM）：20°~45°；ScanSAR（SC）：20°~45°；<br>SpotLight（SL）：20°~55°；高分辨 SpotLight（HS）：20°~55°</td></tr>
<tr><td rowspan="3">测绘带宽（地距）</td><td></td><td>StripMap</td><td>ScanSAR</td><td>SpotLight</td><td>高分辨 SpotLight</td></tr>
<tr><td>Along track</td><td>free</td><td>free</td><td>10 km</td><td>5 km</td></tr>
<tr><td>Across track</td><td>30 km</td><td>100 km</td><td>15 km</td><td>15 km</td></tr>
<tr><td rowspan="3">分辨率</td><td>Scan mode</td><td>StripMap<br>（单视）</td><td>ScanSAR<br>（4 视）</td><td>SpotLight<br>（单视）</td><td>高分辨 SpotLight<br>（单视）</td></tr>
<tr><td>Along track</td><td>3 m</td><td>15 m</td><td>2.0 m</td><td>1.0 m</td></tr>
<tr><td>Across track</td><td>3 m</td><td>16 m</td><td>1.2 m（斜距）</td><td>1.2 m（斜距）</td></tr>
</table>

#### 1.4.3.3　市场应用

目前，通过国内外大量同行的研究表明，TerraSAR-X 和 TanDEM-X 卫星具备相当高的轨道精度、优秀的高分成像能力和对微小形变的超高探测能力，因此经常被用于城市和工程构筑物的形变灾害监测评估，以及服务全球最新的高精度 DEM。中国铁设测绘院进行过将其高分辨影像应用于高铁区域沉降监测汇中的实验，通过利用 35 景 TerraSAR-X 数据对京津城际地表形变的监测表明，其年沉降监测精度中误差可达到 2~5 mm/年。

### 1.4.4　COSMO-SkyMed

#### 1.4.4.1　基本情况

COSMO-SkyMed 系统是意大利航天局和意大利国防部共同研发的高分辨率雷达卫星星座，早期有 4 颗卫星组成，分别于 2007 年 6 月 8 日、2007 年 12 月 9 日、2008 年 10 月 25 日、2010 年 11 月 6 日发射。该系统主要服务于控制国家领土和监测诸如洪水和滑坡等环境灾害，以及监测农业、海岸线、海域和内水等。四颗卫星配有特别灵活和创新的数据获取和传输设备，为对地观测提供了具有全球覆盖的能力，具有各种气候的全天候获取能力。4 颗卫星组成的 COSMO-SkyMed 观测系统是国际已发射 SAR 卫星星座里面数量最多的，该系统具有很好的连续性。2019 年 12 月 18 日发射了一颗第二代 COSMO-SkyMed 卫星，跟之前发射的 4 颗卫星组成新的观测星座，进一步提升 SAR 数据获取能力。COSMO-SkyMed 卫星的主要参数指标见表 1 –7。

**表 1 –7 Cosmo-SkyMed 主要参数指标**

| 参 数 | 指 标 | 参 数 | 指 标 |
|---|---|---|---|
| 轨道 | 619.6 km，倾角 97.86°，<br>太阳同步轨道周期 16 d，14.812 5 r/d | 脉冲重复频率 | 3 000 Hz |
| 波段/频率 | X 波段/9.65 GHz | 平均功率 | 300 W |
| 极化（可选） | HH，VV | 峰值功率 | 3.2 kW |
| 视 角 | 25° ~51° | 数据压缩比 | 6 : 3 |
| 测绘带宽 | 窄观测带：30 km；宽观测带：400 km | 数 据 率 | 约 200 Mbit/s |
| 距离分辨率 | 窄观测带：3 m；宽观测带：100 m | 下行数据通道 | X 频段 |
| 方位分辨率 | 窄观测带：3 m；宽观测带：100 m | 功 耗 | 1.2 kW |
| 天线尺寸 | 6 m×1.2 m | 重 量 | 200 kg |
| 带 宽 | 300 MHz | | |

1.4.4.2 数据特点

COSMO-SkyMed 星座卫星携带了相同的 X 波段多模式高分辨率 SAR 传感器，波段长度为 3.1 cm，超宽的入射角范围提供了 1 m、3 m、15 m、30 m 和 100 m 等五种分辨率的成像能力，分辨率最高可达 1 m，单颗卫星的重访周期是 16 d，四星运行状态可实现一天时间间隔成像。在这 16 d 的轨道周期内，能够以近似相同的轨道方向、视向和入射角重复 4 次获取干涉数据，具有很强的干涉能力。COSMO-SkyMed 卫星 SAR 传感器共有 3 种成像模式：

聚束模式（Spotlight）：又分为模式 1 和模式 2，模式 1 只限于军用，模式 2 的分辨率高达 1 m，幅宽 10 km×10km。

条带模式（Stripmap）：分为 Himage 和 PingPong 两种成像模式，分辨率分别为 3 m 和 15 m，幅宽分辨为 40 km×40 km 和 30 km×30 km。

扫描模式（ScanSAR）：包含 WideRegion 和 HugeRegion 两种成像模式，分辨率分别为 30 m 和 100 m，幅宽分别为 100 km×100 km 和 200 km×200 km。

1.4.4.3 市场应用

COSMO-SkyMed 卫星星座在沉降监测应用中的最大优势在于高空间分辨率和基于四星联动造就的高时间分辨率，可用于快速响应滑坡、洪涝和地震等应急监测，以及获取长时间序列的地表沉降监测和具体构筑物的形变监测等。其不足之处在于其轨道精度逊于 TerraSAR-X，这在一定程度上影响了其形变监测的精度。同时，COSMO-SkyMed 卫星星座获取的 1m 高分 SAR 影像可以满足 1∶5 000 和 1∶10 000 的比例尺制图需求。

## 1.4.5 RADARSAT

1.4.5.1 基本情况

RADARSAT 系列卫星涵盖 RADARSAT-1 和 RADARSAT-2 两颗星，其中 RADARSAT-1

在 1995 年 11 月发射升空，于 2013 年 5 月 9 日停止服务。RADARSAT-1 是加拿大发展的第一颗商业对地观测卫星，主要目的是监测地球环境和自然资源变化。NASA 也作为该项目的一个参与者，为加拿大提供发射服务，同时 NASA 可以在阿拉斯加的费尔班克斯地区的地面站接收 RADARSAT-1 数据。

RADARSAT-2 是由 CAS（Canadian Space Agency）和 MDA（MacDonald，Dettwiler and Associates Ltd）联合出资开发的星载 SAR 系统。RADARSAT-2 是加拿大继 RADARSAT-1 之后的新一代商用 SAR 卫星，设计寿命是 7 年。为了保持数据的连续性，RADARSAT-2 继承了 RADARSAT-1 所有的工作模式，并在原有的基础上增加了多极化成像，3 m 分辨率成像，双边（dual-channel）成像和 MODEX（Moving Object Detection Experiment）。RADARSAT-2 与 RADARSAT-1 拥有相同的轨道，但是比 RADARSAT-1 滞后 30 min，这是为了获得两星干涉数据。

1.4.5.2　数据特点

RADARSAT-1 卫星装载 C 波段对地观测 SAR 传感器，重访周期是 24 d，极化方式是 HH，空间分辨率为 8～100 m，入射角是 10°～59°，幅宽是 50～500 km，具有 7 种成像模式（精细模式、标准模式、宽模式、宽幅扫描、窄幅扫描、超高入射角、超低入射角），25 种不同的波束，这些不同的波束模式具有不同入射角，因而具有多种分辨率、不同幅宽，详见表 1－8。首次采用了可变视角的 ScanSAR 工作模式，以 500km 的足迹每天可以覆盖北极区一次，几乎可以覆盖整个加拿大，每隔三天覆盖一次美国和其他北纬地区，全球覆盖一次不超过 5 d。

**表 1－8　RADARSAT-1 主要参数指标**

| 工作模式 | 入射角（°） | 分辨率（m） | 每景覆盖范围（km×km） |
|---|---|---|---|
| 精细模式 | 37～48 | 8 | 50×50 |
| 标准模式 | 20～49 | 30 | 100×100 |
| 宽模式 | 20～45 | 30 | 150×150 |
| 窄幅扫描 | 20～40 | 50 | 300×300 |
| 窄幅扫描 | 31～46 | 50 | 300×300 |
| 宽幅扫描 | 20～49 | 100 | 500×500 |
| 超高入射角模式 | 49～59 | 25 | 75×75 |
| 超低入射角模式 | 10～23 | 35 | 170×170 |

RADARSAT-2 是世界上最先进的 SAR 商业卫星之一，RADARSAT-2 卫星的独特之处在于可根据指令在右视和左视之间切换，所有波束都可以右视或左视，极大缩短了卫星重访时间，并增加了获取立体图像的能力。与 RADARSAT-1 卫星相比，卫星的成像能力提高很多，①RADARSAT-2 保留了 RADARSAT-1 的所有成像模式，并增加了 Spot light 模式、超精细模式、四极化（精细、标准）模式、多视精细模式，使得用户在成像模式选择方面更为灵活，最高成像分辨率提高到 1 m；②RADARSAT-2 卫星改变了 RADARSAT-1 卫星单一的极化方式，RADARSAT-1 卫星只提供 HH 极化方式，RADARSAT-2 卫星可以提供 VV、HH、HV、VH 等多种极化方式，详见表 1－9。

**表1-9 RADARSAT-2主要参数指标**

| 工作模式 | 入射角（°） | 分辨率（m） | 每景覆盖范围（km × km） | 景面积（$km^2$） |
|---|---|---|---|---|
| SpotlightA | 20~49 | <1 | 18×8 | 144 |
| 超精细 | 30~40 | 3 | 20×20 | 400 |
| 宽幅超精细 | | 3 | 50×50 | 1 250 |
| 多视精细 | 30~50 | 8 | 50×50 | 2 500 |
| 宽幅多视精细 | | 8 | 90×50 | 4 500 |
| 精　细 | 30~50 | 8 | 50×50 | 2 500 |
| 宽幅精细 | | 8 | 150×170 | 25 500 |
| 标　准 | 20~45 | 25 | 100×100 | 10 000 |
| 宽　幅 | 20~45 | 30 | 150×150 | 22 500 |
| 窄幅扫描 | 20~40 | 50 | 300×300 | 90 000 |
| 宽幅扫描 | 20~49 | 100 | 500×500 | 250 000 |
| 高入射角 | 49~59 | 25 | 75×75 | 5 625 |
| 低入射角 | 10~23 | 25 | 170×170 | 28 900 |
| 四极化精细 | 20~41 | 8 | 25×25 | 625 |
| 宽幅四极化精细 | | 8 | 50×25 | 1 250 |
| 四极化标准 | 20~41 | 25 | 25×25 | 625 |
| 宽幅四极化标准 | | 25 | 50×25 | 1 250 |

1.4.5.3 市场应用

RADARSAT-1用于海水测绘，地质、地形、农业、水文、林业、海洋沿海地图的绘制等。在沉降监测方面，RADARSAT-1主要用于区域性地表沉降监测，由于其轨道精度不高，使得其在沉降监测方面的应用较少。RADARSAT-2的用途是给用户提供全极化方式的高分辨率的星载合成孔径雷达图像，在地形测绘，环境监测，海洋和冰川的观测等方面都有很高的实用价值。

目前，应用RADARSAT-2高分辨率卫星数据进行地表沉降监测的实验已有相关成功案例，加拿大MDX公司曾利用5 m的RADARSAT-2数据进行过高铁沉降监测应用实验，通过其对京津城际北京亦庄段的实验结论分析，利用RADARSAT-2数据可清晰提取高铁上规则间隔的接触网杆，其可以成功提取此类点位的沉降序列信息，对于其沉降精度及轨道精度有待进一步分析研究。

### 1.4.6 Sentinel-1

1.4.6.1 基本情况

Sentinel-1卫星星座隶属于欧空局（ESA）和欧洲委员会（EC）“哥白尼”全球对地观测计划，目前包含Sentinel-1A和Sentinel-1B两颗卫星，计划2021年开始陆续发射Sentinel-1C和Sentinel-1D两颗卫星。Sentinel-1搭载的均是相同频率的C波段SAR传感器，默认的成像工作模式为Terrain Observation with Progressive Scans（TOPS）成像，应用在 Sentinel-1 卫星之前，TOPS 成像方法已经在 TerraSAR-X 和 RADARSAT-2 卫星上作了相应的试验，积累了大量经验，并在 Sentinel-1 上进一步提高了卫星姿态和轨道的控制精度，使其达到了 TOPS SAR 影像最优的干涉性能。

Sentinel-1 卫星的轨道高度约为 693 km，绕地球一圈仅需要 98.6 min，GPS 定轨精度约为 10 m，具有十分精确的轨道数据，两颗卫星协同工作的重访周期仅为 6 d，单颗卫星的重访周期为 12 d，全天候监测陆地和海洋区域，目前已经被广泛应用到地面沉降、地震、洪水及滑坡等应急灾害和冰川漂移等各个领域。Sentinel-1A 已于 2014 年 4 月 3 日发射升空，经 6 个月调试后，在 2014 年 10 月份开始成像，并向全球免费开放数据；Sentinel-1B 卫星已于 2016 年 4 月 25 日发射升空，目前两颗卫星均可以正常成像，已经完全覆盖中国大陆，用户可以在官网申请账号，免费下载到 TOPS 成像的 L1 级别 SLC IW 模式影像。

1.4.6.2　数据特点

Sentinel-1 卫星共有四种成像模式，如图 1－14 所示，分别是条带（SM，Stripmap）模式、干涉宽幅（IW，Interferometric Wide Swath）成像模式、超宽幅（EW，Extra Wide Swath）模式和波浪（Wave）模式。

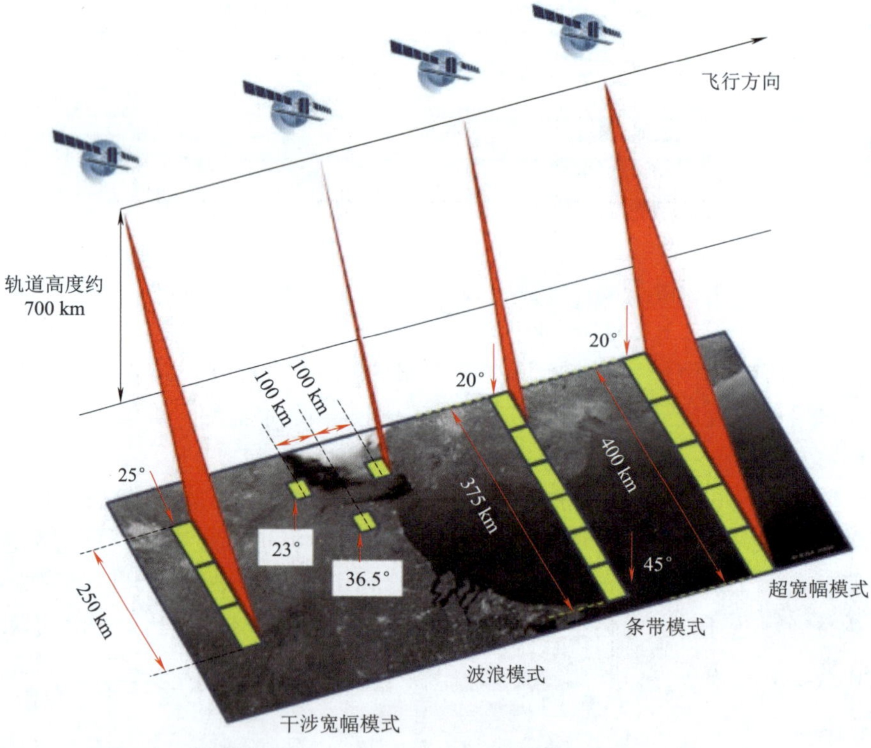


图 1－14　Sentinel-1 不同模式工作示意图

条带模式：这种模式继承于 ERS、Envisat 卫星，分辨率为 5 m×5 m，幅宽为 80 km，可以改变入射角和波束宽度，常被用于应急情况下获取编程数据。

干涉宽幅模式：该成像模式是 Sentinel-1 卫星成像能力最强的一种模式，以牺牲分辨率为代价，通过摆动天线获取方位向的 9 个 burst 和距离向的 3 个 sub-Swath，从而获取超宽幅的 IW 影像。IW 影像幅宽可达 250 km，方位向覆盖长度可达 170 km，整景影像的覆盖面积为 42 500 $km^2$，方位向分辨率为 20 m，距离向分辨率为 5 m。官网免费开放下载此模式的 SLC 和 GRD（Ground Range Detected）数据下载。

超宽幅模式：同干涉宽幅成像模式原理，为获取更大幅宽，牺牲更多的影像分辨率获取 5 个 sub-Swath，空间分辨率也降低到 20 m × 40 m。该模式更多的应用于海上、冰川和极地等需要大范围覆盖且对分辨率要求低的大尺度监测区域。

波浪模式：该模式与全球海洋波浪模型相结合，主要是用于确定海浪的方向、波长和高度等参数反演。沿运行轨道每个 100 km 获取一个小条带影像，覆盖范围 20 km × 20 km，分辨率同条带模式。

1.4.6.3 市场应用

Sentinel-1 自发射以来，因其出色的干涉成像和数据免费的特点，被全球科研和生产单位所青睐，迅速被应用于 SAR 的各个领域，各大商业软件也都集成 Sentinel-1 的干涉和分类处理模块，现已被应用于大范围地表、高铁沿线等大尺度区域沉降调查，以及滑坡、洪涝、石冰川、火山和地震等灾害应急监测。

### 1.4.7 GF-3

1.4.7.1 基本情况

GF-3（高分三号）是我国高分专项工程的一颗遥感民用 SAR 卫星，设计寿命为 8 年，由中国航天科技集团公司研制，于 2016 年 8 月 10 日在中国太原卫星发射中心升空。该卫星在系统设计上进行了全面优化，具有高分辨率、大成像幅宽、多成像模式、长寿命运行等特点，主要技术指标达到或超过国际同类卫星水平，显著提升了我国对地遥感观测能力，是高分专项工程实现时空协调、全天候、全天时对地观测目标的重要基础。高分三号 SAR 图像示意如图 1－15 所示。

图 1－15 高分三号 SAR 图像示意图

到目前为止，高分三号卫星是我国第一颗分辨率高达 1 m 的 C 频段多极化合成孔径雷达卫星，是世界上分辨率最高的 C 频段、多极化卫星，可以实现左右姿态机动扩大观测范围，功率达万瓦级，可以获取高性能的 SAR 图像，连续成像时间可以达到近小时量级，卫星成像的大幅宽和高空间分辨率优势相结合，能够实现大范围普查，也能详细查特定区域，支持用户的高定量化反演应用，也支持 SAR 干涉处理，可满足不同用户对不同目标成像的需求。

1.4.7.2 数据特点

高分三号卫星，搭载 C 波段 SAR 传感器，单侧视情况下平均重访周期小于 3 d，双侧视情况下，在 10 m 分辨率 100 km 测绘带宽的模式下，实时观测区内 90% 地区重访周期小于 1.5 d。成像模式有 12 种，是世界上工作模式最多的合成孔径雷达，涵盖传统的条带成像模式和扫描成像模式，也具有面向海洋应用的波成像模式和全球观测成像模式，具体的成像模式见表 1－10。

**表 1－10　高分三号卫星主要参数指标**

<table>
<tr><th colspan="2">成像模式名称</th><th>分辨率（m）</th><th>方位向（m）</th><th>距离向（m）</th><th>幅宽（km）</th><th>范围（km）</th><th>极化方式</th></tr>
<tr><td colspan="2">滑块聚束（SL）</td><td>1</td><td>1.0～1.5</td><td>0.9～2.5</td><td>10</td><td>≥10×10</td><td>单极化</td></tr>
<tr><td rowspan="6">条带成像模式</td><td>超精细条带（UFS）</td><td>3</td><td>3</td><td>2.5～5</td><td>30</td><td>≥30</td><td>单极化</td></tr>
<tr><td>精细条带 1（FSLI）</td><td>5</td><td>5</td><td>4～6</td><td>50</td><td>≥50</td><td>双极化</td></tr>
<tr><td>精细条带 2（FSII）</td><td>10</td><td>10</td><td>8～12</td><td>100</td><td>95～110</td><td>双极化</td></tr>
<tr><td>标准条带（SS）</td><td>25</td><td>25</td><td>15～30</td><td>130</td><td>95～150</td><td>双极化</td></tr>
<tr><td>全极化条带 1（QPSI）</td><td>8</td><td>8</td><td>6～9</td><td>30</td><td>20～35</td><td>全极化</td></tr>
<tr><td>全极化条带 2（QPSII）</td><td>25</td><td>25</td><td>15～30</td><td>40</td><td>35～50</td><td>全极化</td></tr>
<tr><td rowspan="3">扫描成像模式</td><td>窄幅扫描（NSC）</td><td>50</td><td>50～60</td><td>30～60</td><td>300</td><td>≥300</td><td>双极化</td></tr>
<tr><td>宽幅扫描（WSC）</td><td>100</td><td>100</td><td>50～110</td><td>500</td><td>≥500</td><td>双极化</td></tr>
<tr><td>全球观测成像模式（GLO）</td><td>500</td><td>500</td><td>350～700</td><td>650</td><td>≥650</td><td>双极化</td></tr>
<tr><td colspan="2">波成像模式（WAV）</td><td>10</td><td>10</td><td>8～12</td><td>5</td><td>≥5×5</td><td>全极化</td></tr>
<tr><td rowspan="2">扩展入射角（EXT）</td><td>低入射角</td><td>25</td><td>25</td><td>15～30</td><td>130</td><td>120～150</td><td>双极化</td></tr>
<tr><td>高入射角</td><td>25</td><td>25</td><td>25～30</td><td>80</td><td>70～90</td><td>双极</td></tr>
</table>

1.4.7.3　市场应用

高分三号卫星在发射以来主要用于海洋、减灾、水利和气象等领域，详见表 1－11。在 SAR 图像干涉的应用领域正在逐步深入和扩展。

**表 1－11　高分三号应用领域**

<table>
<tr><th>行　业</th><th>应 用 领 域</th><th>检 测 内 容</th></tr>
<tr><td rowspan="11">海洋</td><td rowspan="5">海岛海岸带动态监测</td><td>海岸线变迁监测</td></tr>
<tr><td>海岸带滨海湿地监测</td></tr>
<tr><td>海岛监测</td></tr>
<tr><td>围填海监测</td></tr>
<tr><td>浮筏养殖区监测</td></tr>
<tr><td rowspan="3">海洋环境灾害监测</td><td>海面风场</td></tr>
<tr><td>海浪</td></tr>
<tr><td>北极海冰分布</td></tr>
<tr><td rowspan="3">海洋权益维护信息服务</td><td>船舶动态监测</td></tr>
<tr><td>船舶识别</td></tr>
<tr><td>海洋油气平台监测</td></tr>
</table>

续上表

| 行 业 | 应 用 领 域 | 检 测 内 容 |
|---|---|---|
| 减灾 | 专题应用 | 水体提取 |
| | | 建筑物群倒塌信息提取 |
| | | 道路损毁提取 |
| 水利 | 专题应用 | 地表水体监测 |
| | | 地表土壤含水量监测 |
| | | 洪涝灾害监测 |
| | | 干旱灾害监测 |
| | | 水利工程监测 |
| 气象 | | 降水量监测 |

## 1.5 常用的 SAR 处理软件

### 1.5.1 GAMMA

GAMMA 合成孔径雷达干涉测量软件是由瑞士 GAMMA Remote Sensing AG 公司研发的用于干涉雷达数据处理的全功能软件平台，由 Charles Werner 博士和 Urs Wegmuller 博士于 1995 年创立，集成了主流的数据处理方法，包含 InSAR、DInSAR、时序 DInSAR、MAI、Offset-tracking 等，是目前国际上比较先进的 InSAR 处理软件之一。该软件支持的卫星、机载和地基三个平台的数据处理，支持的卫星平台数据较为完整，适用于 SAR 的主要应用领域，包括土地利用分类、机载 SAR 数据运动补偿及聚焦、地基雷达数据处理、地形三维重建、地表形变监测、以及地震、滑坡、矿区的形变监测等等。

GAMMA 软件由 MSP（组件式 SAR 处理器）、ISP（干涉 SAR 处理器）、DIFF&GEO（差分干涉和地理编码）、IPTA（干涉点目标分析）、LAT（土地利用工具）、DISP（影像显示）六大模块组成。MSP 模块：从 Raw 信号到 SLC 的合成孔径雷达数据处理；ISP 模块：干涉图生成、影像配准、偏移量跟踪以及校准；DIFF/GEO 模块：地理编码、DEM 转换、SLC 与 DEM 的配准、地面形变提取；LAT 模块：斑点滤波、极化处理、影像分类与显示、多时相滤波、影像镶嵌；IPTA 模块：时间序列分析、点目标识别、时序显示与滤波；DISP 模块：影像显示、栅格影像生成、GeoTIFF 转换（免费提供）。

GAMMA 软件中的每个模块均是由几十条到上百条不等的命令和批处理脚本组成，并提供相应的 html 帮助文档，用于说明程序的功能、使用方法和每个参数，可以根据处理目的和应用区域特点，采用 Perl、Python、bash 或 csh 脚本语言编写组合不同的集成或批处理程序集，同时，命令行的操作方式提供了极其方便的参数调整和质量控制，可见其 SAR 数据处理的自由程度和质量控制标准都很高。GAMMA 软件采用 C 语言编写，支持 Linux、Windows 以及 Mac/OSX 等操作系统，能够兼容在高性能计算机集群（HPCC），支持服务器端分发处理并使用 Open-MP 从底层对软件进行优化，支持多核多线程加速。

### 1.5.2 SARScape

SARscape 由 sarmap 公司研发，是国际知名的雷达图像处理软件。该软件架构于专业的 ENVI 遥感图像处理软件之上，提供图形化操作界面，具有专业雷达图像处理和分析功能。主要应用于地形数据（DEM）提取、地表沉降监测、滑坡/冰川移动监测、目标识别与跟踪、原油泄漏跟踪、作物生长跟踪、农作物产量评估，以及洪水、火灾和地震的灾害评估等领域。

SARscape 由核心模块及 5 个扩展模块组成，核心模块提供完整的 InSAR 处理功能；聚焦扩展模块，采用经过优化的聚焦算法以及充分利用处理器性能，能够快速输出 SLC 影像；滤波扩展模块，提供基于 Gamma/Gaussian 分布式模型的滤波核，能够最大限度去除斑点噪声，同时保留雷达图像的纹理属性和空间分辨率信息；扫描式干涉雷达处理扩展模块，支持 ASAR 扫描模式数据的干涉处理；极化雷达处理扩展模块，对极化 SAR 和极化干涉 SAR 数据的处理；干涉叠加扩展模块，提供永久散射体（PS）方法和短基线集（SBAS）的方法，可进行多时相雷达数据的干涉分析，获取毫米级的形变信息。同时，针对不同需求，用户可以基于 SARscape 软件提供的 200 多个接口使用 IDL 语言进一步开发。

### 1.5.3 SARProZ

SARProZ 是一套功能较为全面的雷达影像数据处理系统，对 InSAR 处理流程进行了模块化整合，具有高效友好的图形用户界面与处理功能模块布局设计，InSAR 数据处理经验较少的用户可以通过短期培训及练习即可快速掌握操作方法。该软件底层是由 Matlab 开发的，因此可以在安装 Matlab 的 Linux、Windows 等系统内运行。目前该软件应用的案例主要包括城区地面沉降、桥梁形变监测、大坝形变监测、建筑物倒塌监测等。

SARProZ 软件支持 COSMO、TerraSAR-X 和 Sentinel-1 等商业 SAR 数据，包含 SAR 数据聚焦模块、SAR 数据配准裁剪预处理模块、InSAR 处理模块、PSI 处理模块、QUASI-PSInSAR 处理模块等，QUASI-PSInSAR 使用 QPS 技术克服了对 PS 点数量的依赖，该技术通过最大化目标的时间相干因子，在时间序列数据集中选择具有较高相干性的干涉图子集，从而提取目标的高程和形变速率信息，扩展了在 PS 点目标特性不明显并且在时间维上不稳定的区域。

### 1.5.4 StaMPS

StaMPS（Stanford Method for Persistent Scatterers）最初是在美国斯坦福大学完成，后续的发展则是在冰岛大学、代尔夫特理工大学和利兹大学，该软件的最新版本是 2018 年 8 月 15 号发行的 StaMPS 4.1b。该软件是一套开源的时序 DInSAR 科研软件，运行平台为 Linux 系统，运行平台为 Matlab 软件，适用于一些人工建筑物稀少和形变不稳定区域，可以应用于监测 PS 点稀少的山地和冻土等区域，国内外学者经常使用该软件研究非线性形变，从而更好地反演冻土、构造和火山等非线性形变区域的形变信息。

StaMPS 软件是基于 C，Perl，Matlab 和 Shell 等语言开发的，核心算法依托于 Hooper 在 2004 年提出的一种 MT-InSAR（Multi-Temporal InSAR）方法，关键点在于相干性阈值统计分析选点方法和时空三维解缠算法，该软件时序 DInSAR 方法包含基于单一主影像的 StaMPS 方法和 SBAS 方法等两种方法。在导入软件进行时序 DInSAR 方法处理前，需要进行两步预处理，第一步是 SAR 影像聚焦处理，生成单视复数影像（Single Look Complex，SLC）；第二步是由 SLC 生成干涉图，这两步的预处理可以使用外部软件 RoiPac（SAR 成像），Doris（InSAR 处理），ISCE（InSAR 处理），SNAP（InSAR 处理）和 GAMMA（SAR 成像和 InSAR 处理）等。

### 1.5.5 DORIS

DORIS 软件是由荷兰荷兰代尔夫特理工大学开发且免费公开 C + + 源码的一套软件，可适用的平台较多，而最常用于 Linux 系统下。该软件最早开发于 1998 年 9 月，在一年后免费对外开放最新版本更新于 2017 年，不同于其他商业 SAR 处理软件，其定位是服务于科研，可用于 InSAR 生成 DEM 和常规 DInSAR 形变的监测工作。

DORIS 软件的安装需要很多第三方库，包括 fftw（快速傅里叶变换程序）、getorb（ERS-1/2、Envisat 的精密轨道数据支持软件）和 SNAPhU（斯坦福大学开发的相位解缠软件）。InSAR 和 DInSAR 处理的输入影像数据是 SLC 影像，需要借助 ROI_ PAC 等成像聚焦软件进行预处理等，目前支持的数据包括 ERS，JERS，ENVISAT，RADARSAT-1/2，ALOS，TSX and COSMO-SkyMed 等 SAR 卫星获取的数据。在进行干涉处理时，也是十分友好的，只需输入一个参数设置文件，便可以输出处理结果。因为该软件定位于服务科研，模块化的操作和开源程序使得科研和生产人员可以根据特定需求进行二次开发。

### 1.5.6 Sentinel-1 Interferometry Processor（哨兵干涉处理器）

哨兵-1 干涉处理器（Sentinel-1 Interferometric Processor，S1IP），是北京大学影像测地学研究团队（https：//sarimggeodesy. github. io/software）针对 Sentinel-1 TOPS 数据开发的全国产 InSAR 数据处理软件。主要特点包括：

（1）数据处理基于 Burst 进行，更加灵活可控。拼接无限制，既可以处理单个 burst，也可以拼接任意多标准幅（frame）的数据，形成数千公里长的干涉图。

（2）采用 CPU 多线程并行算法，干涉处理速度快，处理一个标准幅干涉影像对，从影像导入到地理编码干涉图（90 m 分辨率）总耗时约 3 min（测试环境为 AMD 锐龙 7 3700X处理器 8 核 16 线程）。

（3）整个处理过程基本全自动化进行。只需根据应用需求设置多视、滤波等参数，其他数据处理参数无需人为干预。

（4）采用去参考相位 SLC 存储策略，一次配准后即可快速生成任意基线组合干涉图。存储空间占用少，干涉处理快速、灵活，90 m 分辨率干涉图 1 min 可处理一对。

（5）地理编码干涉图为通用的 geotif 格式存储，雷达参数文件以文本方式存储。可在地图界面选择任意区域将结果导出为 StaMPS 格式进行 PSI 或小基线组合时序处理。

（6）Windows 下专业图形界面，操作方便、易于上手，无需专业培训即可生成各种应用场景下的干涉图。

## 1.6 铁路行业 DInSAR 技术应用现状

DInSAR 技术在铁路行业的研究和应用起步较晚，主要还是在铁路勘察设计前期对区域沉降的检测和监测，但还未在施工建设和运营维护中全面推广。众多科研人员利用 GAMMA、SARProz、SARScape、StaMPS 和 DORIS 等 InSAR 主流软件在铁路形变监测中取得了一定的科研成果，发现了大量铁路沿线区域的典型沉降区，在 2019 年最新的研究中，Ma 等基于 2011 年提出的时序分布式目标 DSInSAR 方法，利用 C 波段高分 COSMO-SkyMed SAR 影像进行了高铁构筑物亚毫米形变试探性应用监测研究，这为 DInSAR 在行业领域高精细应用研究中又前进了一步。

在铁路生产行业和铁路 InSAR 深入应用领域，中国铁设测绘院在业界首次引入 InSAR 区域形变监测技术，从 2009 年至今，在铁路设计和铁路运营观测阶段进行了大量的生产应用和相对应的研发。在铁路勘察设计阶段，使用 DInSAR 技术获取铁路预可研和可研阶段的铁路沿线区域沉降分布，并生成辅助专业设计人员的沉降等值线和沿线剖面线等专题图，在铁路线路规划设计初期就杜绝了可能为高铁后期安全运营造成的高危区域，避免了铁路线路穿越不均匀沉降区、滑坡和矿井采空区等高危区域。在运营期间的高精细沉降监测中，中国铁设测绘院也首次使用 1m 高分辨率 TerraSAR 数据在京津城际等高铁构筑物形变监测做了一些深入应用，并在辅助高铁运营监测方面研发了软件 CrdcInSarPro。

## 1.7 DInSAR 在铁路行业应用的意义

DInSAR 在铁路行业应用的意义在于，利用非接触式的方式为铁路勘察设计、施工建设和运营维护提供准确沉降监测信息，包括历史回溯的沉降信息。

在铁路选线阶段，线位如果经过不均匀沉降区域（或采空区），将会增加后续施工的难度，同时也会增加运营阶段的危险程度和监测成本，严重影响高铁的运营安全，如何及时绕开这些不良地质区域是勘察设计阶段的重要工作之一。在这个阶段，沉降监测的主要目的是发现并明确这些不良地质区域、重点沉降范围、沉降量以及根据历史沉降规律来预测未来沉降趋势，对于沉降监测精度的要求不太高。传统的铁路勘察方法是地质专业从各个地方相关部门收集沿线历史沉降监测数据，但这种监测数据一般只有在城区，或者重要工程运营维护阶段才有，并且只有零散的监测点（水准点或者 GPS 点），很难收集到全线的历史沉降数据。对于境外高铁，收集历史沉降数据更是困难重重。在这种情形下，采用常规 DInSAR 方式完全可以满足要求。同时由于选线阶段线位方案可以调整的区间比较大，结合成本考虑，也无需采用高分辨率的雷达影像，通过三（门峡）十（堰）线的实验说明，基于低分辨率的常规 DInSAR 实验的结果基本可以满足铁路选线阶段的要求，可以为选线阶段确定区域沉降范围提供有有力的支持。

在施工建设阶段，利用 DInSAR 技术对周边环境变化引起的地面沉降仅进行监测，为施工组织提供依据，保证施工安全。在对京沪高速铁路施工阶段过程的区域性沉降监测中，采用 PSInSAR 方法无论对整体区域性的沉降信息获取，还是单点沉降信息精度方面，都与水准测量具备较好一致性，这种一致性表现在整体沉降趋势、沉降突变区的定位，以及单点沉降精度等方面。

在运营管理阶段，铁路本身和周边环境相对稳定，铁路本身就是一个强反射体，高分辨率卫星影像可以提取铁路线上的地物和人工建筑物作为时序分析的干涉点，这为运营阶段的形变监测提供了可能。采用时序 DInSAR 的方法持续对铁路进行形变监测，及时发现风险区、提高沉降预判能力，维护铁路运营安全。从已有的实验来看，提取的 PS 点数量远远大于水准点数量，因此采用时序 DInSAR 技术可提供更丰富的沉降监测信息。

在沉降监测精度方面，SAR 数据的获取时间对沉降的影响可以忽略不计，不存在沉降监测的本身作业的周期性问题。而采用水准测量技术，完成一次监测需耗时数天甚至数月，监测过程中的沉降量被平差掉了。

在可用雷达卫星数据源方面，利用的 Envisat 数据其空间分辨率为 25 m，因此其在小区域内提取的 PS 点数量会受影响，目前可用的 TerraSAR-X 和 COSMO-SkyMed 数据分辨率达到米级，不仅提高了 InSAR 在小范围内获取 PS 点的数量，同时能够展示更丰富和细致的单元地物，大大提高沉降监测的精度。

# 第 2 章　DInSAR 沉降监测技术原理

## 2.1　合成孔径雷达基本原理

### 2.1.1　合成孔径雷达系统原理

合成孔径雷达，SAR 系统是基于电磁波技术和雷达成像装置发展而来的一种主动微波遥感探测技术，主要得益于电磁波技术的发现和军事雷达探测应用的推动。19 世纪末，麦克斯韦发现电磁方程组，赫兹开展了无线电磁波发射和接收实验；20 世纪初，英国发明第一个发射微波的磁控管；20 世纪 50 年代，美国 Carl Wiley 提出将多普勒频移应用于雷达成像，助力了第一台被用于军事领域的侧视雷达的诞生；直至 1962 年美国喷气推进实验室（JPL）发射了第一颗星载合成孔径雷达 Seasat-A，合成孔径雷达正式进入太空，同时也开启了在民用和科学领域的应用。如今，合成孔径雷达系统正在多平台、多波段、多极化、多模式、高空间分辨率和高重访频率的道路上持续高速发展，现已形成地基、机载和星载 SAR 系统等“空天地”一体的格局。

雷达系统通过发射雷达波信号，并接收回波信号实现对目标的探测与成像，分为真实孔径和合成孔径。与真实孔径雷达相比，合成孔径雷达系统利用运动平台与地面目标之间相对运动产生的多普勒频移信号，对单目标多次雷达回波信号进行合成阵列处理，从而显著提高沿平台运动方向的雷达成像分辨率。

雷达天线一般安置在飞行平台一侧，随平台一起飞行，天线的飞行方向称为方位向，垂直于天线飞行方向并与雷达波发射的方向一致称为距离向。如图 2－1 所示，雷达成像是侧视成像，其工作原理是：在距离向上，以一定的侧视角度 $\theta$ 发出脉冲宽度较窄的椭圆状电磁波至地面形成一个辐射带，并依次记录从近斜距 $R_n$ 到远斜距 $R_f$ 地物的反射回波信号；在方位向上，雷达波束按照一定的时间间隔被连续发射至地面，并记录辐射带序列，从而形成二维（距离向和方位向）的数据阵列，生成地面的雷达影像。

相对于传统光学影像在雨雾天气带来的局限性，SAR 系统可以穿透云雾、尘埃、植被或者浅层地表等，可全天时和全天候地获取影像数据，因此，在地质灾害、涝灾、地面沉降等自然灾害的监测中具有独特的优势。

### 2.1.2　SAR 空间分辨率

作为衡量成像质量的重要参数之一的空间分辨率，是指雷达影像上可辨别的两相邻目标之间的最小距离，通常将其分为距离向分辨率和方位向分辨率。为了从雷达影像中分辨出距离向相邻单元，被雷达系统所接收的相邻单元回波信号要求在时间上有差别。设斜距

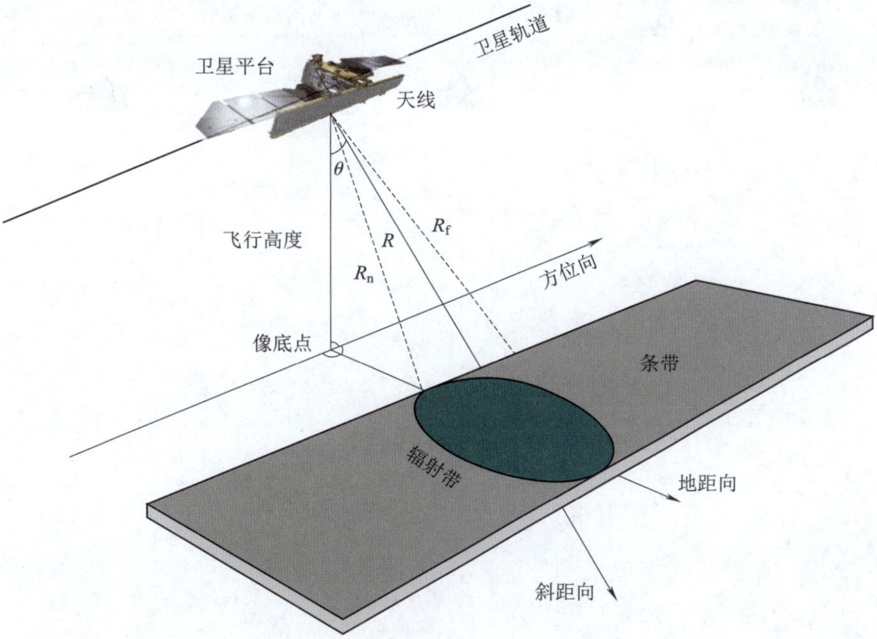


图 2-1　合成孔径雷达几何示意图

向上的聚焦脉冲持续时间（脉冲宽度）为 $\tau$，待分辨两地物的斜距向距离为 $d$，则需要满足：

$$d > \frac{c\tau}{2} \tag{2-1}$$

其中，$c$ 表示光速，$\tau$ 表示脉冲持续时间。在脉冲持续时间内没有重复信号返回到雷达系统中，距离向相邻地面点才能分别独立成像，因此，雷达斜距向分辨率为 $\Delta R = c\tau/2$，投影到地面的地距向分辨率为

$$\Delta R_{\mathrm{G}} = \frac{c\tau}{2\sin\theta} \tag{2-2}$$

其中，$\theta$ 表示雷达入射角，根据公式可知，雷达地距向分辨率是变化的，当 $\theta$ 逐渐增大时，分辨率越高，当 $\theta = 0°$ 时，即成像地物正对像底点，地面分辨率趋近无穷大，从而导致成像失败，因此，雷达成像必须为侧视成像。一般雷达距离向分辨率的提高，是通过脉冲压缩技术使得聚焦脉冲持续时间缩短，即脉冲宽度被压缩。

从真实孔径雷达理论可知，天线长度、观测平台高度限制了方位向分辨率，而合成孔径雷达是利用合成信号模拟出等效大孔径天线，达到改善方位向分辨率的目的，如图 2-2所示，其工作原理是：在一定的时间 $T_i$ 内，通过不断追踪记录同一地面目标的多普勒频率序列实现较大合成孔径 $L$，而时间 $T_i$ 被称为合成孔径时间。类似于火车进出站台声波的多普勒频移，雷达信号的多普勒频率是指，由于沿方位向运动的 SAR 卫星相对于目标 $P$ 的位置发生变化，发射和接收脉冲信号频率产生的差异值。在 SAR 卫星的运动过程中，斜距是关于时间 $t$ 的函数，根据几何关系和平方根近似算法可以表示为

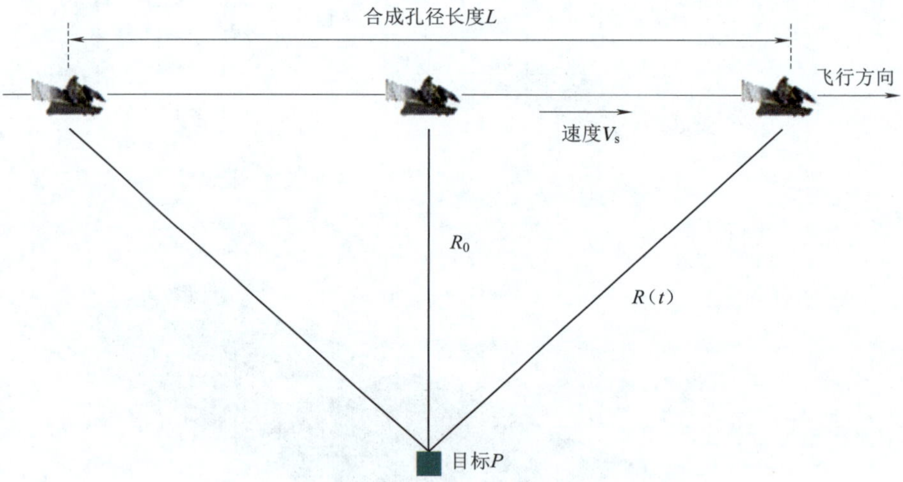


图 2-2　合成孔径成像原理几何示意图

$$R(t)=\sqrt{R_0^2+(V_st)^2}\approx R_0+\frac{(V_st)^2}{2R_0}-V_st\sin(\psi_{sq})\tag{2-3}$$

其中，$t\in[-T_i/2,T_i/2]$，$\psi_{sq}$ 为由于 SAR 卫星姿态不稳定、地球自转等造成的波束发射方向和 SAR 运动速率方向之间的微小斜视角。因此，回波信号的多普勒频率可表示为

$$f_D=-\frac{1}{2\pi}\frac{d\varphi}{dt}=-\frac{1}{2\pi}\frac{2\pi dR}{\lambda dt}=-\frac{2}{\lambda}\frac{dR}{dt}=-\frac{2}{\lambda}\frac{V_s^2}{R_0}t+\frac{2V_s\sin(\psi_{sq})}{\lambda}\tag{2-4}$$

理想情况下，通常将 $\psi_{sq}$ 假设为 0，即 SAR 信号的发射方向垂直于飞行方向，$f_D=-\frac{2}{\lambda}\frac{V_s^2}{R_0}t$。为能从方位向分辨出空间单元，在雷达信号合成时间段 $T_i=\frac{R_0\lambda}{LV_s}$ 内，SAR 卫星沿方位向的雷达波脉冲采样时间间隔 $\tau_{az}$（即扫描方位向一行所需的时间）至少需要满足：

$$\tau_{az}=\frac{1}{B_{az}}=\frac{1}{f_D\cdot T_i}=\frac{L}{2V_s}\tag{2-5}$$

其中，$B_{az}$ 为合成孔径时间 $T_i$ 内多普勒频率变化的范围（即脉冲重复频率），因此，可以得出 SAR 方位向分辨率为

$$\Delta A=V_s\cdot\tau_{az}=\frac{L}{2}\tag{2-6}$$

从式（2-6）可以看出，真实孔径雷达方位向分辨率只与天线物理长度有关，而合成孔径雷达克服了天线物理长度的限制，同时与平台高度无关，极大改善了方位向分辨率。开启了星载合成孔径雷达观测时代。

### 2.1.3　SAR 图像特征

SAR 影像与光学影像具有以下非常明显的区别：

①传统的光学影像属于被动可见光遥感，通过地表对可见光的反射被传感器接收形成影像，受天气影响较大，无法实现全天候观测；SAR 影像数据为主动微波遥感，通过发

射和接收微波脉冲实现成像，可穿透云雾和植被，可实现极端天气和林下地表观测。

②光学影像为中心投影，而 SAR 影像则是通过侧视距离扫描成像，对地貌特征敏感。

③光学影像的像素只包含地面目标的辐射信息，而 SAR 影像的每一个像素除了包含地面目标的反射强度信息外，还包含了雷达回波信号的相位信息，该相位信息对应着雷达波往返的行程，这成为 SAR 影像与光学影像的最大区别，也是 SAR 影像相对于光学影像最大的优势。

雷达原始回波信息成为 raw 数据，该数据不能直接用于影像分析，平常用于 InSAR 数据处理的单视复数（Single Look Complex，SLC）影像则是 raw 数据经过聚焦处理后生成的，其针对某地面目标所对应的像元值可表示为

$$a + b\mathrm{i} = \sqrt{a^2 + b^2} \cdot \mathrm{e}^{\mathrm{i}\phi} \tag{2-7}$$

其中，$a$ 和 $b$ 分别表示复数的实部和虚部，i 表示虚数单位。根据式（2 -7）可知该像元所记录 SAR 回波信号的振幅 $A = \sqrt{a^2 + b^2}$ 和相位 $\phi = \mathrm{angle}(\psi)$［即辐角，angle(·) 为取复数辐角的函数］，其中相位 $\phi$ 为缠绕相位，取值区间为 $[-\pi, \pi)$。

从像素信息来看，SAR 影像包含的信息要比光学影像丰富，但从视觉效果来看，SAR 影像远没有光学影像清晰，这主要是由侧视成像造成的，SAR 影像所反映的是地物对微波的后向散射特性，由于地物几何形态、材质、粗糙度、介电常数等差异，导致地物拥有不同的散射特性。在相同或相似的频率下，同种地物能够保持一定的相干性。通常，在一个像元覆盖的地表范围内会存在多种不同尺度和不同属性的地物目标，由于相干波的叠加，有些区域振动加强，有点区域振动减弱，单一像元内所测量到的目标散射系数就产生了一定的随机起伏，各临近的像元间就会因其表现出相对显著的差异性，最终在影像上形成类似斑点的噪声。为了减弱斑点噪声的影响，一般要进行滤波或者多视处理。

### 2.1.4　SAR 系统组成

目前，SAR 系统由星载、舰载、机载和地基等多种平台构成，而在地质灾害监测中最为常用的是星载和地基 SAR 系统，地基 SAR 平台极大弥补了星载 SAR 系统在形变监测周期和观测姿态固定的短板。

星载 SAR 系统，其平台是运行在太空中的卫星，地面人员通过发射指令可调动 SAR 卫星飞行轨道和成像区域，从而可以及时响应灾害应急监测和为客户提供编程数据。卫星平台搭载的 SAR 系统主要由雷达脉冲设备、相干振荡器、发射器、混频器、收发转换开关、接收机和雷达天线等组成。天线完成雷达波发射和接收的整个过程为：首先通过雷达脉冲设备生成包含脉冲宽度、起止时间、重复频率等丰富信息的微波信号，并与相干振荡器中输出的中频信号叠加，接着通过混频器将与相干振荡器输出信号叠加后的信号混频，生成有特定波形且低功率的调制信号。调制信号经过发射器放大到足够功率后，传输给转换开关，同时关闭接收机以防止大功率泄露信号烧坏接收机器件。紧接着，信号由雷达天线这个 SAR 硬件设备与外界联系的接口设备发出，当回波信号返回后，接收机便会被打开用于接收雷达回波信号，接收机会对接收的雷达回波波信号进行放大、增益和压缩等处理，最后，由卫星将处理后的雷达回波信号返回地面接收站，由地面处理系统处理后，对

外进行公开发行。

地基 SAR 系统，运行平台主要包括顺直滑轨和旋转支架两种，以意大利 IDS 公司和佛罗伦萨大学研发的 IBIS-L 地基 SAR 系统为例进行介绍，IBIS 系统主要包含传感器单元、线性扫描器单元、能量供应单元和记录处理单元等四部分，传感器单元包含信号发射器、接收器和频率扫描和传感器位置间的同步控制器，线性扫描器单元包括 2 m 滑轨、步进电机和位置编码器，能量供应单元包括电池、太阳能电池板和 220 V 交流输入，记录和处理单元是指带有 SW 控制处理软件的专业电脑。线性扫描器单元为 IBIS SAR 系统提供了一个等效滑轨长度 2 m 的天线，这极大提高了方位向分辨率，而该线性扫描单元的安装滑轨也可以更换成支架，降低摆放位置的限制条件，但也牺牲了方位向分辨率。IBIS 系统在滑轨上以一定周期运行，通过传感器单元发射和接收微波信号，在获取两期观测数据后，便可以直接在拥有 SW 控制处理软件的电脑端及时获取干涉结果，高实时性提供数据监测结果。

## 2.2　合成孔径雷达干涉基本原理

合成孔径雷达干涉（InSAR）物理基础源于托马斯杨的杨氏双缝干涉实验，根据相位与距离之间的关系求取电磁波传播的路径差。其原理可以概括为，基于同一地区的两幅 SAR 复数图像，进行复数共轭相乘，获取该地区的干涉相位信息，并对干涉相位进一步分析处理，从而提取该地区的 DEM 或形变信息。SAR 干涉模式根据 SAR 数据获取方式的不同可分为单航过和重复轨道模式。其中交叉轨道干涉测量（Cross-Track Interferometry，XTI）和顺轨干涉测量（Along-Track Interferometry，ATI）为单航过模式。现在大多数在轨的星载雷达卫星系统都采用重复轨道干涉测量模式，它用单天线平台在不同时间获取干涉影像对，其干涉模型如图 2－3 所示。

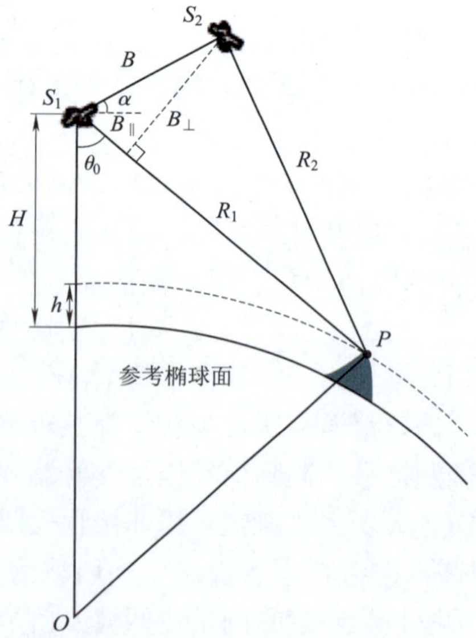


图 2－3　InSAR 干涉模型图

假设卫星以一定的时间间隔重复对某一区域成像，$S_1$ 和 $S_2$ 分别为星载 SAR 系统对同一地面目标 $P$ 成像时的轨道位置，$R_1$ 和 $R_2$ 则是两次成像时雷达波往返的斜距，即卫星 SAR 系统至地面的距离，$B$ 为两次星载 SAR 系统之间的干涉空间基线，其长度为 $|B|$，称为基线长度；基线向量 $B$ 与水平方向的夹角 $\alpha$，称为基线倾角，$S_1$ 和 $S_2$ 至地面目标 P 的斜距分别为 $R_1$ 和 $R_2$，其中 $R_2 = R_1 + \Delta r_{12}$，$H$ 为 $S_1$ 到参考面的高度，$B_\perp$ 和 $B_\parallel$ 分别为基线在雷达视线方向的垂直分量和水平分量。结合图 2－3 可知，在不考虑相位噪声和大气延迟误差的前提条件下，图 2－3 中往返斜距 $R_1$ 和 $R_2$ 分别对应的绝对相位 $\psi_1$ 和 $\psi_2$ 可表示为

$$\begin{cases} \psi_1 = -\dfrac{4\pi R_1}{\lambda} \\ \psi_2 = -\dfrac{4\pi R_2}{\lambda} \end{cases} \tag{2-8}$$

其中，值得注意的是绝对相位对应的实际距离为两倍斜距；$\lambda$ 表示雷达波长。对任一两幅 SAR 影像共轭相乘进行干涉处理。因此根据式（2－7）和式（2－8）可获得干涉相位表达式为

$$\psi_{\text{int}} = -\frac{4\pi(R_1 - R_2)}{\lambda} = \frac{4\pi}{\lambda}\cdot\Delta r_{12} \tag{2-9}$$

干涉相位与平行基线和垂直基线有如下关系：

$$B_\parallel = B\cdot\sin(\theta-\alpha) = \Delta r_{12} \tag{2-10}$$

$$B_\perp = B\cdot\cos(\theta-\alpha) \tag{2-11}$$

由于空间基线 $B$ 与斜距 $R_1$、$R_2$ 比值近似于 0，结合式（2－9）可知两次测量的相位差为

$$\psi_{\text{int}} = \frac{4\pi}{\lambda}\cdot B\cdot\sin(\theta-\alpha) \tag{2-12}$$

依据余弦定理有

$$\sin(\theta-\alpha) = \frac{(R_1+\Delta r_{12})^2 - R_1{}^2 - B^2}{2R_1B} \tag{2-13}$$

$$h = H - R_1\cdot\cos\theta \tag{2-14}$$

此即为 InSAR 技术确定地物高程的原理性公式。在干涉数据处理时，需要注意以下几个方面的问题：

SAR 数据的选取。不同应用目的的数据选择标准不一样，为了能最有效地利用 InSAR 技术取得最合理的结果，选择数据时需要考虑几个参数：视角，空间基线，时间基线，相干性，气象条件等。目前可以利用的 SAR 图像数据选择软件有：EOLI、DESCW 等。目前，国内一般是向数据代理商采购数据，在采购之前可以要求数据代理商提供 SAR 数据的基本资料。

（1）高程模糊度。高程模糊度是指相位差为 $2\pi$ 对应的高程量。

（2）依据式（2－12）和式（2－14）求导有

$$\Delta\phi = \frac{4\pi}{\lambda}\cdot B\cdot\cos(\theta-\alpha)\cdot\Delta\theta = \frac{4\pi}{\lambda}\cdot B_\perp\cdot\Delta\theta \tag{2-15}$$

$$\Delta h = R_1 \cdot \sin\theta \cdot \Delta\theta \tag{2-16}$$

得到高程模糊度公式如下：

$$\frac{\Delta\phi}{\Delta h} = \frac{4\pi \cdot B_\perp}{\lambda \cdot \sin\theta} \tag{2-17}$$

$$\Delta h = \frac{\lambda \cdot \sin\theta}{2 \cdot B_\perp} \tag{2-18}$$

由上式可知，高程模糊度与垂直基线成反比，理论上来讲，基线越长，高程测量精度越高。但是超过某一个极限基线后，会产生干涉失相干。因此 InSAR 模型与其技术本身也有其局限性，比如：时空基线过长导致的时空失相关、大气延迟效应等。另外，在铁路等实际工程应用时，还要充分考虑 InSAR 监测精度与工程精度要求之间的匹配度。

## 2.3 合成孔径雷达差分干涉测量基本原理

DInSAR 较为常规的监测原理是利用具有较高相干性的两期 SAR 影像数据，获取差分干涉相位，从而提取这期间地表地物发生的雷达视线向形变，高相干性则和两次成像姿态是否近乎一致、雷达波长以及地表覆盖变化相关。目前常规的 DInSAR 监测模式有三种，即二轨法、三轨法和四轨法。三者基本原理一致，现已较为常用的二轨法为例进行阐述。二轨 DInSAR 方法主要使用变形前后的两幅 SAR 影像和该区域的外部 DEM 来完成差分干涉处理。首先使用这两幅 SAR 影像进行干涉处理，并去除参考椭球面相位，随后将外部 DEM 配准采样至影像干涉区域内，根据干涉基线和配准后的外部 DEM 高程信息获取对应的地形相位，并将其从干涉相位中去除，从而获得主要包含形变信息的差分干涉相位。

如图 2－4 所示为二轨法进行差分干涉测量的几何示意图。在卫星 SAR 对某一地面区域先后两次成像期间，地面发生了形变，图中 $P$ 点移至 $P_1$ 点，将 $S_2P$ 代表的单向斜距 $R_2$ 等距离投影至 $S_2P'$，便可获得观测目标沿雷达视线方向的形变量为 $\Delta r$。结合 2.2 节干涉基本原理和微波在传播过程中大气延迟的影响可知，二轨差分干涉测量的相位由以下几部分组成：

$$\psi_{int} = W\{\psi_{ref} + \psi_{top} + \psi_{def} + \psi_{atm} + \psi_{noise}\} + k \cdot 2\pi \tag{2-19}$$

其中，$W\{\cdot\}$ 为缠绕函数，缠绕相位值位于区间 $[-\pi, \pi)$ 内；

$\psi_{ref} = -\dfrac{4\pi}{\lambda}B\sin(\theta - \alpha)$ 为平地相位；

$\psi_{top} = -\dfrac{4\pi B_\perp h}{\lambda R_1 \sin\theta}$ 为地形引起的相位；

$\psi_{def} = \dfrac{4\pi}{\lambda}\Delta r$ 为视线方向（LOS）的形变引起的相位；

$\psi_{atm} = \dfrac{4\pi}{\lambda}(S^{t1} - S^{t2})$ 为两次成像期间大气延迟不同引起的相位，其中 $S^{t_1}$ 和 $S^{t_2}$ 分别为两个成像时刻在斜距方向的大气延迟；

$\psi_{noise}$ 为噪声相位，$k \cdot 2\pi$ 是整周模糊相位，该值通过相位解缠获取。

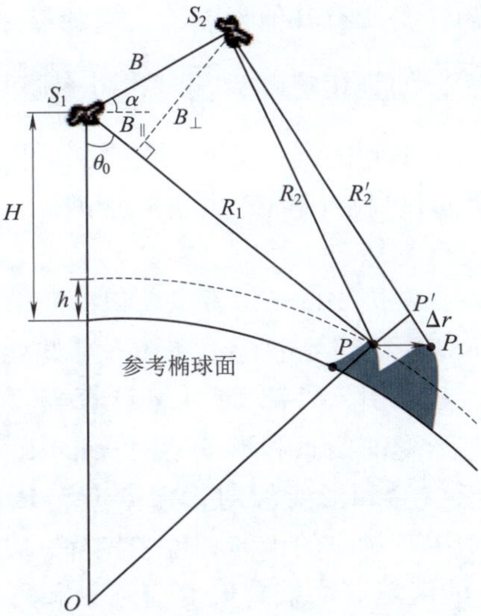


**图 2-4　DInSAR 基本原理图**

对式（2-19），参考椭球面相位 $\psi_{\text{ref}}$ 可根据基线进行估计，地形引起的相位 $\psi_{\text{top}}$ 可根据已有的 DEM 估计，噪声相位 $\psi_{\text{noise}}$ 可根据空间滤波进行滤除，大气相位 $\psi_{\text{atm}}$ 可根据空间滤波和与地形相关的估计模型进行估计并分离，因此在估计出上述残余相位后，利用差分方法分离出地表形变相位，再对形变相位进行解缠，即可得

$$\Delta r = \frac{\lambda}{4\pi}\psi_{\text{def}} \tag{2-20}$$

对式（2-20）微分，可得

$$\Delta r' = \frac{\lambda}{4\pi}\Delta\psi_{\text{def}} \tag{2-21}$$

当 $\Delta\psi_{\text{def}} = 2\pi$ 时，可得形变模糊度为

$$\Delta r' = \frac{\lambda}{2} \tag{2-22}$$

由式（2-22）可知：$2\pi$ 相位变化所对应的形变量为波长的一半。而对于工作于 C 波段的 ERS 和 ENVISAT 卫星，形变模糊度为 2.8 cm，波长相对较长的 L 波段的 ALOS 卫星 PALSAR 传感器也仅为 11.8 cm。

综合高程模糊度和形变模糊度有如下关系：

$$\frac{\text{形变模糊度}}{\text{高程模糊度}} = \frac{B_{\perp}}{\sin\theta}$$

以垂直基线 100 m，入射角 30°为例，上述比值为 200:1，即一个 $2\pi$ 相位变化引起的形变变化远大于引起 DEM 变化，这说明：①差分相位对雷达视线向形变非常敏感，利用 DInSAR 监测地表形变的灵敏度远高于 InSAR 获取 DEM 的灵敏度，DInSAR 可用于高精度形变监测，获取 DEM 精度较差；②由形变模糊度公式可知，相邻两期 InSAR 数据获取期间，相邻两点间形变梯度不能大于波长的一半 $\frac{\lambda}{2}$，这说明长波段更适宜于形变较大的区域；③由形变模糊度公式可知，当所有其他误差源引起的最终差分相位的误差很小，形变监测精度主要取决于测相精度，如测相精度为$\frac{\pi}{10}$时，形变监测精度可达$\frac{\lambda}{40}$，即达到毫米级的监测精度。这说明，当通过不同的误差分析方法逐步剔除或减少差分相位中的误差，可以提高 DInSAR 监测精度。通过目前国内外大量关于 DInSAR 在实际工作形变中误差精度分析，其精度可达厘米甚至毫米级。

除上面常用的二轨差分外，常规 DInSAR 方案还包括三轨差分及四轨差分的方法。二轨法、三轨法以及四轨法 DInSAR 均需要进行干涉和去平的处理。三种方法的主要区别在于地表高程相位的计算过程。如果引入外部 DEM 来计算高程相位并将其消除，以得到形变场，这就是二轨法。如果有形变前两景和形变后一景影像，其中形变前一景分别与形变前影像和形变后影像形成地形像对和形变像对，根据 InSAR 测高原理获取高程相位，把地形像对作为高程相位从形变像对对应的干涉相位中剔除，即可得到形变量，这称之为三轨法，适用于缺少先验 DEM 的区域。如果有形变前三景和形变后一景影像，其中形变前两景组成地形相位，第三个形变前影像和形变后影像组成形变像对，把地形像对作为高程相位从形变像对对应的干涉相位中剔除，但是此时两个相位中影像主影像不一致，需要对两个像对进行配准，然后再进行差分获取形变，这种方式称之为四轨差分干涉。

无论是二轨法、三轨法，还是四轨法，其基本都是利用形变干涉相位减去地形相位（假设没有形变）得到形变相位。以二轨法为例，DInSAR 技术在铁路工程上的沉降监测应用流程如图 2－5 所示。

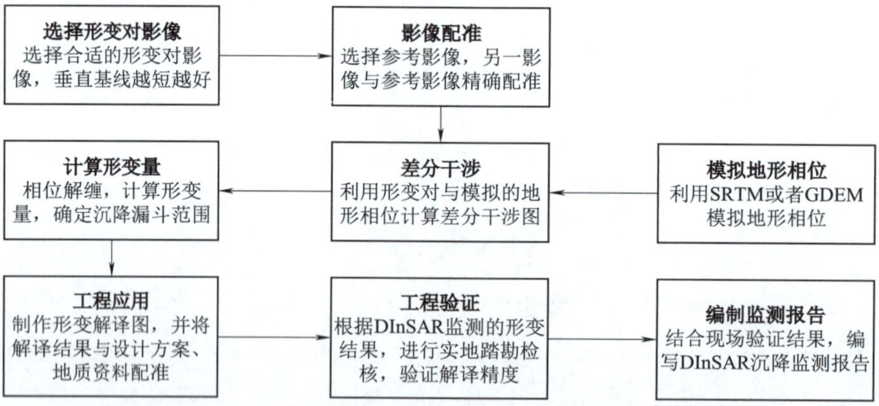


图 2－5　二轨法下的 DInSAR 形变监测流程

与点位式的地壳形变观测技术相比较而言，差分干涉测量技术具有大面积面状监测的优势。但在实际应用的过程中，受限于时空失相干、DEM 误差和基线误差等，传统的重复轨道 DInSAR 方法在大多数应用地区仅限于厘米级的精度，多用于较大形变量的监测，如地震、滑坡等。对于铁路行业中精度要求不高的勘察设计阶段的线路选线，如探测沉降漏斗、采空区的边界，则可利用较低分辨率的 SAR 影像数据（如 ENVISAT、ERS、ALOS），采用常规 DInSAR 技术，以较低的成本取得满足要求的结果。但是，厘米级的监测精度无法满足对高铁线上沉降监测的精度要求。

## 2.4　DInSAR 数据处理基本流程

DInSAR 数据处理实践的基本流程（图 2－6）主要包含 SAR 原始影像的聚焦处理、监测区域的裁切、裁切后 SLC（Single Look Complex）影像配准、生成干涉相位图、估计并去除椭球面和地形相位、差分干涉相位解缠、地理编码等。接下来，将详细阐述其处理流程。

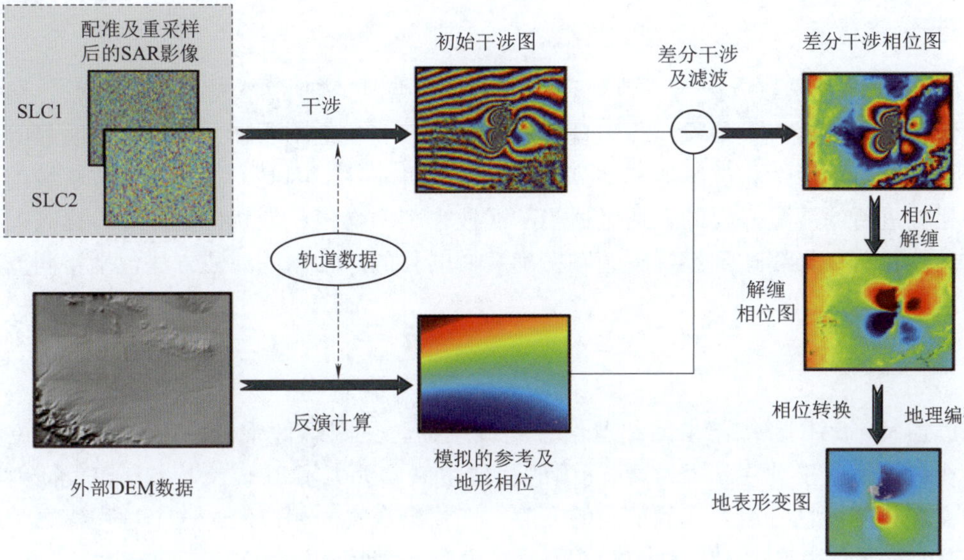


图 2－6　DInSAR 数据处理流程

### 2.4.1　主副影像配准和重采样

由于主副影像轨道偏移，这两幅影像并不完全重合，因此需要进行配准和重采样。SAR 影像配准的核心思想是计算构成一个干涉对的两幅 SAR 影像同名点的坐标映射关系，将副影像按照映射关系采样为与主影像相同的格网空间，使两幅影像的同名点对应于地面同一分辨单元。一般来说，SAR 影像的配准精度至少要达到 1/8 像元。若配准不精确，将导致较大的干涉相位误差，当两幅影像配准误差大于或等于一个像元时，两幅影像将完全失相干，干涉时不能生成干涉条纹，也就无法进行后续干涉处理。因此，主副影像配准和重采样是干涉处理的首要步骤。

### 2.4.2　生成干涉图

将主、从影像配准重采样好后，同名像元将会一一对应，通过同名像元相位共轭相乘得到相应的干涉图。一般干涉图中相位包含参考面相位、高程相位、形变相位、大气延迟相位和噪声等。其中参考椭球面相位占主要成分。因此接下来需要计算参考椭球面相位，并在干涉相位中通过差分去除。

### 2.4.3 去除参考椭球面相位和地形相位

采用地理编码把外部 DEM 转换到 SAR 成像坐标系，然后根据参数文件记录的轨道信息，通过干涉几何计算模拟生成参考椭球面相位和地形相位。从干涉图中差分去除这两部分，如果忽略大气和噪声，那么此时的干涉图即为形变信息。

将地形相位图配准和重采样到 SAR 影像空间后，从干涉图中差分去除，即可得到只包括地面形变相位的差分干涉图（理想情况下）。

### 2.4.4 相位滤波

由于 SAR 系统具有成像与干涉处理固有的斑点噪声、时间空失相干等特点，导致生成的干涉相位图中含有大量噪声，表现为相位不连续、相位不明晰、周期性不明显等。这些噪声严重影响了后续相位解缠和估算地面形变的可靠性。因此，在进行相位解缠前对差分干涉相位进行滤波是必要的，通过适当的滤波来削弱噪声，使相位更连续，提高差分干涉相位的信噪比，最终达到正确解缠和精确解译的目的。常用的滤波方法包括空间滤波和频率滤波等。

### 2.4.5 相位解缠

前已述及，SAR 影像记录的相位信息是缠绕的，主副影像干涉获得的干涉相位和差分干涉相位均是位于［$-\pi$，$\pi$）区间内的相位主值，丢失了 $2k\pi$，无法直接表征斜距差对应的真实相位信息。需要找到准确的 $k$ 值，恢复出真实的相位值，这个过程称之为相位解缠。其常用的方法包括枝切法、最小二乘法、最小费用流法（MCF）等。

## 2.5 主要误差源分析

（1）干涉失相干

在不同时期对同一地区进行观测时，SAR 传感器由于本身及外界因素影响而使得接收的回波信号不同，致使相位信号干涉处理时发生失相干。干涉失相干表征了两幅干涉 SAR 影像的相位观测量相干性的程度。干涉失相干的因素主要包括多普勒失相干，空间失相干，时间失相关和噪声等。

多普勒失相干是指沿 SAR 卫星飞行方向即方位向，由于雷达两次成像时多普勒中心频率不一致所导致的失相干，也可称为多普勒质心失相干，两次成像多普勒中心频率差异越大，失相干则越严重，可表示为

$$\xi_D = \begin{cases} 1 - f_{DC}/B_A, |\Delta f_{DC}| \leqslant B_A \\ 0, |\Delta f_{DC}| \leqslant B_A \end{cases} \tag{2-23}$$

式中，$f_{DC}$ 为多普勒中心频率差异，$B_A$ 为方位向带宽。一般情况下，这种由于多普勒中心频率差异引起的失相干噪声可以利用方位向滤波的手段予以抑制，还可以通过估计多普勒函数来进一步提高 SAR 影像干涉对间的相干性。若对于多普勒失相干得不到有效处理，将

会降低干涉图的质量，并对后续的相位解缠造成负面影响，甚至导致地形和形变信息提取失败。

空间失相干也可称为几何失相关，是指 SAR 传感器对同一地物两次成像时的雷达侧视角度存在显著差异，引起地物对雷达波不同的交互和后向散射特性，使得两次观测相位发生很大的变化，从而导致失相干。严重的空间失相干会影响到干涉结果的质量，致使 InSAR 提取的形变信息难以达到精度要求。因此，在实际的干涉测量中，干涉对的空间基线是影像选取的重要指标，过长的空间基线必然导致较低的相干性和质量较差的干涉结果，特别是以提取地面形变相位为目的的 DInSAR 形变监测方法，短的空间基线不仅有利于干涉质量的提高，更有利于削弱 DEM 误差对形变信号提取的影响。然而，对于以提取地形为目标的 InSAR 干涉来说，较长的空间基线虽然不利于相关性的提高，也更易受到失相干噪声的影响，但有利于提高干涉相位相对于高程的敏感度。

时间失相干是在雷达两次成像的不同时刻，观测区域分辨单元内地物物理和化学特性不同（即随时间随机变化）而造成的，如植被的生长与叶面朝向的变化、土壤含水量变化、农田翻耕、地面发生较大的形变及河流丰水期和枯水期等，此类地物特性随时间改变引起的失相干统称为时间失相干。因此，过长的观测时间间隔（即长时间基线）不利于干涉相关性的保持，特别是对于植被茂密区域。此外，不同的雷达波长在维持时间相关性方面具有一定的差异，整体趋势表现为：雷达波越长越有助于时间相关性的保持，这是因为，雷达波长越长，其穿透能力也就越强。例如在植被覆盖地区，较长的雷达波可以穿透树冠到达地面再被地面反射，而较短的雷达波可能在树冠表面即被反射，而地面的散射稳定性要比树冠的散射稳定性高很多，因此长波段雷达波的时间相关性要明显高于短波段雷达波。

干涉失相干的主要影响因素是由于上述三种失相干造成的，它们引入的失相干噪声，在干涉处理时降低了干涉相位信噪比，从而降低干涉相位质量，严重影响后续的数据处理。

（2）DEM 误差

DInSAR 在借助外部 DEM 去除地形相位时，由于 DEM 本身精度限制以及与 SAR 影像获取时间、空间分辨率等方面不一致，致使差分干涉图中包含显著的 DEM 残差相位，尤其是在高楼分布较多的城市区域，平常使用的 SRTM DEM 为 2000 年获取的，时效性较差，不包含 2000 年后建设的建筑物高度，致使地形残余误差相位会更为严重。

地形误差相位与高程误差之间的关系可表达为

$$\varphi_{top\_res} = W\{\psi_{top\_res}\} = -\frac{4\pi B_{\perp}\,\delta h}{\lambda R_1 \sin\theta} \tag{2-24}$$

其中，$\varphi_{top\_res}$ 是解缠前的差分干涉相位，$\psi_{top\_res}$ 是解缠后的差分干涉相位，$\delta h$ 是 DEM 高程误差。从而可得出高程误差 $\delta h$ 与形变测量误差 $\delta r_{top}$ 之间的关系为

$$\delta r_{top} = \frac{B_{\perp}}{R_1 \sin\theta}\delta h \tag{2-25}$$

由式（2－25）可知，形变测量误差与垂直基线和 DEM 误差成正比。因此，DInSAR 获取城市地面形变时，宜选取短垂直基线干涉对，同时，选取尽量包含建筑物信息的 DEM，这些均有利于后续数据处理。

(3) 基线误差

由于卫星定轨精度有限，使得解算基线长度与真实长度存在差异，根据式（2-11）和式（2-18）可知，基线误差将引起参考椭球面相位和地形相位估算误差，这将会对形变提取精度产生很大影响。已有研究表明：若要使 InSAR 干涉形变监测精度达到毫米级，基线估计的精度至少需达到厘米级。考虑到星载 SAR 系统定轨精度的差异较大，单纯依据轨道信息的基线参数估计，难以保证雷达干涉测量高精度的要求。因此，国内外学者对基线估计理论和方法进行了深入的研究，现有的方法包括：①基于精密轨道参数的基线估计；②基于干涉条纹频谱信息的基线估计；③引入外部控制点参考信息的基线估计；④基于配准偏移量的基线估计。基线估计的偏差来源于轨道参数的不精确，上述方法可以在一定程度上解决基线估计误差，以及提高形变监测精度。

(4) 大气附加相位

大气附加相位是 DInSAR 数据处理过程中影响较不稳定且较为严重的误差之一。雷达波在传播过程中将不可避免地受到大气介质不均匀变化的影响，这些影响对雷达波传播路径造成的扰动，在干涉相位信号中体现为不均匀的附加相位，即大气附加相位，大气附加相位主要包括电离层扰动误差相位和对流层水汽误差相位。当大气相位较为严重时，会完全掩盖形变相位，从而造成形变监测失败。根据已有研究，DInSAR 中与地形相关的对流层水汽误差可以通过针对地面高程的一次多项式拟合进行估算和去除，而电离层扰动在大区域地面形变探测和高纬度地区形变探测时的影响较为严重，可以采用子孔径干涉方法剔除。

## 2.6 基于时间序列的差分干涉测量基本原理

### 2.6.1 Stacking InSAR 技术

#### 2.6.1.1 Stacking-InSAR 基本原理

Stacking 技术，即相位叠加技术，具体是指通过对 DInSAR 技术获取的一系列干涉对的解缠相位进行加权平均，从而达到减弱大气、轨道及 DEM 误差对形变相位影响的目的，最终提高获取地形相位或地面形变信息的精度。

InSAR 技术在两个不同时刻获取雷达影像，而大气水汽含水量在时空上的随机易变性会导致雷达传播信号延迟，最终造成 InSAR 技术在信号解译时的误差。Stacking 方法首先假设在每一幅独立的干涉图中，大气延迟导致的相位误差是随机且相等的，其次空间区域上的形变速率是线性的。基于满足此种假设的前提下，通过叠加多幅干涉图的解缠相位，获得包括时间序列的累积形变量、叠加的大气延迟相位等相位信息之和。因此可以估计平均形变速率为

$$\varphi_{ph\_rate} = \sum_{j=1}^{N} \varphi_j \Big/ \sum_{j=1}^{N} \Delta t_j \tag{2-26}$$

其中，$N$ 是差分干涉图的总数，$\varphi_{ph\_rate}$ 指年平均形变速率，$\sum_{j=1}^{N} \Delta t_j$ 是第 $j$ 景影像的时间间隔，$\varphi_j$ 是微分相位。若 $\lambda$ 代表波长，$E$ 为假定的单幅干涉图的相位误差，则对应的误差传

播公式为

$$\varphi_E = \frac{4\pi\sqrt{N}\cdot E}{\lambda\sum_{j=1}^{N}\Delta t_j} \tag{2-27}$$

由 Stacking 技术的原理可知，干涉图相位叠加后的大气误差不是干涉图大气延迟相位相加的结果，而是干涉图数量的平方根倍增长的结果。因此最终叠加的相位图中形变信息和大气延迟误差之间的信噪比随之提高。所以说对多幅差分干涉图累加后再平均的思想可以有效降低大气延迟的影响，且可将大气延迟相位的影响降低到约为原始图像的 $\frac{1}{\sqrt{N}}$。

通过对多幅差分干涉图的叠加处理，Stacking-InSAR 可以以时间基线作为加权因子对相位的线性速度进行估算。而在大气相位不变的情况下，估算得到的每幅干涉图相位变化速度的标准差与影像之间获取时间的差值存在比例关系，即

$$\mathrm{std}(V_i) = \mathrm{std}(ph_i)/\Delta T_i \tag{2-28}$$

式中　$V_i$——第 $i$ 幅干涉图的相位变化速率；

$ph_i$——第 $i$ 幅干涉图的解缠相位；

$\Delta T_i$——第 $i$ 幅干涉图的成像时间间隔。

所有的干涉图叠加后，点的平均相位变化速率为

$$V = \sum_{i=1}^{N} w_i\, ph_i / \sum_{i=1}^{N} w_i \tag{2-29}$$

式中，$w_i$ 为第 $i$ 幅干涉图的权，$w_i = \Delta T_i^2$。

相位变化速率的标准差

$$\mathrm{std}(V) = \mathrm{SQRT}\left[\frac{1}{N}\sum_{i=1}^{N} w_i^2 (ph_i/\Delta T_i - V)^2 \Big/ \sum_{i=1}^{N} (w_i^2)\right] \tag{2-30}$$

式中，$V$ 为 $N$ 幅干涉图叠加后的相位变化速率。

相位的标准差表示为

$$\mathrm{std}(ph) = \mathrm{SQRT}\left[\frac{1}{N}\sum_{i=1}^{N} w_i^2 (ph_i - V\cdot\Delta T_i)^2\right] \tag{2-31}$$

式中，$ph$ 为 $N$ 幅干涉图叠加后的相位。

2.6.1.2　Stacking-InSAR 工作流程

Stacking-InSAR 是在 D-InSAR 处理得到差分干涉图的基础上进行的，需要确保所有的差分干涉图均在相同的空间坐标系中，在选取公共主影像时需要优化选取，以减轻大气延迟相位以及时间、空间失相干造成的时序分析影响，选取的原则是公共主影像最好位于时间序列的中间，使基线平均值最小，相干系数平均值最高，同时还要从数据情况、成像季节的角度考虑，选择最优的主影像，主要的工作流程详见图 2－7。

### 2.6.2　PS-InSAR 技术

2.6.2.1　PS-InSAR 技术及研究历程

PS-InSAR 是由 20 世纪末意大利米兰理工大学 Rocca 教授研究小组提出的，他们把注

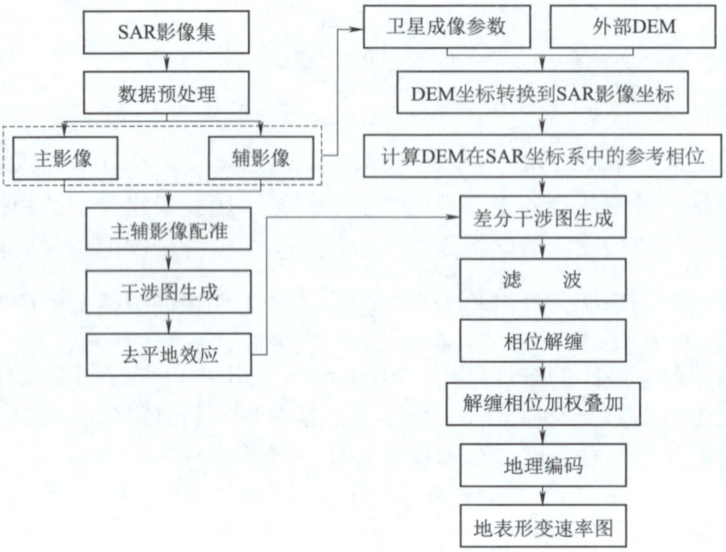


**图 2－7　Stacking－InSAR 工作流程图**

意力集中在一些长时间序列 SAR 数据中保持高相干性的点目标上，以解决 D-InSAR 技术应用中存在的时间与空间去相关问题，经过完善后于 2003 年获得了专利。与传统的 DInSAR方法相比，该技术可达到米级高程精度，并具有毫米级地表形变监测能力。其中，所谓的 PS 点必须满足以下三个基本条件：①长时间内目标点的后向散射特性保持稳定；②目标点足够小，能够在长空间基线下保持相干性；③该目标点的后向散射系数远远高于其所在分辨单元内的其他散射体。

在此基础上发展起来的相干点目标分析、时空网络解缠方法等将常规的 D-InSAR 技术推进到了一个以 PS-InSAR 技术为代表的新阶段，即时间序列 InSAR 分析技术阶段，该技术有效解决了 D-InSAR 技术中时间、空间去相关和大气效应等限制测量精度的问题，并在地表微小形变监测等应用领域取得了巨大成功，目前仍是雷达遥感领域的研究热点之一。

加拿大的 Atlantis Scentific 公司在 PS-InSAR 技术基础上开发了相干目标分析（coherent targetanalysis，CTA）方法，该方法把注意力集中在时间相干性较高的稳定点目标上，因此在整个长时间序列上能够搜索到受时间去相干影响小、相位稳定和时间上连续的稳定点目标—相干目标点（CT points，CT）。CTA 利用在长时间序列的稳定目标点集 CT 上的相位值，分离出大气影响、噪声和 DEM 误差相位，从而获得形变相位。与经典的 PS-InSAR 技术比较，CTA 的特点是在保持监测精度和相干目标识别密度的前提下，直接选用相位作为识别标准，简化了运算流程，是监测大面积、长时间序列地壳形变的一种可行方法。

Kampest 博士在 DLR 研究的时空解缠网络（Spatio-Tempral Unwrapping Network，STUN）算法是在 PS-InSAR 技术基础上发展起来的又一先进技术，其主要特点是：在建立一定的函数模型和随机模型的基础上，利用带权的最小二乘估计器进行最优的参数估计和形变量的提取，函数模型可根据具体试验区的形变场变化规律（线形和非线性）和大气分布状况等条件进行建立，随机模型用于控制观测量和各个关键参数的权。STUN 算法具有很高的灵活性和可靠性，已成功应用于多个地区的微小形变监测。

瑞士 GAMMA 遥感公司开发的专用于干涉雷达数据处理的全功能平台 GAMMA 软件提供了高级干涉雷达处理系统（时间序列 InSAR 数据处理）的模块—干涉点目标分析（Interferometric Point Target Analysis，IPTA），该模块针对选中的干涉目标点的相位进行分析。对应于点目标的象素点上并不像分布目标那样会产生去相关效应，因此，对于那些超过临界基线距的图像对，也可以分析它们的干涉相位，最终使得更为完整的 SAR 数据解译成为可能。由于该分析能够包含更多的干涉图像对，因此提高了时间序列 InSAR 分析的精度和时相覆盖范围。

斯坦福大学 Zebker 研究小组的 Hooper 博士于 2006 年发布了一套 PS-InSAR 数据处理算法（Stanford Method for Persistent Scatterer，StaMPS），该算法的最大特点是无需事先给出形变模型，而是利用三维时空解缠技术获取目标的时序形变信息。该方法在没有人工散射体的非城市地区也能提取到一定数量的目标，同时设计出真三维解缠技术问题的解决框架，在没有先验的形变模型基础上能够提取出地表的形变量。这种技术非常适合于在无人类活动的地区（如火山、板块运动区等）进行地表形变的监测。

PS-InSAR 及其类似技术以稳定点目标模型为基础，能够在长时间序列上全面分析目标的物理、几何属性及其变化规律，但由于常规的 PS-InSAR 技术核心思想是时间序列 SAR 影像相干性的最大化，仅在部分干涉图中保持相干性的目标被完全舍弃，导致了该技术在实际应用中存在一些局限性。从最新的发展趋势来看，作为 PS-InSAR 技术基本出发点的相干点目标模型在时间与空间维度上均无法完整描述真实场景中大多数地物的几何物理属性。从目标的空间结构来看，SAR 影像中每一个像素的观测值是其分辨单元内所有散射体以其后向散射系数为权重的积分值。当分辨单元内存在一个后向散射系数较大而自身体积较小的目标时，即表现为前面所述的点目标。在实际地物中，点目标多为建筑物、岩石等。反之，当分辨单元内所有散射体的后向散射系数大体相同时，我们称之为分布式目标（Distributed Target），分布式目标多为裸地、稀疏植被覆盖区域等，在自然场景中，这类地物目标更为常见。针对这一问题，部分学者开展了针对分布式目标的时间序列 InSAR 技术研究，以期在非城市地区提高量测点的密度。

时间序列 InSAR 分析技术几乎达到了其理论精度，而可探测目标的密度也通过 QPS 及其类似技术得到了极大提高，但该技术还有许多值得继续深入研究的地方，主要体现在以下几个方面：

（1）多轨道数据分析。由于 SAR 特殊的斜距成像模式，在时间序列 InSAR 分析中，我们只能得到关于地物视线向的形变信息，如果能够利用覆盖同一地区升降轨时间序列 InSAR 数据，则可以从两个不同的视线向更加准确地反演地表形变场。相信多轨道、多入射角 SAR 数据的融合是今后时间序列 InSAR 技术发展的一个重要方向。

（2）与实地测量数据的集成。众所周知，在许多地区，尤其是在城市和大型工程项目现场，实地测量早已展开，并取得了大量的观测成果，相关的监测网络也已成型。在传统的时间序列 InSAR 分析技术研究中，实地测量结果经常用来对相位量测值进行精度评估。但是，我们在今后的研究中也可以考虑利用地面观测结果确立更加精确的形变模型，从而提高相位量测值的精度。

2.6.2.2 PS-InSAR 基本原理

为了解决 D-InSAR 技术存在的固有条件限制，并利用时间序列 InSAR 数据得到更加可靠的地表形变结果，意大利米兰理工大学 Rocca 教授领导的研究小组提出了 PS-InSAR 的理论框架与技术路线。这一崭新的思路利用了能够在长时间和空间基线下保持高相干的点目标，克服了时间、空间去相干对干涉信号的影响，并利用大气效应相位和形变相位在时间序列上的不同时空特性将两者加以分离，得到地表形变演变参数。本节主要介绍 PS-InSAR 的基本原理与技术特点。

PS-InSAR 技术的基本原理是利用多景同一地区的 SAR 影像，通过统计分析时间序列上幅度和相位信息的稳定性，探测不受时间、空间基线去相关影响的稳定点目标。这些点目标可能是人工建筑物、裸露的岩石、人工布设的角反射器等，由于它们在时间序列 SAR 影像中几乎不受斑点噪声的影响，经过很长的时间间隔仍然保持稳定的散射特性，所以被称做永久散射体，即 PS。PS 点的几何尺寸远小于 SAR 影像的空间分辨单元，但它们的后向散射系数主导了整个分辨率单元内的回波信号，所以能够不受空间基线的影响，表现出很好的相干性。在时间序列数据集中，即使在单个干涉图上看不到干涉条纹，也可以利用在这些 PS 点上的相位信息通过内插或拟合得到整个干涉图的干涉相位（主要是低频部分）。

PS-InSAR 技术中主要关注的是空间上离散分布的 PS 点，将包含 $N$ 幅单视复数 SAR 影像的时间序列数据集中的第 $i$ 幅影像记为 $s_i(i=1,2,\cdots,N)$ 。由第 $i$ 和第 $k$ 幅 SAR 影像构成的干涉图可记为 $I^{i,k}=s_i s_k^*$ ，这里，$*$ 代表复数共轭运算。假设目标 $p_0$ 为参考点，则干涉相位 $\Delta\phi_{p,p_0}^{i,k}=\angle I_{p,p_0}^{i,k}$ 将依赖于目标 $p$ 与参考点 $p_0$ 之间的高程、形变、大气扰动和噪声差异。可以将两目标之间的高程和线性形变差造成的相位差记为

$$\Delta\phi_{H,p,p_0}^{i,k}=\frac{4\pi}{\lambda}\frac{1}{R\sin\theta}\Delta h_{p,p_0}B_n^{i,k} \tag{2-32}$$

和

$$\Delta\phi_{D,p,p_0}^{i,k}=\frac{4\pi}{\lambda}\Delta v_{p,p_0}B_i^{i,k} \tag{2-33}$$

式中，$\Delta h_{p,p_0}$ 和 $\Delta v_{p,p_0}$ 分别为目标 $p$ 和 $p_0$ 之间的高程和形变速率差；$B_n^{i,k}$ 和 $B_i^{i,k}$ 分别代表 SAR 影像 $i$ 和 $k$ 之间的垂直于雷达视线向的空间基线和时间基线；$\lambda$ 为雷达信号波长；$R$ 为目标与卫星间斜距；$\theta$ 为 SAR 入射角。

在经典 PS-InSAR 技术中，通常通过最大化时间相干性 $\xi_p$ 来估计目标高程和其沉降速率：

$$\left(\Delta\widehat{h}\mathrm{p},\Delta\widehat{v}\mathrm{p}\right)=\arg\left\{\max\left(\left|\xi_p\right|\right)\right\} \tag{2-34}$$

$$\xi_p=\frac{1}{M}\sum_{i,k}\mathrm{e}^{j(\Delta\phi_p^{i,k}-\Delta\phi_{H,p}^{i,k}-\Delta\phi_{D,p}^{i,k})} \tag{2-35}$$

这里，$M$ 为干涉图数量；$\Delta\phi_p^{i,k}$ 为获取的差分干涉相位（平地部分和粗略地形相位已经去除）；$\Delta\phi_{H,p}^{i,k}$ 为式（2－32）中高程相关部分相位；$\Delta\phi_{D,p}^{i,k}$ 为式（2－33）中地形形变相关部

分相位。

地表形变 $\Delta\phi_{D,p}^{i,k}$ 主要由线性形变相位和非线性形变相位两部分组成：

$$\Delta\phi_{D,p}^{i,k} = \phi_{\text{linear}}^{i,k} + \phi_{\text{non-linear}}^{i,k} = \frac{4\pi}{\lambda}(\Delta v_p B_t^{i,k} + \text{Defo}_{\text{non-linear}}) \tag{2-36}$$

式中，$\phi_{\text{non-linear}}^{i,k}$ 为非线性形变量。式（2－34）中，最大化的因子后 $\widehat{\xi_p} = \max(|\xi_p|)$ 称为时间相干性，目标的时间相干性可以近似表达为相位残差的离差 $\widehat{\xi_p} \approx e^{-\delta_\phi^2/2}$ 的函数。最终 PS-InSAR 技术所估计的高程和形变速率方差，即精度指标 $\Delta\delta_{\Delta h}^2$ 和 $\Delta\delta_{\Delta v}^2$ 与相位离差 $\delta_\phi^2$、干涉图几何与时间基线离差（$\delta_{B_n}^2$ 和 $\delta_{B_t}^2$）及干涉图数目 $M$ 存在以下关系：

$$\Delta\delta_{\Delta h}^2 \approx \left(\frac{\lambda R\sin\theta}{4\pi}\right)^2 \frac{\delta_\phi^2}{M\,\delta_{B_n}^2} \tag{2-37}$$

和

$$\Delta\delta_{\Delta v}^2 \approx \left(\frac{\lambda}{4\pi}\right)^2 \frac{\delta_\phi^2}{M\,\delta_{B_t}^2} \tag{2-38}$$

上式表明，PS-InSAR 技术获取的高程及形变速率精度是时间相干性和时空基线分布的函数，该模型与干涉组合方式无关，因此，其表达式适用于所有时间序列 InSAR 影像分析技术。

以 ESA 的 ERS 和 Envisat 卫星为例，进行 PS-InSAR 分析最少需要 20 景数据，在这样的数据条件下，选取 PS 点的时间相干性阈值不能低于 0.9。当数据量增加到 60 景以上时，该阈值可以降低到 0.6～0.7。在上述条件下，PS-InSAR 分析能够达到高程 1 m、形变速率 1 mm/年左右的精度指标。

从式（2－34）和式（2－35）可以看出，在最大化时间相干性因子 $\xi_p$ 时，需要满足两个假设条件：目标点 $p$ 和参考点 $p_0$ 之间的形变差 $\Delta\hat{v}p$ 需要在时间序列上保持线性变化；在 PS 点间高程差 $\Delta\phi_{H,p}^{i,k}$ 估计并去除后，临近 PS 点间相位差必须足够小，以避免出现相位解缠误差。在城市地区，由于地表沉降通常比较缓慢，近似可以看作是线性变化的，因此，通常的 PS 处理也能得到很好的形变监测结果。

2.6.2.3　PS-InSAR 技术流程

PS-InSAR 技术处理流程如图 2－8 所示，可分为以下几个主要处理步骤。SAR 数据配准、差分干涉 SAR 数据处理、PS 候选点的选择、相位解缠、大气相位（Atmospheric Phase Screen，APS）的估计和去除、像素点的时序分析和 PS 点形变值估计。

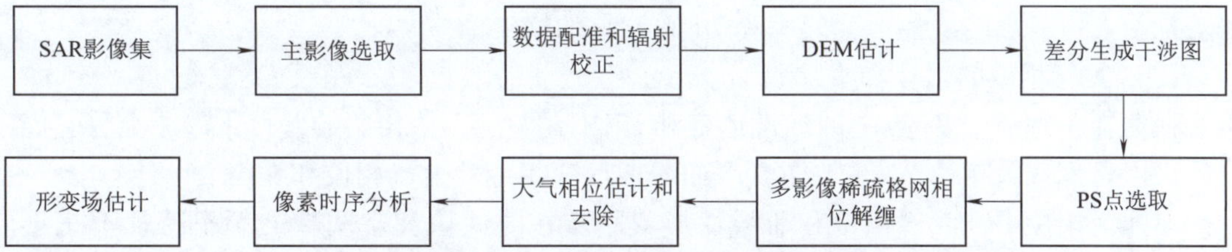


**图 2－8　PS-InSAR 技术处理流程图**

（1）SAR 数据配准和辐射校正

在 PS-InSAR 技术中，要利用多时相 SAR 图像上每一像元的幅度离散指数来选择候选

PS 点。对于 SAR 图像上的某一像元，每一次 SAR 成像时，视角、轨道位置、入射角和大气条件等都会有所不同，SAR 传感器的功率损失随时间也在发生变化，这些因素都会造成该点幅度在时相上的变化，从而不能将振幅信号直接进行比较。因此，需要进行影像的配准和辐射校正，将序列数据的几何位置和辐射强度统一起来，即在目标点提取之前首先要进行影像的几何配准和辐射校正。

（2）差分干涉 SAR 数据处理

选择 $M$ 幅 SAR 数据其中的一景数据作为主影像，与其他 SAR 影像进行干涉处理，得到干涉图集，然后利用外部 DEM 或者 SAR 影像对生成的 DEM 去除地形相位，生成时序上的差分干涉图集。

（3）PS 候选点的选择

PS 干涉相位模型并不适用于 SAR 图像上的所有像元，仅适用于在时相上相位稳定的像元，即在长时间间隔上保持散射特性不变的地面目标。因此，为了进行 PS 干涉处理，首先要在 SAR 图像上选择保持相位稳定的散射点。但是，由于 SAR 信号受到大气因素、地形误差、地表形变和卫星轨道误差的影响，直接由干涉相位来选择相位稳定的散射点几乎是不可能的。Ferretti 等于 2001 年提出了一种由 SAR 幅度离散指数来选择 PS 候选点的方法，用表示幅度稳定性的振幅离差指数来近似表达相位稳定性，从而选取 PS 候选点，该方法已成为常规时间序列 InSAR 分析方法的常用初始选点策略。

（4）多影像稀疏格网相位解缠

利用 Delaunay 不规则三角网建立 PS 候选点之间的连接关系，则稀疏网格中相邻点的相位梯度可以表示为

$$\Delta\phi_{\text{diff}} = \left(\frac{4\pi}{\lambda}\frac{B_{\perp}}{R\sin\theta}\Delta h + \frac{4\pi}{\lambda}T\Delta v\right) + \frac{4\pi}{\lambda}\Delta R_{\text{non-linear}} + \Delta\phi_{\text{APS}} + \Delta\phi_{\text{noise}} \tag{2-39}$$

式中，$e = \frac{4\pi}{\lambda}\Delta R_{\text{non-linear}} + \Delta\phi_{\text{APS}} + \Delta\phi_{\text{noise}}$ 记为残余相位。假设相邻两点的相位残余满足 $|e| < \pi$，就可以进行空间上的相位解缠。利用周期图谱的估计方法，取使整体相干性达到最大值时的 $\Delta v$ 和 $\Delta h$ 作为线性形变速率和 DEM 误差的估计值，即

$$\xi = \left|\frac{1}{M}\sum_{k=1}^{M}\exp(je)\right| \tag{2-40}$$

然后使用带权的最小二乘方法进行相位解缠，即以 $\xi$ 作为权重，从已知参考点解算出稀疏格网上每一点的线性形变速率和 DEM 误差的绝对值。

（5）大气相位的估计和去除

在估计了每一个 PS 点上的线性形变和 DEM 误差后，从初始的差分干涉图上将它们减去就可以得到残余相位 $e$，主要包含了非线性形变相位、大气相位和噪声。

在残余相位中，大气相位和非线性形变相位在时间域和空间域的频率特征都是不同的。因为大气在空间上的自相关长度大约为 1 km，即干涉图中的大气扰动在空间域上为低频信号，但对一个像元来说，在不同的雷达图像获取时间、大气状况可以被看作一个随机过程，大气相位在时间上是一个白噪声，而非线性形变在空间上相关长度较小、在时间域具有低频特征。因此，通过时间域和空间域滤波就可以分离非线性形变和大气相位。各

差分干涉图残余相位的均值 $e$ 可以作为主影像的大气相位，$e-\bar{e}$ 在时间域上的低通成分可以作为非线性形变的估计值，$e-\bar{e}$ 在时间域上的高通和空间域上的平滑可以作为在时间 $T$ 获取的从影像上的大气相位，把从影像上的大气相位加到主影像的大气相位 $e$ 上就可以得到对应于每一个差分干涉图的大气相位 $\phi_{APS}^{Slave}$。当估计了每一景雷达图像中每一个 PS 候选点的大气相位后 $\phi_{APS}^{Slave}$，就可以用 Kriging 插值来估计对应于每一景雷达图像中每一个像元的大气相位，即 APS。

（6）像素点的时序分析

当从差分干涉相位中去除 APS 后，就可以对影像上的每个像素点进行时序分析，即用式（2 – 40）重新计算时序影像上每个点的整体相干性，用以选择最终的 PS 点。

（7）PS 点形变值估计

当确定 PS 点后，就可以利用上述方法重新进行多影像稀疏格网相位解缠，得到每个 PS 点更精确的形变量估计。

综上所述，PSI 用于形变监测有以下几大优势：

（1）PSI 技术采用的是高相干 PS 点处理，而非传统 DInSAR 的相干像元处理，这使得 PSI 在获取地面沉降时能够避免更多的误差源，可以提高监测精度。实验表明，在数据良好情形下，年沉降速率的监测精度优于 5 mm/年。

（2）PSI 技术通过识别在时间维保持高相干的 PS 点，可以极大克服时空失相关问题。

（3）PSI 技术利用 PS 点在空间域构网差分，可以去除在空间域高相关的大气延迟分量，这极大克服了传统 DInSAR 方法的大气延迟影响。

（4）PSI 技术对处理影像的空间与时间基线要求较之传统 DInSAR 更为宽松，这能够进一步克服基线过长造成的失相干，并有利于 SAR 数据的充分利用，完成 DInSAR 无法完成的工作。

（5）PSI 较之传统的水准测量与 GPS 测量，以及 CR-DInSAR 而言，不需要（或者仅需要少量）人工布点，工作量小，成本低，监测密度高，精度相对可靠。

从上述分析可知，PSI 方法能够极大提高 PS 点上的监测精度，而高铁正线上的钢轨、接触网杆等都具备成为 PS 点的条件，这为将 PSI 技术应用于高铁构筑物沉降监测上提供了可行性，但 PSI 技术存在的数据量要求高和低相干区域 PS 点密度不高的问题也会普遍存在于高速铁路 InSAR 沉降监测应用中。

由于高速铁路过境区域会存在有大量植被覆盖的低相干区域，以及其他复杂地况区域，因此在高速铁路运营沉降监测中应用 PSI 技术除了需要在前期数据量满足要求的前提下外，还需要尽可能提高 PS 点的分布密度，优化 PS 点的分布布局，并尽可能在高铁构筑物上提取更多的 PS 点。

### 2.6.3　SBAS 技术

#### 2.6.3.1　SBAS 基本原理

PS-InSAR 技术是以牺牲空间上的量测点密度为代价来获取长时间序列形变的。这种方法生成的差分干涉图是将每一个可用数据参考于同一主影像，可能出现干涉数据对空间基线很长，甚至超过了临界基线值的情况，因此，这种方法会受到空间基线去相关的影响。很明显，在这样的条件下，使用所有可用的数据是可行的，但这要求有一定的 PS 密度。然而，一些条件下，这些 PS 可能会非常少，如在非城市区域。

SBAS 是由 Berardino 和 Lanari 等研究人员提出的一种与 PS-InSAR 技术采用不同策略的时间序列 InSAR 分析方法，该方法通过将获取的数据进行合适组合，得到一系列短空间基线差分干涉图，这些差分干涉图能够较好地克服空间去相关现象。在求解形变速率时，SBAS 方法采用了奇异值分解（SVD）法，使我们可以将被较大空间基线分开的孤立 SAR 数据集连接起来，提高了观测数据时间采样率。

在利用多主影像组合差分干涉图集进行形变量测的早期研究的基础上，SBAS 通过限制时空干涉基线的方式，不仅提高了时序分析时的干涉图观测量，也进一步限制了与时空基线相关的残差相位和失相干现象，利用干涉数据处理工具生成符合时空基线范围内的任意的小基线差分干涉结果，再通过应用 SVD 方法获取相干目标的形变速率及其时间序列。可以看出，相对于 PS-InSAR 的解算策略，SBAS 具备两个独特的优点：（1）通过使用所有获取的包含在差分小基线集里的数据增加了时间采样率；（2）通过高相干性的小基线干涉集，提高了监测点数量，从而提供了高空间密度的形变量测。

针对相位解缠问题，SBAS 方法依赖于解缠后的差分干涉图，即相位解缠是在时间序列分析前进行的。通常，通过扩展稀疏格网最小费用流解缠算法来完成差分干涉图序列的相位解缠。此外，尽管限制了地形相位可能存在误差的影响，SBAS 仍然在处理的算法中进行地形相位误差的估计，以此来提高算法的精度。大气相位误差滤除的操作则与 PS-InSAR 技术相类似，即通过时空滤波进行，但在 SBAS 中，由于量测点的空间密度相对 PS 点要高出很多，所以对大气效应的估计更为可靠。

#### 2.6.3.2 SBAS 技术流程

SBAS 的数据处理流程如图 2－9 所示，其主要步骤如下：

（1）获取同一区域按照时间顺序 $t_0,\cdots,t_N$ 排列的 $N+1$ 幅 SAR 影像，选取其中一幅影像作为主影像，并将其他 SAR 影像配准到这幅影像上。通过一定时空基线约束，将 $N+1$ 幅 SAR 影像任意组合生成 $M$ 幅多视差分干涉图。需要注意的是，每一幅解缠后的差分干涉图都已经通过图中某个稳定区域或形变量已知的参考像素点进行绝对校正。

（2）对于从影像 $t_A$ 和主影像 $t_B(t_B > t_A)$ 时刻获取的 SAR 影像生成的第 $j$ 幅差分干涉图，方位向坐标为 $x$ 和距离向坐标为 $r$ 的像素的干涉相位可以写为

$$\begin{aligned}\delta\phi_j(x,r) &= \phi_B(x,r)-\phi_A(x,r)\\ &\approx \frac{4\pi}{\lambda}[\mathrm{d}(t_B,x,r)-\mathrm{d}(t_A,x,r)]+\Delta\phi^j_{\mathrm{topo}}(x,r)+\\ &\quad\Delta\phi^j_{\mathrm{APS}}(t_B,t_A,x,r)+\Delta\phi^j_{\mathrm{noise}}(x,r)\end{aligned} \tag{2-41}$$

式中，$j\in(1,\cdots,M)$；$\lambda$ 为信号的中心波长；$\mathrm{d}(t_B,x,r)$ 和 $\mathrm{d}(t_A,x,r)$ 为 $t_B$ 和 $t_A$ 时刻相对于 $\mathrm{d}(t_0,x,r)=0$ 的雷达视线方向的累积形变量；$\Delta\phi^j_{\mathrm{topo}}(x,r)$ 表示差分干涉图中残余的地形相位，假设差分干涉过程中引入的 DEM 精度较高，可以去除大部分地形相位，则差分干涉图中的残余地形信息较小，可以在解算过程中忽略；$\Delta\phi^j_{\mathrm{APS}}(t_B,t_A,x,r)$ 为大气延迟相位；$\Delta\phi^j_{\mathrm{noise}}(x,r)$ 表示去相干噪声（如系统热噪声等）。不考虑大气延迟相位、残余地形相位和

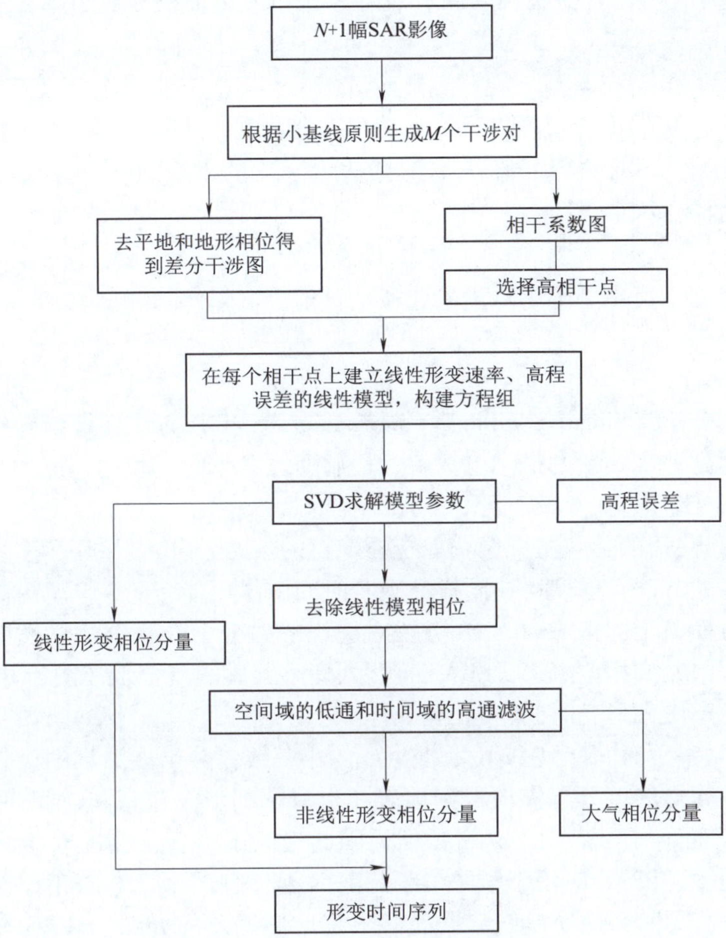


图 2-9 SBAS 方法处理流程图

噪声相位，可以将式（2-41）简化为

$$\delta\phi_j(x,r) = \phi_B(x,r) - \phi_A(x,r) \approx \frac{4\pi}{\lambda}[\mathrm{d}(t_B,x,r) - \mathrm{d}(t_A,x,r)] \tag{2-42}$$

（3）为了获得具有物理意义的形变序列，将式（2-42）中相位表示为两景影像获取时间和形变速率的乘积：

$$v_j = \frac{\phi_j - \phi_{j-1}}{t_j - t_{j-1}} \tag{2-43}$$

第 $j$ 幅干涉图的相位值可以写为

$$\sum_{k=t_{A,j+1}}^{t_{B,j}} (t_k - t_{k-1}) v_k = \delta\phi_j \tag{2-44}$$

即各时段速率在主、从影像时间间隔上的积分。写成矩阵形式为

$$\boldsymbol{A}v = \delta\boldsymbol{\phi} \tag{2-45}$$

式（2-45）是一个 $M \times N$ 的矩阵。由于小基线差分干涉相位集中包含了多个子基线

集，矩阵 $\boldsymbol{A}$ 容易产生秩亏，式（2－45）存在多个解，因此需要对矩阵 $\boldsymbol{A}$ 进行奇异值分解得到

$$\boldsymbol{A} = \boldsymbol{U}\boldsymbol{S}\,\boldsymbol{V}^{\mathrm{T}} \tag{2-46}$$

式中，$\boldsymbol{U}$ 代表 $M \times M$ 的正交矩阵，行元素为 $\boldsymbol{A}\boldsymbol{A}^{\mathrm{T}}$ 的特征向量 $\boldsymbol{u}_i$；$\boldsymbol{S}$ 代表 $M \times M$ 的对角矩阵，对角线上元素为 $AA^{\mathrm{T}}$ 的特征值 $\boldsymbol{\sigma}_i$；$\boldsymbol{V}$ 代表 $N \times M$ 的正交矩阵，行元素为 $\boldsymbol{A}^{\mathrm{T}}\boldsymbol{A}$ 的特征向量 $v_i$。若 $\boldsymbol{A}$ 的伪逆矩阵为 $\boldsymbol{A}^{+}$，则

$$\boldsymbol{A}^{+} = \boldsymbol{V}\boldsymbol{S}^{-1}\,\boldsymbol{U}^{\mathrm{T}} \tag{2-47}$$

最小范数意义下最小二乘解算出的相位估计值为

$$\hat{\phi} = A^{+}\delta\phi = \sum_{i=1}^{R} \frac{\delta\phi^{\mathrm{T}}}{\sqrt{\sigma_i}} v_i\, u_i \tag{2-48}$$

采用奇异值分解（Singular Value Decomposition，SVD）方法就可以得到矩阵 $\boldsymbol{A}$ 的广义逆矩阵，进而得到速度矢量的最小范数解，最后通过各个时间段内速度的积分就可以得到各个时间段的形变量。

不同于 PS-InSAR 的单一主影像获取干涉像对的策略，SBAS 采用了多主影像短时空基线获取干涉像对的方法，这使得在同样的观测时间内尽可能多的 $i$ 干涉图参与了形变序列的解算。另一方面，不同于 PS-InSAR 方法对缠绕的差分干涉相位建立模型，在估计地表形变相位的过程中完成相位解缠，SBAS 直接处理解缠后的差分干涉图，并通过 SVD 方法生成平均形变速率图和形变时间序列图。

SBAS 方法是基于时间序列 SAR 数据生成的小基线差分干涉图集的，它可以利用通用 InSAR 处理软件获得的差分干涉图得到地表相干目标的形变速率和时间序列。SBAS 技术的关键特征在于充分利用获取的 SAR 数据，因此提高了形变量测的时间采样频率和研究区域的空间覆盖率。SBAS 应用于影像覆盖范围内所有表现出足够高相干性的像元，所以算法是很稳健的。尽管采用小基线数据能够限制地形误差的影响，SBAS 在数据处理过程中还是考虑了生成差分干涉图时由于使用的 DEM 不精确所带来的误差。此外，高密度的时间和空间信息使 SBAS 能够有效地消除大气效应相位。

#### 2.6.3.3 SBAS 的优势与不足

SBAS 方法探测地表形变主要有以下优势：

与传统大地测量形变监测手段相比：

（1）SBAS 方法可以在较短的时间内获取大面积、高空间密度的地表形变场，这是传统形变监测技术难以做到的。

（2）SBAS 方法探测地表形变无需地面控制点。这对于获取交通不便、危险区域的地表形变场非常有利。

（3）采用 SBAS 方法探测地表形变成本低，并可获取大面积的地表形变。

与常规的 DInSAR 方法和 PS-InSAR 相比：

（1）SAR 影像数目。为了能准确可靠地探测 PS 点，PS-InSAR 法需要大量的 SAR 数据（多于 30 幅），且这些 SAR 影像必须经过辐射校正，其监测效果与影像数据数目成正比；相比而言，SBAS 方法对 SAR 数据量的要求较少。

（2）DEM 精度。常规 InSAR 方法对 DEM 精度的要求高，但 SBAS 方法对 DEM 的精

度要求较低。通常 DEM 误差对常规 InSAR 方法的影响与垂直基线有关；DEM 误差对 SBAS 方法的影响基本不受垂直基线的影响，这也是短基线差分干涉的优点之一。

（3）空间分辨率。对于 PS-InSAR 方法，PS 点的数量与监测区域的相干性以及相干目标的稳定性有关，在城市地区一般 PS 点较多，而对 PS 点相对较少的山区应用 PS 法比较困难。SBAS 方法通过选择较小基线减小空间去相关，从而增加了差分干涉图中相干像元的数目，提高了形变监测的空间分辨率。

（4）大气相位。常规 InSAR 方法受大气相位影响严重，而对于没有去除大气相位影响的差分干涉图会严重影响形变监测结果。SBAS 方法利用滤波技术消除了大气相位对差分干涉图的影响。此外，相对 PS-InSAR 方法仅用有限的 PS 点信息消除大气相位，SBAS 方法利用了所有的相干像元信息来消除大气相位。

SBAS 方法探测地表形变的局限性：

（1）受所获 SAR 数据的周期性和可靠性的影响，获取形变场的时间采样率难以控制，从而难以高效地获取地表形变的规律。

（2）由于地面散射点的相干性随时间、空间的变化，往往导致相干点在空间维上的分布存在不确定性，从而降低在小尺度空间上所获形变场的稳定性。

（3）相干区域法为减少相位噪声，一般需要进行多视处理，从而降低了空间分辨率，难以对点状目标进行形变监测。

### 2.6.4　CR-InSAR

对于不存在相干目标的地区或者相干目标较少的形变监测区域，可设置人工目标作为雷达监测对象，根据其干涉相位变化来反映变形特征。人工角反射器（Corner Reflector，CR）就是典型的人工目标，它一般是由三块金属二角平面板构成（图 2－10），利用安装时的角度调控使 CR 的中垂线与雷达入射方向保持严格一致，以保证入射反射器的雷达波在很大的范围内将沿原路返回，因此角反射器在雷达图像上不仅具有很强的反射强度，还具有很高质量的相位。在很多情况下，如对山体滑坡、水库、大坝、桥梁或其他建筑物等进行监测时，因其空间监测范围相对较小，变形幅度又不大，满足相位解缠约束条件，则可以利用人工角反射器作为观测对象。

**图 2－10　角反射器示意图**

CR-InSAR 技术对角反射器的布设和安装有相应要求：①CR 测量中要求雷达回波和周围地物能明确区分出来，避免与其他地物的散射信号相干涉。因此，在建筑密度高的城区，需要选择背景散射特性较低的区域安装 CR，避免出现 CR 回波与其他地物回波信号产生干涉现象。②CR 安装时其角度必须与相应的需要雷达卫星入射角度匹配，否则，无法产生最强的后向散射强度。③CR 布设的位置和分布间距需要考虑构网的合理性，避免出现相位解缠失败的情形。

由于角反射器能够获取强雷达后向散射截面值和相位高信噪比（在时间尺度上表征为稳定）；使得 CR-InSAR 方法受时间和空间失相干的影响较小，Ketelaar（2004）和 Ferretri（2007）经过分析提出以下公式：

$$\sigma_{\text{LOS}} = \frac{\lambda}{4\pi} \times \sigma_{\phi} = \frac{\lambda}{4\pi} \times \sqrt{\frac{1}{2 \times \text{SCR}}} \tag{2-49}$$

式中，$\sigma_{\text{LOS}}$ 为雷达视线向形变离散度，$\sigma_{\phi}$ 为相位噪声，SCR 为相位信噪比。由此可知，当 SAR 数据为 C 波段时，对于 SCR 高于 100 的目标点，其形变反演的理论精度可达 0. 3mm。这说明利用 CR-InSAR 反演高精度形变信息成为可能，由于是对于部分低相干性的高速铁路过境区域而言，可以产生很好的效果。基于相位解缠理论可以推断，利用沿线分布的角反射器目标作为 PS 点，与线上 PS 点构网，可以很好解决相位解缠路径上的阻断问题。

单纯利用角反射器技术进行沉降监测时，由于人工布标工作量巨大，且购地与材料、修置成本过高，维护困难，在铁路工程不具备大规模推广应用的价值。因此，一般可以考虑 CR 与 PSI 技术结合的方式，在必需区域布设 CR，通过 PSI 方式实现高铁沉降监测应用。

### 2. 6. 5 QPSI 技术

PSI 技术第一次利用星载 SAR 数据将地表形变观测精度提升至毫米级，使该技术具备推广应用于精密工程沉降监测中的可行性。然而其对 SAR 数据量的高要求，以及低相干区域的 PS 点数量严重不足的问题依然普遍存在，因此近几年对于该类问题的研究是 PSI 技术和 SBAS 技术的主要方向，代表性的技术有准永久散射体差分雷达干涉测量技术（Quasi-PS DInSAR，QPSI）。

发展 QPSI 技术的目的是解决因低相干性造成 PS 点密度不足问题。我们在原理上分析造成低相干性的原因有二：其一，PS 点一般认为是相位变化较为稳定的点，这类点通常表现为高相干性，由于高相干性还与强后向散射系数有关，即为时间相干性和空间相干性综合作用。因此选取综合相干性不高，但时间相干性好良好的点状目标作为 PS 点，也符合 PSI 技术要求。其二，PS 点定义为在整个时间序列上相位变化稳定、相干性高的点状目标，而在实际情况中，受季节性影响和阶段性人为活动的影响，会出现：①点目标在整个时间序列中的某个或某几个影像中相干性较低的情形；②点目标在整个时间序列中表现不够稳定，但在某个子时间序列内相干性极高的情形。该类点位虽然无法识别为 PS 点，但可以满足 PSI 处理的要求；基于上述两点目的开展的 PSI 延伸研究即为准 PS InSAR（Quasi-PS）技术。

（1）QPS 原理

从 PSI 技术的本质来看，相干点目标模型并不能准确描述大多数真实地物的几何物理属性，由于许多地区地形复杂，城镇分布稀疏，能够提取到的点目标非常稀少，而分布式目标则普遍存在。针对上述问题，通过对干涉组合策略的研究，在时间序列 InSAR 数据中选择具有较高相干性的干涉图组成干涉图组合集，然后最大化目标的时间相干性因子，依据时间相干性指标选择 QPS 目标，利用传统 PS 方法提取目标的高程和形变速率信息。

在按照最小生成树原理得到干涉图序列的基础上，QPS 技术与 PS 技术在时空维度上均有一定的区别，图 2－11 呈现了两种技术在干涉图集组合方式上的区别。在时间维度上，由于这一干涉组合策略生成的干涉图中包含了一些只在部分时间保持相干性的目标，所以相干估计值可以作为权重引入迭代计算中，这样在最大化时间相干性的过程中，当目标在一些干涉图中的相干性较低时，其干涉相位值将不会影响其他观测值；在空间维度上，考虑到分布式目标中所蕴含的信息受到基线去相干的影响，在传统 PS 技术中通常不被采用的空间滤波手段在 QPS 技术中却需要应用在干涉图中以提高分布式目标的相位信息信噪比。

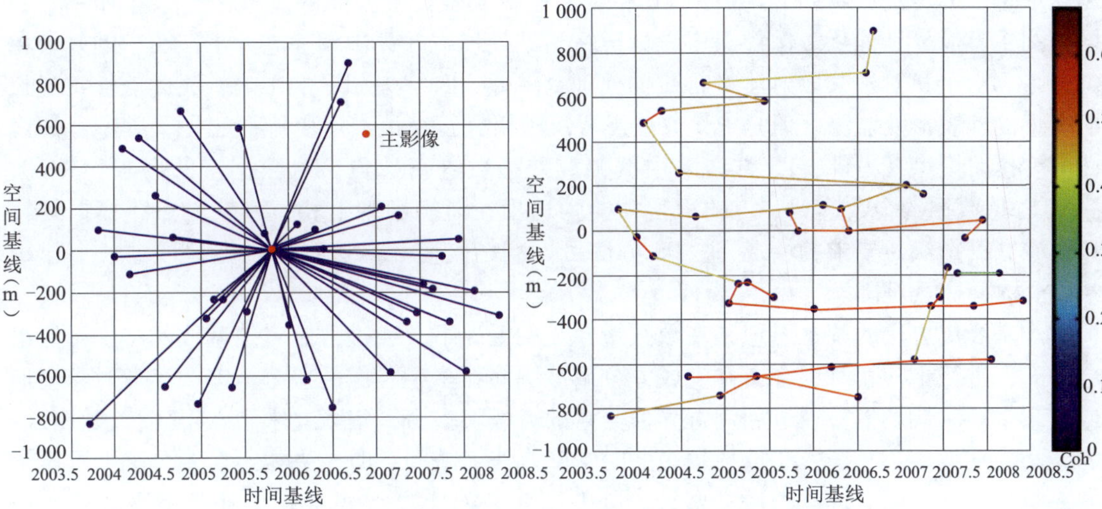


**图 2－11　PS（左）与 QPS（右）干涉图集组合方式**

（2）QPS 应用分析

QPS 技术可解决在非城区 PS 点不足的情况下如何更好地提取时间序列 DInSAR 数据中蕴含的相干信息问题，较之传统 PS 方法可提取更多的点目标，极大地避免 PSI 解算中相位解缠失败等情形。但由于用于 QPS 的具有高相干性的干涉图主要集中在短时间基线和小空间基线数据中，限制了量测精度的提高，并且还应用了空间滤波方式，从而使得信息提取的精度不够。

综合 PS 和 QPS 两种技术手段来看，二者的互补性是十分明显的，在城市等人工地物稳定且密集的区域，PS 技术无疑能带来精度更高的观测结果，而在目标的点状特性不明显和在时间维上不稳定的区域（如滑坡监测，断层形变），QPS 技术则具有更好的适应性。在高铁沉降监测方面，高铁施工阶段过程中某些目标会因为人为活动存在一段时间上的不稳定，利用 QPS 方法则为这种情况提供更好的解决方案；而在高铁运营监测过程中，高铁过境区域内低相干区域较多，以及线上目标有时会受高速列车经过时引发的不正常振动，都有出现 PS 点缺失的现象，这种情形下，小范围的低相干区域采用 CR 技术，但是当低相干区域过大或 CR 技术实施难度大时，QPS 技术在高铁沉降监测中应用就比较有优势。

### 2.6.6 基于时序的 DInSAR 方法比较

时序 DInSAR 方法最早发展于 PSI 技术，后续又提出了 SBAS 方法，依托这两种方法思路又发展了众多的时序 DInSAR 方法，主要的改进在于 PS 点和相干像元选取方法的进步和残余相位模型估计方法的进步等两方面。接下来，将要详细阐述一下时序 DInSAR 发展的两种主体思路 PSI 方法和 SBAS 方法。

PSI 方法的主要思路是对永久散射体的差分干涉相位在时空域进行二维回归分析，根据残余相位分量的时空特征，估算和分离大气相位、非线性形变相位以及噪声等分量，最终获取每个 PS 点的线性和非线性形变相位。在生成差分干涉图的过程中，只选择一景数据作为主影像，其他从影像都与主影像进行干涉处理，并逐步剔除差分干涉图中的残余相位分量。由于只对永久散射体进行数据处理，降低了时空失相干的影响，因此能够实现长期缓慢的地表形变监测。但是 PSI 方法需要反映研究区域地表形变特征的先验模型，如线性形变速率模型。另外，PS 方法采用振幅离差指数进行选点，对数据量的要求比较高，只有 SAR 数据的个数达到一定的程度才能筛选出在时间序列上相位稳定的点。根据其特点，在数据量满足要求的情况下，PS 方法可以高精度监测高速铁路重点地段的线上建构筑物长时间序列沉降。

小基线集方法的基本思想是在数据量较少的情况下，通过限制时空基线的多主影像组合方式，进行干涉相对组合，并生成差分干涉图。在多主影像的差分干涉图生成时，会形成若干个短基线子集。通过利用奇异值分解的方法将多个子集联立求解，得到待求解参数的最小二乘解。小基线方法选择较短的时空间基线，减弱了时空失相干对差分干涉图质量的影响，充分利用了现有的数据资源，降低了对 SAR 数据量的要求，在数据量较少的情况下仍可获得一定精度的形变速率和形变序列图。根据其特点，在数据量较少的情况下，可以采用低分辨率数据监测大范围高速铁路沿线区域的地表沉降，为高分辨率的高铁重点地段形变监测提供先验资料。在实际工程应用中，小基线方法与 PS 方法的相互补充结合，可以优化高速铁路的沉降监测方案，降低生产成本，提高生产效率。

## 2.7 DInSAR 方法在工程应用中的对比分析

结合前述内容，DInSAR 方法包含常规 DInSAR 方法和时序 DInSAR 方法，时序 DInSAR 方法又包括 Stacking、PSI、SBAS、CR-InSAR 和 QPSI 等众多技术方法，时序 DInSAR 方法相比较于常规 DInSAR 方法有更高的监测精度和更精细的监测信息，而常规 DInSAR 方法具有数据量需求少、数据处理简单和相干像元保留丰富等优势，这些不同的特点赋予了常规 DInSAR 方法和时序 DInSAR 方法在工程应用中的区别：

DInSAR 方法由于无法克服大气和高程误差，因此更适合于工程勘察前期预可研阶段的大范围大尺度地质灾害普查，普查内容包含大型沉降漏斗、采空区和滑坡等形变梯度大和区域相干性较差的地灾。对于时序 DInSAR 方法而言，梯度较大的区域形变会导致解算模型无法找到最优解，相干性较差的区域很难选取 PS 点，同时，由于相干质量差等原因，孤立的时序相干性像元会被在解算过程中剔除。

时序 DInSAR 方法相对于 DInSAR 方法具有更稳固的误差克服模型、更高的形变解算精度以及更丰富的时序形变量和形变速率解算结果，在工程应用中更适合于辅助较高精度的区域和构筑物形变监测，以及更适用于反映区域或构筑物过往监测的精细化形变历史。

在近 15 年的时序 DInSAR 方法发展历程中，常规 DInSAR 方法的解算思路早已固定，而时序 DInSAR 方法的发展是占主导地位。结合第 2.6 节总结的 5 种时序 DInSAR 方法，以及目前市场主要商业软件的时序 DInSAR 方法，时序 DInSAR 方法概括为两种主要的解算思路：一种是基于单一主影像干涉的 PSI 方法，一种是基于多主影像干涉的 SBAS 方法，二者在工程应用中的主要区别是：

（1）基于单一主影像干涉的 PSI 方法在较长时间序列干涉中难以保持较高的相干性，以及在人工建筑物稀少的区域难以选取足够的 PS 点，会极大影响时序 DInSAR 方法监测结果的空间细节，难以保证解算精度，因此该方法更适合于人工建筑物密集区域和时间跨度相对较小的监测需求。

（2）基于多主影像干涉的 SBAS 方法，由于优化了选点方法和干涉组合方式，从而使这种方法更适合于人工建筑物稀少和时间跨度相对较大的监测需求。多主影像组合干涉也可以极大减少对 SAR 数据量的需求，在 SAR 数据较少时，可以应用该方法。

# 第 3 章　DInSAR 铁路沉降监测策略

## 3.1　概述

对高铁沿线的环境监测，可以获取高速铁路沿线环境的区域沉降，探测滑坡及采空区危害范围，对有可能发生灾害的区域，采取有效的措施，以保证高速列车的安全运行。通过监测还可以掌握周围环境的发展趋势，进而可以有效评估高速铁路发展产生的经济效益及社会效益。基于面监测的 DInSAR 技术无疑为高铁沿线的环境监测提供了高分辨率、全天候的技术支撑。在探测高铁沿线区域沉降、开采沉陷和滑坡等地质灾害中，根据监测的地表情况以及对监测精度的要求，选取不同的方法及数据源。在数据源选择上，对于城市区域大尺度的沉降监测而言，可以选取时间跨度大，中等分辨率，并且具有免费数据源的 Sentinel-1 数据等；而对于地表建筑物较少且植被覆盖较多时的区域，可以选择穿透性较好的长波段 ALOS-PALSAR（L 波段）数据；对需要更高分辨率的监测精度和更高的微小形变监测灵敏度时，可以选择 TerraSAR-X 数据。在监测方法上，研究区域数据源相对较少且精度要求不高时，可以采用常规差分 DInSAR 方法；若精度要求较高且数据源相对多些时，可以使用多主影像组合的时序 DInSAR 方法，基线条件允许的情况下，还可以使用小基线方法；当研究区域存在大量的 SAR 数据时，可以选择单一主影像的时序 DInSAR 方法，包括永久散射体雷达干涉测量技术（PSI）和 StaMPS 方法等等。

根据需求分析，DInSAR 应用于高铁沿线区域沉降监测的目的主要包括：①快速发现高铁沿线重点沉降区域，为后期采取高分时序 DInSAR 处理或加密水准测量提供依据，该情形下只需要少量的 SAR 数据，通过 DInSAR 常规差分方法即可实现；②为施工期间高铁精密控制网 CPI 选址提供依据，使其尽量避开选址在沉降漏斗区，该情形需要大量历史存档数据来分析很长一个历史时间段内的沉降变化，因此采用低分辨时序 SAR 或小基线集处理方法较为合适；③关注施工期间高铁沿线区域变化，为高铁施工提供资料，鉴于施工过程持续时间较长，因此采用时序 DInSAR 更为合理；④获取运营期间工后沉降信息，区分高铁构筑物本身沉降与区域地面沉降，为高铁运营维护提供依据，此应用对沉降监测精度要求较高，需要区域线上与线下的沉降信息，应采用高分辨率时序 DInSAR 处理方案。

发展至今，DInSAR 技术理论已经发展相对完善，为铁路沿线地表沉降监测以及高铁构筑物沉降监测提供了较为完善的技术支撑，中国铁路设计集团有限公司测绘院在业界首次使用 DInSAR 技术，从 2009 年开始研究至今，已超过 10 年时间，研究成果先后应用在了郑洛城际、京雄城际、津维烟、京沈高铁、京津城际、京沪高铁、雅万高铁等大量国内外铁路工程的不同阶段，获得了丰富的应用经验和完善的应用流程。

## 3.2　铁路 DInSAR 生产流程

通过对高铁沿线区域沉降监测应用几个方面的比较分析，发现其区别主要体现在监测方案选取和数据处理方法，而在基础资料获取与成果评估分析、解译方面则较为一致，综合考虑，对于 DInSAR 技术应用于高铁沿线区域沉降监测流程制定可主要分为以下几个关键步骤：

（1）监测方案选取

在高铁沿线区域沉降监测中，根据监测的地表情况以及对监测精度的要求，选取不同的方法及数据源。对于城市区域大尺度的沉降监测而言，可以选取时间跨度大，中等分辨率，并且具有丰富数据源的 Envisat 数据；而对于地表建筑物较少的区域，可以选择 ALOS-PALSAR 数据，由于 Envisat ASAR 和 ALOS PALSAR 仅存在存档数据，对于自 2011 年之后的 InSAR 数据源，可选取宽幅模式的 RADARSAT-2 数据或者 Sentinel-1 作为替代品；对需要更高分辨率的监测精度时，可以选择 TerraSAR-X 和 COSMO-SkyMed SAR 数据。在监测方法上，研究区域数据源随数据量的增大可一次采用不同的方案：常规二/三轨 DInSAR（2～5 景）→小基线集（SBAS）（6～15 景）→永久散射体雷达干涉测量技术（PSI）（大于 15 景）。另外，采用不同方法时，也要考虑数据的质量。

（2）基础数据资料获取

获取工作区多源数据资料，包括地面沉降实测数据、地下水位监测数据、高空间分辨率卫星数据、DEM 数据等，用于辅助 InSAR 数据处理和地面沉降信息提取及精度的改善。对于所使用的 SAR 数据而言，还需要准备精密轨道数据和辐射定标文件，比如 Envisat ASAR 聚焦前需要准备辐射定标文件和轨道文件、Sentinel-1 数据处理时需提前下载精密轨道数据。

（3）DInSAR 数据处理

数据处理和分析是干涉雷达调查和监测地面沉降工作的重要工作环节，包括最优干涉数据选择、干涉像对的基线估算、椭球面和地形相位去除、相干性分析、大气效应分析、数据配准、离散点相位解缠、沉降速率及序列沉降量提取等。

（4）沉降数据分析评估

采用后处理分析软件将 DInSAR 获取的沉降成果进行优化，主要措施为利用部分地面沉降实测数据与 DInSAR 结果进行对比分析，选取合适的修正方案和融合处理方案对 DInSAR 结果进行优化，然后利用实测检核点对优化后的 DInSAR 结果进行可靠性检验，评价 InSAR 沉降监测的精度。

（5）区域沉降监测产品制作

基于优化后的 DInSAR 沉降成果，根据高铁线位建立沉降监测的缓冲区，获取缓冲区范围内以下几个方面内容：其一，沉降等值线图，并基于沉降等值线图划分不同等级沉降区的范围；其二，沿高铁线位的沉降纵断面图和横断面，用于分析高铁周边的沉降关系；其三，DInSAR 沉降监测专题图制作，采用遥感制图技术，将沉降速率图、等值线图、高铁线位、相关地理信息以及区域监测信息进行标准化综合制图，提供下序专业应用。

(6) 区域沉降原因调查

在 DInSAR 区域沉降成果的基础上，综合利用专业地质勘测资料、地下水抽取资料、市政沉降监测资料进行综合分析，辅助实地调查，对 InSAR 沉降成果进行解译，以揭示引发沉降的内在原因和它们之间的关系，为灾害预防治理提供依据。

最终，将铁路 DInSAR 的生产流程总结如图 3－1 所示。

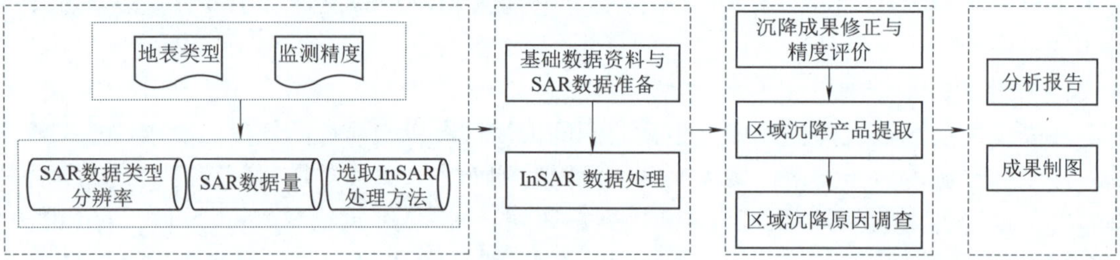


**图 3－1　铁路 DInSAR 基本流程**

## 3.3　铁路工程不同阶段应用策略

如前所述，铁路工程大概分为勘察设计、施工建设和运营维护三个阶段，每个阶段的工作内容不一样，对 DInSAR 需求的范围、精度、周期都不一样，因此需要的数据源、处理方法、分析方法也存在差异。

勘察设计阶段：该阶段又分为预可研阶段、可研阶段、初步设计和施工图四个设计阶段，预可行性研究论证项目建设的必要性，解决拟建规模、线站位方案，提出主要技术标准；可行性研究从国情、技术、经济等各方面进行全面深入的论证，进一步论证项目建设的必要性，解决拟建规模、线站位方案，提出主要技术标准、建设计划、投资规模、资金筹措，进行财务、国民经济评价，对项目产生的风险程度和环境影响进行分析；初步设计落实各项工程内容的设计标准、设计原则和工程措施，初步确定各项工程规模、工程数量和工程投资：施工图设计为施工提供必要的图表和必要的设计说明，详细说明施工时应注意的具体事项和要求。勘测阶段 DInSAR 的主要作用则是辅助铁路选线，通过 DInSAR 发现铁路设计线位区域内的采空区沉降漏斗、滑坡带，对铁路沿线的历史区域沉降进行分析和调查，确定区域沉降的范围、沉降漏斗的中心和位置、沉降量和沉降速率。此阶段对精度要求又不太高，需要获取历史沉降信息，对后续的沉降做出预测，设计人员根据沉降预测，对设计方案做出适当的优化。

建设施工阶段：在施工建设过程中，主要根据施工图进行组织施工建设，把铁路工程从“图纸”变为“现实”，是一个从无到有的过程。随着工程的进展，施工单位在铁路红线范围内进行不断地开挖、堆载、构筑物建设等，该过程会对周边地表的沉降产生影响，需要动态监测施工过程中地表和构筑物变形，确保因为施工造成的沉降以及构筑物的变形不会影响到工程安全。一旦发现，则需要及时进行评估，及时调整施工组织。

运营维护阶段：运维阶段监测和检测的主要目的是保持轨道的平顺性，以保证列车运营安全。但随着铁路运营，铁路构筑物的形变、列车运营对轨道的影响会导致轨道发生形变，轨道的平顺性逐步脱离设计值，如果不能及时监测，会对运营造成极大的安全风险。因此，需要定期对铁路整体的沉降进行健康检查，并根据监测结果对其形变量做出预测，为运营维护提供精确、及时的沉降信息。

### 3.3.1 数据源选取原则

前面讲述了目前在铁路监测中较为常用的 SAR 卫星数据源，结合今后 SAR 卫星的发展趋势，SAR 传感器和卫星定轨精度都在不断提高，供科研和生产应用的选择也日益丰富，然而 SAR 数据源选择标准无外乎 SAR 影像分辨率、波段长度、定轨精度和重访周期等原则，现结合高铁沉降监测知识和经验，总结了不同 SAR 数据源的适用范围。

（1）在铁路的勘测设计阶段，提取铁路沿线经过区域的历史沉降信息将是该阶段辅助选线的重点，此时沉降信息获取精度要求不高，根据需要监测的历史时间段和生产成本最低要求，可以选择幅宽较大、中等分辨率的 Envisat ASAR（C 波段，2002 年～2012 年）、ALOS-PALSAR1/2（L 波段，2006 年至今）和 Sentinel-1（C 波段，2014 年至今）等数据。这三种 SAR 数据，以免费公开的 Sentinel-1 为首选，若监测区域植被覆盖茂密，则局部段落可以选择 ALOS-PALSAR1/2 数据，若监测的历史时间较长，可以选择 Envisat ASAR 数据。

（2）在施工建设和运营维护阶段，沉降监测重点在于构筑物沉降监测，而中等分辨率 SAR 影像难以精细区分沉降细节和沉降点位置，同时，波段越长沉降监测灵敏度越低，即微小形变监测能力越低，因此该阶段的监测需要结合中等分辨率影像确定重点沉降监测段落，再编程购买高分 SAR 影像。X 波段的高分 TerraSAR-X 和 COSMO-SkyMed SAR 数据是最适合监测构筑物精细高精度沉降的数据，其次是 C 波段的高分 RADARSAT-2 数据。

铁路沿线及区域沉降监测是以监测精度和投入成本为导向的，在满足一定的精度需求和生产成本可控的情况下，根据 SAR 数据源的特点，选取最优的 SAR 影像。如今，SAR 卫星正向多平台、多波段、多极化、高分辨率、高重访周期和低成本的趋势发展，这为后续 DInSAR 沉降监测以及 SAR 影像分类应用提供更多的选择。

对于存档数据，采用 Descw、ESAI、CalBp 等官方软件查询其基线长度，以选取最优数据集。对于编程数据，根据卫星云图，天气预报提前规划，确定是否获取数据。

### 3.3.2 DInSAR 在勘察设计阶段沉降监测

#### 3.3.2.1 目的

在勘察设计阶段，主要用于铁路辅助选线，发现铁路设计线位区域内的采空区沉降漏斗、滑坡带，对铁路沿线的历史区域沉降进行分析和调查，确定区域沉降的范围、沉降漏斗的中心和位置、沉降量和沉降速率。

#### 3.3.2.2 监测方案

数据选择：推荐采用 Envisat、ALOS PALSAR、ERS-2、RADARSAT 存档数据，数据时效性为前 1～2 年内。

监测方案：宜采用较低分辨率、波长较长、覆盖范围大的 SAR 存档数据源，以常规

DInSAR 的方式（三轨法、二轨法）进行区域沉降监测。

3.3.2.3 监测成果

（1）提供基于光学影像、DInSAR 沉降漏斗范围，经过地理编码后与设计线位坐标系一致的沉降漏斗范围（与线位叠加）。

（2）与设计方案坐标系一致的监测结果图（沉降量图）。

（3）与设计方案坐标系一致的区域沉降等值线图。

（4）DInSAR 沉降结果解译分析报告。

### 3.3.3 DInSAR 在施工阶段沉降监测

3.3.3.1 目的

在施工阶段，主要用于监测因施工过程中沿线区域沉降情况，用于评估施工过程中区域沉降对施工的影响，以及施工过程对周边环境的影响。

3.3.3.2 监测方案

1. 数据选择

此阶段因为施工过程导致周边地形环境动态变化快，很容易产生干涉失相干，因此在红线范围内不太适合 DInSAR 进行监测，采用传统水准内部“定点”监测和 DInSAR 外围“面状”监测相结合的方法开展监测工作效果更好。

推荐采用 ALOS PALSAR、ERS-1/2、Envisat、RADARSAT、Sentinel-1 存档数据，前期累积数据源为施工之前的 1 ~ 2 年至施工之后的 1 ~ 2 年，数据量 >20 景，后期制定编程数据获取计划。

2. 监测方案

（1）利用收集的存档数据对历史区域沉降情况进行普查，确定重点加测段落和监测范围。

（2）根据调查结果，制定详细的数据定制计划。

对非重点区域，获取 SAR 数据周期长，采用常规 DInSAR 方法进行区域沉降普查；对于重点区域，获取 SAR 数据的周期要段（一般不超过 3 个月）。

（3）对于重点区域的数据处理：推荐采用常规 DInSAR、小集线集（SBAS）、基于时间序列的永久散射体数据处理方法（PSI）相结合的方案进行区域沉降监测。

3.3.3.3 监测成果

（1）提供基于光学影像、DInSAR 沉降漏斗范围，与线位叠加，坐标系统统一的漏斗分布图，区域沉降等值线图。

（2）当前单期的区域沉降变化图。

（3）DInSAR 沉降结果解译分析报告。

### 3.3.4 DInSAR 在运维阶段沉降监测

3.3.4.1 目的

运营监测阶段用于：①高铁沿线区域沉降情况监测；②高铁构筑物沉降监测；③高铁沿线重点区域（滑坡）监测预警；④重点段落高铁构筑物与区域沉降的差异沉降监测。

3.3.4.2 监测方案

高铁结构体的监测建议采用基于时间序列的 PSI 技术，同时在大面积植被覆盖区域布设矢量的人工角反射器，密度以 1 ~2 km 一对点为宜。

对于局部高铁结构体的沉降监测，建议采用 X 波段的高分辨率数据，空间分辨率不低于 3 m，推荐使用 TerraSAR-X；对时间分辨率要求高的监测任务，推荐使用 COSMO-Skymed，对于全线区域沉降建议采用 C 或者 L 波段的较低分辨率的数据，推荐使用 ALOS-PALSAR。

首先根据既有资料确定重点沉降监测段落；收集需要监测区域的高分辨率 SAR 数据（如 TerraSAR-X、COSMO-Skymed 等），根据收集的数据情况，决定后续采用的监测方案。

高铁运营区域沉降监测采取较低分辨率、波长较长、覆盖范围大的 SAR 数据源，以基于时序的 PSI 方法进行区域沉降监测，监测周期 3 月/期。

对存在差异沉降的重点线上区域，采取高分辨率、短波长 SAR 数据源，以基于时序 InSAR 的方式进行正线沉降监测。前期采取全水准监测方法，一般监测频率一般为 1 ~3 月/期；在 SAR 数据积累到一定数量之后（ >15 期），逐步减少水准监测频频次（即增加相邻两次水准观测之间的时间间隔），监测周期可以逐步增加到 6 ~9 月/期；对于非重点区段，精密水准观测周期可以达到 12 月/期，采取 DInSAR 和水准结果融合改正方案获取沉降结果；采取线上线下分离模式提取具体点目标沉降监测信息。

在监测过程中，如果发现 InSAR 监测结果出现异常，尤其是出现差异沉降突变的情况，可以局部适当增加局部差异沉降的观测频率。

重点滑坡区监测预警采用高分辨率、短波段 SAR 数据源，前期采用常规 DInSAR 方式 + 角反射器模式，后期以基于时序 InSAR 的方式进行延续性沉降监测。

低分辨率数据推荐采用 ALOS PALSAR、ERS-1/2、Envisat 存档数据，高分辨率数据推荐采用 TerraSAR-X 和 COSMO-Skymed。

3.3.4.3 监测成果

（1）提供基于光学影像、DInSAR 沉降速率图，与线位叠加，坐标系统统一的沉降速率图。

（2）提供当前单期的区域沉降变化图，区域内任意点沉降变化序列图（依据软件系统查询获取），区域沉降等值线图。

（3）提供当前单期以及基于时间序列的高铁正线具体里程沉降变化数据，图表。

（4）提供 InSAR 沉降结果解译分析报告。

（5）提供滑坡体沉降变化信息数据及沉降趋势分析报告（仅针对滑坡监测）。

（6）提供高铁构筑物与区域沉降的差异性沉降分析报告。

### 3.3.5 DInSAR 在铁路运维中的应用策略

采用 DInSAR 沉降监测技术对高铁构筑物及周边环境区域沉降进行监测，能提供比水准更加丰富的沉降监测信息，用 DInSAR 对铁路进行沉降监测目的就是利用 DInSAR 技术的特点，用来进行大范围地面沉降监测和结构变形监测，分析线路附近的沉降漏斗及范围，准确确定地表沉降与高铁结构沉降的关系，对高铁和区域沉降的收敛性进行趋势分析，并结合各种资料（地质资料、环境资料、城市变化资料等等）对区域沉降的原因进行分析，以便为铁路工务部门进行科学的运营维护提供重要的基础资料和维护依据。

3.3.5.1 SAR 数据源选择

用于高铁结构体沉降监测需要 SAR 数据具有较高的分辨率，目前商业化运营的高分辨率 SAR 卫星有德国的 TerraSAR-X 和意大利的 COSMOS-Skymed，其空间分辨率最高可以达到 1 m。但 1 m 空间分辨率的 SAR 数据获取成本高，且覆盖范围较小（一般 5 km×10 km），因此不建议使用。根据中国铁设多年来的实验，采用 3 m 空间分辨率的 SAR 数据比较合适，其覆盖范围 30 km（东西向）×50 km（南北向），具有较高的性价比。从轨道稳定性来说，建议使用德国的 TerraSAR-X 数据，本章以 TerraSAR-X 卫星为例进行分析。

首先根据需要沉降监测范围确定数据源的情况。存档数据可以直接根据监测范围进行网络查询，如图 3－2 所示为 TerraSAR-X 数据过境情况，从图中可以看出，需要两个完整的降轨数据能够覆盖需要监测的区域；订购的数据需要卫星运营商根据自身情况制定数据获取计划。

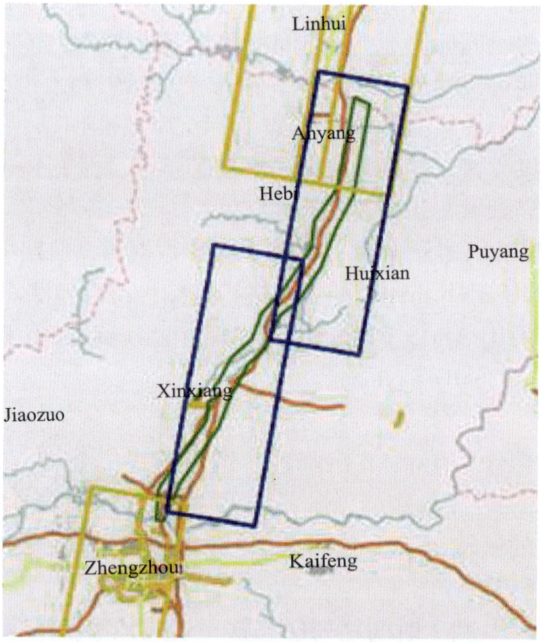


**图 3－2　TerraSAR-X 过境示意图**

3.3.5.2 DInSAR 沉降监测技术在高铁沉降监测中的应用方案

通过大量、长期的实验研究，中国铁路设计集团有限公司将 DInSAR 沉降监测技术与传统沉降监测技术的优势相融合，形成了一套基于 PSI 技术和传统沉降监测技术相结合的高铁结构体沉降监测方案，可以应用于高铁结构体（桥梁、路基）的沉降监测，并能够节省大量的外业水准监测工作量。中国铁设已经将 DInSAR 沉降监测技术应用于德大铁路、京津城际、京沪高铁、雅万高铁等铁路工程重点段落，基于项目经验，采用 DInSAR 技术进行铁路沉降监测时，建议应用策略如下：

（1）收集资料。根据高铁暂有线路方案设计或者既有线，向相关部门收集沿线历史沉降资料、沿线地下水采集区、沿线矿区以及断裂带等其他地质地灾资料，对区域沉降段落的沉降原因和沉降类型进行初步分析。

（2）进行区域沉降普查。根据沉降段落具体位置和线位走向，收集历史存档SAR数据或现在免费公开的Sentinel-1数据，或者采购存档SAR数据，基于DInSAR沉降监测的技术方案设计对全线进行区域沉降普查。作为普查，一般采用中分辨率（10～30 m）、C波段或者L波段的SAR数据源。例如：Sentinel-1、RADARSAT-1、ALOS-PALSAR等均可满足沉降普查需要。通过普查，确定重点沉降监测段落，为后续采用更高分辨率SAR数据源提供依据。普查监测可以采用常规差分干涉测量，也可以采用时序DInSAR的方法，具体情况根据收集的数据源及其可用数量合理选择。

当获取的SAR数据量较少时（5景以内），采用DInSAR差分干涉测量区域沉降情况进行基本普查，以及确定沉降漏斗范围。二轨法DInSAR技术在铁路勘察设计中的应用流程如图2－5所示。

常规DInSAR差分干涉测量受时空失相关以及大气效应影响较大，监测结果精度一般为厘米级，主要用于定性分析，基于常规DInSAR的沉降监测方案用于确定沉降漏斗范围和历史沉降量。如果收集到的数据量较多，可以采用时序DInSAR的方法进行沉降监测，获取精度较高的沉降监测结果。

（3）针对重点区域进行精细监测。进行精细监测要采用时序DInSAR的方法，同时选择更高分辨率的SAR数据，一般采用分辨率不低于3 m、波长较短的SAR数据，根据目前的现状，X波段（3.15 cm）比较合适，例如：TerraSAR-X、Cosmo-SkyMed。有些区域为了提高监测精度，或者对DInSAR监测精度进行评估，还需要布设人工角反射器。

人工角反射器（CR）布设是为了提高沉降监测精度并对基于DInSAR沉降监测结果进行精度检验，在重点沉降监测段落布设人工角反射器（CR一般20 km布设一个即可），角反射器尽量布设在稳定的区域，尤其是在大面积植被或庄稼地等缺乏天然散射体的区域。

时序DInSAR数据处理分析。随着数据量的不断增多（10～20），采用小集线集（SBAS）或者多主影像组合干涉的方式进行沉降监测，获取精度较高的沉降监测结果；随着数据量的继续增多（大于25景），可以采用PSI技术进行精细的沉降监测，监测相对精度可以达到毫米级。以PSInSAR方法为例，如图3－3所示，通过覆盖同一区域的多幅SAR数据构建时序数据集，从序列集中提取出稳定的PS点作为观测点，利用滤波算法剔除PS点中的残差点，采用合理的插值算法来获取监测区域内任意位置处的沉降速率及累计沉降量，结合既有地质、沉降资料，进行实地踏勘调查，综合分析沉降原因并制定应对措施。

（4）水准和时序DInSAR监测的融合。在监测初期，因为没有足够的SAR数据，需要全部采用精密水准的方法进行全周期监测，同时，开展联测角反射器和桥墩（或者路基）之间的差异沉降，这种联测的频率保持和SAR数据获取的频率一致；在SAR数据积累到一定数量之后（一般不少于15期），采用水准观测辅助InSAR沉降监测的作业模式。根据目前的研究成果，对于重点区段，精密水准观测周期不大于6月/次，对于非重点区段，精密水准观测周期不大于12月/次，单个水准观测周期与目前高铁沉降监测作业模式完全一致即可。

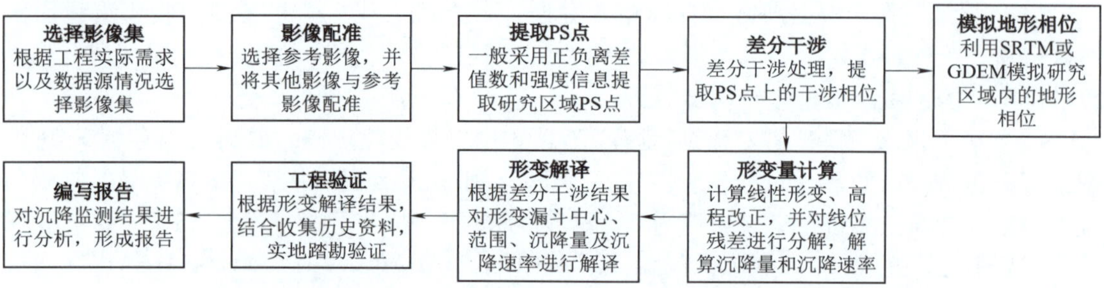


**图 3-3　PSInSAR 技术在铁路勘察设计中的应用流程**

（5）数据后处理及分析。针对 DInSAR 获取的差分干涉图、沉降速率、沉降量、沉降序列等结果，利用中国铁设测绘分院开发的 InSAR 监测结果处理分析软件进行后处理分析和专题图制作。根据处理结果判识沉降漏斗范围和漏斗中心，计算沉降量、沉降速率及差异沉降等指标，结合区域沉降的时空特点，分析高铁构筑物与区域沉降变化的关系，对高铁构筑物沉降趋势（收敛性）进行科学判断和评估。

（6）沉降原因分析。结合既有地质、沉降资料，进行实地踏勘调查，综合分析重点漏斗区沉降原因。需要注意的是，在监测过程中，如果发现 DInSAR 监测结果出现异常，需要及时改变监测方案，通过数据源获取频次、时序 DInSAR 解算策略、时序 DInSAR 误差改正模型、水准监测频次、增加人工角反射器等措施，加强对异常点（段）的监测。同时，对于经过长期的监测，一直处于稳定或者区域稳定的监测段落，也可以适当降低监测频率，以最佳经济效益满足生产需求。

#### 3.3.5.3　监测周期及频次

考虑高铁 DInSAR 沉降监测对 SAR 数据源的连续性要求，数据获取频率按照沉降情况进行订购，一般来说应保持 2 月一次。监测方式采用常规二轨或者三轨差分，随着数据量累计，采用基于时间序列的差分干涉测量技术（小基线集-SBAS 或者基于时序的永久散射体的差分干涉测量-PSInSAR）进行监测。

#### 3.3.5.4　监测成果

每次把观测结果及时分析总结，对工程遭受的地面沉降地质灾害进行分析研究，每次测量完成后提交沿线地面沉降分析报告，及时修正沉降区域的高程。监测过程中应提交如下成果文件：

（1）区域沉降范围基准点高程成果；

（2）区域沉降变形曲线图；

（3）DInSAR 干涉条纹图；

（4）高铁构筑物沉降量及沉降速率分析；

（5）高铁周边环境区域沉降与高铁构筑物沉降差异性分析；

（6）阶段性监测分析报告等。

#### 3.3.5.5　不同方法在铁路工程中的应用建议

结合第 2 章所述内容和中国铁设测绘院在铁路领域的应用经验，总结了时序 DInSAR 方法在铁路工程应用中几点应用建议：

（1）常规 DInSAR 方法可以用于探测铁路勘测设计的预可研阶段，判断铁路沿线大型沉降漏斗、采空区和滑坡；

（2）时序 DInSAR 方法可以用于铁路勘察的可研阶段，用于提取铁路沿线详细的历史形变序列和形变速率等信息，制作沉降等值线、铁路沿线沉降缓冲区等专题图，辅助于专业设计；

（3）时序 DInSAR 方法在铁路勘察的可研阶段应用时，需要借助 InSAR 方法中差分干涉图区分沉降漏斗区域的真伪，排除大气和地形残留误差对监测结果的影响；

（4）时序 DInSAR 方法可以用于铁路运营期间的区域和构筑物沉降监测，区域沉降可以基于中等分辨率 SAR 影像进行获取，在铁路沿线局部沉降区间，采用高分辨率 SAR 影像获取高铁构筑物分布的 PS 点沉降速率。

## 3.4　质量控制

DInSAR 沉降监测成果是要应用于铁路实际生产项目中的，同时，质量控制是保证生产安全和控制成本的关键，因此对于 DInSAR 沉降监测结果进行质量控制是必不可少的。根据在铁路生产应用中的经验，将 DInSAR 沉降监测结果的质量控制分为内部检核和外部检核。

DInSAR 区域沉降监测结果质量的内部检核方法是根据 DInSAR 结果中的沉降区域与 InSAR 数据处理过程中的差分干涉图对应区域对比分析进行的。在形变区域，需要分析等时间基线差分干涉图是否存在失相干现象，若存在失相干现象，则该形变区域是假的，则需要进一步调整时序 DInSAR 解算模型中的质量控制参数重新解算；在产生半个波长以上的形变区域时，则需要对比相等或更长时间基线的差分干涉图，判断差分干涉图中是否存在干涉条纹，若存在，则说明该形变区域是存在的。

DInSAR 沉降质量的外部检核方法根据在铁路设计生产中的两个应用阶段有所不同。在获取勘察设计阶段的历史沉降时，最好的质量控制措施是利用其他监测手段获取的历史沉降资料进行交叉验证。然而，在铁路沿线勘察区域，这种历史沉降监测资料基本缺失，即使有也是沿线局部区域。因此在相干性较好的形变区域内，可以通过获取的外部地下水使用情况和现场调查情况（图 3－4、图 3－5）综合进行质量控制；在获取运营期间的构筑物和区域沉降时，由于高铁沿线会有周期性的人工高铁运营监测，因此，可以利用近乎同时期的人工运营监测的沉降数据与 PS 点沉降监测结果进行对比。

图 3－4　现场调查

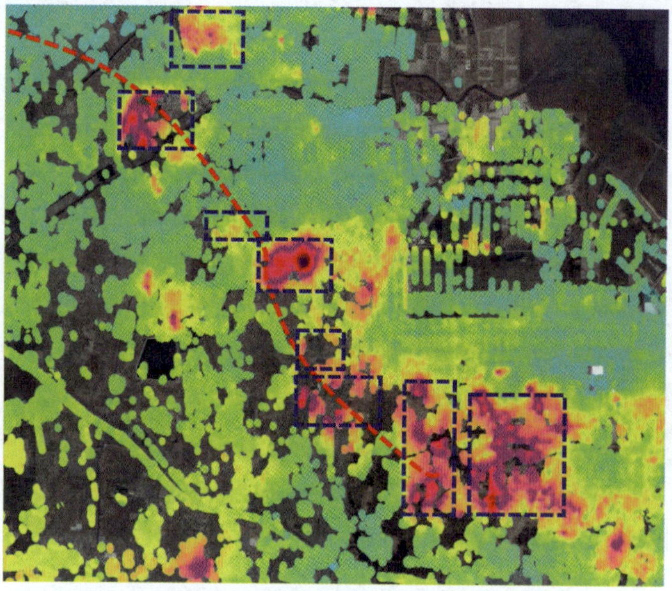

图 3 - 5　德大线 DInSAR 沉降范围与卤水井开采范围关系
（蓝色虚线框为卤水开采审批范围，红色虚线为铁路线位）

# 第 4 章　DInSAR 铁路沉降监测关键技术

## 4.1　概述

基于 DInSAR 技术的高铁重点地段沉降监测主要指利用高分辨率 SAR 影像进行时序分析，获取高铁构筑物的沉降，以及高铁构筑物周边区域的沉降。尽管 InSAR 技术目前在诸多领域得到成功应用，如城市地表沉降监测、采空区监测等方面，以及具备了在铁路工程中应用的基本条件，但还未在高铁构筑物沉降监测中推广应用，主要原因有以下几个方面：

（1）对 DInSAR 沉降监测技术的原理认识不足。DInSAR 沉降监测技术与常规沉降监测手段差异性较大，接受起来难度很大。另外，DInSAR 技术虽然具有独特的技术优势，但也无法完全替代传统沉降监测手段（水准、GPS 等），尤其是无法定位到具体的点位目标，很容易让工程人员产生误解。

（2）缺少对 DInSAR 沉降监测的精度验证，说服力不足。目前利用 InSAR 技术获取的沉降监测结果仅是在沉降趋势、相对沉降量等方面上进行分析，缺少大量的与常规沉降监测结果的比较验证，导致 DInSAR 技术应用于高铁构筑物沉降监测说服力不足。

（3）缺少针对利用 DInSAR 技术对高铁构筑物形变监测的经验。目前基于时间序列的 DInSAR 沉降监测技术在城市构筑物形变、城市区域沉降、大坝形变监测等方面有较多应用，但在高铁构筑物沉降监测方面还没有工程应用经验。目前基于高铁的沉降监测多以区域沉降监测为主，这种高铁区域沉降监测与普通的城市地表缓慢形变监测过程基本相同。根据我们收集的有关 DInSAR 高铁监测应用案例资料分析，普遍采用的都是 PSInSAR 方法，在区域内提取 PS 点，通过对 PS 点的处理得到各 PS 点沉降信息，然后全局分析铁路沿线的沉降情况，不涉及高铁构筑物目标的沉降监测。

（4）缺乏针对高铁构筑物形变监测的理论及应用研究。高铁自身的特点非常明确，在城市、独立地物沉降监测方面的经验并不能完全适合于高铁构筑物的沉降监测。例如：利用 PSI 技术进行高铁沉降监测数据处理过程中，如何针对铁路线状特征的 PS 点目标进行提取。

（5）缺少基于 DInSAR 技术对高铁构筑物沉降监测的数据处理、分析和应用软件。例如：在 DInSAR 沉降结果提取方面，缺乏结合铁路线位、里程的沉降监测结果分析算法。通常基于线位上单个点的空间位置，以最近邻元、区域平均等常规方法获取铁路线位上的沉降信息，没有考虑高铁构筑物与沿线区域的沉降尺度存在空间不相关以及线位方向上沉降变化空间相关的特性。

（6）传统高铁沉降监测方案非常成熟，虽然有一定的缺陷（工作量大，上下作业周期长，人力成本高等），但能够满足目前的高铁沉降监测的需求。

（7）对新技术存在认识不足。上述问题的存在，有的是意识形态的问题，有的是技术本身的问题，但都制约了 DInSAR 技术在高铁构筑物沉降监测中的应用。从意识形态来说，需要一个逐步认知和改变的过程，从技术本身来说，更需要不断地完善和提高。本书主要从技术本身出发开展相关的研究和实验，重点论述时序 DInSAR 技术在铁路沉降监测中业务化运行所需要解决的关键技术。

## 4.2 人工角反射器（CR）点布设及监测

前面讲到 DInSAR 主要误差分析时提到，在不同时期对同一地区进行观测时，SAR 传感器由于本身及外界因素影响而使得接收的回波信号不同，致使相位信号干涉处理时发生失相干。铁路是连接城镇之间的便捷交通工具，出车站之外，一般都穿行在山间田野，除了铁路本身，铁路沿线缺少稳定的强反射体（永久散射体），在进行 PSInSAR 数据处理的时候，能提取的 PS 点非常少，不利于提高 PS 点解算精度，因此根据铁路沿线 PS 点的分布，需要在大范围植被覆盖（或者农田）的地区建立必要的人工角反射器。另外，为了验证或者将 DInSAR 沉降监测成果与精密水准沉降监测成果归算到相同的基准，也需要对固定的 PS 点进行定期的监测。因此，根据多年铁路 InSAR 角反射器（CR）应用的经验，总结了在铁路沿线区域角反射器的设计、布设安装和维护要求。

### 4.2.1 角反射器的设计与安装

在 SAR 卫星过境时，为了确保角反射器设计能够使其雷达散射截面（Radar Cross Section，RCS）最大化，以及满足 PS-InSAR 时序分析时振幅强度的稳定性，根据现有研究成果和多年铁路应用经验，以德国 Terrasar-X 雷达卫星为例详细说明角反射器的设计和安装要求。

（1）人工角反射器的设计通常采用三角直面式的方式，如图 4－1 所示，现有研究表明，三角形三面体的雷达散射截面 $A_{\mathrm{RSC}}$ 与人工角反射器直角边长 $l$、雷达波长 $\lambda$ 有关，其对应公式为

$$A_{\mathrm{RSC}} = \frac{4\pi l^4}{3\lambda^2} \tag{4-1}$$

以过往铁路沿线应用的 X（波长约为 0.031 m）波段的高分辨率 TerraSAR 影像为例，当人工角反射器直角边长为 0.8 m 时，雷达散射截面约为 1 785 $\mathrm{m}^2$。但在实际时序 DInSAR 分析过程中，角反射器的雷达散射截面越大，并不代表着时间维上的振幅强度稳定性越好，根据多年不断反复的测试，人工角反射器的三直角边的长度不宜小于 SAR 地面分辨率的 1/3，以 3 m 分辨率 TerraSAR 为例，在角反射器的直角边长为 1 m 时（图 4－1），才能充分保证其在时序 DInSAR 分析时的时序稳定性以及较好的监测精度。

（2）根据不同卫星在发射雷达波的不同姿态，需要在安装时严格按照卫星姿态参数需求进行角反射器基座的定向和角反射器底板的仰角。其中，支撑基座是一个实心三角柱体，其整体形状如图 4－2 所示，其水平截面为直角三角形（直角边的长度为 1.2 m，斜

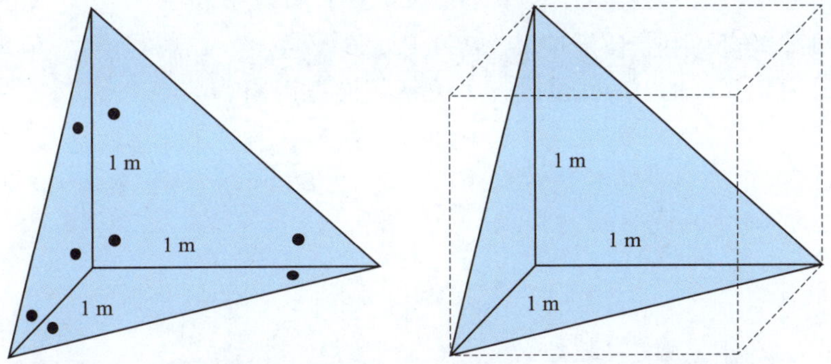


**图 4 -1　角反射器外观（左图为实际效果，右图为辅助解释图）**

边长度为 1.7 m）。现场施工时，应首先开挖基坑，并从基坑底部开始使用砖和水泥堆砌支撑基座，地面以上部分高度为 2 m，周身使用 2 cm 厚的混凝土粉刷。

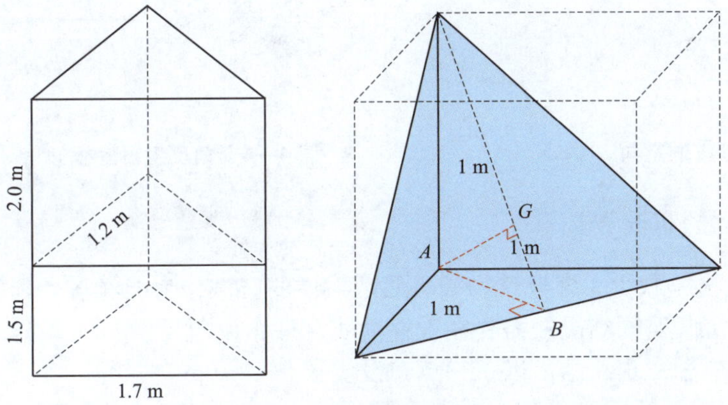


**图 4 -2　支撑基座外观**
**（左图为支撑基座整体外观示意图，右图为适配角反射器）**

下面以 TerraSAR-X 雷达卫星降轨的形式飞过研究区域上空为例描述基座以及角反射器的定向，降轨飞行时的俯视角是 41°，为较好地反射雷达波，反射器和卫星的相对姿态如图 4 -3 和图 4 -4 所示，可以看出，支撑基座斜边的方位角 $A=9°$，即磁方位角为 9°，需要利用罗盘仪进行确认，角反射器底板仰角 =13.7°，可根据这两个姿态参数是技术人员现场必须确认的。其中，基座斜边方位角，需要利用罗盘仪进行确认；将角反射器的底板（即与支撑基座顶部相连的板）倾斜 13.7°，可以参照图 4 -2 的右图进行计算，计算过程如下：

$G$ 为角反射器开口区域（等边三角形）的重心。

$$AB = 0.4 \times \sqrt{2} = 0.5657 \text{ m}$$

$$BG = \tan 30° \times 0.4 \times \sqrt{2} = 0.3266 \text{ m}$$

所以

$$\angle GAB = \arcsin\left(\frac{BG}{AB}\right) = \arcsin(\tan 30°) = 35.26438°$$

$$\angle GAC = 90 - 35.26438 = 54.7356°$$

安装固定时，角反射器底板应旋转 54.735 6° − 41° = 13.735 6°。相当于抬高外沿 12.6 cm（棱长为 0.8 m 时），可通过三角关系式换算得出。

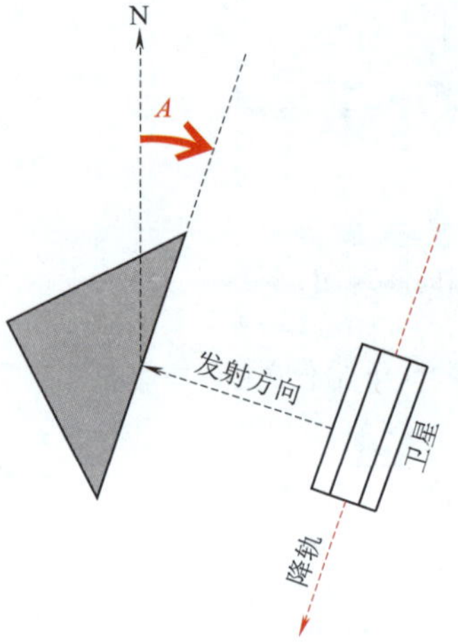


图 4－3　支撑基座的定向

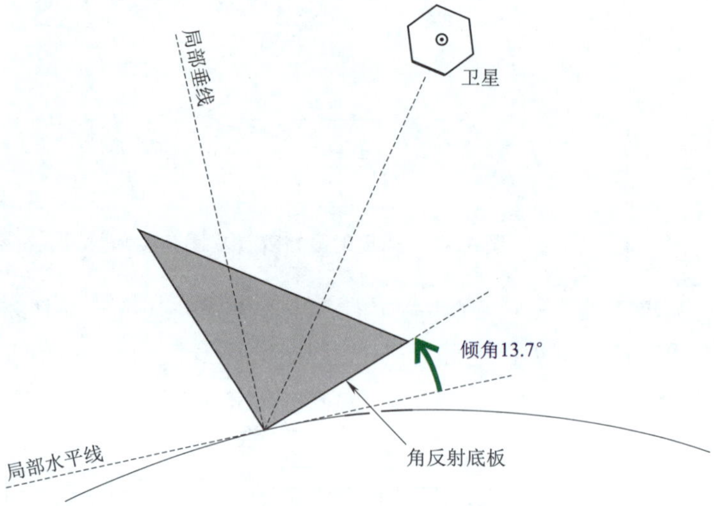


图 4－4　角反射器底板仰角

### 4.2.2　角反射器的布设要求

铁路沿线大多是缺少人工建筑物等自然散射体的区域，为能经济合理的获取高质量时序 DInSAR 地面沉降监测结果，需要在铁路沿线合理布设角反射器。根据多年铁路角反射器时序 DInSAR 应用，现总结出以下三点布设要求。

（1）在需要监测的重点段落，利用谷歌地球、天地图等选择大概布设位置，点位尽可能选择在沿线 500 m 的范围内，沿线位两侧等间距布设为宜，然后进行实地踏勘，根据周边环境情况以及未来使用周期，选择具体的点位。

（2）为了保证人工角反射器的稳定性，基坑开挖的深度一般不少于 1.5 m（视现场地表具体情况而定），同时，必须在技术员的现场监督下，严格按照基座和角反射器定向参数完成角反射器的安装与固定。布设完成后，需要至少经历一个月的稳定性沉降后方可使用。

（3）对人工角反射器的稳定性，按照构筑物变形监测同等精度进行同步观测，前 3 期按照每月不少于一次的频次进行监测，后期根据人工角反射器的稳定性确定监测频次。

### 4.2.3　角反射器的维护

因为角反射器一般布设在大面积植被覆盖地区，需要根据周边植被生长环境，定期检查和清理。一般来讲，在获取 SAR 数据的前一天，对角反射器进行检查维护，确保角反射器没有被遮挡。

（1）检查角反射器的完整性和稳定性，有没有遭到人为破坏。

（2）检查角反射器有没有异物遮挡覆盖（比如植被长高、树叶茂密、植被生长等情况造成的遮挡)，并对遮挡进行及时处理，并保持角反射器内部清洁。对于被人为破坏的人工角反射器，记录破坏日期，清理现场，将移动的石块等碎片清理干净，拍照记录。

(3) 检查角反射器内是否有杂物，比如下雨积水、冬天结冰、被不明人员堆积的其他杂物等等，均需要及时清理，在有条件的情况下，尽量能够指定当地专门人员看管。

## 4.3　高铁构筑物监测沉降信息精确提取与分析

高速铁路结构体与区域沉降存在不同规律，区分高铁构筑物与高铁沿线区域沉降对于评价高铁工后沉降以及差异性沉降有重要的意义。在时序 DInSAR 沉降监测中，区域 PS 点与线上 PS 点分布都存在不均匀性，在提取任意点的沉降信息需要进行内插拟合处理，基于对高速铁路结构体与区域沉降呈不同规律的考虑，对两者沉降信息需分开提取，高速铁路 DInSAR 沉降信息提取方法需采取线上线下分开提取的模式进行，在沉降结果提取时需根据待提取沉降结果的点位置判断其处于线上或线下，后采用相应的处理策略实现对沉降信息的提取，以保证线上目标沉降信息提取的效率与精度。从目前 DInSAR 技术常用的区域沉降监测信息提取方案出发，结合高铁沉降特点，对高铁构筑物和区域沉降信息提取技术进行研究。

### 4.3.1　PS 点目标平面定位优化

#### 4.3.1.1　高铁 DInSAR 沉降监测 PS 点平面误差分析

准确提取高铁构筑物上的 PS 点是 InSAR 结果用于高铁构筑物沉降监测的前提之一。根据运营高速铁路中线线位和高速铁路宽度来建立缓冲区，对落在缓冲区内的 PS 点即可定义为高铁构筑物 PS 点。但实际操作中，PS 点平面精度较差，而高铁构筑物的宽度也比较窄，在这种情形下基于线位建立的缓冲区很容易偏移到正线之外，造成提取错误的 PS 点，从而得到错误的高铁构筑物沉降监测结果。

从 DInSAR 处理过程分析，PS 点来源于 SAR 影像，因此 PS 点精度与地理编码后的 SAR 强度图精度完全一致，由于 SAR 定位精度受地理编码所用 DEM 精度、以及 SAR 与 DEM 配准精度影响，因此当 DEM 本身平面精度不高，或者 SAR 与 DEM 无法有效配准时，均会造成 PS 点平面精度不高的情况。在本章节进行的京津城际 PSI 实验中，就出现了 SAR 影像与 DEM 无法配准的情形，同时由于缺乏有效的用于地理编码改正的数据，使得最终编码后的 SAR 影像与线位叠加后，SAR 影像上的高铁线状纹理与线位存在偏移，在使用之前，必须对 SAR 影像进行二次纠正。

#### 4.3.1.2　PS 点平面定位优化的基本思路

根据 PS 点与地理编码后 SAR 影像精度完全一致的特点，借助外部数据对编码后的 SAR 影像进行几何纠正，建立 SAR 影像与外部数据的几何纠正多项式，以该多项式来修正 PS 点的位置。

外部数据可以是高精度的影像数据，也可以是具有明确特征的控制点数据，由于 PS 点平面位置优化主要针对结构体 PS 点，因此在几何纠正中，用于纠正的点位应主要分布在高铁沿线两侧，以最大限度地保证高铁正线纠正的精度。根据实验的经验，必须保证

PS 点平面精度达到 1 m 以内。

本实验采用高铁沿线高精度的 DOM 影像，通过实现 SAR 影像与 DOM 参考影像的配准达到精化 PS 点平面位置的目的，PS 点平面位置精化的基本流程描述如下。

（1）影像粗匹配。在 SAR 影像和光学影像上选取少量同名点对，基于仿射变换建立 SAR 影像与光学影像的初始关系，通过仿射关系模型初步消除两者之间的放缩，偏移、旋转等。粗配准的精度一般是 10 ~ 20 个像素即可。

（2）边缘提取。对光学影像使用 Canny 算法进行边缘提取，采用 Ratio 边缘提取算子来提取边缘信息。

（3）基于最大相关系数指标进行二次匹配。首先在光学参考影像的边缘纹理影像上定义一个搜索窗口 $M \times M$，在 SAR 影像边缘纹理图像上定义一个匹配窗口 $m \times m$，其具体值由粗匹配精度误差 $T$ 决定，保证 $M - m = T$，然后对 SAR 边缘纹理上的任一点，以该点为中心取 $m \times m$ 大小的匹配窗口，依据粗匹配仿射变换多项式计算该点在光学边缘纹理影像上的同名点位，以该同名点位为中心在其中取 $M \times M$ 大小的搜索窗口，接着以匹边缘纹理信息的最大相关系数为指标，将匹配窗口信息在搜索窗口中进行移动匹配，基于设置的相关系数阈值，判断匹配是否成功，并记录匹配成功点位处的偏移量和相关系数值。

（4）多项式拟合及重采样处理。根据基于最大相关系数匹配得到的同名点对，采用制定的多项式模型，进行平差计算，求取最终的多项式系数。

（5）PS 点平面位置改正。基于求取的多项式模型，对所有的 PS 点进行位置改正，并对 SAR 影像进行间接重采样。

4.3.1.3　实验分析

PS 点平面定位优化的实验区选在京津城际里程 JJK98 周边区域，数据源选取高分 TerraSAR 影像和光学影像。如图 4 – 5 所示，取地理编码后的 SAR 影像作为待纠正影像，既有光学高分辨率影像作为参考影像，同时，将两幅影像坐标系统一为 UTM（Universal Transverse Mercartor Grid System，通用横轴墨卡托格网系统）平面坐标系、ZONE50。

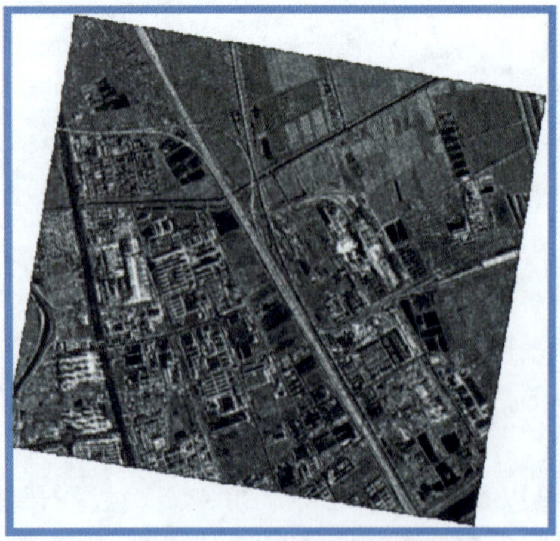

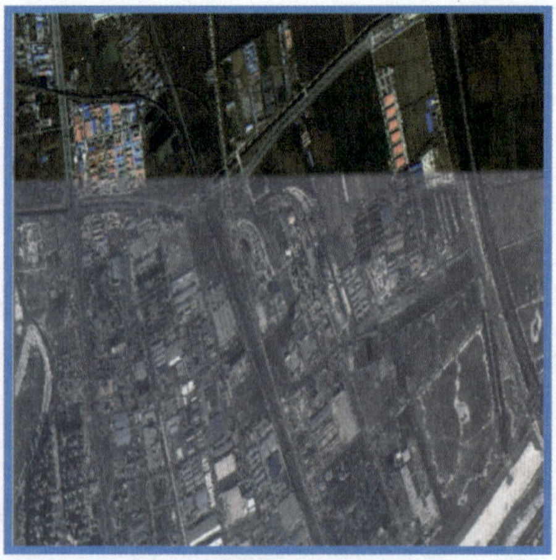

**图 4 – 5　编码后 SAR 影像与光学影像**

实验过程：对多景SAR影像进行时序InSAR预处理包含辐射校正和配准，再通过振幅离差指数选取PS点，通过UTM投影的外部DEM和雷达坐标系下的主影像之间的查询列表将PS点转换到UTM投影上，然后叠加相同UTM投影的线位，如图4－6所示。

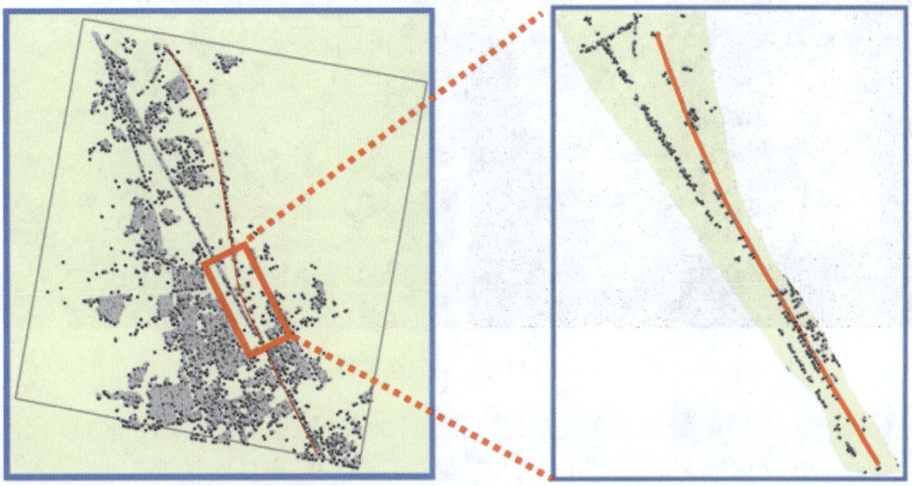

图4－6 改正前PS点位与线位关系

可以清晰看出，线位与高铁线上PS点存在偏移，经量测其偏移距离约为30 m左右。接下来进行影像粗匹配，基于仿射变换方法和人工选取初始点建立SAR影像和光学影像之间的关系，人工选点需要注意的是点位要均匀分布在影像四周，此次选取点位如图4－7所示。

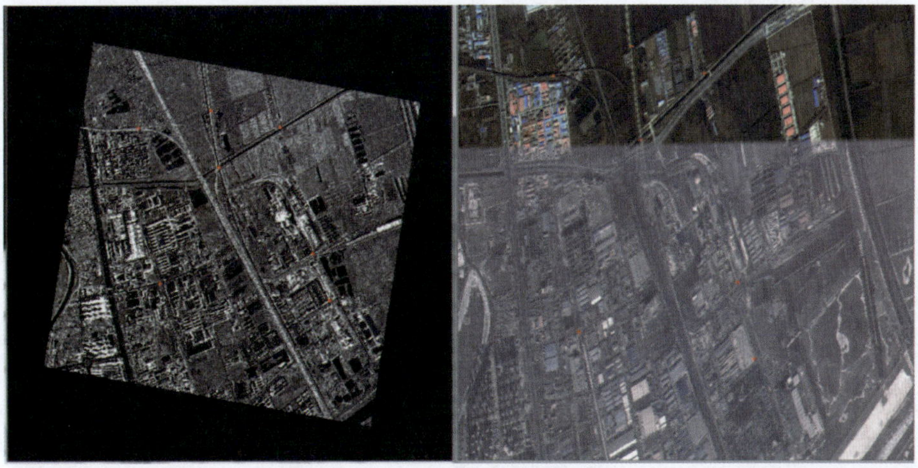

图4－7 初始选点粗匹配

在粗匹配结果上，利用提取的边缘信息，基于最大相关系数指标进行二次匹配进行二次精匹配，获取的最终同名点位分布如图4－8所示。根据图4－8可以看出，同名点数目明显增加，均匀分布在影像上。

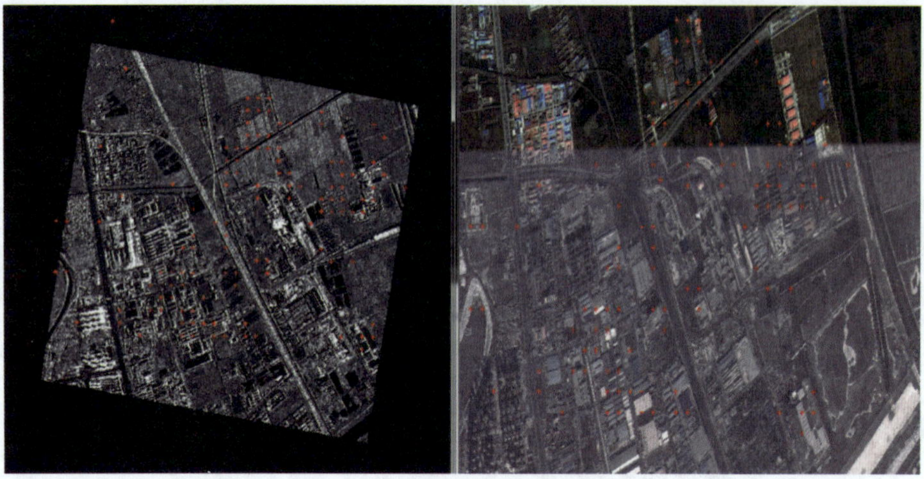

图 4-8　精匹配后同名点位分布

精匹配后，求取二次拟合多项式系数，利用求取的二次多项式来评价匹配精度，其整体中误差在 0.1 像素以内，然后基于二次多项式对所有 PS 点进行改正，改正后的线上 PS 点与线位叠加后效果如图 4-9 所示。

根据图 4-9 对比分析可发现，经过平面位置优化后的 PS 点与高铁线位吻合较好，较改正前精度提高明显，证明上述的基于边缘提取和最大相关系数匹配方案可以有效提高 PS 点位置精度。该技术方案相关算法已融入作者开发的 InSAR 沉降分析评估系统中，并进行了生产应用。

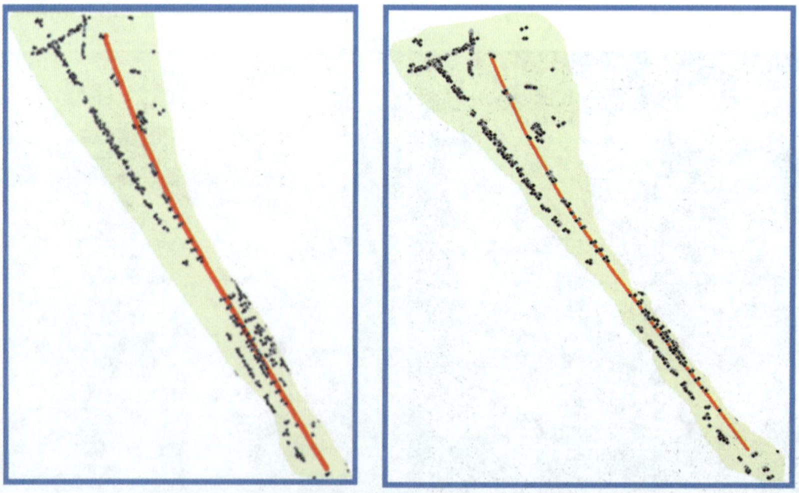

图 4-9　基于 InSAR 平面定位改正前后的 PS 点与线位关系，纠正前（左）纠正后（右）

### 4.3.2　高铁构筑物 PS 点的精化、提取与分析

#### 4.3.2.1　高铁构筑物 PS 点及高铁沉降特点分析

在常规的基于时间序列 InSAR 的沉降监测中，相邻空间内 PS 点的沉降量通常是具备

空间相关性的，即存在空间上的沉降信息的相似或渐变性，这主要是因为单个强散射体发生破坏性的位移时，往往无法成为 PS 点，由 PS 点构建的区域沉降信息经内插处理后则可以完整反映区域的整体沉降趋势而非个体的沉降趋势。对于常规 DInSAR 结果而言，由所有点构建的沉降信息图则不可避免涵盖了各类噪声点。

如图 4 – 10 所示，左图为由常规 DInSAR 结果制作的等值线，右图为经去噪后形成的等值线图，由于 PSI 方法仅使用了 PS 点的原因，其获取的结果与右图会高度相似但不相同，同时正是因为 PS 点都比较稳定的原因，获取的沉降等值线图更接近与实际情况。

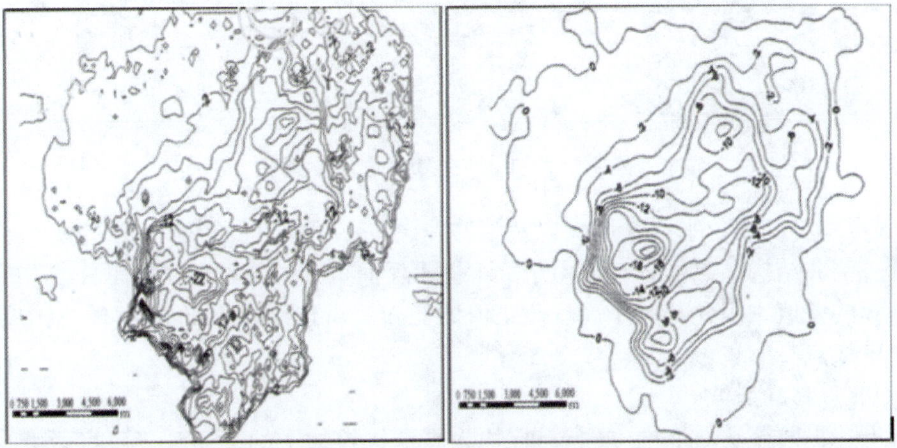

**图 4 – 10　InSAR 沉降等值线图**
**（左：原始常规 DInSAR 结果生成等值线图，右：经滤波去噪后形成的等值线图）**

而对于高铁而言，由于高铁对轨道的平顺性要求极高，在修建过程中会采取多种措施来保证轨道平面的稳定性，因此高铁的沉降呈现以下特点：

（1）即使高铁穿过大型沉降漏斗区域，高铁构筑物相对于周边环境的沉降要更稳定；

（2）高铁（或者人工构筑的线状工程）结构体和线下目标的沉降不存在空间上的相关性；

（3）高铁构筑物的沉降沿线位方向呈现高度相关性，铁路运营对轨道的平顺性要求决定高铁的沉降不会存在较大突变的可能性。

4. 3. 2. 2　高铁构筑物 PS 点提取方案研究

基于对高铁构筑物上 PS 特征及高铁沉降特点的分析，高铁构筑物沉降监测点目标的提取采用双标准方式进行筛选，即高铁线位和 PS 点目标的高程改正值，基本思路如下：首先在保证平面定位优化精度足够高的前提下，基于高铁平面线位建立缓冲区，选取缓冲区内所有 PS 点目标，建立待选点集合；然后根据高铁沉降沿线位方向存在相关性，以及 PS 点沿线位方向分布不均匀的特点，结合反距离加权差值算法和滤波的方法对提取的 PS 点的形变速率进行处理，进一步剔除奇异点。

（1）高铁构筑物 PS 点初步提取

原有 PS 点经平面位置精确优化处理后，其精度达到 1m 以上，因此可以直接利用高铁线位来初步提取高铁构筑物的 PS 点，如图 4 – 11 所示。由于目前高铁普遍采用双线或多线轨道，其线上宽度一般 11 ~13 m，因此需要根据高铁线位（左线或右线）和实际线上宽度划定合理的缓冲区范围，然后逐个计算 PS 点与缓冲区的关系，选取位于缓冲区内的所有点作为结构体 PS 点。

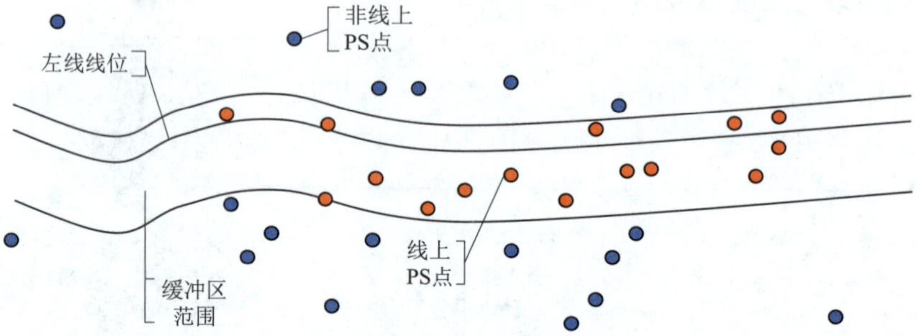


图 4 -11　高铁正线 PS 点初步提取

受 PS 点本身和线位平面精度，以及缓冲区设置不够合理的影响，提取的 PS 点难以避免包含了一些非结构体点的存在。由于 PSI 技术反演得到的高程改正值是建筑物表面高程与地形高程的差值，因此，基于高程改正值的比较，可以从提取的初始 PS 点中剔除掉一部分的非正线点。

（2）PS 点移动滤波

通过上述提取算法获取的 PS 点目标均为高铁构筑物上的 PS 点，经过后续分析发现，该方法得到的点目标中仍有可能存在形变异常点，因此，拟采用先验沉降速率和距离两个因素来进一步筛选正线上的 PS 点，即假设高铁沿线位方向一定距离内的沉降速率差异小于某先验阈值，依据该原则来推算相邻点位的沉降速率是否合理，从而判断出异常 PS 点。

首先，沿高铁沿线方向提取 PS 点，并计算相邻两 PS 点间的斜率值，如图 4 -12 所示。假设 PS 点的格式为（里程值：m，沉降量：mm），则 $P_1$（LC1，CJ1），$P_2$（LC2，CJ2）两点的斜率的为

$$k_1 = \left| \frac{\mathrm{CJ2} - \mathrm{CJ1}}{\mathrm{LC2} - \mathrm{LC1}} \right| \quad (\mathrm{mm/m})$$

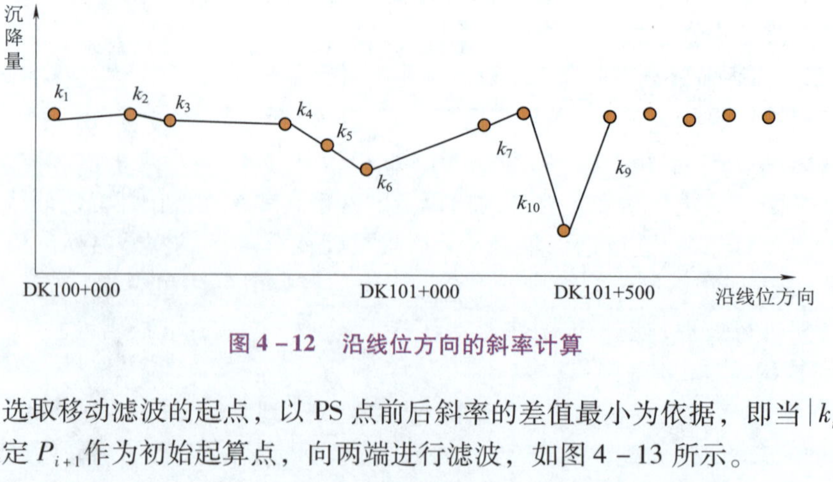


图 4 -12　沿线位方向的斜率计算

其次，选取移动滤波的起点，以 PS 点前后斜率的差值最小为依据，即当 $|k_{i+1} - k_i|$ 为最小时，选定 $P_{i+1}$ 作为初始起算点，向两端进行滤波，如图 4 -13 所示。

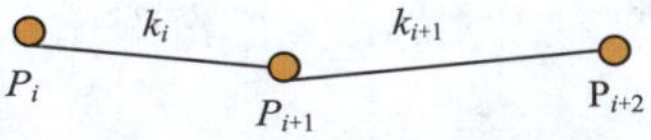


图 4－13　相邻斜率差比较

最后，根据先验资料设定沿线位方向沉降的斜率阈值 $k_0$，进行移动滤波，当存在滤去的 PS 点时，实时进行斜率集合的更新，直到所有都满足要求，如图 4－14 所示。

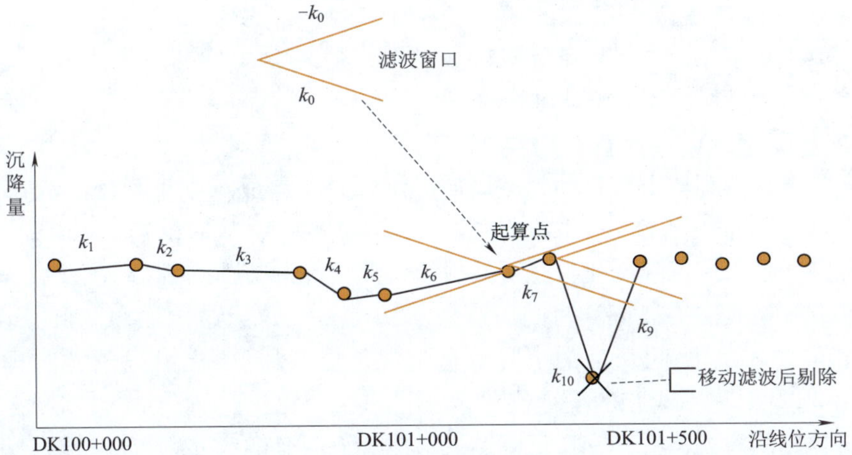


图 4－14　移动平均滤波过程

在进行移动滤波处理时，斜率阈值 $k_0$ 的设置较为关键，需要考虑到线路实际沉降的情形，尤其是在水准观测周期较少或者观测点较少的情况下，缺少了参考信息，设置不好，一些特殊情况将会被舍弃，而这些特殊情况可能是发生危险的外在表现。

4.3.2.3　高铁构筑物沉降信息提取

经过以上章节方法获取的线上相对正确的 PS 点为非等间隔，非均匀的沉降序列，根据专业应用的特点，采取内插的方式获取任意里程，或指定的等间隔沉降信息序列图是最符合目前的应用需求。

采取内插拟合方式进行线上沉降信息的提取，线性拟合内插方式是目前最为常见的内插方式，当需要提取任意里程点位的沉降信息时，以该里程点左右相邻最近的两个已知 PS 点的沉降信息为基础，进行线性内插得到该里程点的沉降信息。

如图 4－15 所示，设 $P_i$，$P_{i+1}$，$P_{i+2}$为已知 PS 点，其中 $P_{i+1}$，$P_{i+2}$线段斜率为 $K$，则根据双线性内插方式得到的 $P_0$ 点的沉降信息 $P_0(y)$为

$$P_0(y)=P_{i+1}(y)+K\times[P_0(x)-P_{i+1}(x)]$$

采用线性内插方式获取的沉降信息仅参考了相邻两点的信息，此时假设将高铁沿线方向的沉降量为折线变化，几乎在每个 PS 点节点处都存在沉降速率变化率突变的现象，很明显，这并不符合实际情况。

为了体现高铁沿线位沉降速率渐变的特征，采用曲线拟合的方式更为合理。考虑高铁线上沉降变化的特征，发现如果沉降监测线路太长，以简单的多项式模型难以反映其带有随机性的形变特征。针对上述原因，本次实验提出了借鉴等高线平滑算法中常用的三次样条 B 插

值函数，在计算任意点的沉降信息时以相邻多点的沉降信息及沉降变化趋势为条件，以合理平滑方式保证沉降信息沿线位方向渐变的特征，采用分段拟合得到任意点的沉降信息。

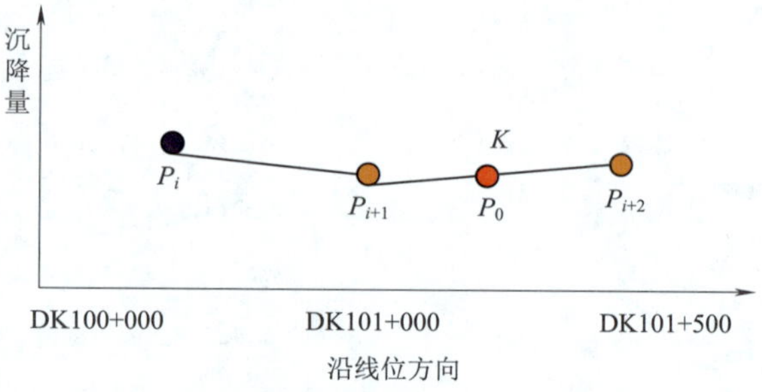

**图 4－15　线性内插原理**

高铁构筑物沉降量序列提取基本思路如下：首先由已知 PS 点信息通过三次样条插值算法构建包含待求里程的所在区域插值多项式，依据 PS 点沉降量按时间排序呈序列集的特征，依次对每个周期的沉降量进行插值拟合，然后由每个周期的拟合多项式得到待求里程的每个周期的沉降量，组成每个里程处的沉降量变化图，最后对每个点的沉降变化图进行拟合得到沉降多项式模型，从而得到要求时间周期内的沉降变化信息，并基于该沉降变化信息对其后续沉降情况进行预测。

假设 InSAR 数据共有 $n$ 幅，时间周期为 $t_0$，$t_1$，…，$t_n$，待求沉降序列的周期为［$T_1$，…，$T_n$］之间每隔 $\Delta_T$ 时间长度的沉降变化情况，提取的 PS 点沿线位方向排列为 $LC_0$，$LC_1$，…，$LC_n$，$LC_i$ 表示线路的里程值。

（1）根据时间序列，将 InSAR 沉降结果沿线位方向分解为 $n$ 幅沉降量图，每幅图分别采用三次样条内插值算法获取对应的三次样条函数，其边界条件结点为 PS 点的里程值，即

$$s(x) = \begin{cases} g_1(x), LC_0 \leqslant x \leqslant LC_1 \\ g_n(x), LC_{n-1} \leqslant x \leqslant LC_n \end{cases}$$

（2）在基于三次样条插值算法获取得到分段的插值多项式后，即可获取任意里程点的分期沉降量，以及获取任意等间隔的沉降信息序列图，如图 4－16 所示。

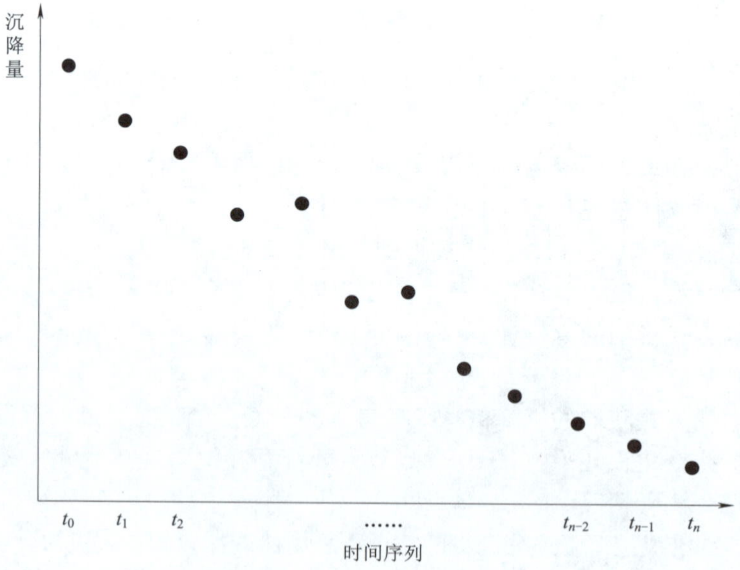

**图 4－16　形成的沉降序列图**

(3) 基于一定先验沉降模型，对沉降序列图进行拟合，实现对任意时刻沉降量的获取。常用的先验模型有：线性模型，二次多项式模型，分段多项式拟合模型。

(4) 依据构建的形变模型获取等间隔（或其他应用需求的）沉降量，如图4-17所示，同时可获取任意点任意时间序列内的形变速率。下面以线性模型为例：

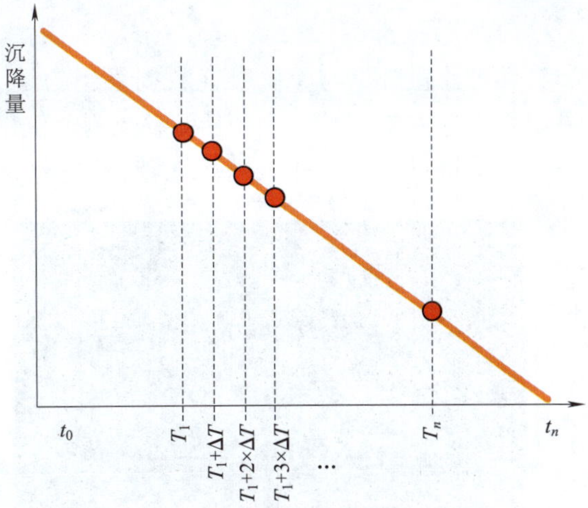


图4-17　依据形变模型获取某时段内等间隔的沉降情况

依据前期的形变模型得到：$Y=KT+B$；其中$Y$为待求点在$T$时刻的沉降量（相对于参考SAR影像的获取时刻），$T$为与参考SAR影像获取时刻的时间差，$K$为线性沉降速率，$B$为参考时刻的沉降初值。可知在获取形变模型的前提下，对于任意点的沉降速率为$K$，对于任意时间间隔$T_x$，其沉降量为$Y_{T_x}=KT_x+B$。

综合上述内容，总结了高铁构筑物InSAR沉降监测信息提取的基本流程如图4-18所示，主要分为正线PS点提取、正线高精度沉降信息的提取两部分，从而获得高铁结构体目标的沉降速率和沉降序列变化量图，满足我们铁路生产监测的需求。

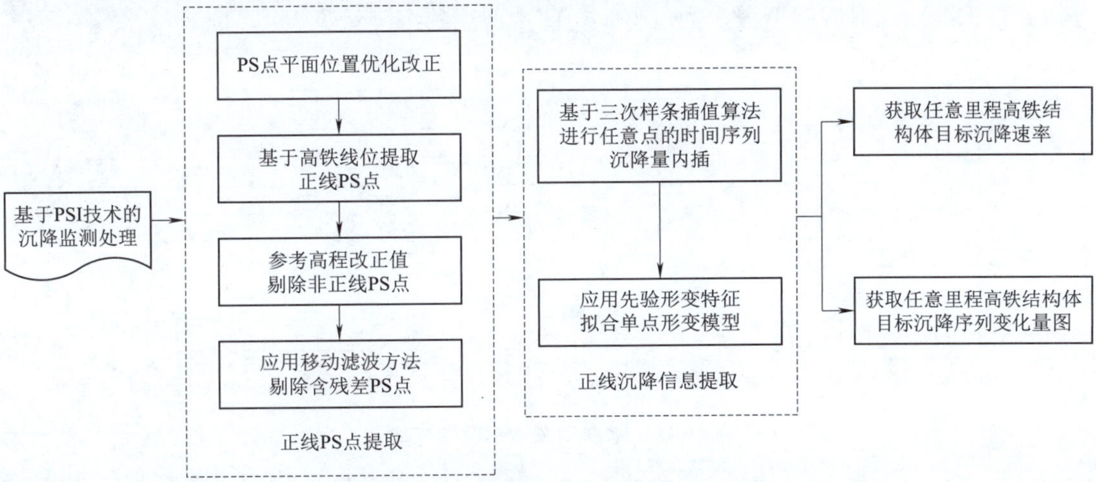


图4-18　高铁正线形变信息提取流程

4.3.2.4　实验分析

为了验证上述方案的可行性及其精度，本章节基于高铁沉降监测项目进行试验验证。实验区域位于京津城际某段，收集该段落2009年3月至2010年10月之间的35景3 m分辨率的TSX数据以及同期获取的水准监测结果。其InSAR实验论证区域具体为京津城际运营里程JJk99～JJk101范围段。其段落分布示意图和SAR影像范围如图4-19所示。

（1）数据准备

参考修正数据与实验验证数据采用的是 JJk99 +048 ~ JJk101 +531 范围内 42 对水准沉降观测点（左右对称），由于每对观测点位于同一里程上，其沉降信息基本一致，因此将每对沉降量只取其中一个进行比较，这些水准沉降观测点的分布如图 4 – 20 所示。

图 4 – 19　SAR 影像范围及监测高铁实验区段落示意图

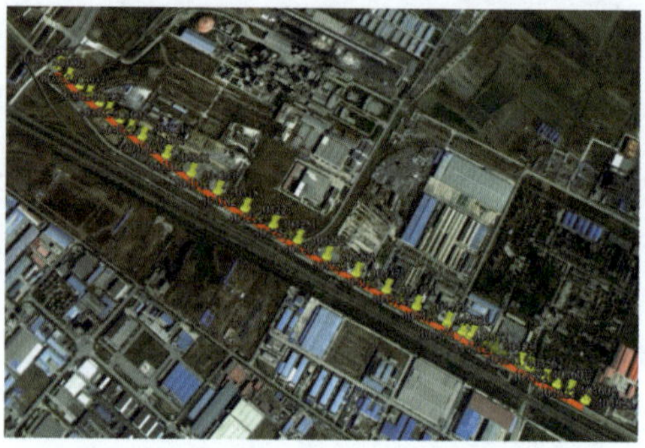

图 4 – 20　水准点位分布示意图

水准观测的时间范围为 2009 年 8 月至 2011 年 10 月，观测周期为每月一次，根据观测沉降量与对应观测时间求得沉降速率，如图 4 – 21 所示。为方便后续与水准数据的对比分析，以水准点位对应的里程作为点号，这些水准点的沉降量见表 4 – 1。

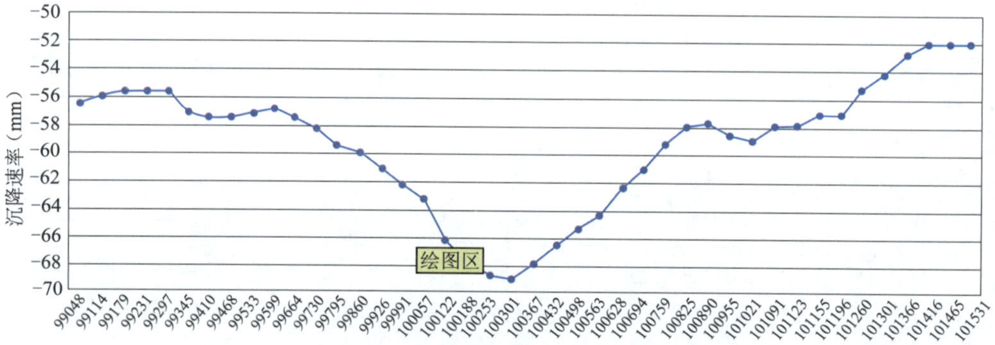


图 4 – 21　水准观测数据沉降速率图

**表 4 – 1　水准点位对应里程点号的沉降量**

| 点　　号 | 沉降量（mm） | 点　　号 | 沉降量（mm） |
|---|---|---|---|
| 403871 | –75.3 | 404271 | –90.4 |
| 403891 | –74.6 | 404291 | –88.6 |
| 403911 | –74.1 | 404311 | –87 |
| 403931 | –74 | 404331 | –85.7 |
| 403951 | –74.1 | 404351 | –83.2 |
| 403961 | –76.1 | 404371 | –81.4 |

续上表

| 点　　号 | 沉降量（mm） | 点　　号 | 沉降量（mm） |
|---|---|---|---|
| 403981 | -76.7 | 404391 | -79 |
| 404001 | -76.5 | 404411 | -77.2 |
| 404021 | -76.1 | 404431 | -76.9 |
| 404041 | -75.7 | 404451 | -78 |
| 404061 | -76.6 | 404471 | -78.5 |
| 404081 | -77.5 | 444811 | -77.2 |
| 404101 | -79.2 | 404501 | -77.1 |
| 404121 | -79.7 | 404511 | -76 |
| 404141 | -81.3 | 404521 | -76.1 |
| 404161 | -82.9 | 404531 | -73.7 |
| 404181 | -84.2 | 404541 | -72.1 |
| 404201 | -88.3 | 404561 | -70.4 |
| 404221 | -90.1 | 404581 | -69.3 |
| 404241 | -91.5 | 404601 | -69.2 |
| 404251 | -91.8 | 404621 | -69.2 |

（2）数据处理

主影像选取与干涉处理：选择公共主影像进行干涉对组合，选取主影像为 20090401，由图 4－22 时空基线图可知，其最长垂直基线 342 m，最小 3.6 m，最长时间基线 429 d，最短时间基线 11 d。数据处理主要包含以该主影像为基础进行基于公共主影像的时序影像的配准、时序差分干涉图的生成、时序回归模型解算和地理编码等步骤。

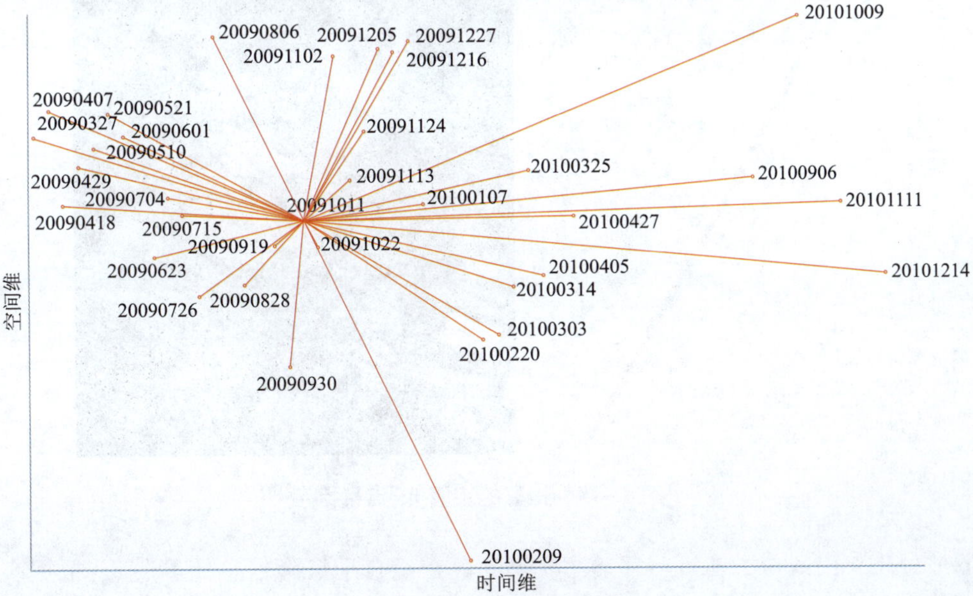


图 4－22　时空基线图

SAR 数据处理：采用 GAMMA 软件的 IPTA 功能对 35 景 TSX 数据进行辐射校正和配准处理，基于振幅离差指数获得区域内的 PS 点，共计 96 554 个，其分布如图 4－23 所示，其中，红色线位表示高铁走向。

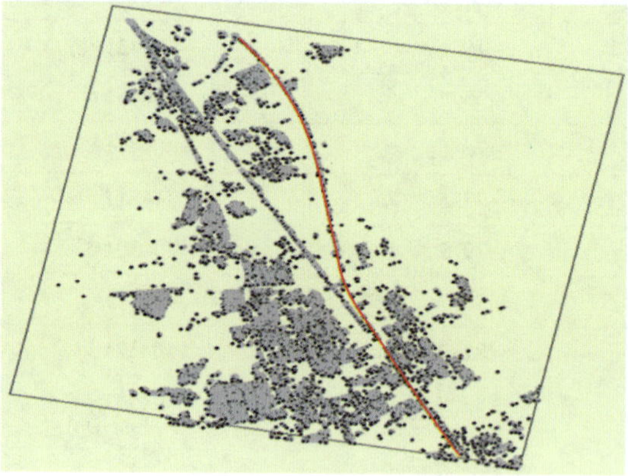

图 4－23　PS 点分布与线位走向

PS 点提取：经过平面位置精化处理后，PS 点位置精度得到提高，可被应用于高铁沉降监测点目标提取方法，提取高铁构筑物上的 PS 点目标。根据 PS 点平面定位优化方法，提取的实验区域里程段内的线上 PS 点个数为 212 个，分布如图 4－24 所示。

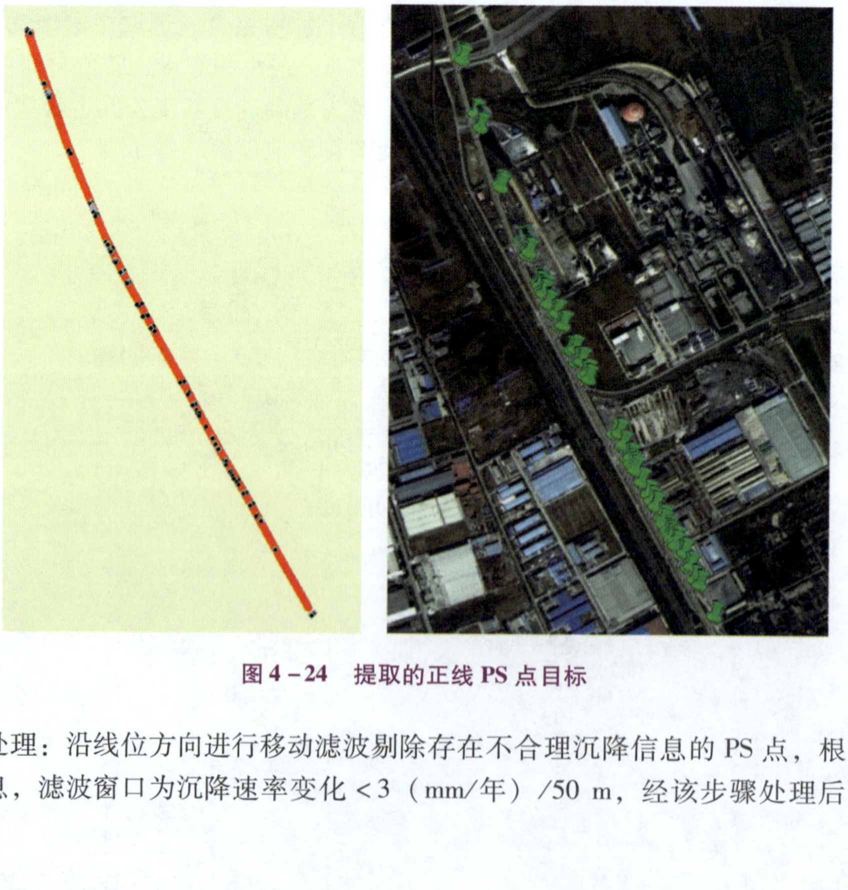

图 4－24　提取的正线 PS 点目标

滤波处理：沿线位方向进行移动滤波剔除存在不合理沉降信息的 PS 点，根据实际观测数据信息，滤波窗口为沉降速率变化 <3（mm/年）/50 m，经该步骤处理后，最终的

正线 PS 点由 80 个变为 44 个。

（3）数据分析

采用最终的 44 个 PS 点进行沿线位方向的曲线拟合，构建沉降模型，然后基于该模型获取高铁正线上任意里程的沉降信息。如图 4－25 所示为正线上每隔 50 m 里程构建的沉降速率图。其中图 4－25（a）为直接由原始 212 个正线 PS 点进行正线沉降信息提取后得到的结果，图 4－25（b）为由经 PS 点堆积消除和移动滤波处理后得到的最终 44 个 PS 点进行正线沉降信息提取后得到的结果。

从图 4－25 可以很明显看出，图 4－25（a）中在里程 JJk99＋800 和 JJk101＋100 处存在有明显的速率突变，突变幅度达到 4～6(mm/年)/50 m，与实际水准观测数据对比分析发现差异较大，其原因可能是因为选取的 PS 点不是线上点。因此通过水准数据分析估算该段落沉降差异，确定斜率变化阈值，然后利用提出的精化方法对图 4－25（a）的结果进行精化处理，重点剔除了其中突变幅度超限的区域，最终的精化结果如图 4－25（b）所示，在图 4－25（b）中则不存在突变幅度超限的情况，其沿线位方向速率变化基本保持延续性，其与高铁沉降特点一致。

为了进一步该方法的可靠性，我们在该线位上选择 19 个同期水准观测点进行比较，得到其速率差异如图 4－26 和图 4－27 所示。

根据图 4－26 和图 4－27 对比分析可知，图 4－26 未经优化处理得到的 InSAR 速率与水准比较其中误差达到 3.872 mm/年，局部最大误差（404371 号点位）达到12.474 mm/年。图 4－27 中经优化处理后得到的 InSAR 速率与水准速率比较其中误差小于 2 mm/年，且最大误差值仅为 2.644 mm/年，这说明本章节采用的高铁构筑物沉降信息提取方法是有效的。

### 4.3.3　Delaunay 三角网技术在高铁 InSAR 沉降信息提取的应用

由点位平面位置与对应的形变信息组成的类似 DEM 的三维空间中，构建大数据量、稳定的三角网拟合面可提高区域形变信息的精度，在众多构网算法中，Miles 和 Lingas 证明“在一般情况下，Delaunay 三角网是最优的”。Delaunay 三角网所具有的空圆特性和最大最小角特性，保证了拟合面内三角网网型的均匀合理性。与传统的最近临元法，规则格网法相比，以 Delaunay 三角网方法获取任意点形变信息优势明显：①能最大限度体现形变信息的空间相关特性，且在构网过程中，通过逐点插入的方法配合形变差异阈值还可有效剔除包含不合理形变信息的 PS 点；②Delaunay 三角网构建的拓扑存储结构可以快速实现对离散点目标的组织和管理，其适用于大平面区域内的离散点分布情况，方便快速查询、内插未知点信息等。

基于上述 Delaunay 三角网技术的高铁沉降 InSAR 沉降信息提取方法对于非高铁正线的区域沉降提取效果较为理想，其提取效率较传统的反距离权重方法有较大提高，如图 4－28所示，根据区域 PS 点分布构建的不规则三角网。分析表明，由于线上线下沉降的空间不相关性存在，采用上述方法对高铁正线 InSAR 沉降信息的提取拟合会出现目标搜索多边形顶点由非线上 PS 点构成的情形，其对于正线信息的提取精度有影响。高铁线上线下 PS 分离的 InSAR 沉降提取方法将原有 PS 集合分解为线上点和线下点集合，然后分开构网后进行沉降信息的提取，如图 4－29 所示。

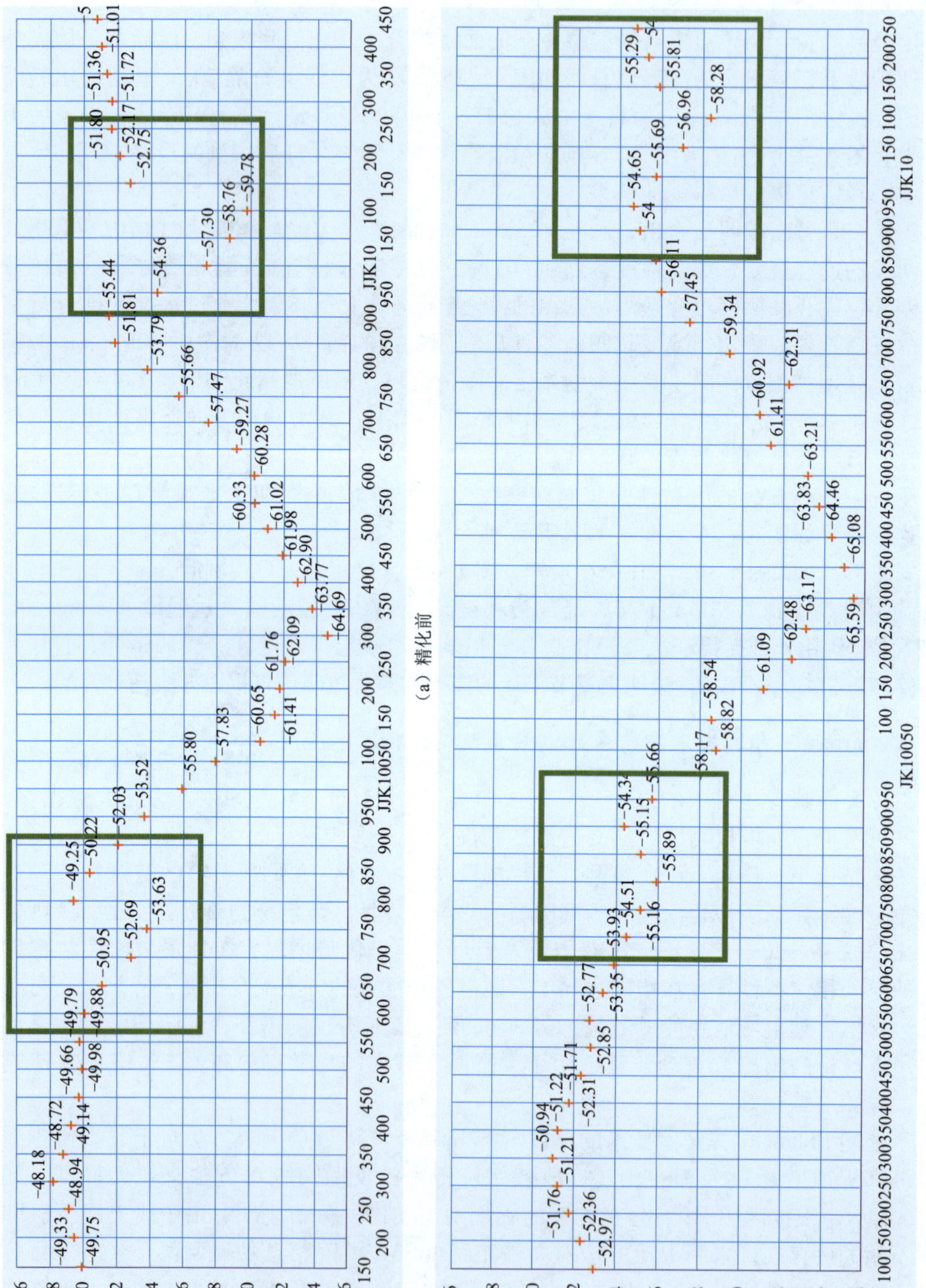

（a）精化前

（b）精化后

**图 4－25　正线平均间隔 50 m 提取的沉降速率变化图**

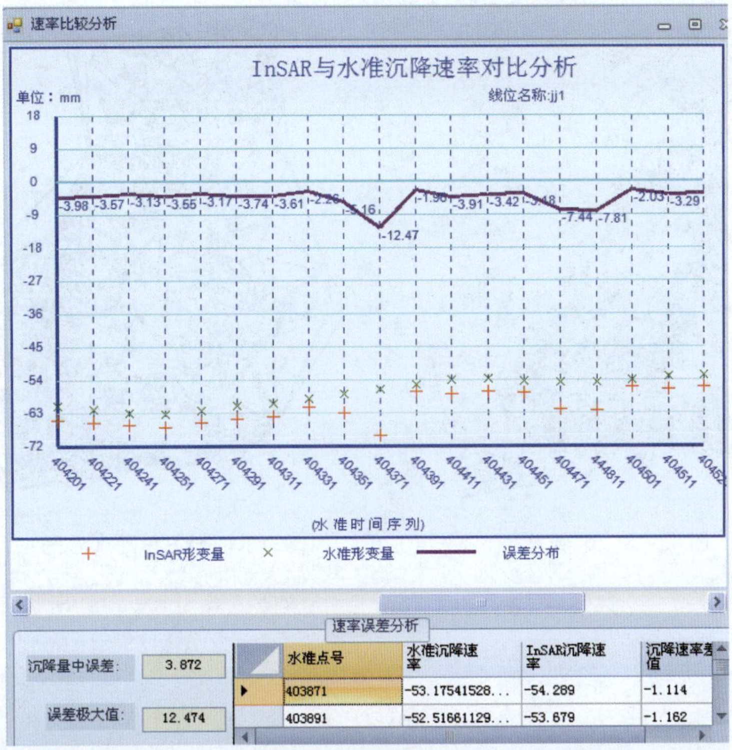


图 4－26　未经归中等后处理得到的 InSAR 精度分析

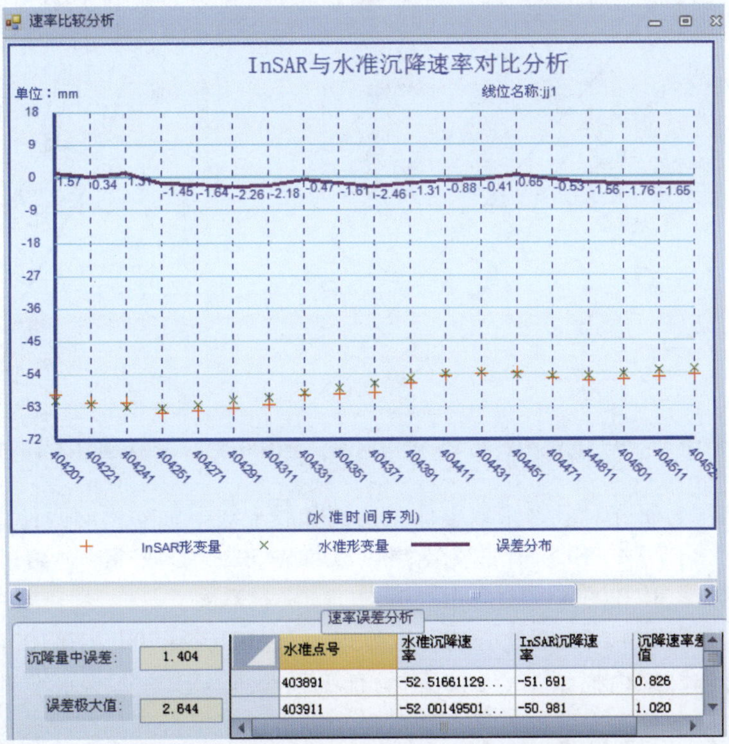


图 4－27　经归中等后处理后 InSAR 精度分析

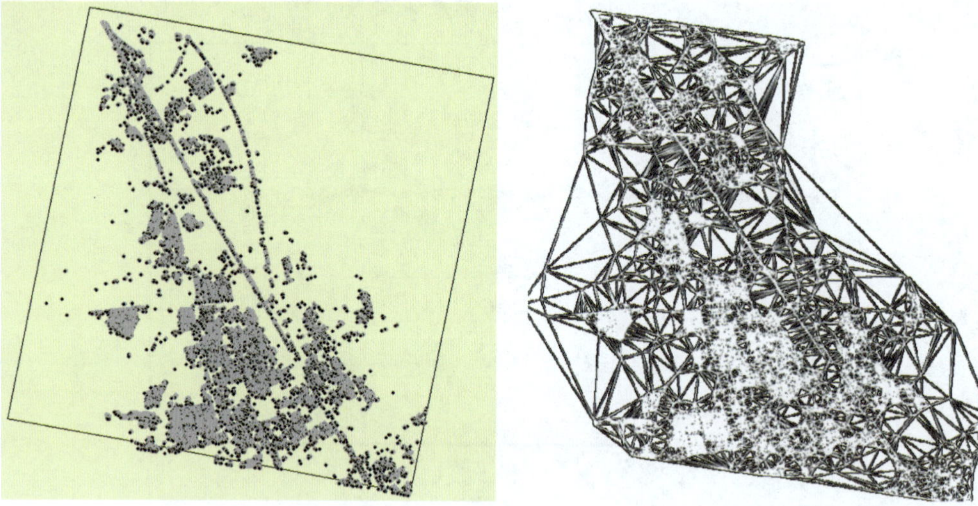

图 4-28　区域 PS 点分布（左图）构建的不规则三角网（右图）

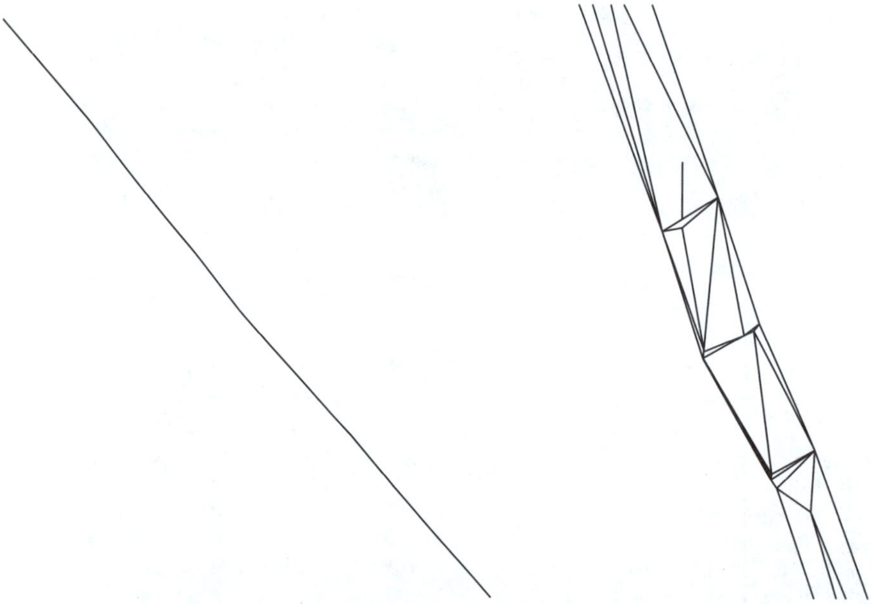

图 4-29　高铁构筑物 PS 点构网图，全图（左），放大图（右）

选取某铁路作为研究对象，采取整体三角网和线上线下独立构网两种方式分别进行后续 PSI 处理，获取了两种 PSI 沉降监测结果，以每隔 50 m 提取一个位置的沉降速率，得到结果分别如图 4-30 和图 4-31 所示。

根据图 4-30 和图 4-31 对比分析可以发现，在 JJK100+700，JJK100+850 处，由线上和线下点结合构网来内插线上点的沉降信息极不合理，且与真实水准测量数据差异较大，而采用线上线下分离提取的方案获取的结果则避免了不合理的速率突变，这说明高铁线上与线下分离提取的方法能更加准确的提取高铁构筑物和周边环境的沉降信息。

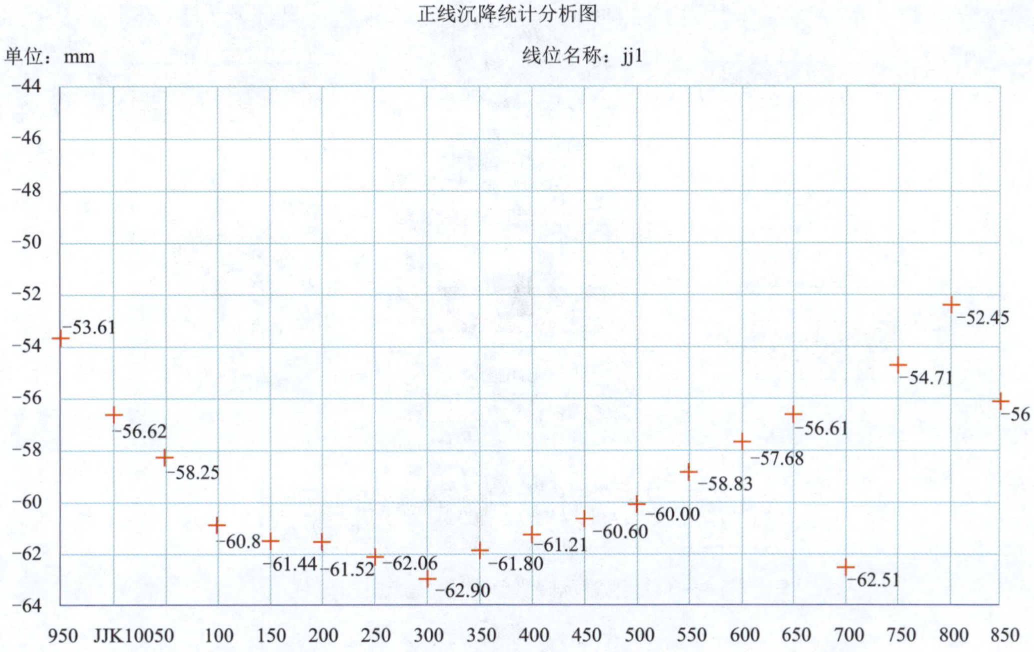


**图 4－30　采用线上线下 PS 点统一构建三角网获取的 InSAR 沉降速率图**

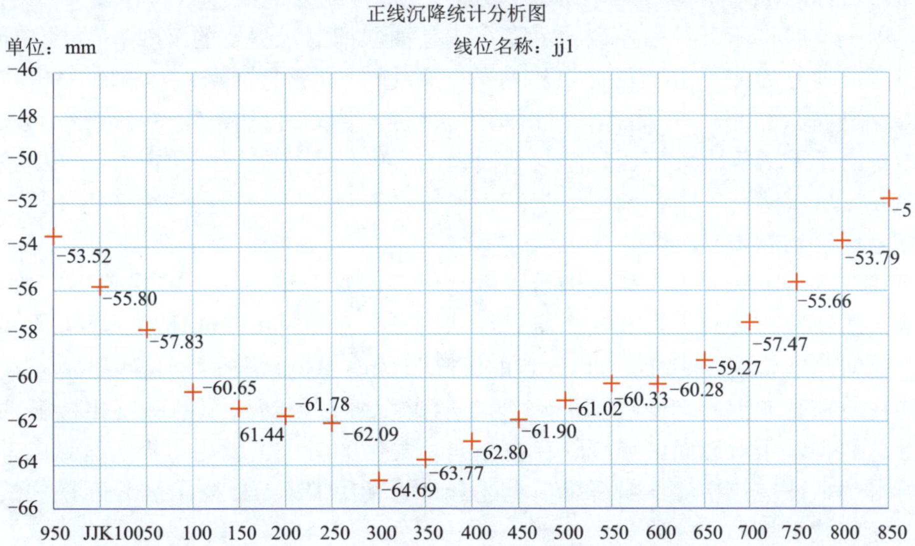


**图 4－31　单独采用线上 PS 点构建三角网获取的 InSAR 沉降速率图**

### 4.3.4　基于 DInSAR 技术的高铁构筑物沉降与地面区域沉降信息提取基本流程

综合上述论述，对于高铁沉降监测结果的快速提取采取的思路为：采取不规则三角网分别提取高铁构筑物和高铁线下 PS 点，线下 PS 点采用不规则三角网技术构网，结构体 PS 点曲线拟合建立观测模型，然后在提取任意点沉降结果时，根据任意点的位置信息判断其与线位的关系，然后采用相应的处理方式获得沉降信息。具体流程如图 4－32 所示。

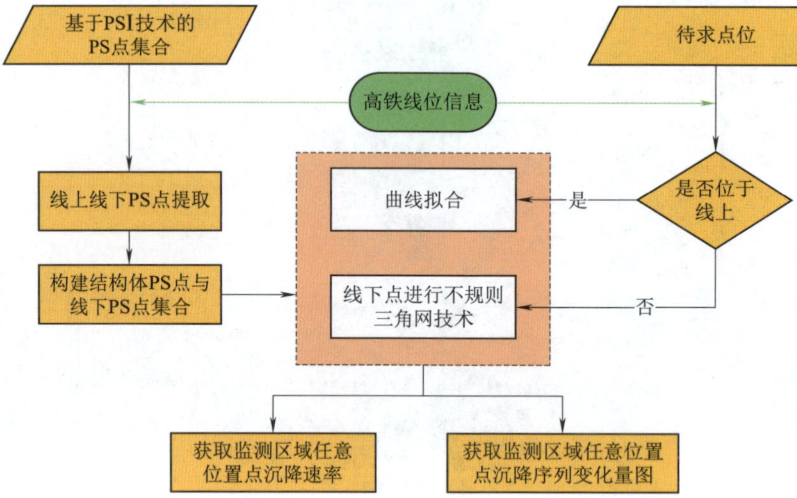


图 4－32　铁路沉降监测结果快速提取流程

### 4.3.5　高铁构筑物与周边环境差异沉降提取

地面点目标的沉降是多种因素综合作用的结果，或为地面点目标本身变形引发的沉降，或其周围地层挤压点目标导致的沉降，或是抽取地下水引发的沉降等，上述所有引发沉降的因素可划分为两类，即目标点本身的沉降和非本身的沉降，对于 InSAR 技术提取的高铁构筑物表面上的 PS 点而言，其沉降主要包含三部分：构筑物本身变形引发的沉降，构筑物本身由于重力等因素挤压底座与地面处的接触面引发的沉降，以及与构筑物底座相接触的地面区域沉降，其中前两部分统归为构筑物本身沉降，与构筑物底座相接触的地面区域沉降为构筑物非本身沉降。

构筑物非本身沉降大小与高铁构筑物本身底座（如桥墩底座、路基底座）打埋深度，当地区域土质特性有关系，当其底座建立在基岩上时，此时可以认为构筑物非本身沉降忽略不计，此时高铁构筑物表面上的 PS 点的沉降仅为本身的沉降；当其底座建立在基岩上时，高铁构筑物表面上的 PS 点的沉降则为本身的沉降以及与构筑物底座相接触的地面区域沉降的总和，基于对地面区域沉降存在空间相关性的考虑，以周边极近区域的地面沉降来内插可得到高铁构筑物非本身沉降，上述分析为利用 DInSAR 技术区分高铁构筑物本身沉降与地面区域沉降的区分奠定了基础。

（1）高铁构筑物本身沉降与地面区域沉降的区分

通过基于 InSAR 技术的结构体沉降与地面区域沉降信息提取方案研究，可以获取高铁构筑物及区域内的任一点的沉降信息。按照上述方案，对于线上位置的提取的沉降信息实为高铁构筑物本身沉降与地面区域沉降的综合。基于区域沉降信息提取的特征，当利用非线上 PS 点集合作为区域沉降评价的数据源、来获取位于高铁线上位置的沉降信息时，此时得到的沉降信息即可认为位于该位置的非结构体本身沉降，因此，将基于 DInSAR 技术的结构体沉降与地面区域沉降信息提取方案进行改进，得到高铁构筑物本身沉降与地面区域沉降的区分的流程如图 4－33 所示。

（2）高铁构筑物与周边环境差异沉降分析

高铁构筑物沉降与区域地面沉降的区分可通过提取高铁纵断方向和横断方向沉降信息的方式进行。纵断方向的沉降，以平行高铁线位方向，偏移一定距离的沉降与正线沉降进行对比。下图依据上述方案提取的某段里程范围内的纵断沉降曲线，其中红色曲线为高铁构筑物的沉降，紫色和绿色曲线分别表示左偏、右偏 30 m 处的纵断沉降方向，根据图 4－34 所示的纵断沉降图可以清晰看出某里程段内区域沉降与高铁构筑物沉降的关系。

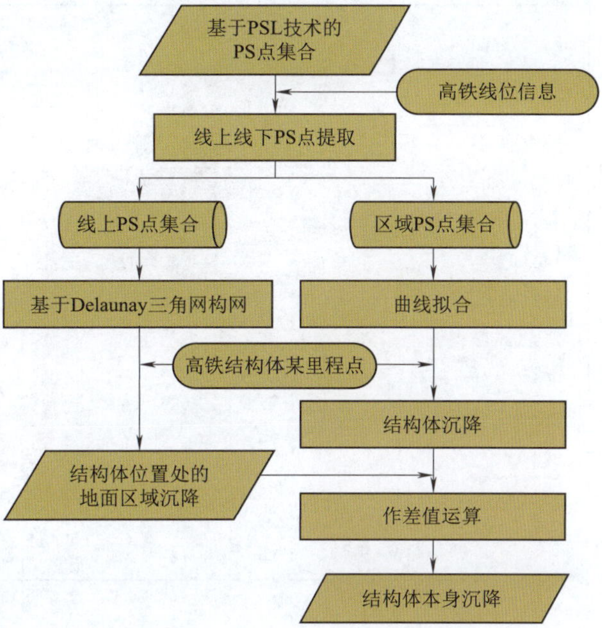


**图 4－33　差异沉降提取流程**

横断方向的沉降，以垂直高铁线位方向，一定长度范围内的沉降与高铁构筑物沉降进行对比。图 4－35 依据上述方案提取的某里程处的时序上的横断沉降曲线，其中每条红色曲线为单期上的左右各 400 m 长度上的横断方向沉降，从横断方向沉降图可以清晰看出某里程处距离高铁不同距离处的沉降以及高铁构筑物沉降与周边环境区域沉降的关系。

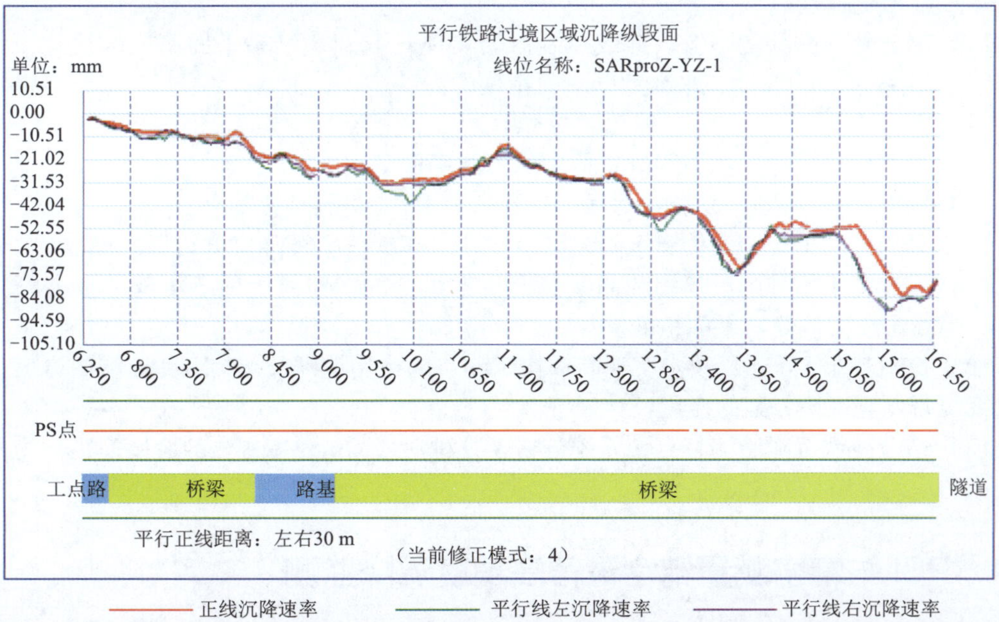


**图 4－34　铁路某里程正线及左右侧 3 m 处的沉降纵断面**

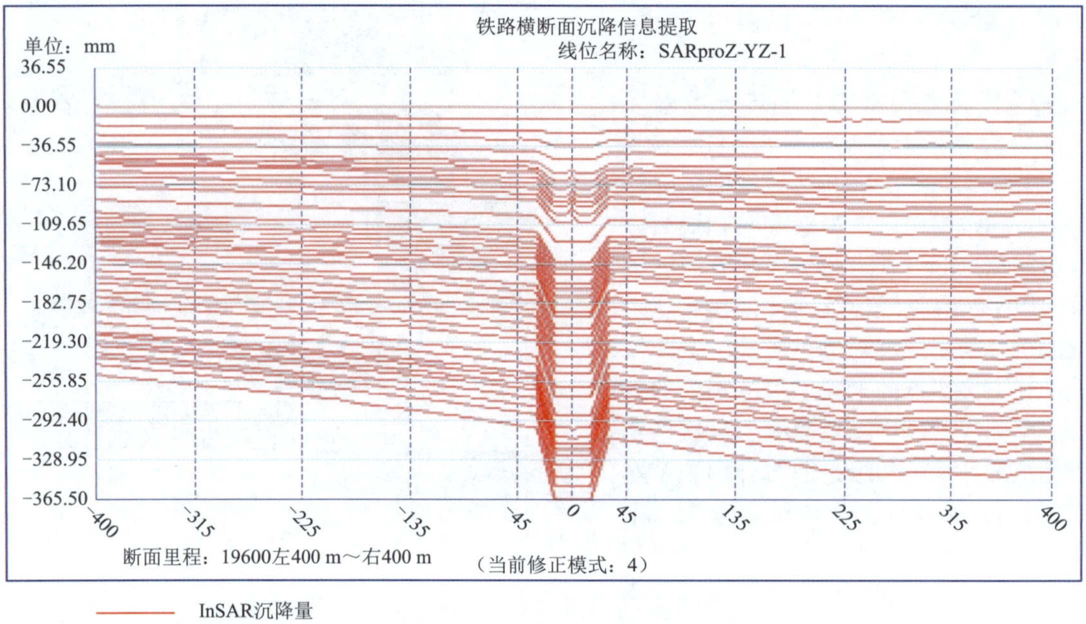


**图 4－35　铁路某里程左右 400 m 长度上的横断面方向沉降**

### 4.3.6　小结

本章节系统地阐述了 DInSAR 技术在高铁重点地段沉降监测中存在的问题，以及解决方案，并对关键技术进行了深入研究，通过实验论证了该技术方案的可行性。现总结完成了以下几点主要内容：

（1）结合外部高精度影像数据或控制数据实现对 InSAR 结果平面精度的优化，使得 PS 点、SAR 强度图、线位、水准数据平面精度的高度统一，为线上线下 PS 点分离提供了必要条件。

（2）采用构建缓冲区和高程改正值剔除方式提取了线上 PS 点。

（3）提出 PS 点移动平均算法对线上存在残差 PS 点进行精化处理。

（4）采用多种拟合方式构建沉降模型，实现对高铁线上沉降监测结果的提取。

（5）实现基于不规则三角网和曲线拟合技术组合的铁路线上线下沉降结果分开提取方法，提高了线上监测结果的精度。

（6）提出基于 DInSAR 技术实现高铁构筑物与周边环境区域差异沉降监测的方案，并通过系统研发实现该方案的应用。

（7）结合高铁沉降监测特点，系统分析了几种时序 DInSAR 方法的应用途径，为开展该技术的应用策略研究奠定基础。

## 4.4　PSI 与精密测量结合进行高精度沉降监测

精密水准测量技术用于高铁运营沉降监测是目前最常用的方法。该技术方案分线上线下两部分进行，其中线上部分（高铁构筑物监测）需要在高铁停运的“天窗时间”段上线作业，只能夜间测量，工作量大，工作条件差，存在安全风险。而采用InSAR技术进行高铁构筑物监测目前暂无成熟可靠的作业规范和经验，仍然需要传统监测技术对其精度进行验证。

基于以上原因，本章节提出采取DInSAR技术与水准测量技术相结合的方式进行高铁构筑物监测的方案。一方面利用传统的精密水准测量技术提供稳定可靠的监测结果并对DInSAR监测结果进行修正，另一方面采用DInSAR技术提高作业效率，从而达到两者融合以最大限度减少上线作业工作量、降低作业风险、保证监测精度的目的。

### 4.4.1 PSI与传统沉降监测方法的融合基本思路

由于DInSAR技术具备监测周期大、监测密度高、无需上线作业的特点，而水准测量具备点位固定、精度可靠的特点，因此融合水准测量成果与DInSAR测量成果进行高铁线上沉降监测分为两个层次：

（1）在保证精度的情形下，尽量减小水准监测的布点密度；以目前京津城际的线上监测为例，一般要对施工控制网（CPⅢ）进行定期监测，其密度一般为60m/对，采取水准路线往返为一个周期，对于长线作业而言，一般还需采取多段水准路径同时作业以缩短一个监测周期的时间，因此完成一个周期需要较长时间，而应用InSAR技术后即可降低监测标密度，缩短测量单个周期所需时间。采取基于时间序列的PSI沉降监测技术提取得到大量PS点目标的沉降信息，经处理提取得到结构体PS点沉降信息，然后采取多种融合方式，并加入抽稀后的线上沉降监测点信息，融合方式采取均匀间隔沉降监测点模式（图4－36）或分段沉降监测点集合模式（图4－37）。以相互改正、平差整合、精度分析的方式得到满足要求的水准辅助作业策略。

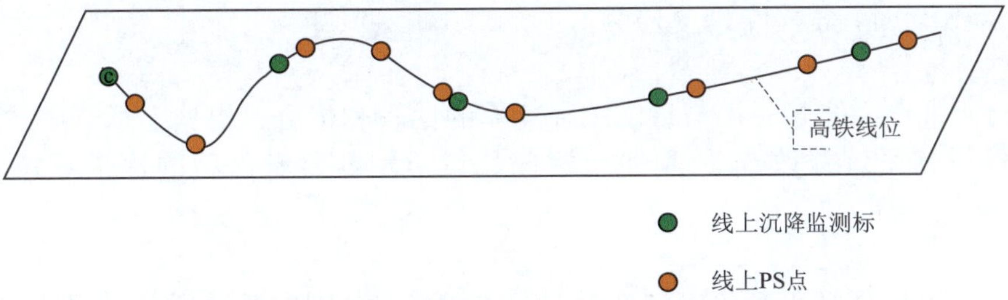


图4－36 均匀间隔沉降监测点模式

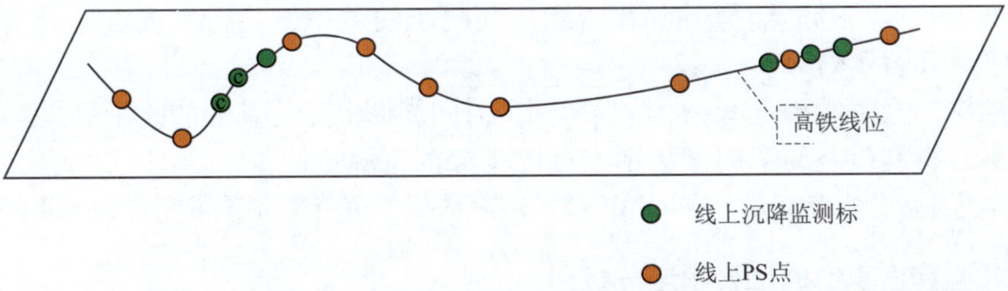


图4－37 分段沉降监测点集合模式

（2）在保证监测周期和监测精度的情形下，尽量减小水准监测的周期数，以及DInSAR数据获取的密度。最终形成一种组合最优化的沉降监测方案。

以我院目前开展的京津城际和京沪高铁沉降监测为研究对象，监测周期密度为 3 ~ 12 次/年。采取基于时序的 DInSAR 沉降监测处理后，DInSAR 方式获取的沉降信息可达到更高监测密度，如 TerraSAR-X 数据重访周期可以达到 11 d，而 Cosmo-SkyMed 星座系列则达到 3 d 一个周期。综合成本因素，可以以 DInSAR 监测为主，在精度可控的前提下，采取与水准相同的监测周期密度，然后最大限度减少水准观测次数，同时以水准观测数据来辅助 InSAR 监测，实现与精密水准测量相同的监测内容与效果。

### 4.4.2 融合水准测量和 DInSAR 技术的高铁构筑物沉降监测技术流程

依据上述思路，在水准测量辅助 InSAR 技术进行沉降监测过程中，水准沉降监测点布设策略和水准观测周期是两个重要指标。根据监测方案和监测目标，分为两大步，结果修正和结果内插。结果修正通常采用上述的系统改正策略，由于 PS 点位分布不均匀，存在点位过于稀疏等现象导致无法很好地反映沉降规律，以及参考点在整个时间序列上存在非线性沉降速率的情况，因此系统改正在这种情形下误差会很大，在后续的基于不同观测水准周期辅助下的 InSAR 监测结果分析章节中会有详细实验证明。鉴于上述因素，在系统改正的基础上，可以实施在时间维方向下逐观测周期、逐点修正。然后对修正后的结果进行内插获取未知点的沉降信息。具体方案如下：

（1）系统误差修正并计算改正后的 PSI 结果

根据水准监测结果回归分析得到线性水准沉降速率为

$$V_{sh_1},\ V_{sh_2},\ V_{sh_3},\ \cdots,\ V_{sh_a}$$

根据 InSAR 结果，逐个周期内插得到对应水准位置上的 InSAR 沉降量 $C_{in}(a\times m)$：

然后在时间维上根据内插得到的水准点位处的 DInSAR 结果，进行回归分析得到水准点位处的 InSAR 沉降速率 $V_{in}(a\times 1)$为

$$V_{in_1},\ V_{in_2},\ V_{in_3},\ \cdots,\ V_{in_a}$$

通过对水准点位处 InSAR 与水准沉降速率的比较和拟合，根据上章节阐述的形变信息修正流程得到系统修改速率 $V$ 和初始偏移量 $B$，得到修正后的水准点位处的新的 DInSAR 沉降量序列为

$$C(a\times m) = C_{in}(a\times m)\times V + B$$

（2）由新的沉降序列 $C(a\times m)$在时间和空间维上分别内插得到 $T$ 时间周期上点位 $X$ 处的沉降量 $C(T,X)$。

（3）选取水准观测周期与 InSAR 观测周期同步的数据，进行水准点位处的差值计算得到差值序列 $\mathrm{Res}(a\times m)$。

（4）根据差值序列 $\mathrm{Res}(a\times m)$内插得到 $T$ 时间周期上点位 $X$ 处的改正值：$\mathrm{Res}(T,\ X)$。

（5）最后得到最终的 $T$ 时间周期上点位 $X$ 处的沉降量值。

综上所述：融合水准测量和 DInSAR 技术的高铁线上沉降监测技术流程如图 4－38 所示。

### 4.4.3 PSI 与精密水准的融合精度分析

为了验证上述融合方案的可行性，本章节基于高铁沉降监测项目进行试验验证。实验区域与第 4.3.2 节所述范围及基本辅助数据都一致，其前期数据预处理前面已经详细叙述，这些不作重复介绍。在修正融合应用方案上，采用由简到难，由点到面的修正模式，以寻求最佳融

合应用方案的相关指标。高速铁路运营监测关注的是高铁线上的沉降变化，在进行 DInSAR 沉降结果的分析时，本章节不对区域沉降进行系统分析，其结果分析包含以下几方面：

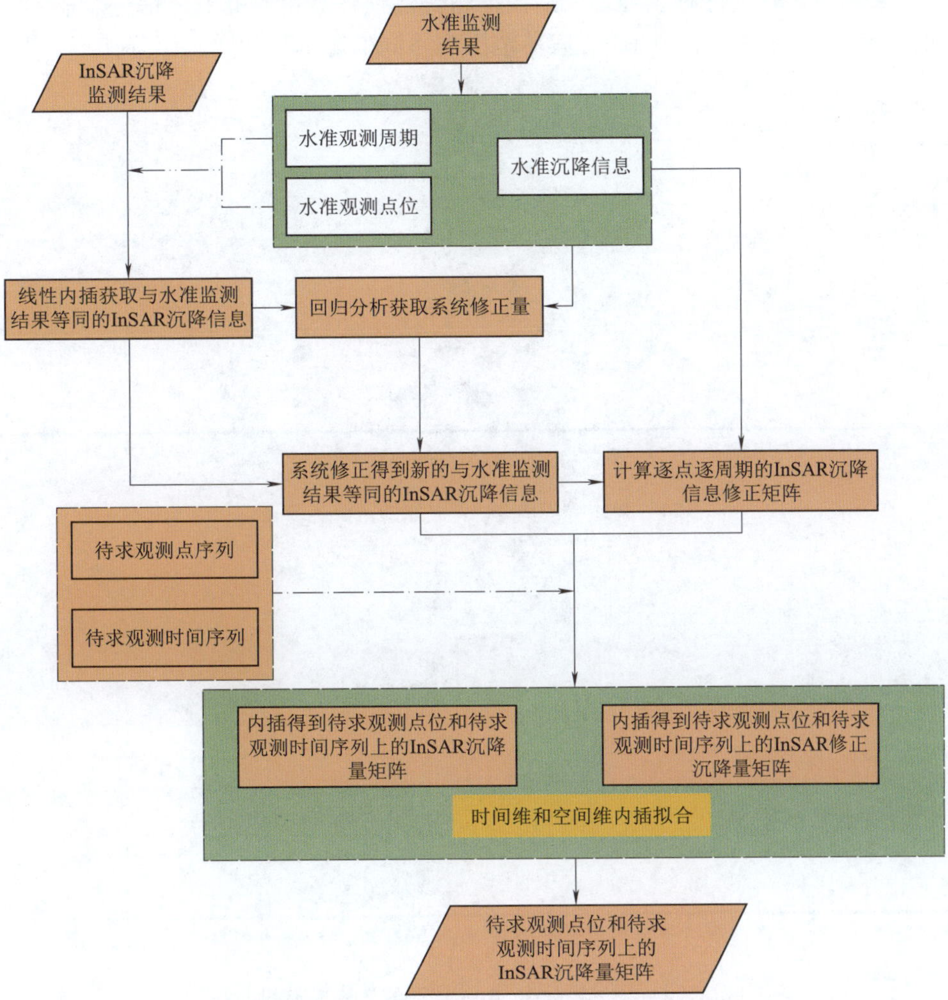


**图 4－38　融合水准测量与 InSAR 技术的高铁沉降监测技术流程**

（1）高铁构筑物整体沉降趋势分析。

（2）单点精度分析。

（3）应用不同策略的水准数据辅助 PSI 技术监测精度分析。

由于 PS 点一般不会与参考水准观测点完全重合。在目前常见的分析模式里，通常以参考点位置为准，采取最近临法或区域平均的方法获得该点位处的 DInSAR 沉降信息。基于高铁线上 PS 点可看作是沿线位方向的一维分布，因此采用曲线拟合方式建立沉降模型，即可得到参考水准点位处的 DInSAR 沉降信息。在下面的分析中，均是采用研究的高速铁路沉降监测沉降速率与沉降量序列提取软件生成的结果，可直接获取任意点未经修正的沉降信息。

4.4.3.1　高铁构筑物整体沉降趋势分析

根据应用需要，高铁构筑物上 PS 点需要经过修正处理其精度才能得到提高。随机检核几个水准点的沉降信息与 DInSAR 沉降信息对比发现，其速率差异在 -56 mm/年左右，初始形变量修正值在 -24 mm 左右，为了更好地反映正线沉降趋势，初步选取该组数值作为修正值对线上 PS 点进行修正处理，后内插得到高铁任意里程的沉降信息。如图4 -39 ~ 图 4 -44 所示，通过实验得到的研究段落范围内不同的等里程间隔的沉降速率。

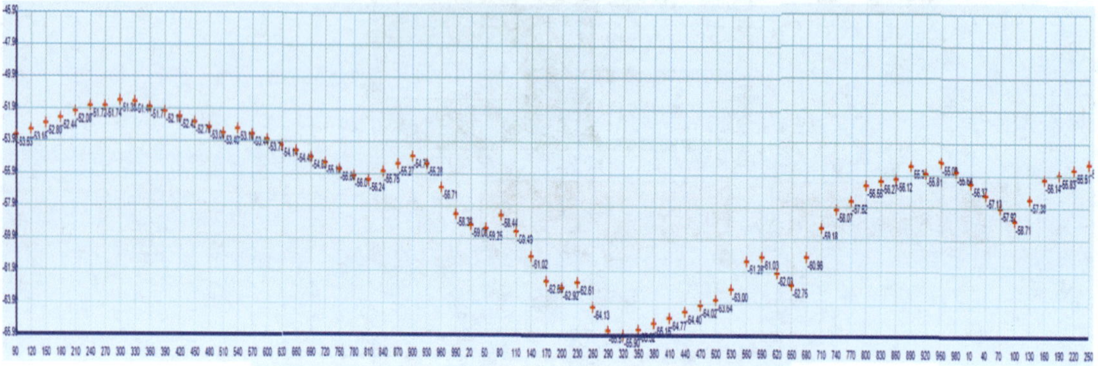

图 4 -39　等间隔 30 m 提取的沉降速率图

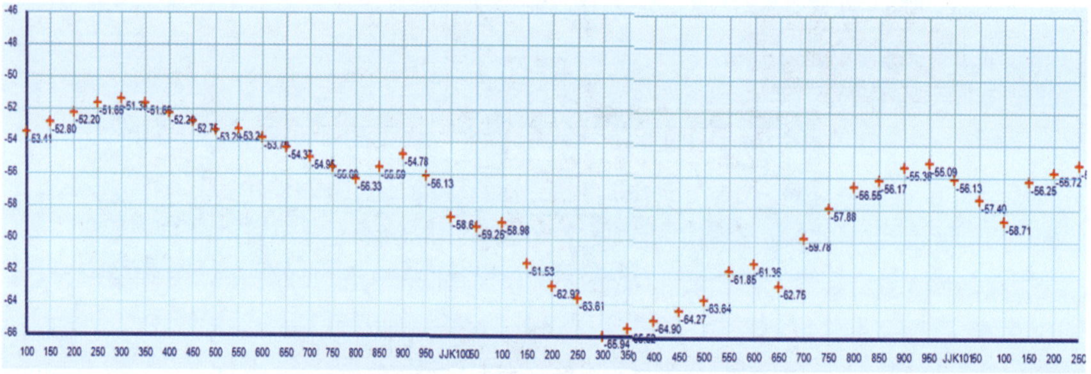

图 4 -40　等间隔 50 m 提取的沉降速率图

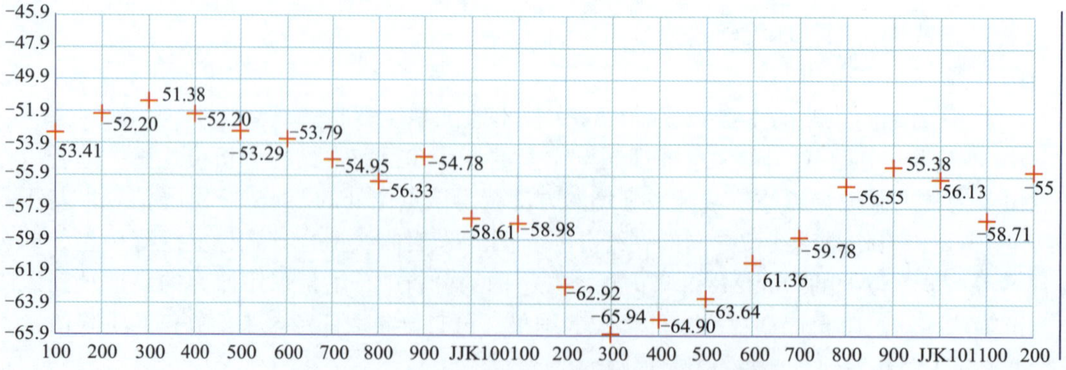


图 4 -41　等间隔 100 m 提取的沉降速率图

结合图 4－42～图 4－44 对比分析可知：DInSAR 获取的沉降速率图与实际水准观测得到的结果趋势基本一致，尤其在 JJK099＋300，JJk100＋300，JJK100＋950，JJK101＋100 四处峰值上，InSAR 结果与水准结果高度吻合。

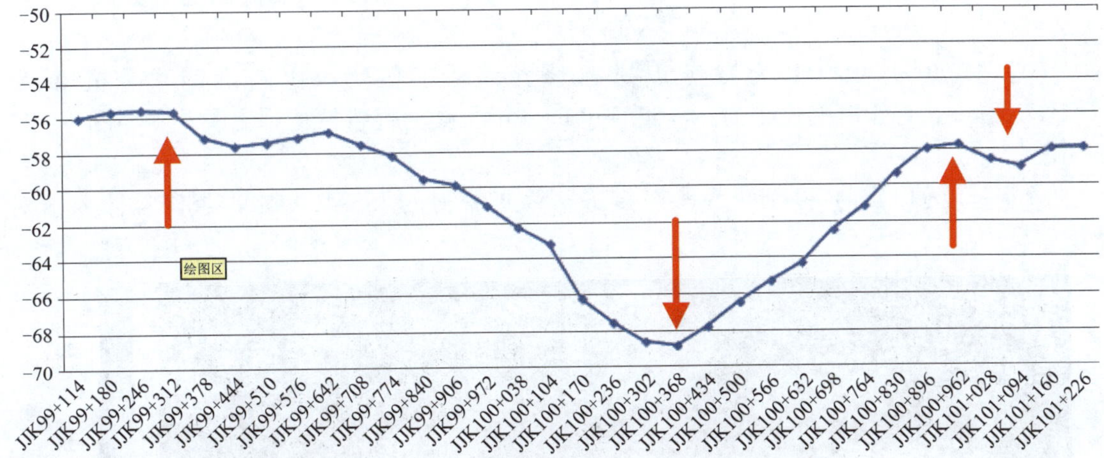


**图 4－42　水准观测数据构建的同时期沉降速率图**

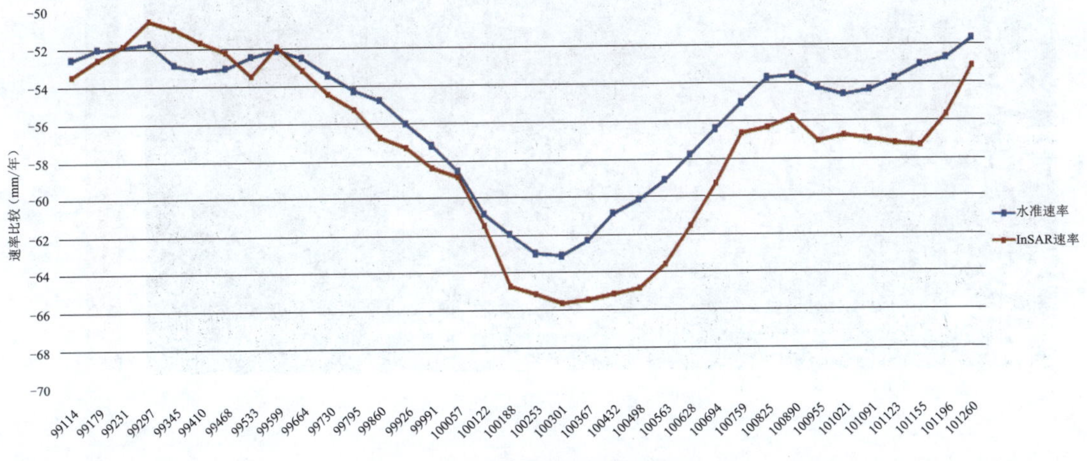


**图 4－43　InSAR 水准速率对比**

4.4.3.2　单水准点整体修正模式下高铁构筑物沉降速率精度分析

根据既有中线资料，选取其范围内共 36 个水准观测点进行比较分析，其分布在里程 JJk099＋114－JJk101＋400 范围内，基于线性拟合的方式获取水准点的沉降速率，然后根据水准点位信息，依据本章节所述方法提取对应点的沉降速率，结果如图 4－45 所示。

从图 4－45 可以看出：DInSAR 技术和与水准观测得到的沉降速率其变化趋势基本相同，存在一个固定速率差值。考虑不同参考点对 DInSAR 沉降速率精度的影响，我们随机在线位的两端及中间部位各选取一处点位分别作为参考点对 DInSAR 沉降速率进行修正：

（1）以点号 404161 为参考点进行修正，修正值为：初始沉降量修正值为 −24.353 mm，修正沉降速率为：−56.478 mm/年。修正后结果及对比误差如图 4−46 所示。

（2）以点号 404501 为参考点进行修正，修正值为：初始沉降量修正值为 −23.073 mm，修正沉降速率为：−54.244 mm/年。修正后结果及对比误差如图 4−47 所示。

（3）以点号 403931 为参考点进行修正，修正值为：初始沉降量修正值为 −22.735 mm，修正沉降速率为：−57.439 mm/年。修正后结果及对比误差图如图 4−48 所示。

表 4−2 为以点号 404161 为参考点进行修正获得的 InSAR 与水准沉降监测差值对照表。

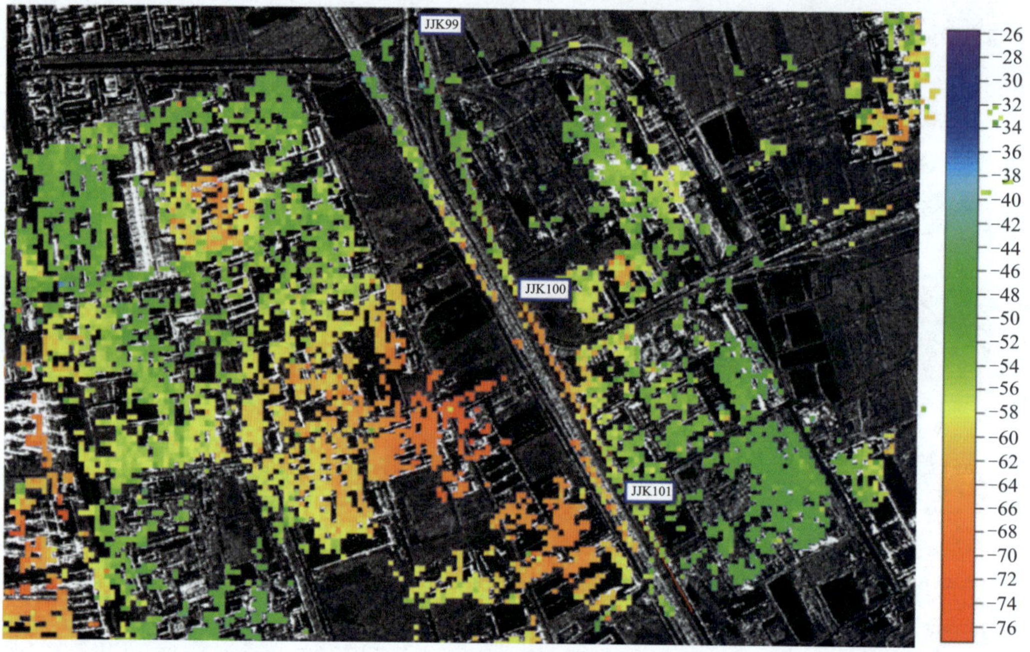


**图 4−44　InSAR 区域沉降图**

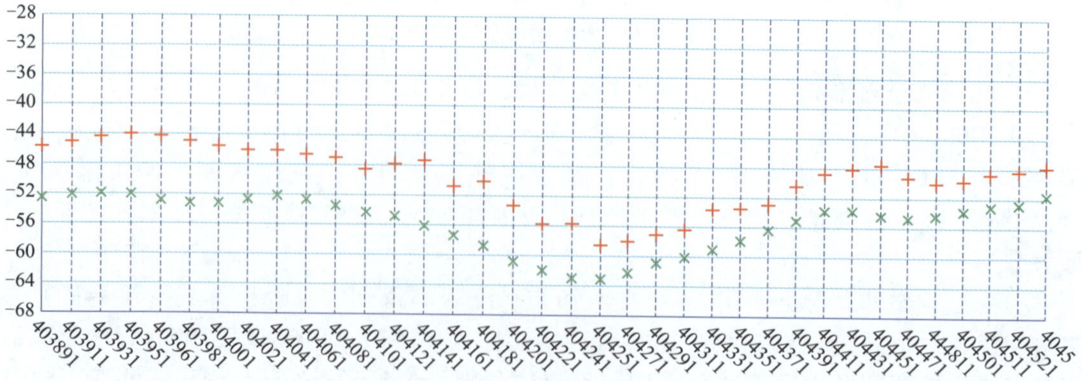


**图 4−45　水准点位处未修正 InSAR 沉降速率与水准观测沉降速率对比分析**

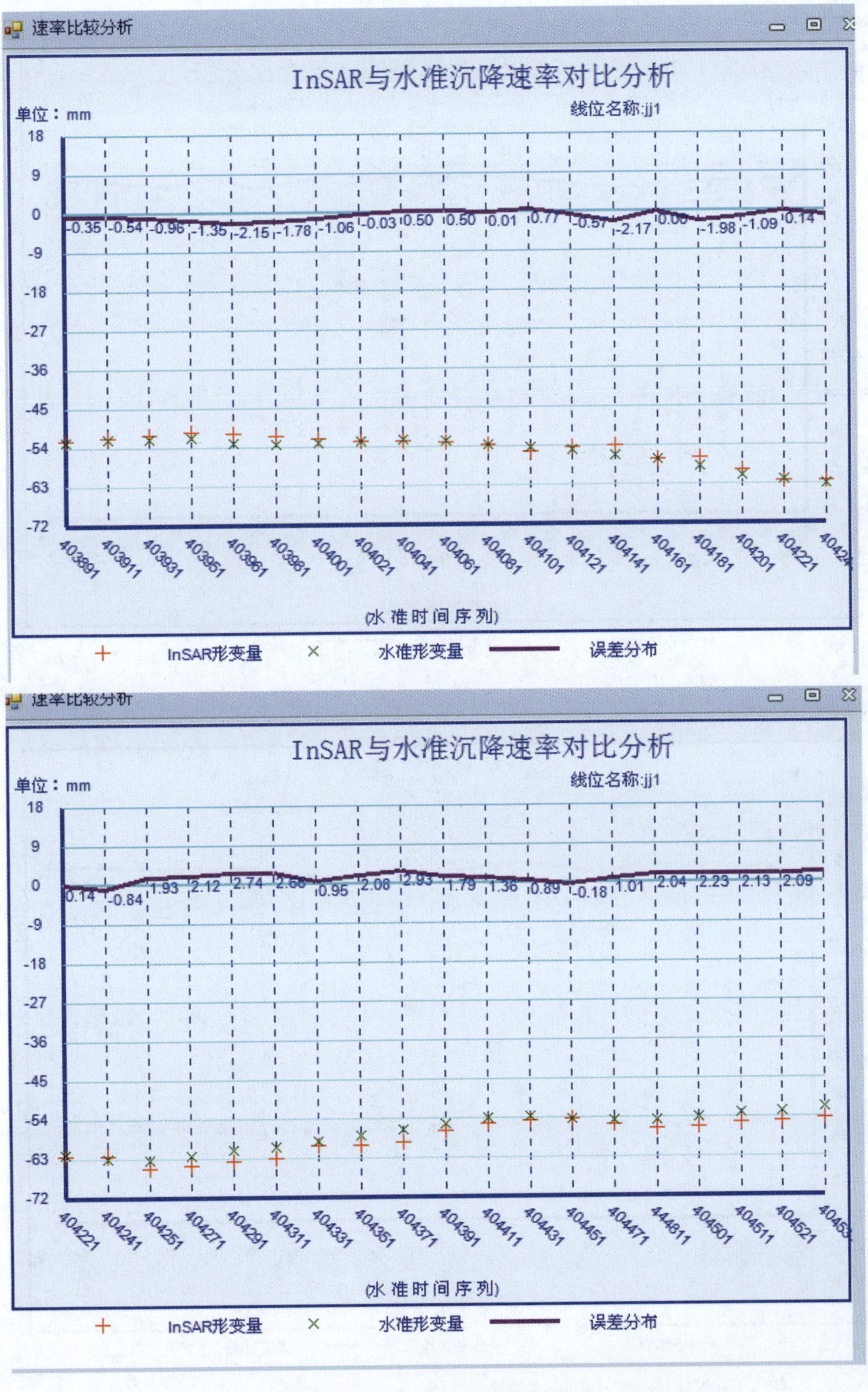


图 4 - 46　以 404161 号点为参考点得到的二者沉降速率差异

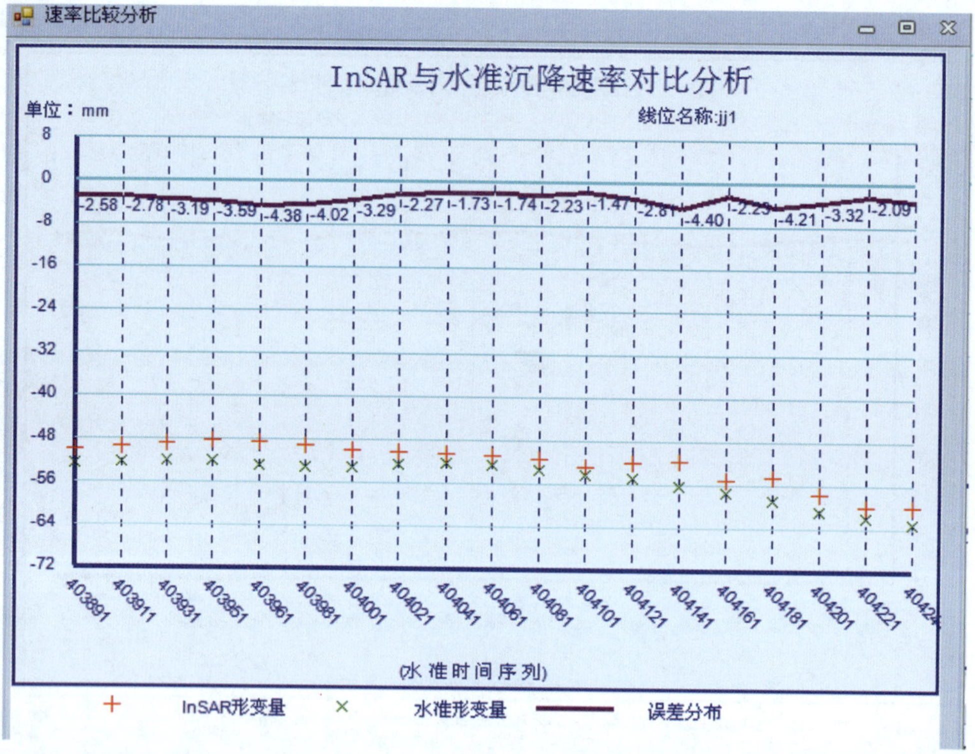


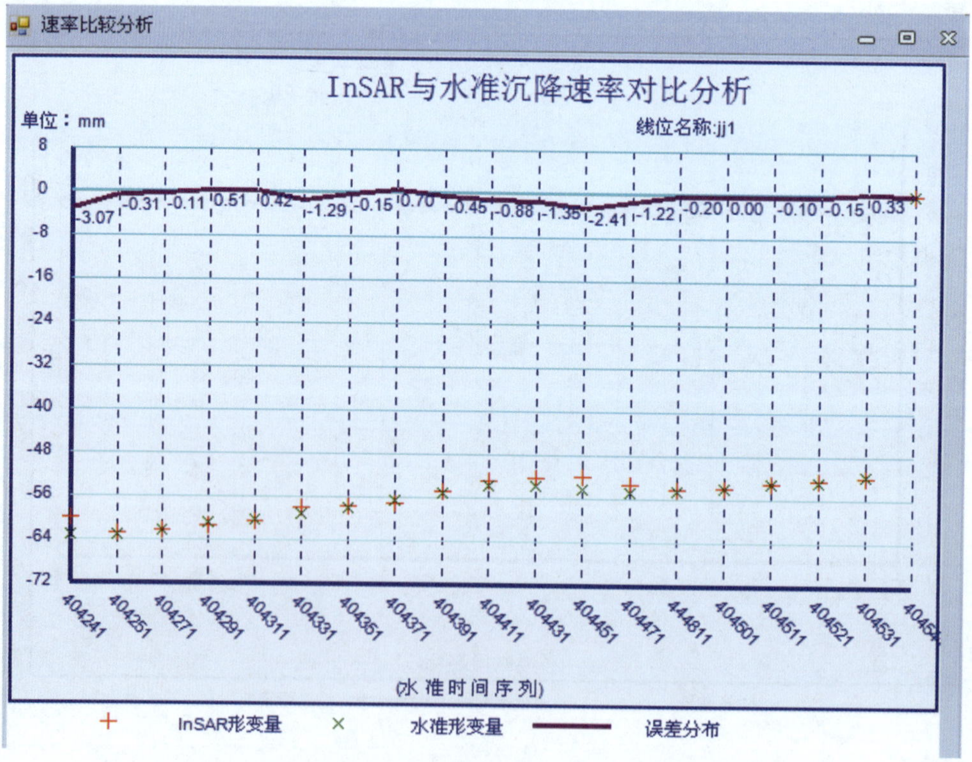


图 4－47　以 404501 号点为参考点得到的二者沉降速率差异

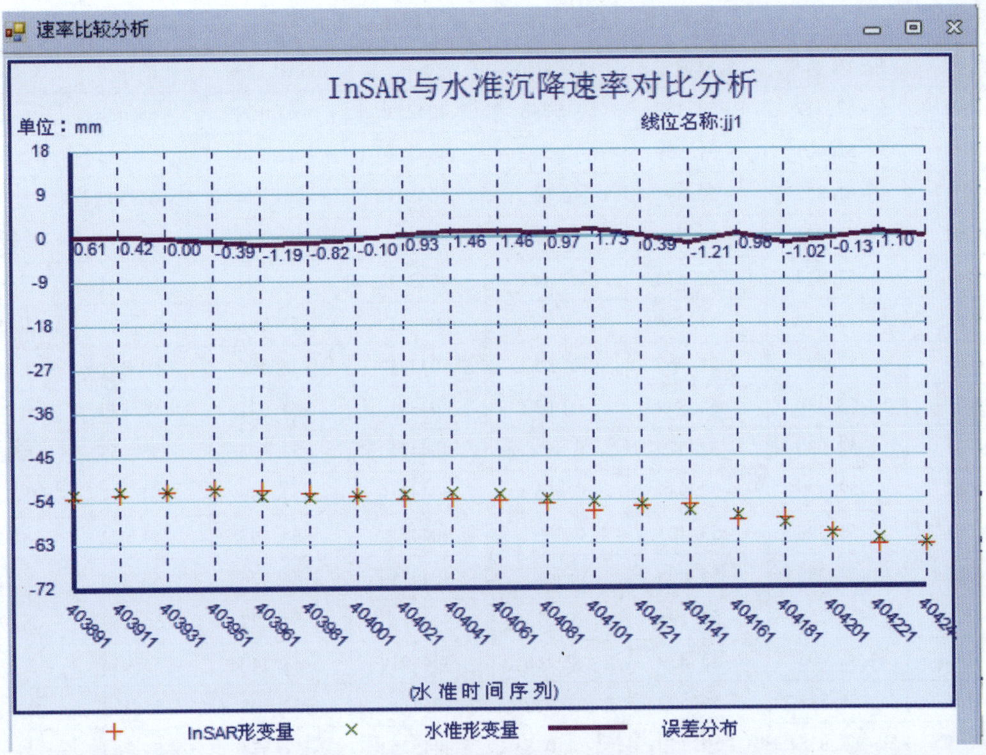


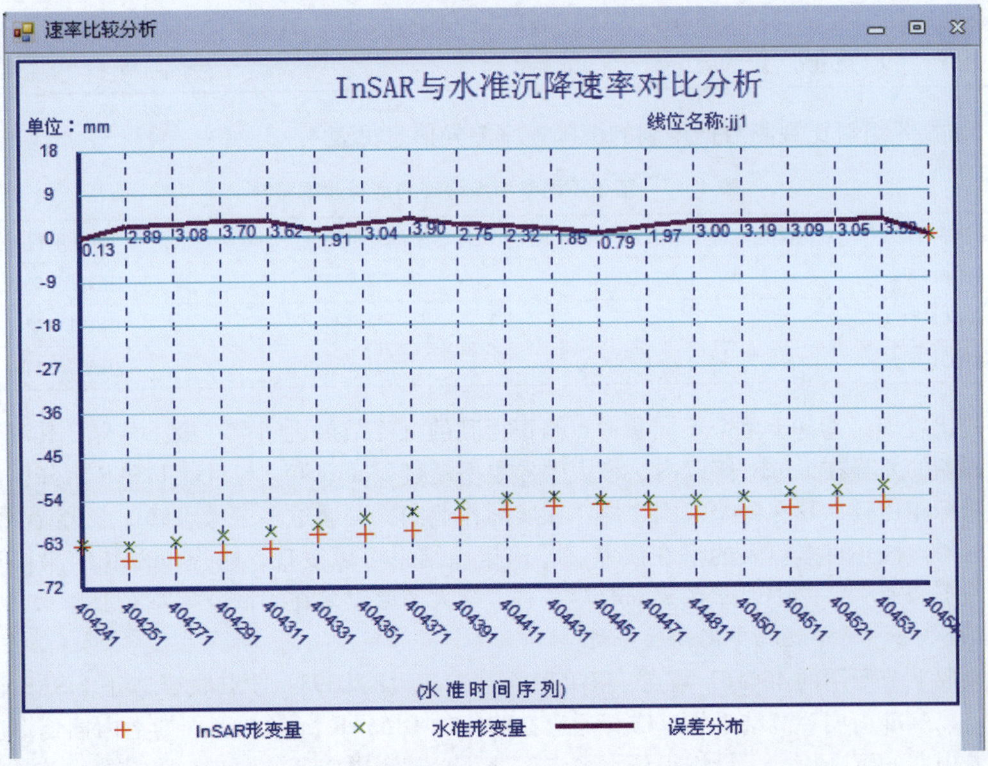


**图 4－48　以 403931 号点为参考点得到的二者沉降速率差异**

**表 4－2　沉降速率对比表（单位：mm/年）**

| 点号 | InSAR 速率 | 水准速率 | 速率差值 | 点号 | InSAR 速率 | 水准速率 | 速率差值 |
|---|---|---|---|---|---|---|---|
| 403891 | －52. 517 | －52. 169 | －0. 348 | 404251 | －63. 109 | －65. 036 | 1. 926 |
| 403911 | －52. 001 | －51. 459 | －0. 542 | 404271 | －62. 275 | －64. 395 | 2. 12 |
| 403931 | －51. 852 | －50. 891 | －0. 961 | 404291 | －60. 850 | －63. 592 | 2. 742 |
| 403951 | －51. 721 | －50. 368 | －1. 352 | 404311 | －60. 121 | －62. 777 | 2. 656 |
| 403961 | －52. 817 | －50. 670 | －2. 148 | 404331 | －59. 104 | －60. 051 | 0. 947 |
| 403981 | －53. 139 | －51. 354 | －1. 785 | 404351 | －57. 795 | －59. 878 | 2. 083 |
| 404001 | －53. 021 | －51. 965 | －1. 057 | 404371 | －56. 406 | －59. 341 | 2. 934 |
| 404021 | －52. 430 | －52. 399 | －0. 032 | 404391 | －55. 041 | －56. 829 | 1. 789 |
| 404041 | －52. 080 | －52. 579 | 0. 499 | 404411 | －53. 695 | －55. 053 | 1. 358 |
| 404061 | －52. 490 | －52. 988 | 0. 498 | 404431 | －53. 589 | －54. 477 | 0. 888 |
| 404081 | －53. 398 | －53. 403 | 0. 005 | 404451 | －54. 198 | －54. 022 | －0. 176 |
| 404101 | －54. 236 | －55. 005 | 0. 768 | 404471 | －54. 576 | －55. 586 | 1. 011 |
| 404121 | －54. 765 | －54. 193 | －0. 573 | 444811 | －54. 327 | －56. 363 | 2. 036 |
| 404141 | －56. 005 | －53. 839 | －2. 166 | 404501 | －53. 740 | －55. 974 | 2. 234 |
| 404181 | －58. 588 | －56. 609 | －1. 979 | 404511 | －52. 995 | －55. 127 | 2. 132 |
| 404201 | －60. 838 | －59. 750 | －1. 088 | 404521 | －52. 674 | －54. 763 | 2. 088 |
| 404221 | －61. 941 | －62. 083 | 0. 142 | 404531 | －51. 635 | －54. 195 | 2. 56 |
| 404241 | －62. 990 | －62. 154 | －0. 836 | 中误差：1. 578 mm/年 | | | |

经过 38 组对比观测数据得到的沉降速率差异信息见表 4－3。

**表 4－3　基于不同参考点得到的沉降速率差异**

| 单参考点 | 沉降速率整体中误差（mm/年） | 沉降速率最大误差值（mm/年） | 所处里程 |
|---|---|---|---|
| 404161 号点 | 1. 578 | 2. 934 | JJK100＋038 |
| 404501 号点 | 2. 264 | 4. 400 | JJk101＋226 |
| 403931 号点 | 2. 084 | 3. 895 | JJk099＋246 |

对比发现：①基于单个不同参考点修正得到的沉降结果之间存在微小差异，其沉降速率中误差的差异在 1 mm/年以内，最大差异也不超过 2 mm/年，与目前 InSAR 沉降监测的精度指标相比较，其在误差范围之内。在实际作业中，可通过多参考点修正方式减小由于单个参考点修正可能引入的潜在误差。②依据该结果可以发现，时序 InSAR 结果修正后其正线沉降速率整体中误差在 2 mm/年左右，最大速率误差在 4 mm/年左右。

4. 4. 3. 3　单点沉降变化精度分析

采取上节所用的 404161 号点，404501 号点，以及 403931 号点联合修正 InSAR 沉降信息。以水准周期观测结果为基准，通过在修正的 DInSAR 沉降观测周期上内插处对应水准观测周期的沉降信息，最终得到水准点位处每一观测周期下的两者沉降量的比较分析结果。本次开发了针对单点沉降变化的精度分析功能，如图 4－49 所示。

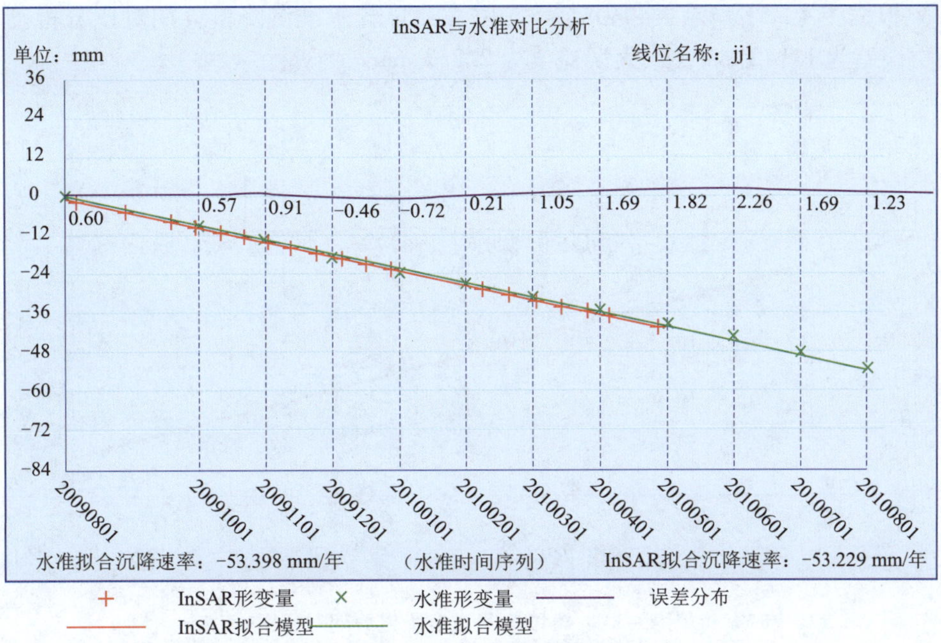


**图 4-49　单点沉降量分期对比图**

图 4-49 中：红色加号：单点修正后 DInSAR 沉降量序列，绿色乘号：单点水准沉降量序列，红色线条：单点修正后 DInSAR 拟合沉降模型，绿色线条：单点水准拟合沉降模型，紫色折线：对应每一水准观测周期的 DInSAR 与水准观测值的差值。

实验选取 36 个水准点进行单点精度检核，由于点数过多，不便于将所有点位的分析结论列出，这里随机抽取 5 个水准点进行分析：

（1）根据图 4-50 所示，403961 号点位 DInSAR 与水准沉降量分期对比分析：其沉降量差值中误差为 1.248 mm，最大误差为 3.479 mm。

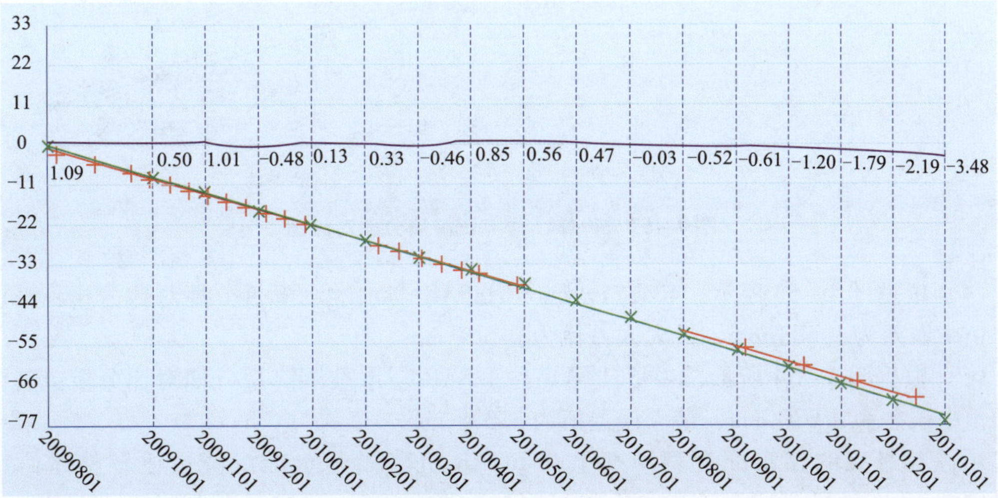


**图 4-50　403961 号点沉降量分期对比图**

（2）根据图4－51所示，404081号点位InSAR与水准沉降量分期对比分析：其沉降量差值中误差为1.142 mm，最大误差值为2.257 mm。

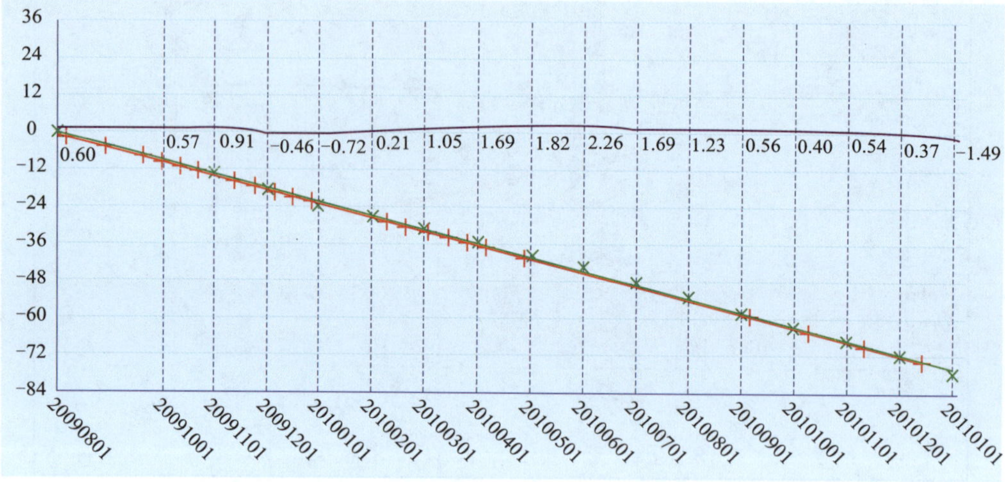


图4－51　404081号点沉降量分期对比图

（3）根据图4－52所示，404241号点位InSAR与水准沉降量分期对比分析：其沉降量差值中误差为3.206 mm，最大误差值为4.810 mm。

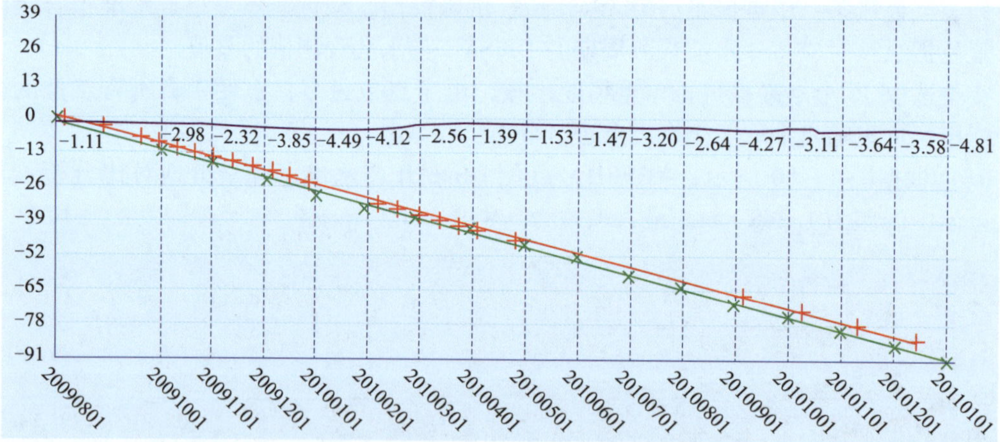


图4－52　404241号点沉降量分期对比图

（4）根据图4－53所示，404371号点位InSAR与水准沉降量分期对比分析：其沉降量差值中误差为1.604 mm，最大误差值为2.504 mm。

（5）根据图4－54所示，404531号点位InSAR与水准沉降量分期对比分析：其沉降量差值中误差为2.030 mm，最大误差值为3.378 mm。

36个检核点的在水准观测周期上的InSAR沉降量与水准沉降量比较整体信息见表4－4。

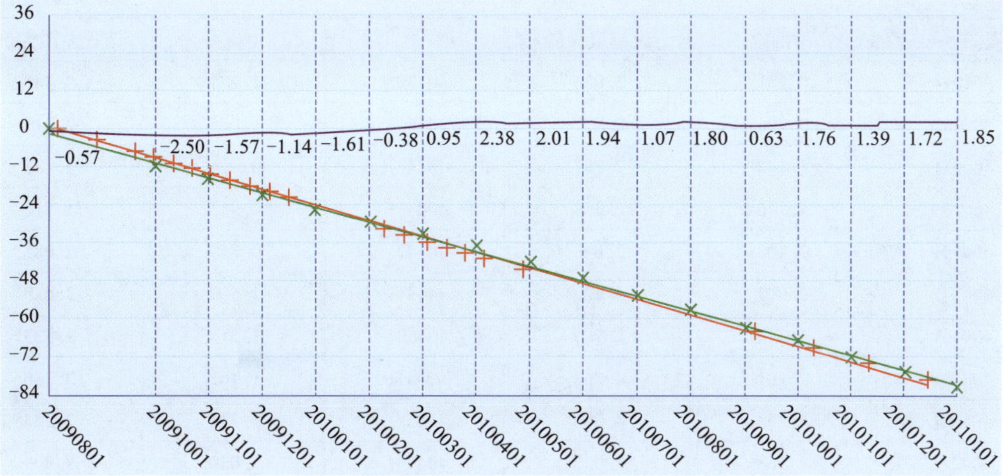


**图4-53 404371号点沉降量分期对比图**

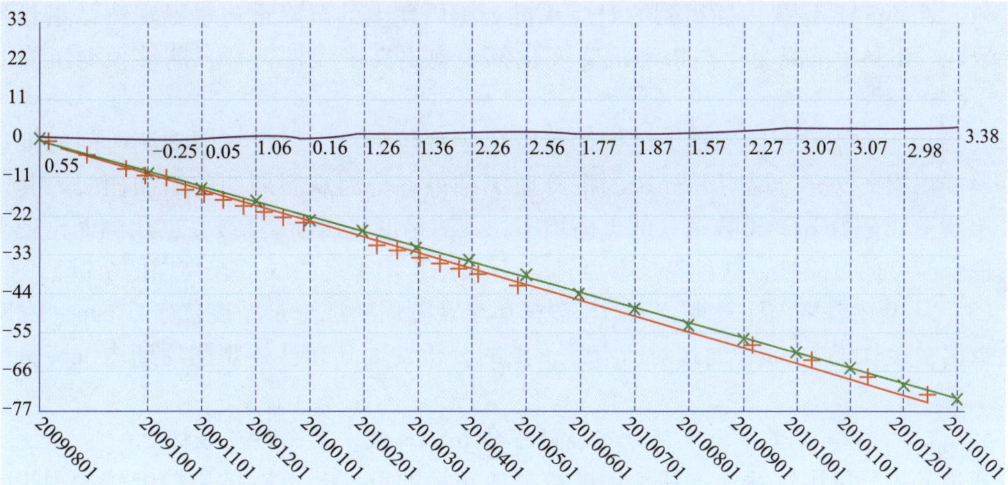


**图4-54 404531号点沉降量分期对比图**

**表4-4 InSAR与水准观测数据沉降量分期评估（mm）**

| 点　　号 | 中误差 | 误差最大值 | 点　　号 | 中误差 | 误差最大值 |
|---|---|---|---|---|---|
| 403891 | 0. 604 | 0. 964 | 404241 | 3. 206 | 4. 810 |
| 403911 | 0. 608 | 1. 152 | 404251 | 2. 069 | 4. 117 |
| 403931 | 0. 650 | 1. 469 | 404271 | 1. 954 | 3. 689 |
| 403951 | 0. 942 | 1. 843 | 404291 | 1. 582 | 3. 527 |
| 403961 | 1. 248 | 3. 479 | 404311 | 1. 442 | 3. 064 |
| 403981 | 1. 245 | 3. 248 | 404331 | 1. 737 | 3. 220 |
| 404001 | 0. 936 | 2. 307 | 404351 | 1. 229 | 2. 633 |
| 404021 | 0. 826 | 1. 562 | 404371 | 1. 604 | 2. 504 |

续上表

| 点　　号 | 中误差 | 误差最大值 | 点　　号 | 中误差 | 误差最大值 |
|---|---|---|---|---|---|
| 404041 | 0.981 | 2.033 | 404391 | 1.281 | 2.445 |
| 404061 | 0.996 | 2.077 | 404411 | 1.065 | 2.213 |
| 404081 | 1.142 | 2.257 | 404431 | 0.926 | 2.131 |
| 404101 | 1.176 | 2.284 | 404451 | 0.913 | 1.712 |
| 404121 | 1.108 | 2.648 | 404471 | 0.859 | 2.081 |
| 404141 | 2.097 | 4.627 | 444811 | 1.509 | 2.429 |
| 404161 | 1.374 | 2.765 | 404501 | 1.514 | 2.323 |
| 404181 | 2.401 | 4.263 | 404511 | 1.463 | 2.286 |
| 404201 | 2.893 | 4.550 | 404521 | 1.319 | 2.222 |
| 404221 | 2.488 | 4.050 | 404531 | 2.030 | 3.378 |

通过上述对沉降量分期对比图表的分析发现：

（1）由 InSAR 结果内插得到的对应水准观测周期上的沉降量与实际观测结果具备高度一致性，InSAR 沉降变化与水准沉降变化都表现出高度线性特征，能够预测沉降变化趋势。

（2）单点在水准观测周期上的沉降量差值表现较为稳定，没有因观测时间的推进而产生误差积累，这充分说明 InSAR 的沉降监测结果不会因观测周期的增加而引入其他误差（事实上，随着 InSAR 数据量的逐渐增多，观测精度也逐渐提高），也从侧面论证了选取的拟合模型的可靠性，这种特性非常适合于 InSAR 用于高铁线上长周期的沉降监测。

（3）从上述表格统计发现，InSAR 数据单个观测周期沉降量精度优于 5 mm，约 70% 以上数据精度优于 3 mm，通过对所有评价点的分析发现其在整体观测周期内沉降量中误差小于 3 mm。

4.4.3.4　不同参考水准点位分布辅助下的 InSAR 技术监测精度分析

通过上述分析比较发现，基于水准数据改正后的 InSAR 沉降结果精度较为理想。在目前受到多种因素影响，InSAR 技术无法完全替代水准精密测量的前提下，以水准观测辅助 DInSAR 监测是将 DInSAR 沉降监测技术推向工程应用行之有效的途径。

考虑到水准监测辅助 InSAR 监测的成本等因素，水准测量在时空上的监测密度越小，外业工作量也就越小，成本就越低，本节及下节主要论证在水准监测辅助 InSAR 监测成果精度允许范围内，水准观测周期与水准观测点密度的合理性问题，并总结提炼出相关精度指标和应用方法。

不同参考水准点位分布辅助下的 InSAR 技术监测精度分析实验思路为：基于空间维与时间维统一的修正方案，依据实验段现有观测周期为 1 月/次的水准数据为基础，见表 4-5，在用于辅助 InSAR 监测的水准点分布上，采用均匀间隔布点，且每个点位处采用两个以上水准点数据以减小偶然误差，依据实验区域特点，点位间隔约为 60 m，500 m，1 km，1.5 km，2 km，2.5 km 六种情形，点位作用主要用于回归分析求取形变的改正值。实验论证在上述六种情况下的沉降速率与单点沉降序列量精度情况。为了保证评价分析的合理性，评价样本尽量保持一致，实验选定速率评价分析和沉降量序列评价分析时，选取可用的全部36个样本数据（含参考点）。

**表4－5　水准观测数据信息**

| 序号 | 点号 | 沉降量（mm） | 序号 | 点号 | 沉降量（mm） |
|---|---|---|---|---|---|
| 1 | 403891 | －74.6 | 19 | 404241 | －91.5 |
| 2 | 403911 | －74.1 | 20 | 404251 | －91.8 |
| 3 | 403931 | －74 | 21 | 404271 | －90.4 |
| 4 | 403951 | －74.1 | 22 | 404291 | －88.6 |
| 5 | 403961 | －76.1 | 23 | 404311 | －87 |
| 6 | 403981 | －76.7 | 24 | 404331 | －85.7 |
| 7 | 404001 | －76.5 | 25 | 404351 | －83.2 |
| 8 | 404021 | －76.1 | 26 | 404371 | －81.4 |
| 9 | 404041 | －75.7 | 27 | 404391 | －79 |
| 10 | 404061 | －76.6 | 28 | 404411 | －77.2 |
| 11 | 404081 | －77.5 | 29 | 404431 | －76.9 |
| 12 | 404101 | －79.2 | 30 | 404451 | －78 |
| 13 | 404121 | －79.7 | 31 | 404471 | －78.5 |
| 14 | 404141 | －81.3 | 32 | 444811 | －77.2 |
| 15 | 404161 | －82.9 | 33 | 404501 | －77.1 |
| 16 | 404181 | －84.2 | 34 | 404511 | －76 |
| 17 | 404201 | －88.3 | 35 | 404521 | －76.1 |
| 18 | 404221 | －90.1 | 36 | 404531 | －73.7 |

采用原始1月/次的水准观测数据作为参考数据及论证监测数据，得到的整体沉降速率精度情况见表4－6。

**表4－6　不同点位间隔情形下的InSAR监测沉降速率比较分析**

| 点位间隔 | 参考点位分布 | 形变速率修正值（mm/年） | 初始形变量修正值（mm） | 速率中误差（mm/年） | 速率最大误差（mm） |
|---|---|---|---|---|---|
| 60 m | 全线32个点 | －56.809 95 | －23.504 00 | 1.606 | 3.266 |
| 500 m | 5处，8个点 | －56.276 21 | －23.360 81 | 1.432 | 2.733 |
| 1 km | 3处，6个点 | －57.546 41 | －23.741 23 | 2.026 | 4.003 |
| 1.5 km | 2处，4个点 | －56.180 37 | －23.016 09 | 1.417 | 2.637 |
| 2.5 km | 1处，2个点，左端 | －57.020 32 | －22.728 40 | 1.709 | 3.477 |
| 2.5 km | 1处，2个点，中端 | －56.477 98 | －24.353 47 | 1.481 | 2.934 |

如图 4－55～图 4－60 所示，分别为各种点位间隔情况下沉降速率对比分析图（限于篇幅，列出部分点位）。

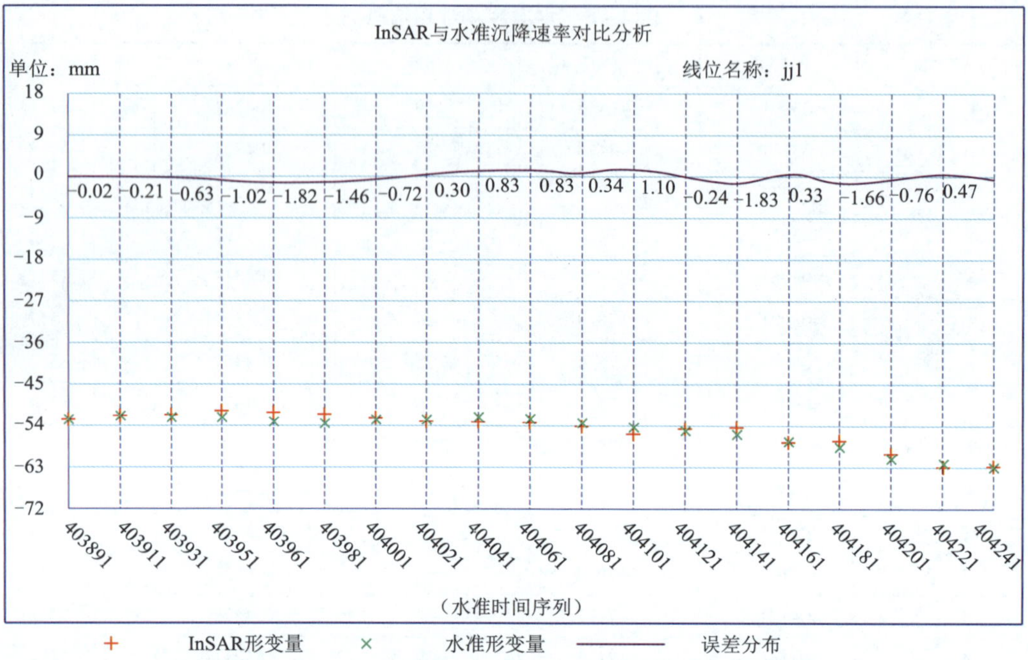


图 4－55　60 m 等间隔参考点辅助下 InSAR 监测精度

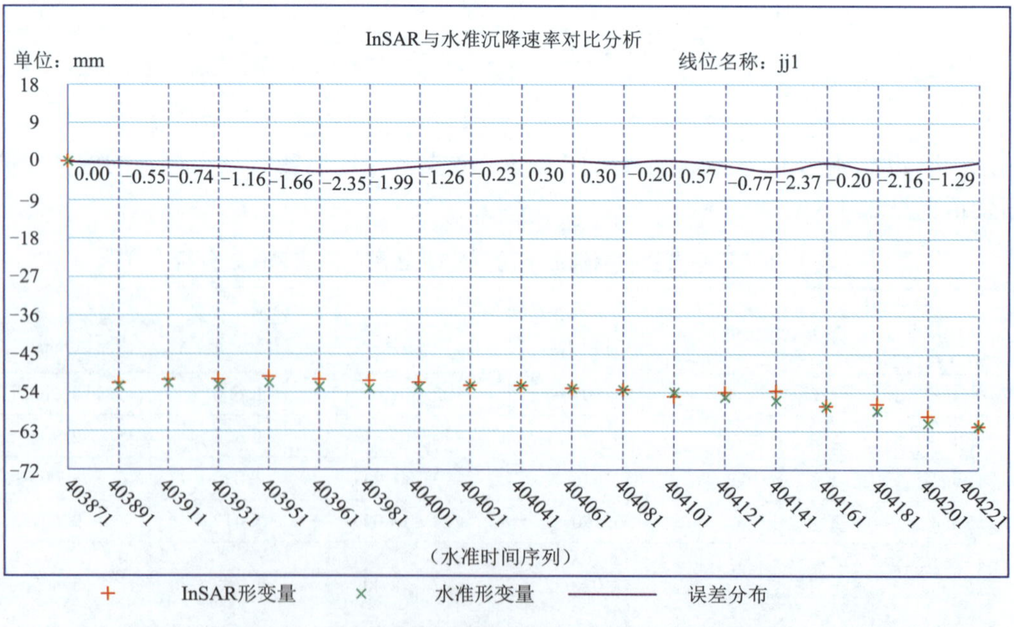


图 4－56　500 m 等间隔参考点辅助下 InSAR 监测精度

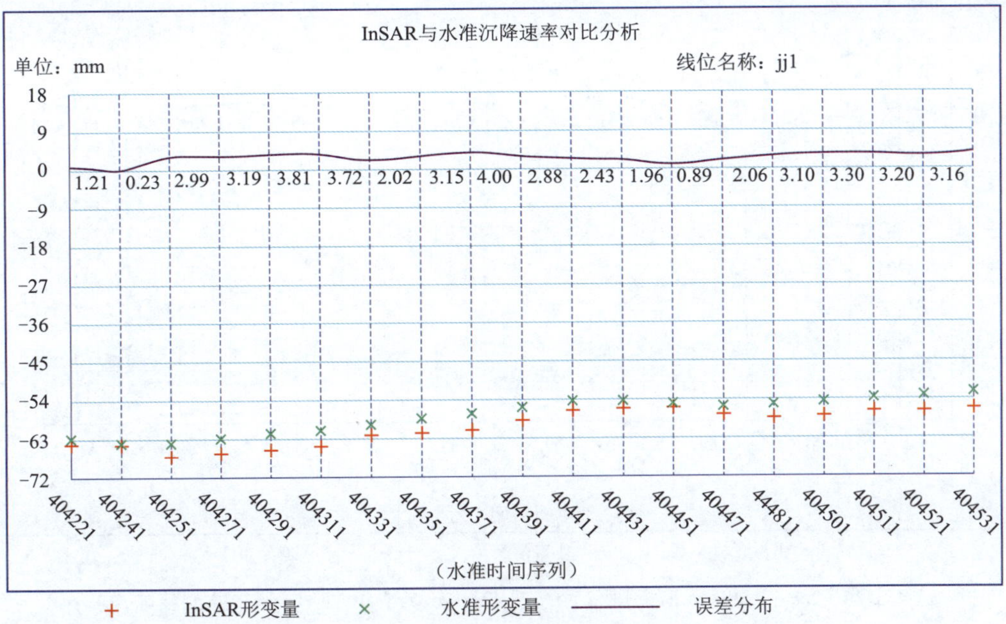


**图 4－57　1 000 m 等间隔参考点辅助下 InSAR 监测精度**

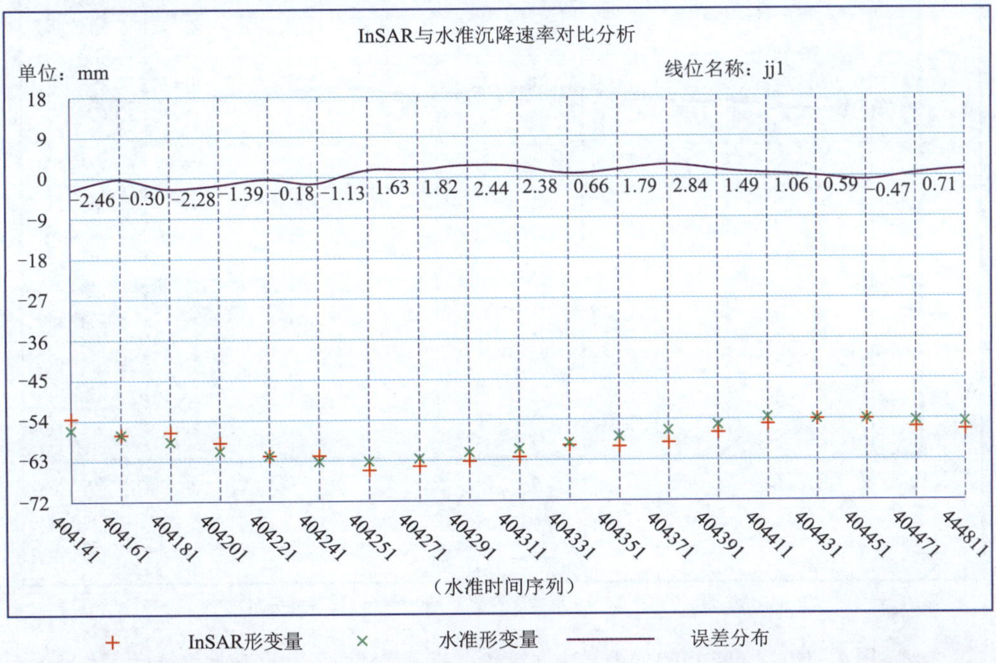


**图 4－58　1 500 m 等间隔参考点辅助下 InSAR 监测精度**

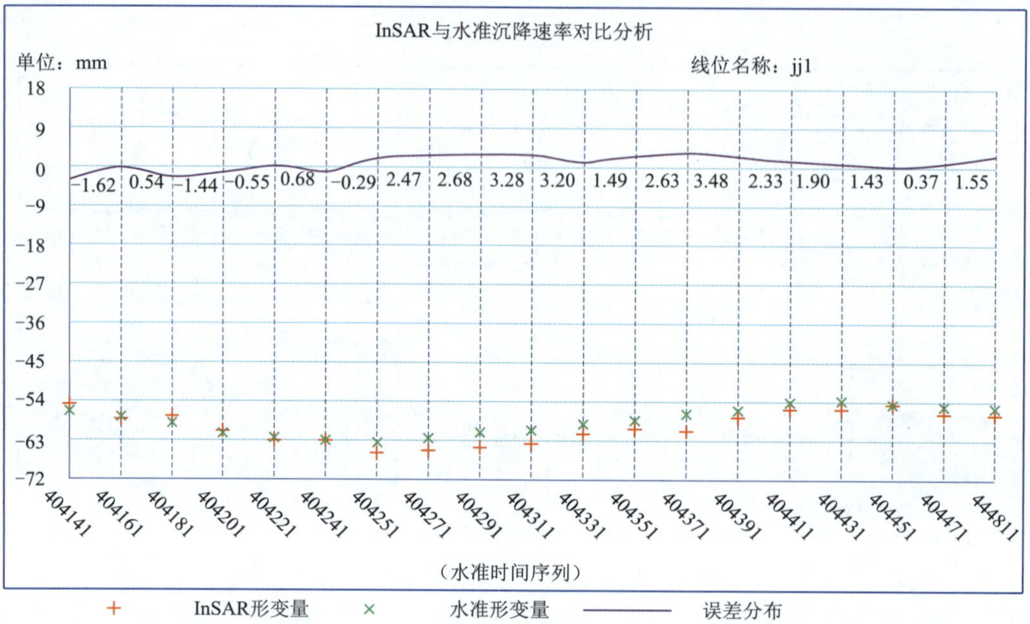


图 4－59　2 500 m 等间隔（两端选点）参考点辅助下 InSAR 监测精度

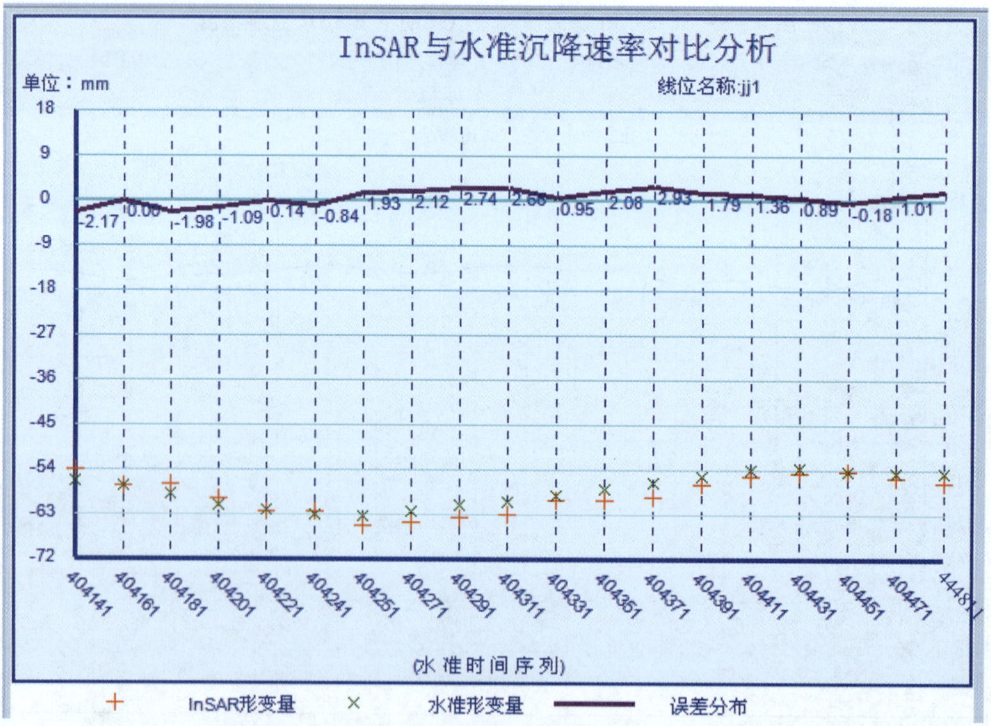


图 4－60　2 500 m 等间隔（中间选点）参考点辅助下 InSAR 监测精度

随机选取 JJK101＋160 处 444811 号点位分析 InSAR 与水准数据沉降量序列对比分析，如图 4－61～图 4－66 所示。

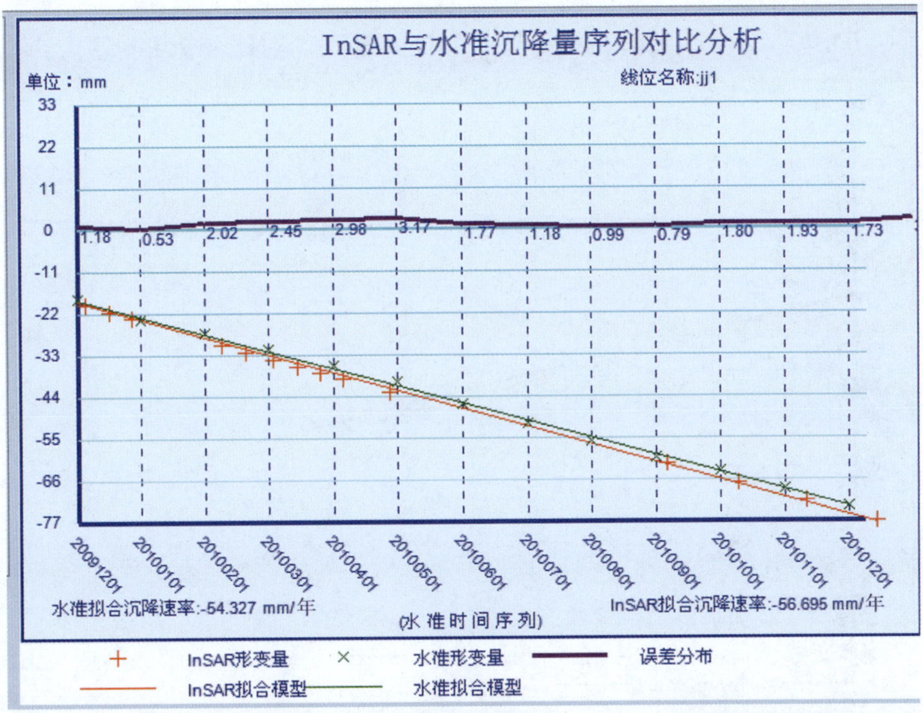


图 4－61　**60 m** 等间隔参考点辅助下某点位 **InSAR** 沉降量序列误差分析

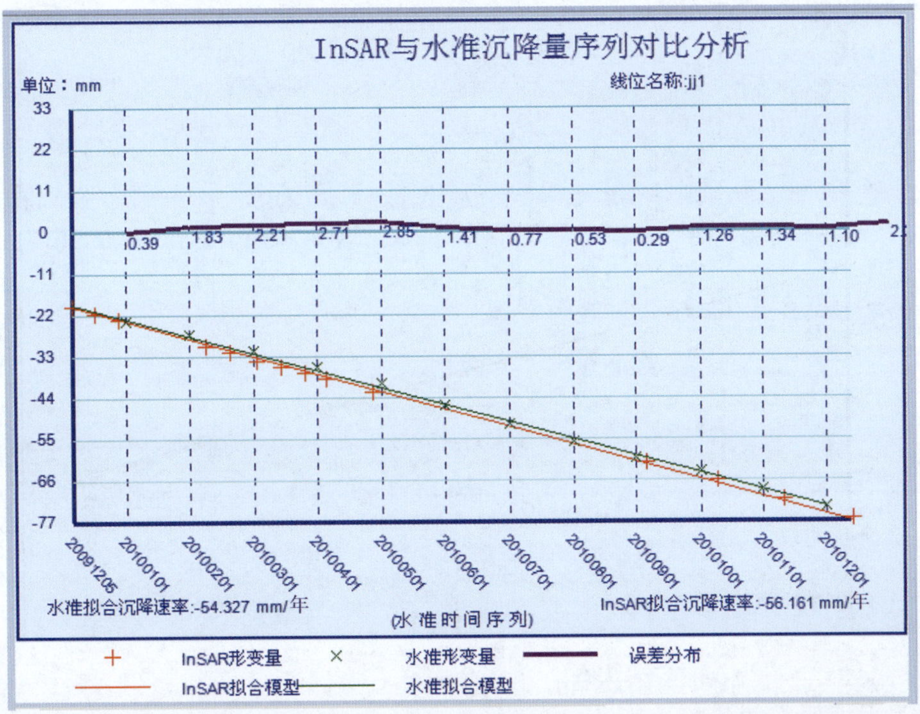


图 4－62　**500 m** 等间隔参考点辅助下某点位 **InSAR** 沉降量序列误差分析

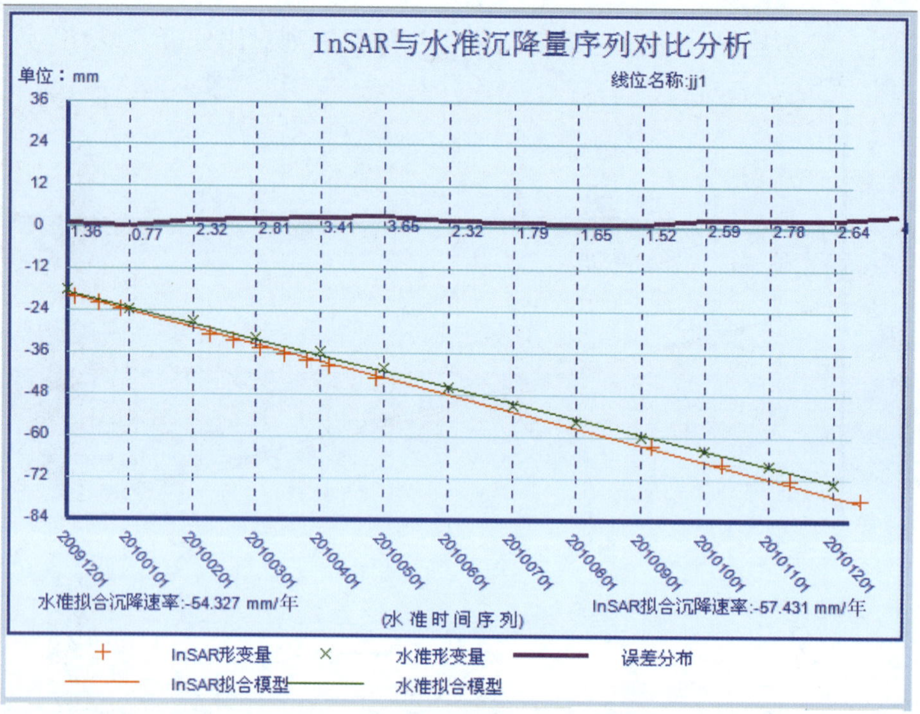


图 4-63　1 km 等间隔参考点辅助下某点位 InSAR 沉降量序列误差分析

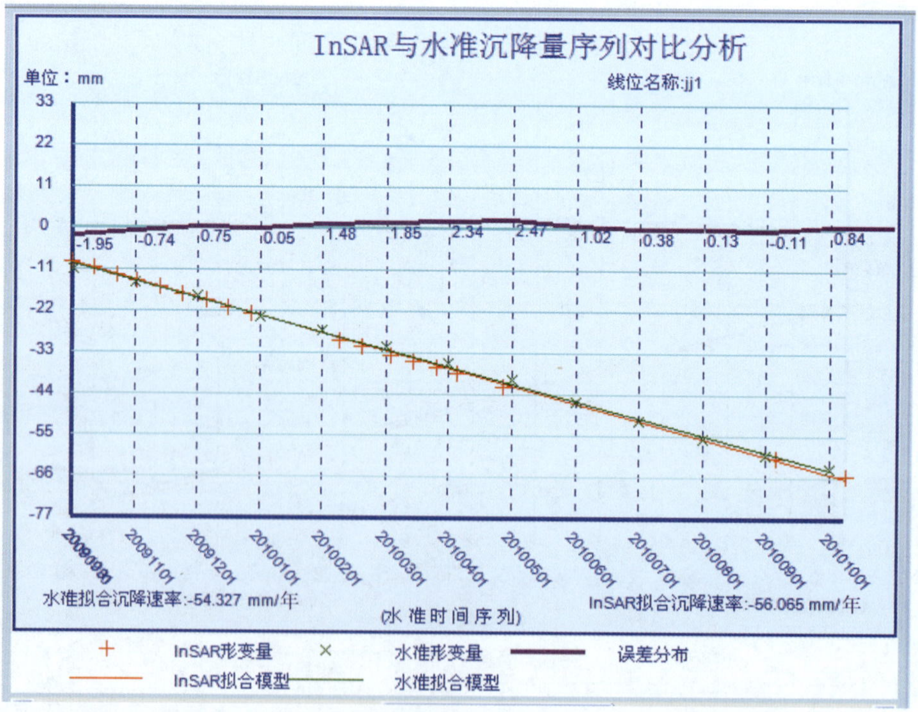


图 4-64　1.5 km 等间隔参考点辅助下某点位 InSAR 沉降量序列误差分析

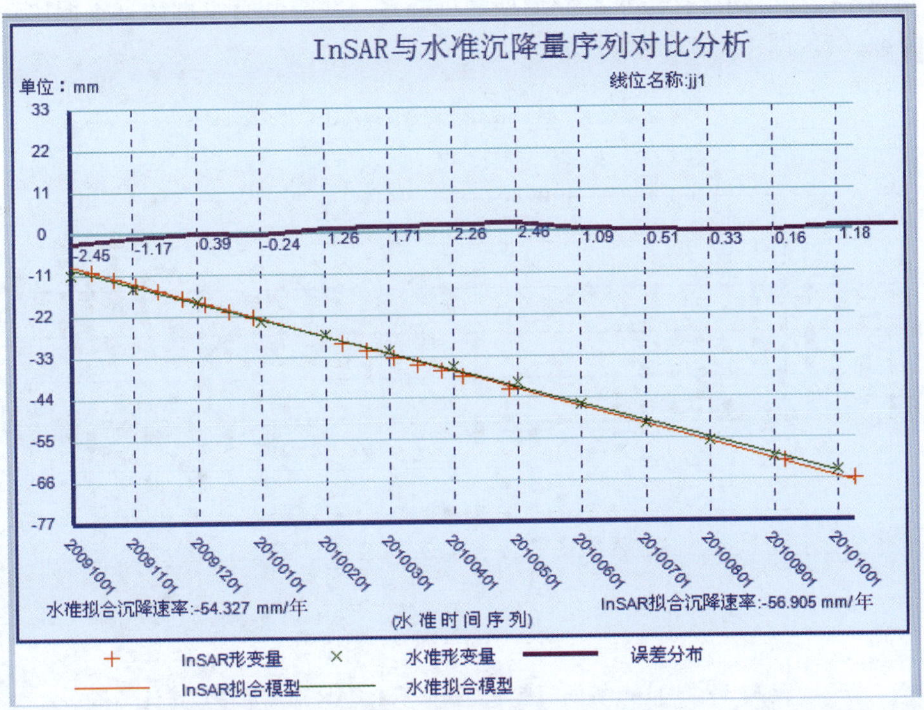


图 4－65　2.5 km 等间隔（两端选点）参考点辅助下某点位 InSAR 沉降量序列误差分析

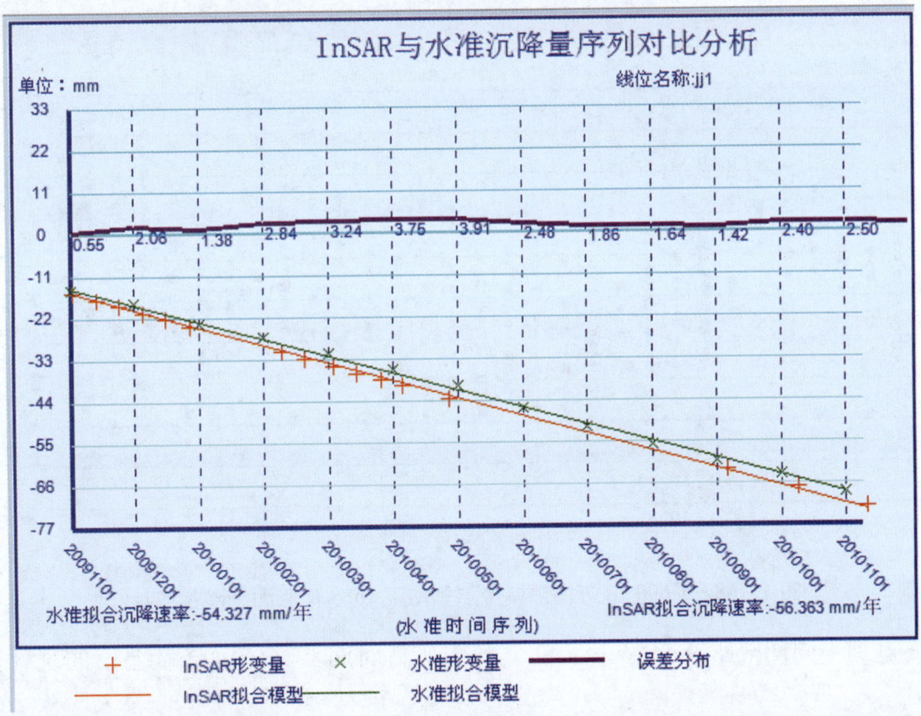


图 4－66　2.5 km 等间隔（中间选点）参考点辅助下某点位 InSAR 沉降量序列误差分析

将 InSAR 内插得到所有与水准同周期的沉降量，并与既有水准数据进行比较，误差统计如图 4 -67 ~ 图 4 -72 所示。

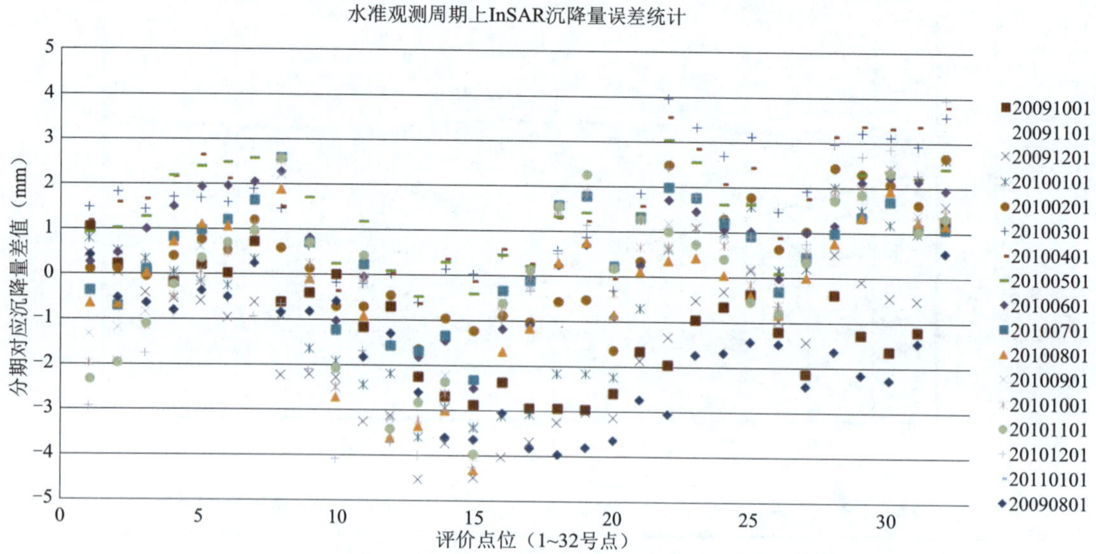


**图 4 -67　500 m 等间隔参考点辅助下 InSAR 监测沉降量统计**

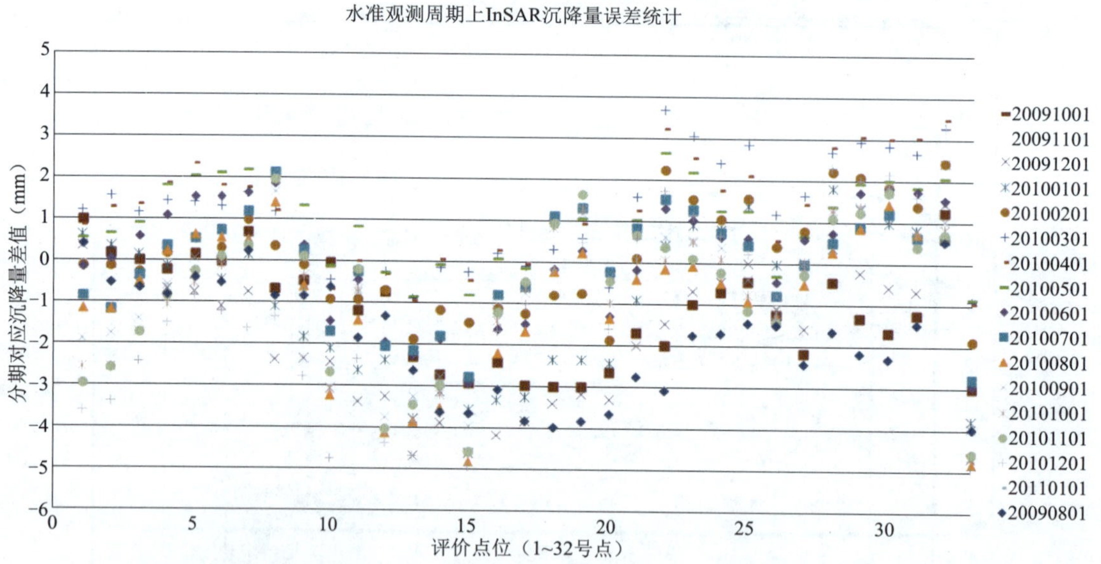


**图 4 -68　1 000 m 等间隔参考点辅助下 InSAR 监测沉降量统计**

最终得到不同间隔水准点修正下单个水准观测周期上整体沉降量差值的统计分析见表4 -7。

通过上述实验分析发现：

（1）应用不同间隔水准点作为参考点进行修正处理，其修正值差异极小，这说明水准观测数据与 InSAR 监测结果具有一致性，采用不同间隔参考点进行修正处理后效果差异不大；另外，从表 4－7 中看出，修正后差异值表现出偶然性，也就是说，选择的修正参考点不一样，其结果也不一样，但不同间隔参考点进行修正的差异不大。

（2）通过对不同间隔情形下沉降速率及沉降量的分析发现，单参考点修正时存在一定的不确定性，而多参考点结果更为可靠稳定；在实际应用中，当有稳定可靠的单参考点情形下，采用单参考点即可达到目的，反之则可利用多参考点修正来避开由于可能选择不稳定的单个参考点引入的误差。

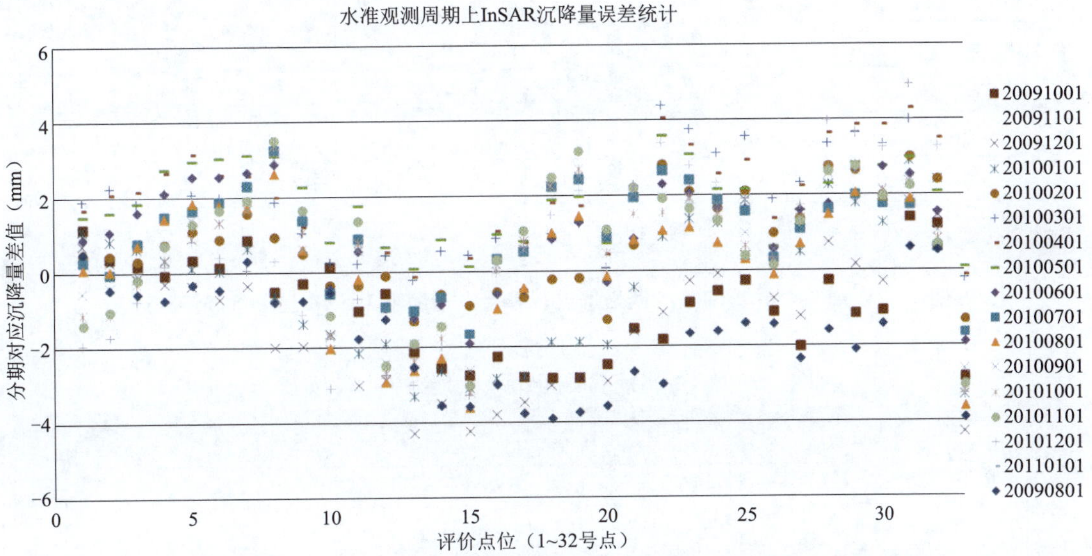


图 4－69　1 500 m 等间隔参考点辅助下 InSAR 监测沉降量统计

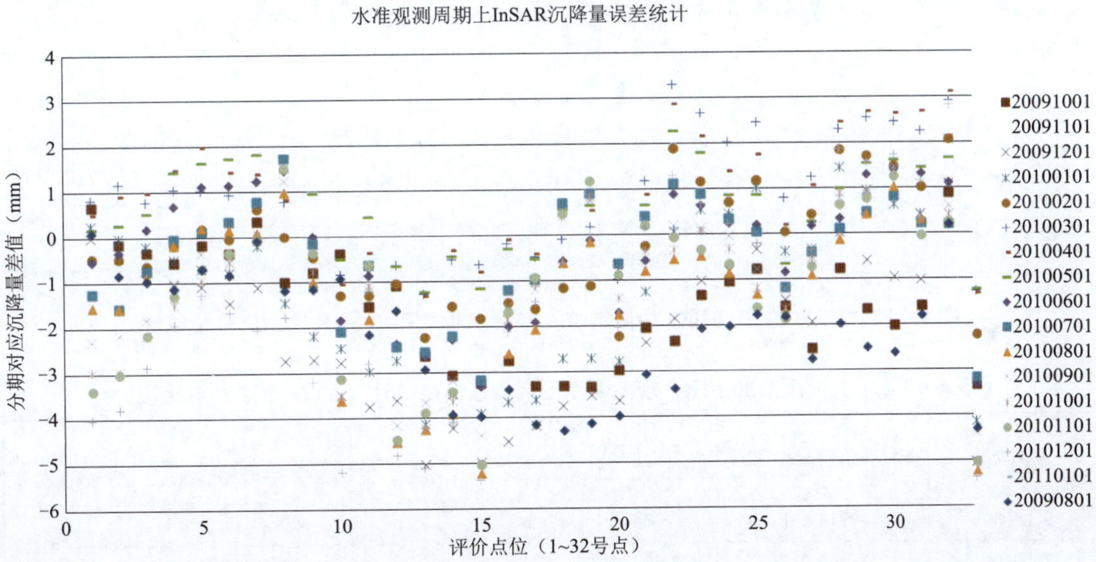


图 4－70　2 000 m 等间隔参考点辅助下 InSAR 监测沉降量统计

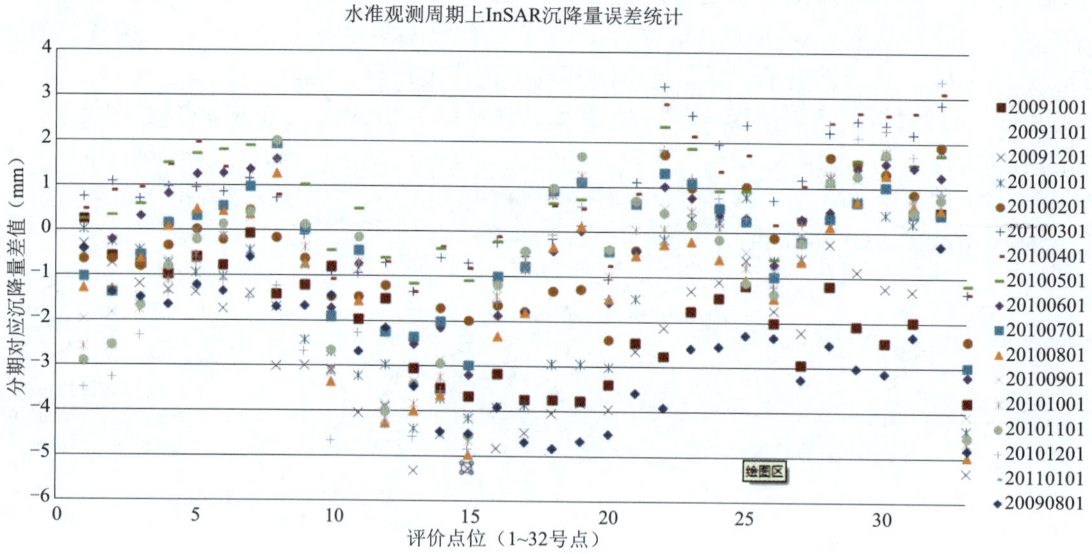


图 4－71　2 500 m 等间隔（两端选点）参考点辅助下 InSAR 监测沉降量统计

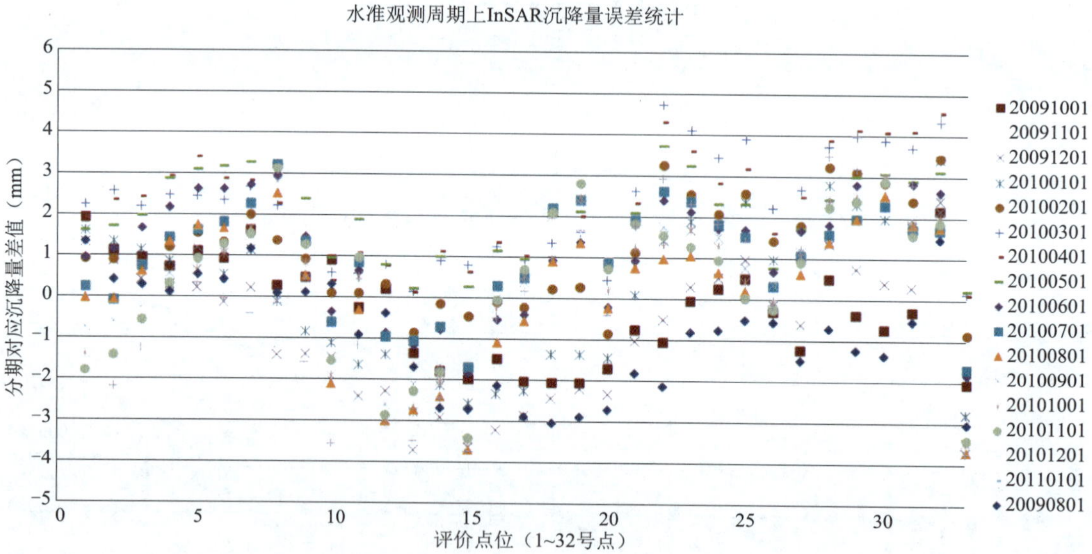


图 4－72　2 500 m 等间隔（中间选点）参考点辅助下 InSAR 监测沉降量统计

表 4－7　不同间隔情况下逐个观测周期上沉降量精度统计（共 36 个点参与比较）

| 观测周期 | InSAR 沉降量中误差 | 误差极大值（mm） | | | | | |
|---|---|---|---|---|---|---|---|
| | | 60 m | 500 m | 1 000 m | 1 500 m | 2 500 m－1 | 2 500 m－2 |
| 20090801 | 0. 914 351 | 1. 703 | 1. 624 | 1. 773 | 1. 929 | 3. 261 | 2. 286 |
| 20091001 | 1. 556 051 | 3. 94 | 3. 95 | 3. 887 | 4. 271 | 3. 133 | 3. 008 |

续上表

| 观测周期 | InSAR 沉降量中误差 | 误差极大值（mm） | | | | | |
|---|---|---|---|---|---|---|---|
| | | 60 m | 500 m | 1 000 m | 1 500 m | 2 500 m－1 | 2 500 m－2 |
| 20091101 | 1. 411 57 | 2. 93 | 2. 985 | 2. 816 | 3. 313 | 2. 37 | 3. 063 |
| 20091201 | 1. 634 436 | 4. 184 | 4. 283 | 4. 008 | 4. 62 | 4. 977 | 3. 351 |
| 20100101 | 1. 702 888 | 4. 514 | 4. 657 | 4. 276 | 5. 001 | 5. 289 | 3. 664 |
| 20100201 | 1. 692 658 | 3. 567 | 3. 755 | 3. 268 | 4. 107 | 4. 325 | 3. 453 |
| 20100301 | 1. 186 929 | 2. 672 | 2. 44 | 3. 032 | 2. 223 | 2. 371 | 3. 466 |
| 20100401 | 1. 261 154 | 3. 984 | 3. 707 | 4. 405 | 3. 339 | 3. 261 | 4. 751 |
| 20100501 | 1. 235 374 | 3. 839 | 3. 518 | 4. 321 | 3. 141 | 3. 133 | 4. 578 |
| 20100601 | 0. 948 275 | 3. 058 | 2. 693 | 3. 602 | 2. 308 | 2. 37 | 3. 769 |
| 20100701 | 1. 292 386 | 2. 283 | 2. 905 | 2. 888 | 3. 297 | 3. 165 | 2. 966 |
| 20100801 | 1. 135 112 | 2. 6 | 2. 751 | 3. 267 | 3. 152 | 2. 95 | 3. 256 |
| 20100901 | 1. 565 313 | 4. 299 | 4. 798 | 3. 57 | 5. 206 | 4. 934 | 3. 671 |
| 20101001 | 1. 514 562 | 3. 391 | 3. 935 | 3. 026 | 4. 351 | 4. 009 | 3. 047 |
| 20101101 | 1. 69 | 4. 006 | 4. 594 | 3. 394 | 5. 019 | 4. 606 | 3. 433 |
| 20101201 | 1. 644 085 | 3. 934 | 4. 566 | 3. 506 | 4. 999 | 4. 517 | 3. 389 |
| 20110101 | 2. 149 719 | 4. 217 | 4. 893 | 4. 946 | 5. 334 | 4. 782 | 4. 489 |

（3）通过对逐个观测周期上沉降量精度统计发现，InSAR 沉降监测在单个观测周期上精度优于 5 mm，中误差 <2 mm，表明利用 InSAR 沉降监测结果来加密水准监测周期上的成果具备可行性，也印证了在实际工程应用中，以一定尺度降低水准观测点密度，改用 InSAR 监测替代是可行的。在后面的章节中将就该问题进行深层次分析。

（4）通过上表对最大误差和中误差的比较发现，合理的修正值会进一步降低最大误差值。

4. 4. 3. 5　不同水准观测周期辅助下的 InSAR 沉降监测精度分析

将用于辅助 InSAR 监测的水准数据抽稀为 1 年/次，9 个月/次，6 个月/次，3 个月/次，1 个月/次五种，论证在不同水准观测周期辅助下 InSAR 技术监测精度，验证数据选取 20091001，20100101，20100501，20100901，20101201 等五个观测周期的水准数据，共计 36 个点位。

实验共采取如下两种方式：

第一种方式：基于部分点位的不同水准观测周期的参考数据来进行模型拟合，获取统一的沉降速率修正值和初始沉降量修正值，然后对 InSAR 结果进行修正，进而内插获取待求水准观测周期上的沉降量，并与水准观测数据进行对比，得到 InSAR 监测精度。此时用于获取修正值的参考水准点可以为不同间隔，其实验方案原型为时空维统一修正方案。

第二种方式：基于完整水准观测数据（即针对高铁沉降监测进行的单周期所有观测

数据），以不同观测周期内插获取每个点位的 InSAR 修正模型，然后以此修正模型对待求周期内对应点位的 InSAR 结果进行修正，从而获取待求周期的最终沉降量，并与水准观测数据进行对比，得到 InSAR 监测精度。此时用于获取修正值的水准点密度与正常监测作业保持完全一致，其方案原型为时空维分段融合修正方案，其目的是获取有效的应用方案指标。

方式一与方式二的区别在于，方式一所使用的水准点位为抽稀后的点位数据，点位较少，分布不够合理，采用的改正模型为修正值，而方式二获取修正值的水准点密度与正常监测作业保持完全一致，采用更为精细的面状改正模型的处理方式。

方式一实验论证如下：

随机在实验段的起始里程和中间里程选取三个水准点进行实验。

（1）观测周期为 3 个月/次时的精度分析

选取的水准观测周期为：20090801，20091101，20100201，20100501，20100801，20101101，然后结合 InSAR 结果生成最终待拟合时间周期的结果，见表 4－8。

**表 4－8　观测周期为 3 个月/次时的水准融合 InSAR 精度分析**

| 待拟合周期 | 与水准沉降差值的中误差（mm） | 与水准沉降的最大差异（mm） |
| --- | --- | --- |
| 20091001 | 1.756 | 3.610 |
| 20100101 | 1.825 | 4.226 |
| 20100501 | 1.966 | 4.070 |
| 20100901 | 1.429 | 4.124 |
| 20101201 | 1.509 | 3.802 |

图 4－73～图 4－77 是观测周期为 3 个月/次时拟合的单个观测周期的 InSAR 沉降量以及与真实水准数据的对比分析结果。

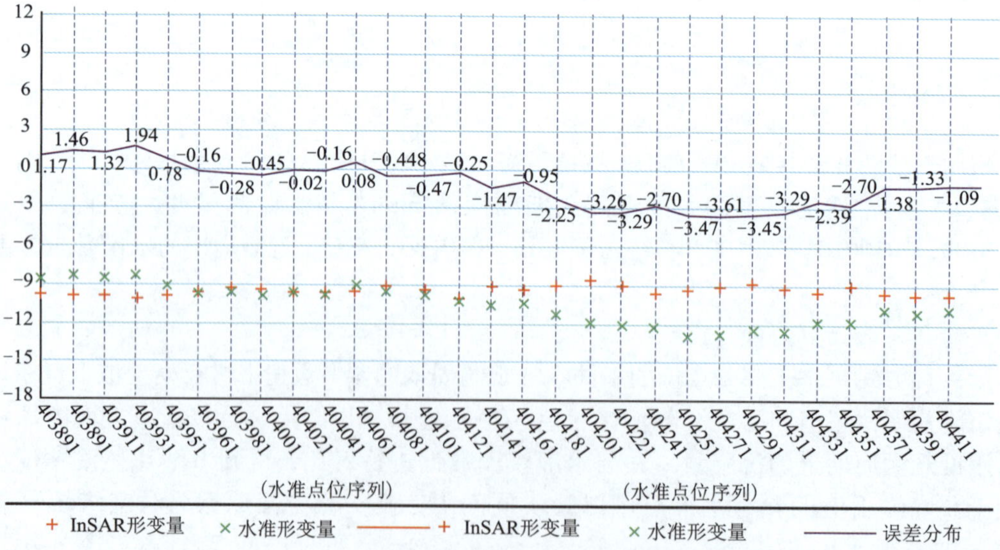


**图 4－73　20091001 周期上拟合沉降结果**

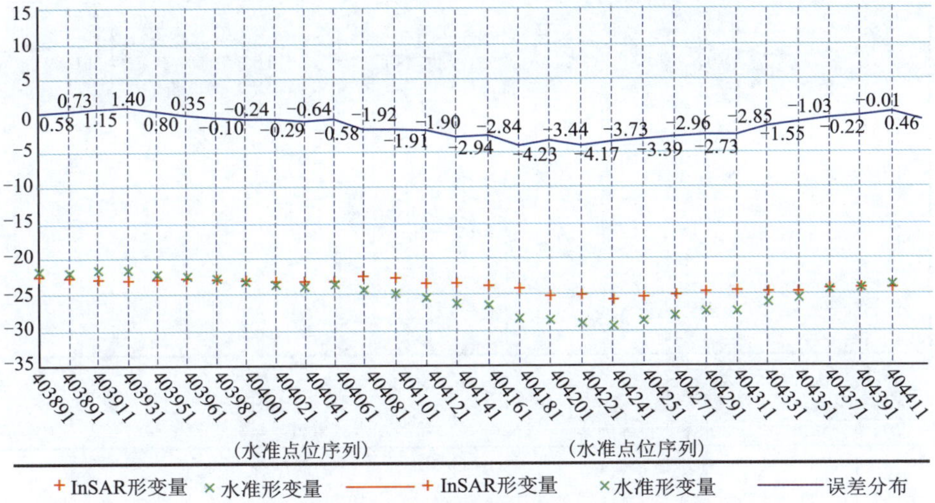


**图 4－74　20100101 周期上拟合沉降结果**

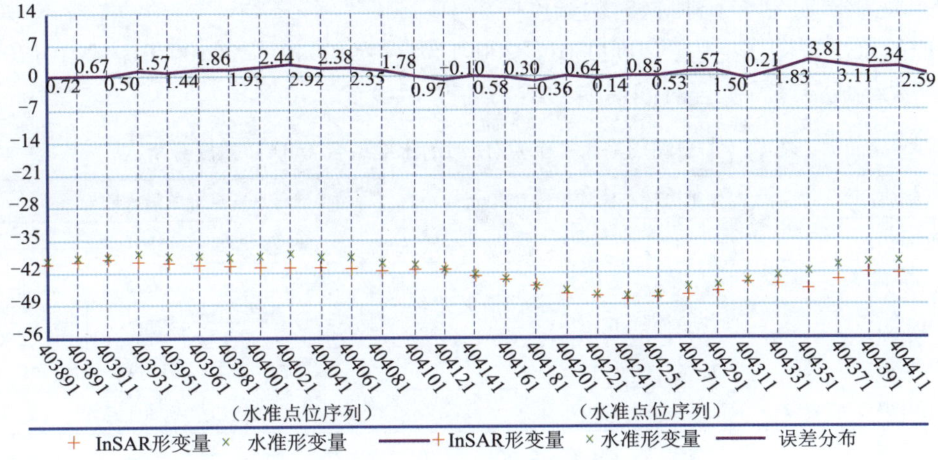


**图 4－75　20100501 周期上拟合沉降结果**

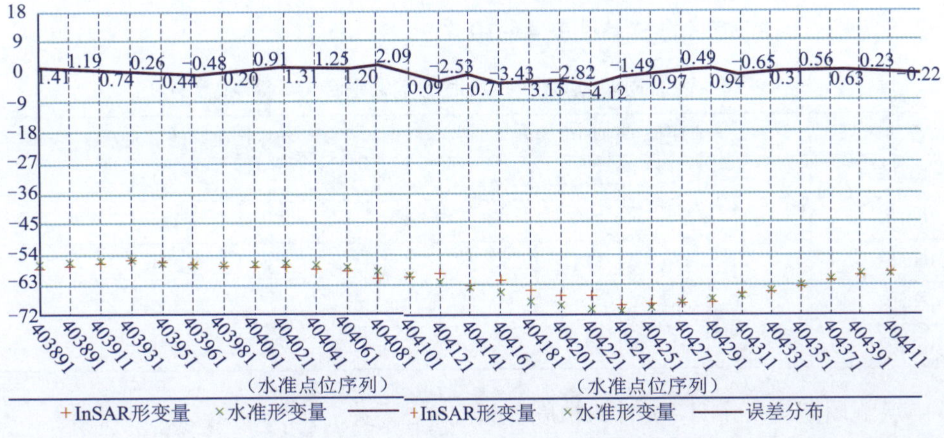


**图 4－76　20100901 周期上拟合沉降结果**

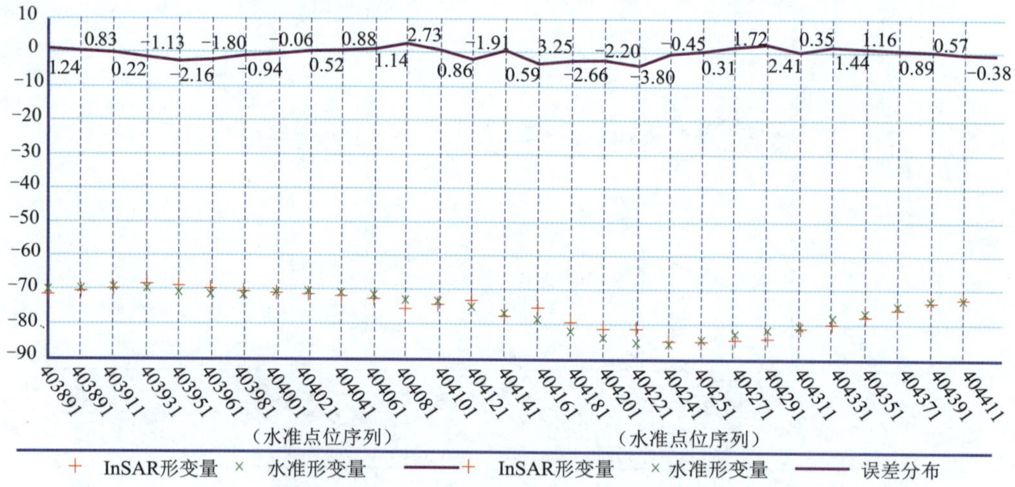

图 4 – 77　20101201 周期上拟合沉降结果

（2）观测周期为 4 个月/次时的精度分析

选取的水准观测周期为：20090801，20091201，20100401，20100801，20101201 结合 InSAR 结果生成最终待拟合时间周期的结果见表 4 – 9。

表 4 – 9　观测周期为 4 个月/次时的水准融合 InSAR 精度分析

| 待拟合周期 | 与水准沉降差值的中误差（mm） | 与水准沉降的最大差异（mm） |
|---|---|---|
| 20091001 | 2.099 | 4.164 |
| 20100101 | 2.065 | 4.662 |
| 20100501 | 1.762 | 3.792 |
| 20100901 | 1.434 | 4.244 |
| 20101201 | 1.509 | 3.803 |

（3）观测周期为 6 个月/次时的精度分析

选取的水准观测周期为：20090801，20100201，20100801，20110101。结合 InSAR 结果生成最终待拟合时间周期的结果见表 4 – 10。

表 4 – 10　观测周期为 6 个月/次时的水准融合 InSAR 精度分析

| 待拟合周期 | 与水准沉降差值的中误差（mm） | 与水准沉降的最大差异（mm） |
|---|---|---|
| 20091001 | 2.285 | 4.428 |
| 20100101 | 2.258 | 4.962 |
| 20100501 | 1.528 | 3.443 |
| 20100901 | 1.509 | 4.642 |
| 20101201 | 1.521 | 4.237 |

（4）观测周期为 9 个月/次时的精度分析

选取的水准观测周期为：20090801，20100401，20110101。结合 InSAR 结果生成最终待拟合时间周期的结果见表 4－11。

**表 4－11　观测周期为 9 个月/次时的水准融合 InSAR 精度分析**

| 待拟合周期 | 与水准沉降差值的中误差（mm） | 与水准沉降的最大差异（mm） |
|---|---|---|
| 20091001 | 2.733 | 5.017 |
| 20100101 | 2.455 | 5.246 |
| 20100501 | 1.607 | 3.566 |
| 20100901 | 1.429 | 4.112 |
| 20101201 | 1.590 | 3.403 |

（5）观测周期为 12 个月/次时的精度分析

选取的水准观测周期为：20090801，20100801。结合 InSAR 结果生成最终待拟合时间周期的结果见表 4－12。

**表 4－12　观测周期为 12 个月/次时的水准融合 InSAR 精度分析**

| 待拟合周期 | 与水准沉降差值的中误差（mm） | 与水准沉降的最大差异（mm） |
|---|---|---|
| 20091001 | 2.468 | 4.676 |
| 20100101 | 2.367 | 5.122 |
| 20100501 | 1.502 | 3.401 |
| 20100901 | 1.488 | 4.567 |
| 20101201 | 1.504 | 4.074 |

利用验证数据，综合分析不同水准观测周期辅助 InSAR 监测下拟合的同一个观测周期的沉降量以及与真实水准数据的对比分析，如图 4－78～图 4－82 所示。

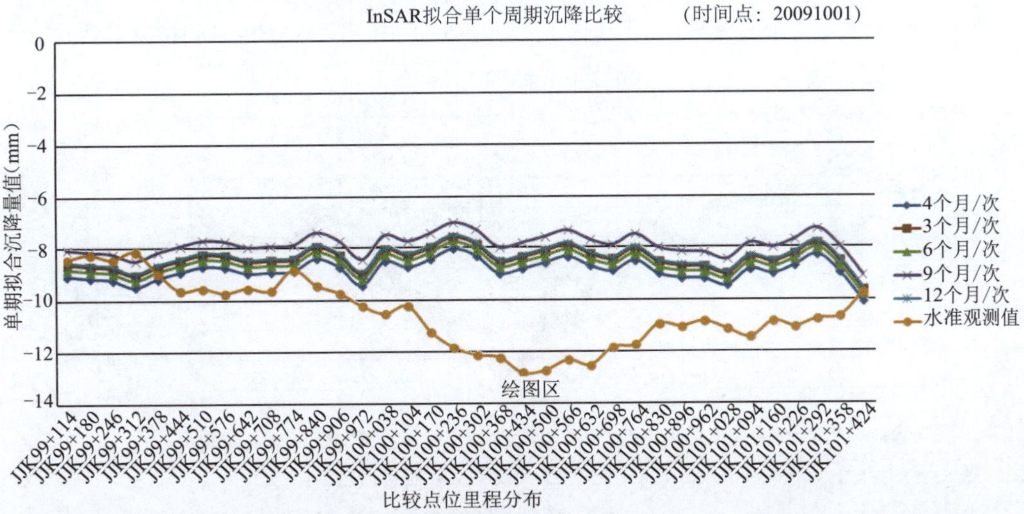


**图 4－78　不同水准观测周期辅助 PSI 拟合得到的 20091001 期沉降结果与同期水准结果比较**

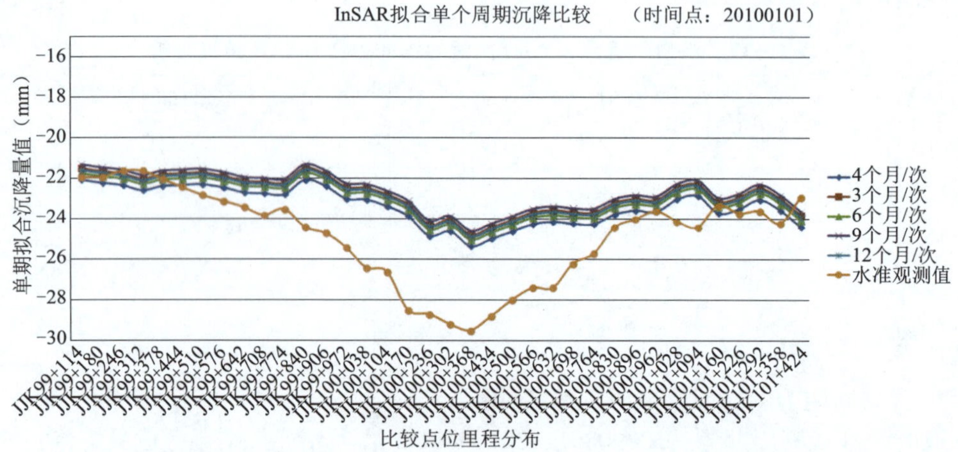


**图 4－79　不同水准观测周期辅助 PSI 拟合得到的 20100101 期沉降结果与同期水准结果比较**

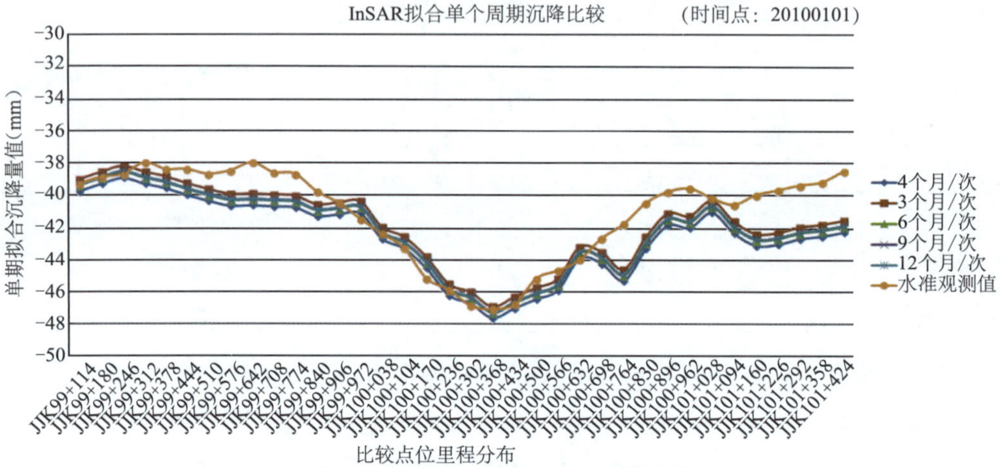


**图 4－80　不同水准观测周期辅助 PSI 拟合得到的 20100501 期沉降结果与同期水准结果比较**

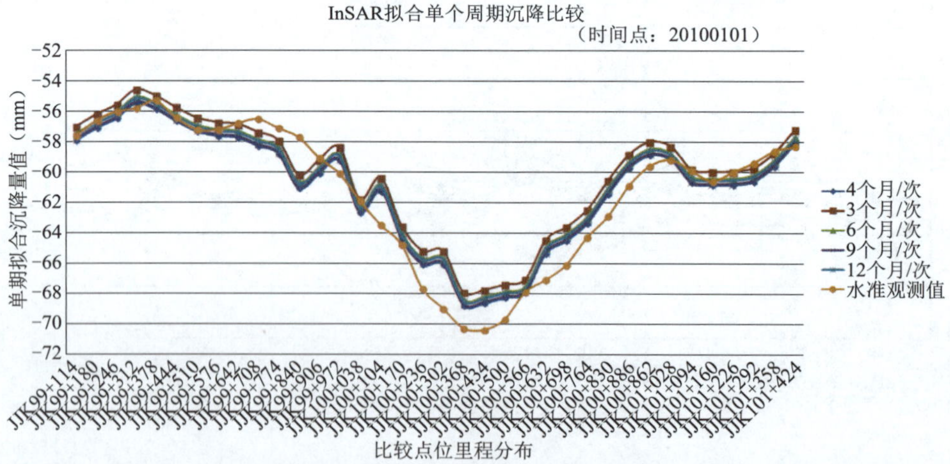


**图 4－81　不同水准观测周期辅助 PSI 拟合得到的 20100901 期沉降结果与同期水准结果比较**

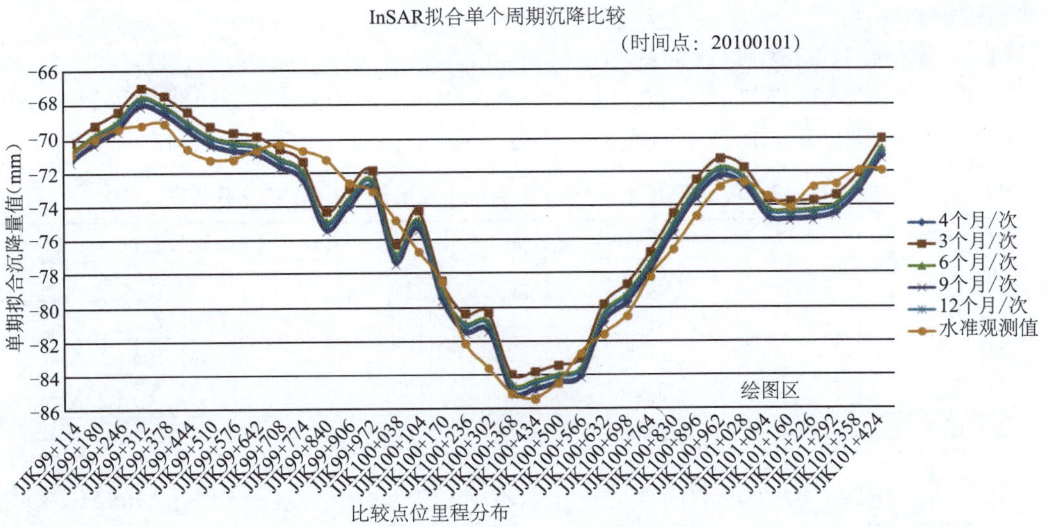


图 4-82　不同水准观测周期辅助 PSI 拟合得到的 20101201 期沉降结果与同期水准结果比较

上述分析说明：

（1）从上述拟合的单个观测周期沉降结果与水准数据的对比可以发现，InSAR 结果与水准结果在 20100501，20100901，20101201 上吻合较好，其与水准结果的差值中误差在 2 mm 以内，极大值小于 5 mm，在 20091001，2010010 中吻合度较差，其与水准结果的差值中误差在 4 mm 以内，极大值小于 6 mm，这说明采用方式一作业模式，通过部分参考点和不同水准观测周期数据融合得到整体修正模型，基本可以实现对沉降趋势的预测。

（2）由于拟合结果来源于对 InSAR 观测周期内的结果的处理获得，对于上述存在的五个拟合时间周期精度差异的原因有三：①用于拟合的两个 InSAR 周期数据结果本身受 SAR 数据质量及处理过程中其他因素影响而存在较大误差；②在某些地方缺乏 PS 点，原始 InSAR 结果拟合存在较大误差；③该周期内沉降速率与整体 InSAR 沉降速率差异较大，采用整体修正方式必然会造成误差。

（3）通过对 InSAR 拟合结果的分析发现（如以 20100901，20101201 为例），其拟合结果虽与水准结果一致性较高，但在某些点位上差异较大，与水准观测结果较为平滑的特征相比，InSAR 结果在存在着一些突变。采用方式一所述的整体修正策略难以克服 PS 点间精度的不一致问题，有必要实施一种进行逐点修正的水准辅助 InSAR 监测方法来得到满意的结果，后面章节的方式二处理模式将进行深入论证。

（4）通过对不同水准观测周期辅助 InSAR 技术的结果分析来看，不同水准观测周期情形下，采用方式一方法得到的结果差异并不明显，虽然在中误差和极大误差两项指标上高密度水准观测周期辅助下的结果比低密度水准观测周期辅助下的结果要有所改善（改善值在 1 mm 之内），但这种改进较巨大的人力投入而言毫无意义。

方式二实验论证如下：

采用方式二的作业模式可以避免方式一中存在的两个误差源：①由于 InSAR 结果和水准监测结果整体精度不一致带来的误差；②由于部分观测周期内沉降速率与整体沉降速

率不一致带来的误差。

（1）观测周期为 3 个月/次时的精度分析

选取的水准观测周期为：20090801，20091101，20100201，20100601，20100801，20101101。然后结合 InSAR 结果生成最终待拟合时间周期的结果见表 4－13。

**表 4－13　观测周期为 3 个月/次时的水准融合 InSAR 精度分析**

| 待拟合周期 | 与水准沉降差值的中误差（mm） | 与水准沉降的最大差异（mm） |
|---|---|---|
| 20091001 | 0. 908 | 1. 590 |
| 20100101 | 0. 791 | 1. 426 |
| 20100501 | 0. 722 | 1. 469 |
| 20100901 | 0. 742 | 1. 432 |
| 20101201 | 0. 466 | 0. 905 |

图 4－83～图 4－87 为观测周期为 3 个月/次时拟合的单个观测周期的 InSAR 沉降量以及与真实水准数据的对比分析。

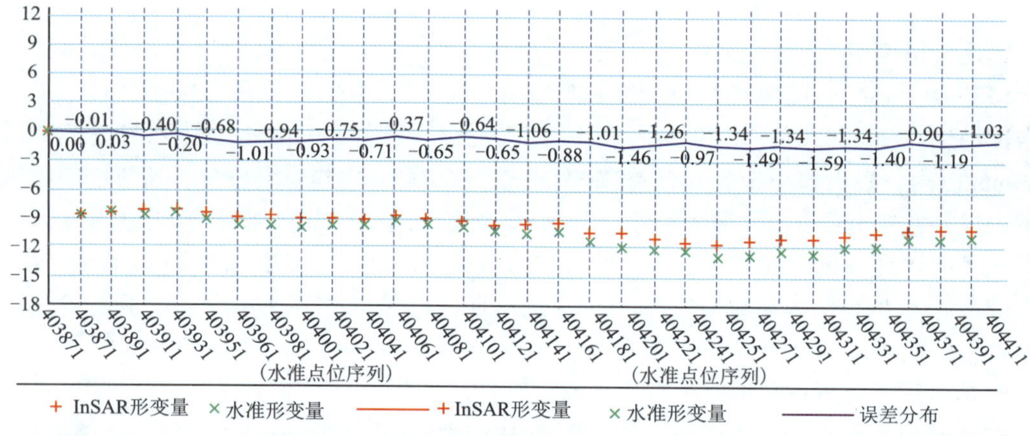


**图 4－83　20091001 周期上拟合沉降结果**

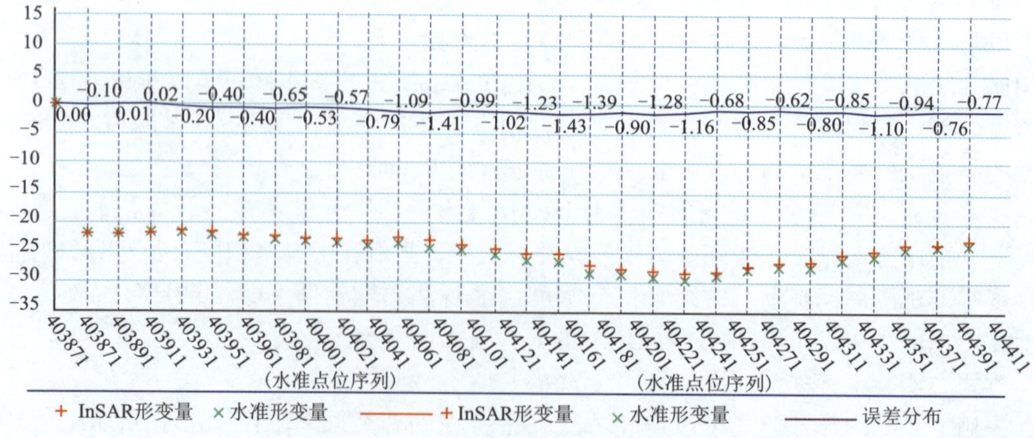


**图 4－84　20100101 周期上拟合沉降结果**

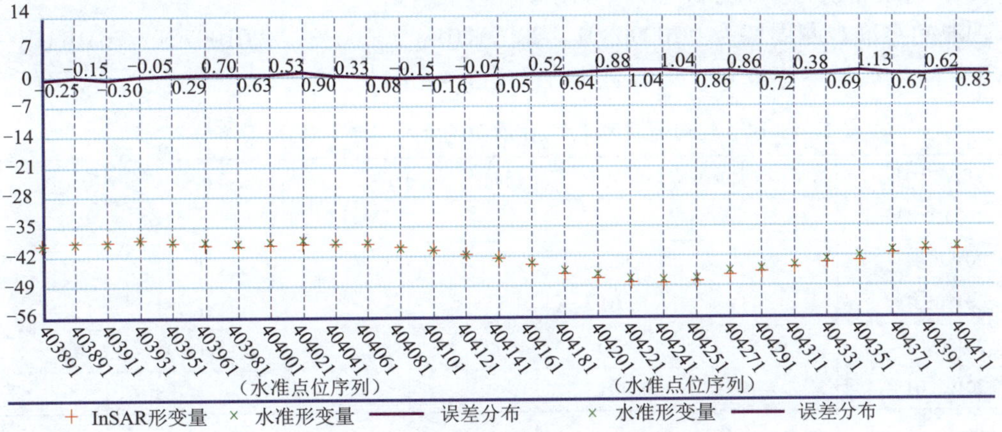


**图 4－85　20100501 周期上拟合沉降结果**

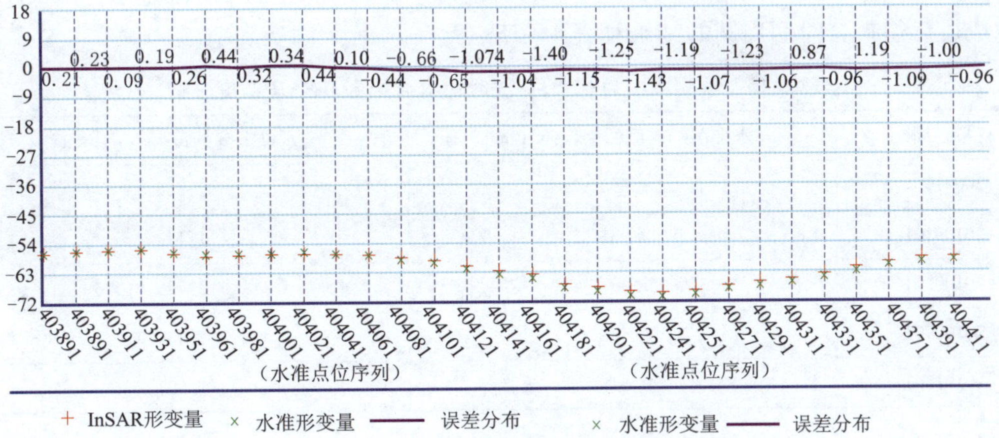


**图 4－86　20100901 周期上拟合沉降结果**

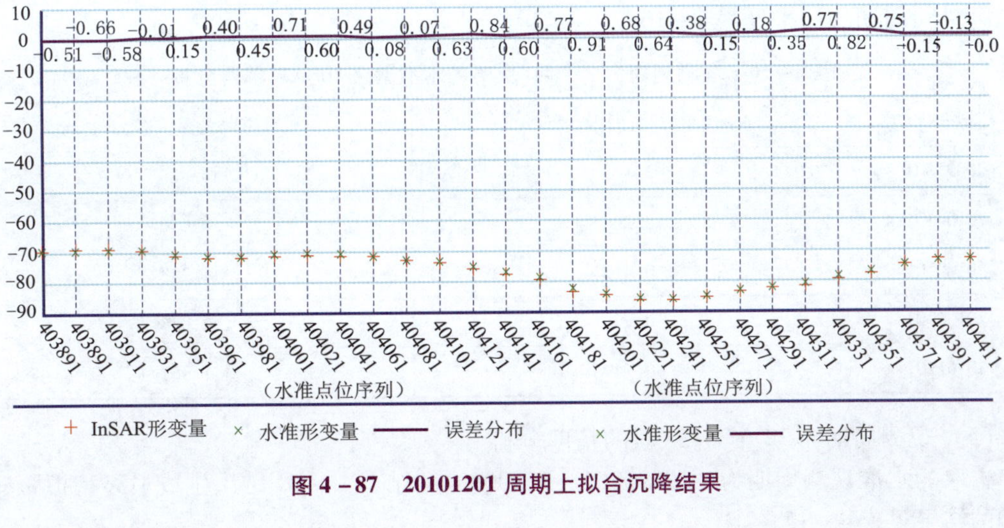


**图 4－87　20101201 周期上拟合沉降结果**

（2）观测周期为 4 个月/次时的精度分析

选取的水准观测周期为：20090801，20091201，20100301，20100701，20101101 结合 InSAR 结果生成最终待拟合时间周期的结果见表 4－14。

**表 4－14　观测周期为 4 个月/次时的水准融合 InSAR 精度分析**

| 待拟合周期 | 与水准沉降差值的中误差（mm） | 与水准沉降的最大差异（mm） |
|---|---|---|
| 20091001 | 1.082 | 2.288 |
| 20100101 | 0.865 | 1.341 |
| 20100501 | 1.031 | 1.763 |
| 20100901 | 0.570 | 1.095 |
| 20101201 | 0.404 | 0.788 |

（3）观测周期为 6 个月/次时的精度分析

选取的水准观测周期为：20090801，20100201，20100801，20110101。结合 InSAR 结果生成最终待拟合时间周期的结果见表 4－15。

**表 4－15　观测周期为 6 个月/次时的水准融合 InSAR 精度分析**

| 待拟合周期 | 与水准沉降差值的中误差（mm） | 与水准沉降的最大差异（mm） |
|---|---|---|
| 20091001 | 1.397 | 2.866 |
| 20100101 | 0.988 | 1.713 |
| 20100501 | 1.498 | 2.726 |
| 20100901 | 0.758 | 1.489 |
| 20101201 | 0.648 | 1.627 |

（4）观测周期为 9 个月/次时的精度分析

选取的水准观测周期为：20090801，20100401，20110101。结合 InSAR 结果生成最终待拟合时间周期的结果见表 4－16。

**表 4－16　观测周期为 9 个月/次时的水准融合 InSAR 精度分析**

| 待拟合周期 | 与水准沉降差值的中误差（mm） | 与水准沉降的最大差异（mm） |
|---|---|---|
| 20091001 | 1.848 | 3.325 |
| 20100101 | 2.264 | 4.040 |
| 20100501 | 0.418 | 1.243 |
| 20100901 | 0.963 | 2.033 |
| 20101201 | 0.749 | 1.867 |

（5）观测周期为 12 个月/次时的精度分析

选取的水准观测周期为：20090801，20100801。结合 InSAR 结果生成最终待拟合时间周期的结果见表 4－17。

**表 4-17　观测周期为 12 个月/次时的水准融合 InSAR 精度分析**

| 待拟合周期 | 与水准沉降差值的中误差（mm） | 与水准沉降的最大差异（mm） |
|---|---|---|
| 20091001 | 1.601 | 2.969 |
| 20100101 | 1.796 | 3.702 |
| 20100501 | 1.371 | 3.095 |
| 20100901 | 0.962 | 1.926 |
| 20101201 | 0.836 | 1.996 |

利用验证数据，综合分析不同水准观测周期辅助 InSAR 监测下拟合的同一个观测周期的沉降量以及与真实水准数据的对比分析，如图 4-88 ~ 图 4-92 所示。

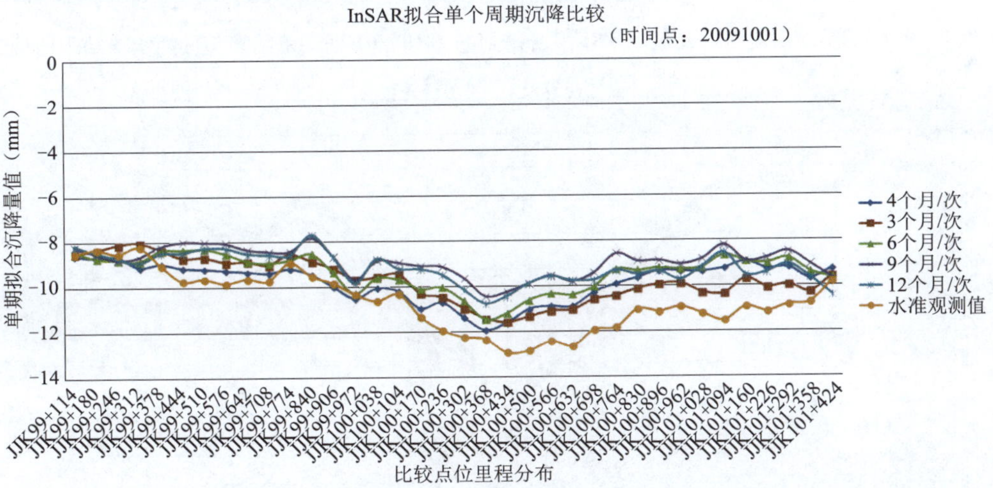


**图 4-88　不同水准观测周期辅助 PSI 拟合得到的 20091001 期沉降结果与同期水准结果比较**

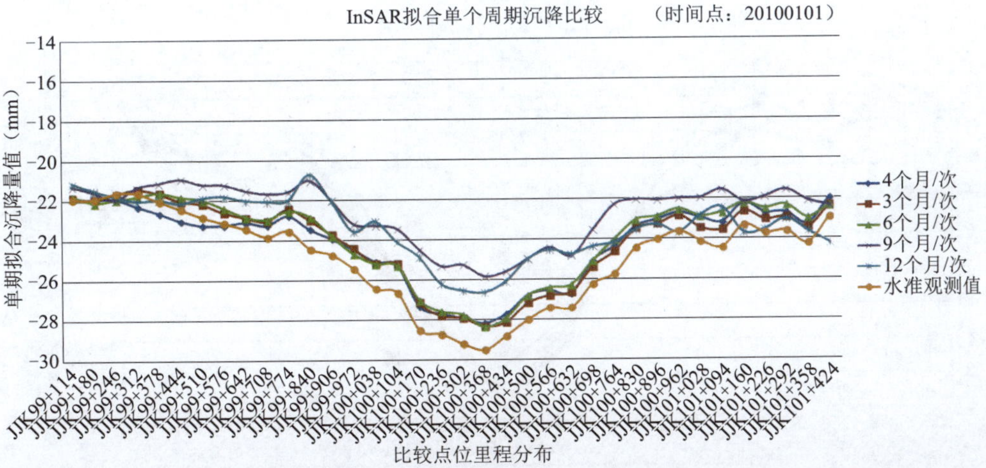


**图 4-89　不同水准观测周期辅助 PSI 拟合得到的 2010101 期沉降结果与同期水准结果比较**

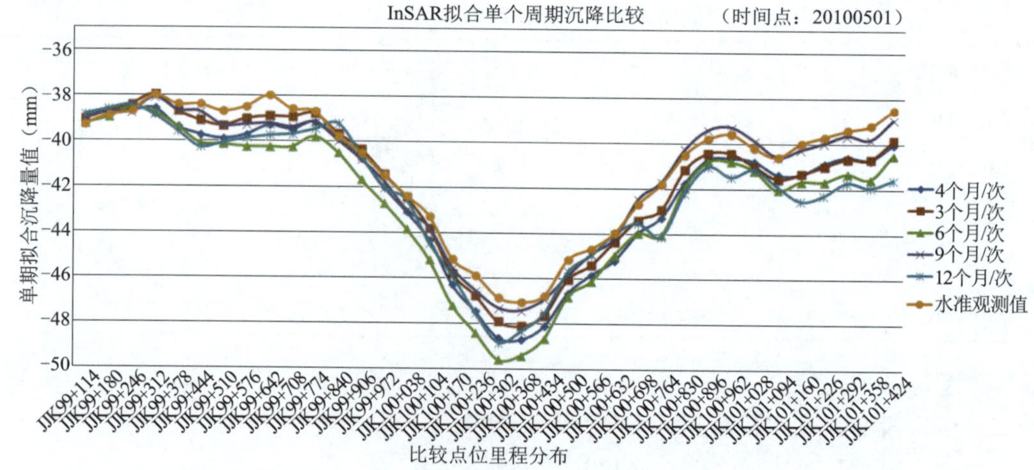


图 4－90　不同水准观测周期辅助 PSI 拟合得到的 20100501 期沉降结果与同期水准结果比较

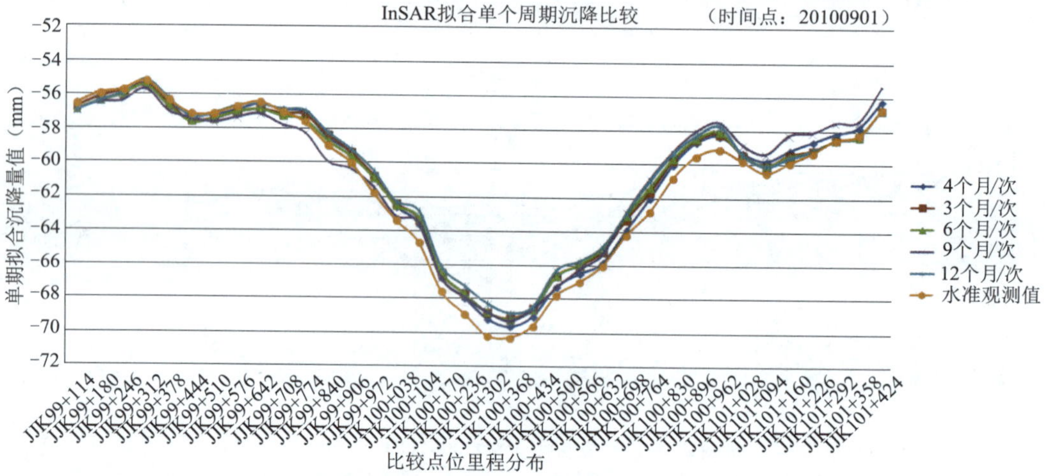


图 4－91　不同水准观测周期辅助 PSI 拟合得到的 20100901 期沉降结果与同期水准结果比较

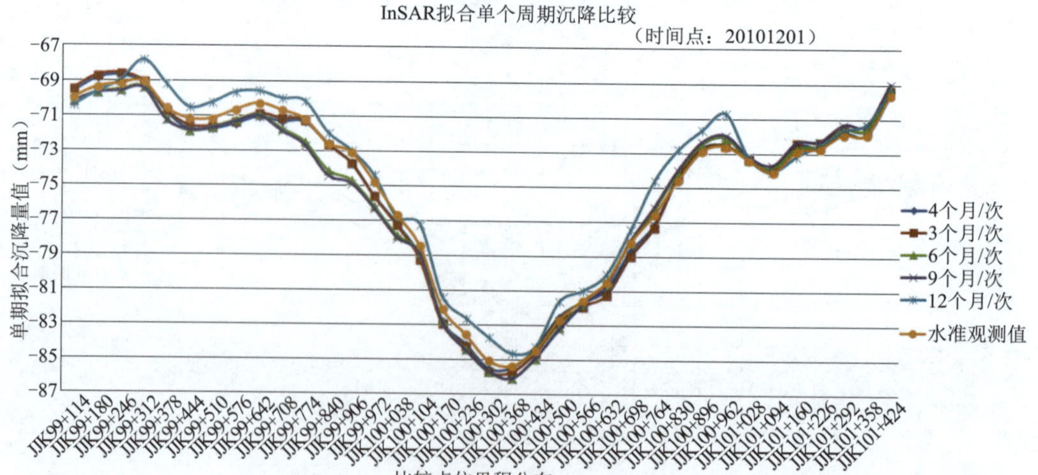


图 4－92　不同水准观测周期辅助 PSI 拟合得到的 20101201 期沉降结果与同期水准结果比较

上述分析说明：

（1）从上述拟合的单个观测周期沉降结果与水准数据的对比可以发现，InSAR 结果与水准结果吻合度极高，其与水准结果的差值中误差在 2 mm 以内，极大值小于 4 mm，随着水准观测周期由 12 个月向 3 个月的加密，其拟合结果与水准结果误差更小。其中以 4 个月观测周期辅助时，避开方式一所述的可能存在 SAR 数据质量问题的部分 InSAR 观测数据后，其与水准结果的差值中误差均在 1 mm 以内，极大值小于 2 mm，具有较高的精度。

（2）通过分析其精度指标发现：水准观测周期在 6 个月/次以内差异不大，在大于 6 个月/次，其拟合 InSAR 结果与水准观测结果误差变大。监测周期为 12 月/次和 9 月/次时差异极小，其与水准结果的差值中误差在 2 mm 以内，极大值小于 4 mm。

（3）通过分析上述图中 InSAR 拟合结果的分析发现，其拟合结果具备了与水准结果相似的平滑特征，没有出现方式一中所出现的突变现象，这说明逐点修正的方式可以由于克服 PS 点间精度不一致带来的误差。

（4）通过对方式一和方式二对 20091001 的拟合结果比较发现，方式二极大地减小了拟合的误差，这说明方式二对于因原始 SAR 数据质量问题引入的误差，因 PS 点缺失带来的误差，或局部沉降速率和整体沉降速率差异大带来的误差有一定的改善效果。

（5）对于方式二和方式一的整体拟合结果精度发现：方式二拟合精度优于方式一。

（6）通过以上分析，采用 6 个月/期的观测频率是最优的。

4.4.3.6　结论

本章节系统地阐述了应用水准和 DInSAR 融合的技术方案，并利用实际工程数据进行精度分析，论证了该方案的可行性。

通过上述分析研究得到结论如下：

（1）基于 TSX 数据的 PSI 技术获取的沉降趋势可以精细反映高铁构筑物差异性沉降的位置和细节，在单水准点改正下其 DInSAR 沉降速率精度可达中误差 2 mm/年，最大误差不超过 4 mm/年，能够满足高铁沉降监测应用的需要。

（2）基于 TSX 数据的 PSI 技术获取单个观测周期沉降量精度优于 5 mm，约 70% 以上数据精度优于 3 mm，该精度可满足工程应用需求。

（3）单参考点和多参考点修正模式下的 DInSAR 结果差异很小，在工程应用中可直接采用沉降变化较为稳定的线上单参考点即可，对于沉降结果存在异常的单个周期 DInSAR 观测数据可以予以剔除，防止其误差引入到最终结果中。

（4）在基于水准观测辅助 DInSAR 沉降监测的应用中，采用逐点修正方案精度较高：当水准观测周期 <6 月/次时，监测精度中误差在 1 mm 以内，最大误差小于 2 mm。当水准观测周期达到 12 月/次时，监测精度中误差在 2.5 mm 以内，最大误差小于 4 mm。

# 第5章　DInSAR沉降监测数据管理

DInSAR技术由于其获取毫米级地表形变监测精度的特点而广泛应用于区域地面沉降监测、工程构筑物沉降监测等领域。在铁路工程中，基于常规DInSAR技术可用于铁路沿线的采空区探测、滑坡监测、高铁沿线区域沉降监测、以及铁路运营阶段重点沉降区探寻等；而采用高分辨率的基于时序DInSAR技术（如PSInSAR）则可以用于长时间缓慢形变的铁路构筑物形变测量。

目前，DInSAR技术的工程应用总体分为三个步骤：

（1）数据处理，主要指通过一定的技术流程、处理策略和软件系统处理测区相当数量的SAR影像，获取测区相对形变信息、GAMMA、SARproZ、Stamps以及国内相关高校开发的软件系统可完成该工作。

（2）基于铁路工程应用的DInSAR结果后处理与分析评估，该步骤主要指对DInSAR数据处理软件得到的处理结果，结合水准测量等第三方测量数据，进行专业应用接口开发，包括形变量修正、DInSAR水准融合应用处理、精度可靠性分析、铁路正线信息提取、区域沉降信息提取，差异沉降信息等后处理工作以及铁路相关应用产品制作等工作，实现工程化应用，目前我们研发的铁路DInSAR沉降分析评估系统（TSDI_InSAR pro）可满足该要求。

（3）基于铁路工程应用的InSAR沉降监测信息管理和发布平台，该步骤主要目的是通过互联网平台向应用方发布监测信息，使得沉降监测数据的管理更加科学化，应用方获取沉降信息更加全面，便捷，能最大限度发挥监测成果的效用，我们研发的铁路DInSAR沉降数据管理信息系统（B/S版）正是基于该需求而开发。

## 5.1　DInSAR沉降监测系统开发

### 5.1.1　铁路DInSAR沉降分析评估系统

目前，利用GAMMA等雷达差分干涉数据处理软件得到的结果仅仅是沉降速率、沉降量以及相应的图像文件，在结果分析和表达上与铁路专业应用差距较大，无法直接实现在铁路专业的无缝对接，且无法完成结合铁路中线线位的对比分析，以及完成与水准数据的融合分析等。

基于以上原因，结合专业应用特点，为了对GAMMA等相关软件处理结果进行充分解析，采用C#. net开发了一套适合铁路行业实际应用需要的DInSAR解算结果后处理分析与评估的系统。

5.1.1.1　系统设计

（1）标准源数据制作

由于本软件操作数据源格式涉及文本文件数据、影像数据、数据库数据，且数据源涵盖 SAR 强度图数据、SAR 沉降数据、三维中线数据、水准沉降数据等，因此本软件在体系设计上考虑到制作适应于本系统的数据标准，保证各类数据在数据格式、坐标系统等方面的统一。考虑到与外部软件的交换应用，本软件影像数据统一采用了 ERDAS Img 格式，其坐标参数直接附着于影像头文件中，与此同时本软件还提供了制作这些标准格式数据的功能，做到本软件系统与 GAMMA 软件处理结果、StaMPS 处理结果以及其他外部数据的无缝对接。

（2）系统处理工程文件组织设计

考虑到 InSAR 结果沉降分析涉及的数据种类较多，因此在外部所有数据进入本系统时都必须从工程创建的接口导入，变为本系统识别的工程文件组织结构。本系统的设计的工程组织为自定义的 . InSARpro 格式工程基本信息文件和同名的目录文件夹，如图 5 - 1 和图 5 - 2 所示。

图 5 - 1　系统工程目录设计

InSARpro 文件中主要包含：

①InSAR 时间序列编号。

②水准时间序列编号。

③项目名称。

④水准点位编号、坐标、分期沉降信息。

⑤文件夹中的信息包括。

⑥SAR 强度图影像数据（或第三方底图影像数据）。

⑦SAR 沉降图数据（主要针对常规 InSAR 结果）或 PS 点的数据库文件（主要针对 PSI 结果）。

⑧中线数据文件。

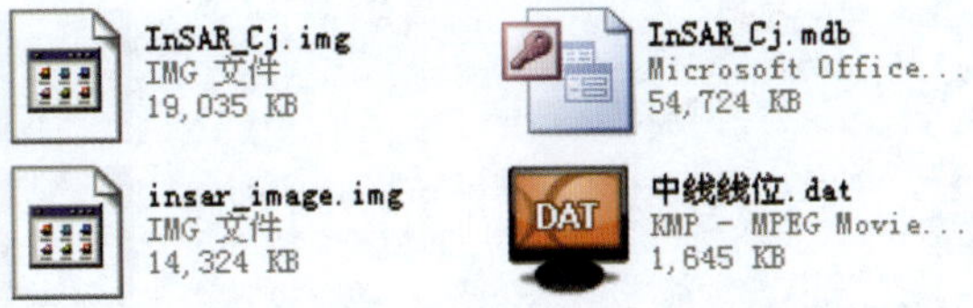


图 5 - 2　系统工程文件组织结构

（3）数据处理流程设计

本软件数据处理流程如图 5 - 3 所示。

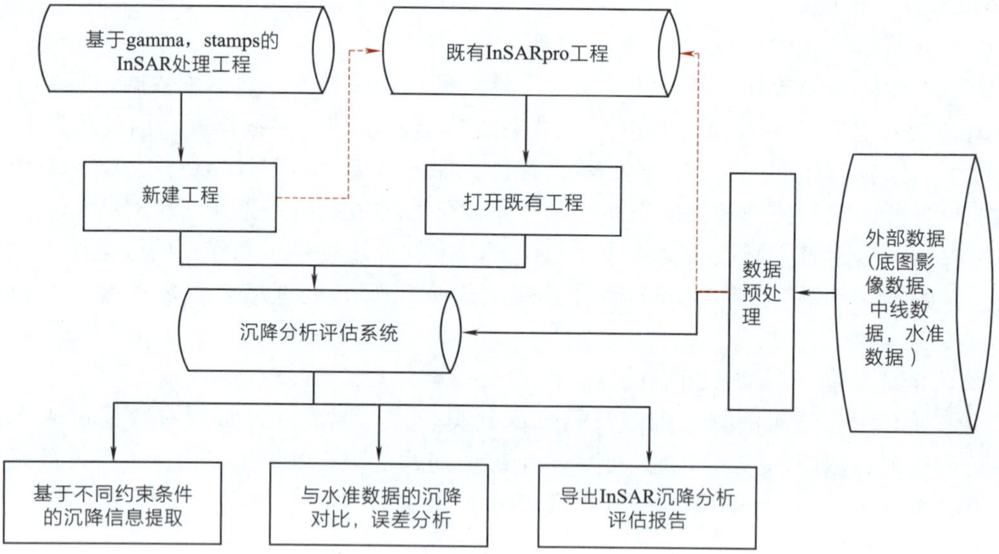


图 5-3　软件数据处理工作流程设计

本软件的工程文件可以随着外部数据的更新而不断更新，同时也可以在系统中进行实时体现，以最大限度减少系统的操作难度。

（4）功能模块设计

依据本系统数据处理的流程的要求，结合铁路工程中沉降监测结果专业应用的需要，本系统主要解决了如图 5-4 所示的几个问题。

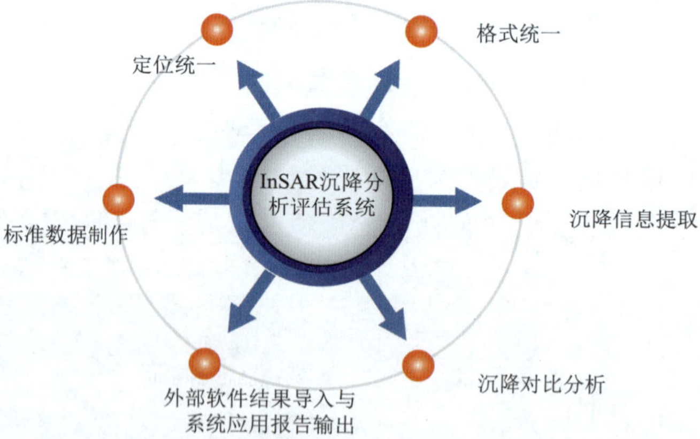


图 5-4　软件系统解决的几个问题

在此基础上构建的系统功能模块做了如图 5-5 所示的划分。

5.1.1.2　软件实现的主要功能

（1）支持对 GAMMA、StaMPS、SARproZ 等主流 InSAR 处理软件的结果读取与处理分析；支持对常规差分、基于时序 SAR 影像的 DInSAR 沉降差分处理结果的读取与分析。

（2）可将相关 DInSAR 处理软件的结果转化为本系统支持的工程格式、并用于直接打

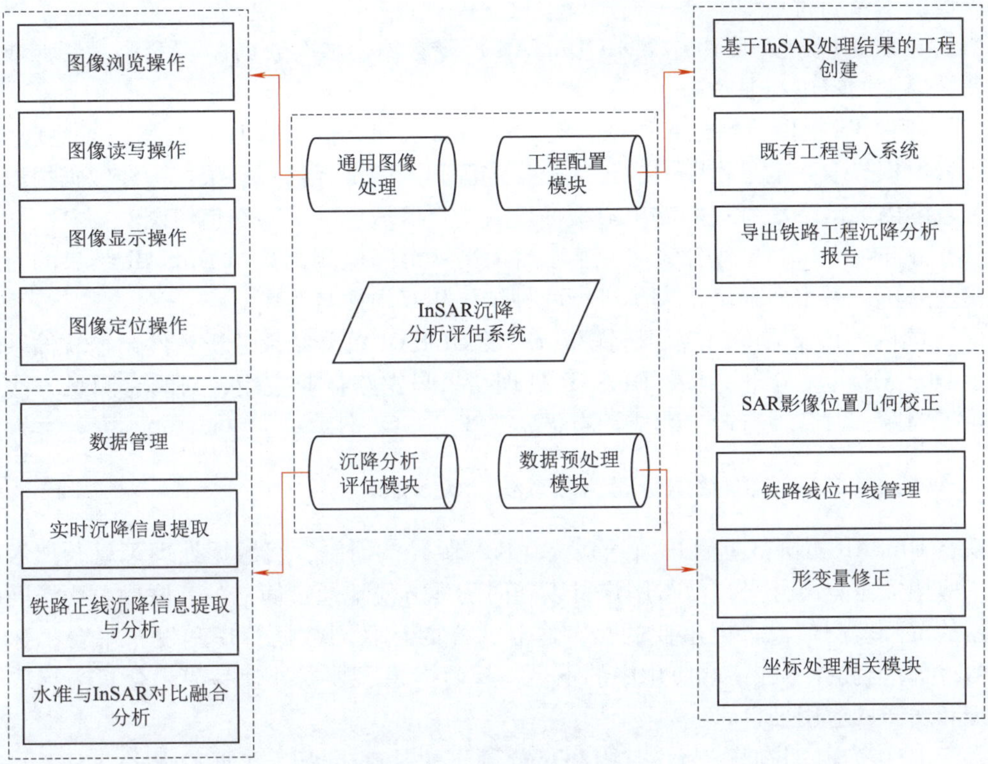


**图 5－5　软件系统模块设计**

开应用；可以将本系统分析结果导入为工程数据库文件，供基于网络版 DInSAR 沉降信息管理系统使用。

（3）可基于铁路专业应用需要生成满足不同应用要求的铁路沿线的或区域性的沉降分析报告。

（4）可完成线上 PS 的提取工作；支持基于铁路中线线位的 DInSAR 沉降结果提取与分析；支持人机图形交互选择、文件导入（地理坐标格式、线路里程格式）等多方式的沉降信息提取；支持底图影像数据、中线数据、DInSAR 沉降数据、水准数据的分层与叠加显示。

（5）支持不同测量时间的 DInSAR 结果与水准结果的误差对比分析，用于评定 DInSAR 沉降监测的精度。

（6）实现基于多种修正方案的 DInSAR 与水准融合应用，提取待求观测周期内的沉降结果。

（7）可提取高铁构筑物沉降、铁路纵断剖面沉降、铁路横断剖面沉降、多期数据沉降序列量、指定任意点位的沉降信息，满足工程应用。

（8）开发了用于元数据制作的相关预处理功能：基于不同坐标系统和参考基准的转换，可方便实现影像数据、DInSAR 沉降数据和水准数据的坐标基准统一，将系统整体数据分析置于工程应用坐标系下。可完成影像坐标信息添加、影像格式转换、影像重投影等基础功能。

软件的界面、功能及使用方法，请参考软件使用说明文档。

关键技术及创新点如下：

（1）中线管理：实现中线数据、DInSAR 沉降数据、水准数据在 SAR 强度影像或第三方底图影像上的定位与显示。

（2）正线 PS 提取与精化：根据一定的插值算法和点位（里程 + 偏移，或地理坐标）结合中线数据提取一定里程段内、正线上指定等间隔的沉降信息；根据中线数据提取一定缓冲区范围内的沉降信息；能够生成缓冲区或指定区域内的沉降等值线图。

（3）水准与 DInSAR 融合应用：基于目前高铁沉降监测结果与 DInSAR 结果的对比分析和精度分析，采用多种修正模型进行两种结果相互内插与改正。

（4）国内外还没有专门应用于铁路行业的 DInSAR 沉降结果分析软件，本软件系统地解决了 DInSAR 沉降监测技术中 DInSAR 处理结果与铁路行业应用、与既有测量方法的对比分析等问题，对其他行业工程应用有借鉴意义。

### 5.1.2 铁路 DInSAR 沉降数据管理信息系统（B/S 版）

铁路 DInSAR 沉降数据管理信息系统（B/S 版）的研制，将数据处理等复杂技术工作和成果应用完全分离开来，使得用户可以随时随地方便地通过简洁的互联网页面访问获取所需要的沉降监测信息，更重要的是，建立这样的互联网数据管理和发布平台，弥补了 DInSAR 沉降监测技术在终端应用中的不足，从而搭建了数据处理→成果分析与提取→成果管理和发布的应用平台。

基于上述考虑，我们在专业应用和充分调研的基础上，以方便实用为出发点，采用 C#. net开发了铁路 DInSAR 沉降数据管理信息系统（B/S 版）。

5.1.2.1 系统设计

（1）软件界面组成（图 5 –6、图 5 –7）

图 5 –6 软件主界面一

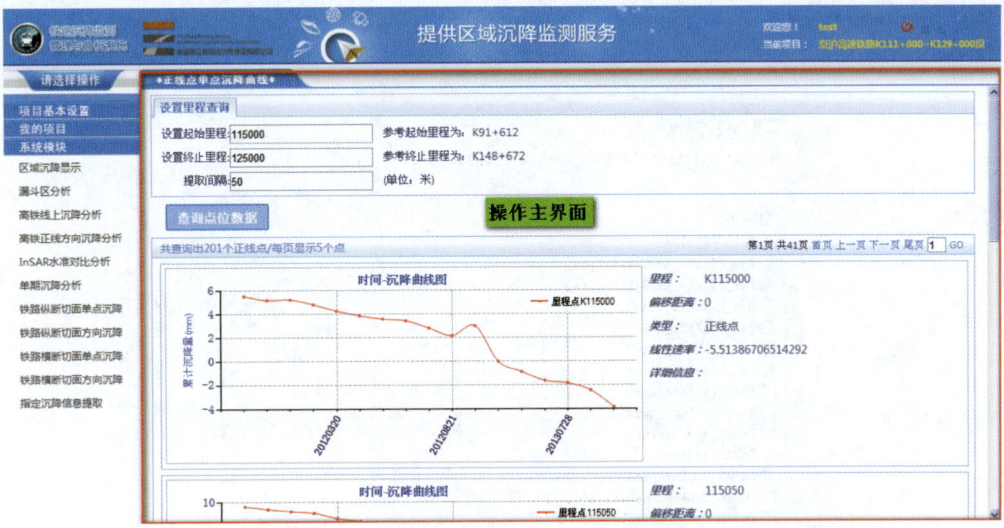


图 5－7　软件主界面二

①其上部为主界面状态栏，通过 Flash 动画方式介绍软件基本功能，并展现当前工程名称和当前用户信息，如图 5－8 所示。

图 5－8　工程名称与用户信息

②左侧树形目录为本软件的功能模块，点击可以进入相应的操作界面。

③右侧图像区域为操作界面，单个模块功能的操作及成果展示均在该区域中进行。

④涵盖在操作栏中的底部工具栏为配合操作界面应用的工具栏，可进行测距、单点信息提取等工作。

⑤底部为系统信息栏，展示软件版权信息等。

（2）系统设计与模块介绍

该软件系统浏览器端开发环境为 Visual Stdio 2010，开发语言为 C# + ASP. net，服务器端环境为 SQL2005。

服务器端数据库开发包括数据库设计与存储过程编写。InSAR 沉降监测数据库功能要求按照项目总表→单个项目→项目测段→测段内各类沉降信息四个层次进行设计，保证后续不同项目、不同测段、不同监测周期、不同监测数据的入库管理。数据库存储过程如图 5－9所示。

在 SQL server Manage stdio 中，针对各个数据库表编写存储过程，用于前台调用。

浏览器端为系统的主要功能模块，分为项目设置、项目概况和沉降分析三大模块，用左侧的树形目录树进行管理，如图 5－10 所示。其中项目设置模块内容包括系统用户管理、工程基本信息管理、以及项目切换管理；项目概况模块则主要对实地照片、水准监测点基本数据、工程概况等；沉降分析模块为系统的核心模块，主要功能为进行线上、区域的沉降分析。

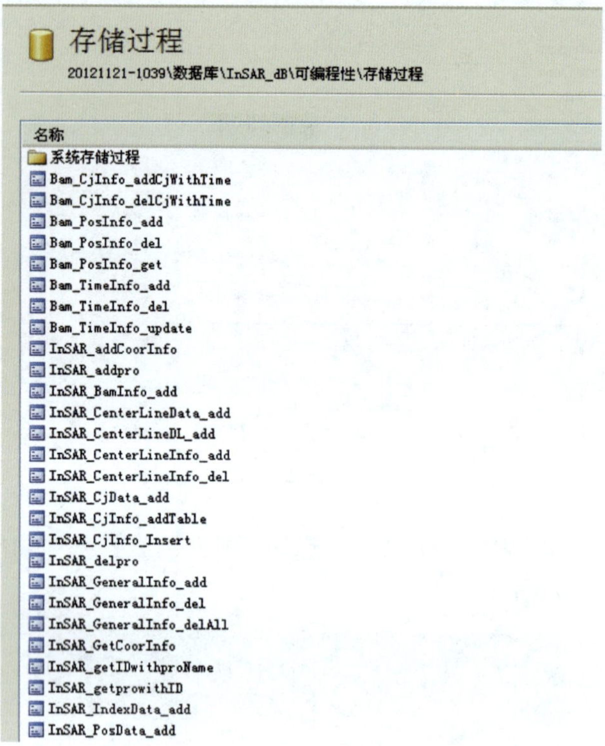


图 5 – 9　数据库存储过程

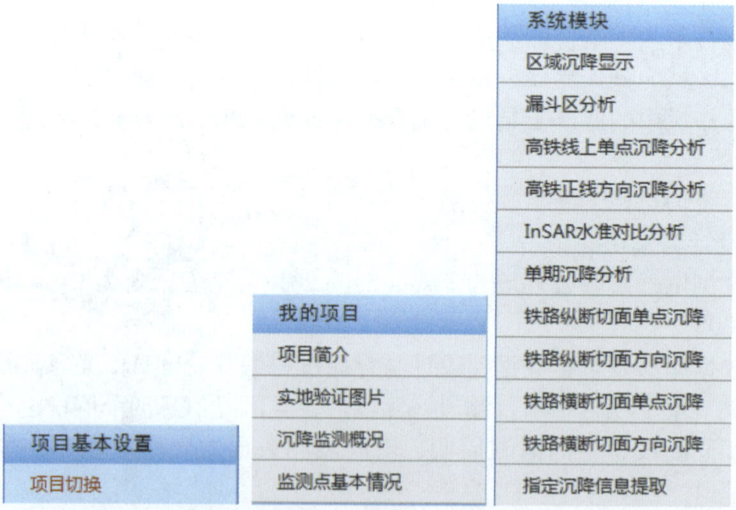


图 5 – 10　基本模块组成

系统主要功能：铁路 InSAR 沉降数据管理信息系统（B/S 版）是为了配合中国铁设 DInSAR 沉降分析评估系统的成果应用而研发的一款 DInSAR 沉降成果数据管理软件，其基于 B/S 的开发模式将数据处理分析与成果发布应用独立开来，实现了铁路 DInSAR 沉降监测成果的管理与发布，扩大其受众面，该系统针对铁路沉降监测应用的特点，立足铁路中线管理，将 DInSAR 沉降监测成果转化处理为符合工程应用的成果并在互联网进行展示，系统界面友好，操作简便、便于用户使用。

其软件主要功能包括：

①实现将中国铁设 DInSAR 沉降分析评估系统处理结果的建库与导出，支持通过浏览器访问成果数据库。

②支持基于服务器端更新和增加 DInSAR 沉降监测项目与数据成果，实现对多个 DInSAR 沉降监测项目、多个周期监测数据以及第三方监测数据的管理与分析。

③实现基于天地图二次开发的铁路 DInSAR 成果展示与分析；包括区域面状沉降信息的显示定位、统计分析、任意单点沉降序列信息提取、线位管理。

④实现基于浏览器端的、不同类型应用的、不同监测周期的、任意里程段的铁路 DInSAR 方向沉降、单点沉降、差异沉降信息提取与分析：包括高铁线上沉降、高铁正线任意偏移距离的纵断方向沉降、高铁线上任意里程处的横断面沉降分析，以及任意特定点的沉降分析等。

⑤实现基于浏览器端的 DInSAR 沉降监测数据与第三方监测数据（如水准测量）的比较分析。

软件的界面、主要功能及使用方法的详细介绍参考软件使用说明文档。

#### 5.1.2.2　本系统关键技术及创新点

（1）本软件数据来源于中国铁设 DInSAR 沉降分析评估系统的处理成果，解决了 DInSAR 数据处理分析成果与应用展示平台之间的无缝衔接，实现铁路监测成果的系统管理与应用展示，为专业应用成果获取提供网络平台。

（2）基于天地图二次开发和 Delaunay 三角网技术，实现 DInSAR 区域沉降监测成果与实地影像图、矢量图的叠加分析，达到精确定位铁路重点沉降位置区域、快速提取沉降监测信息，深层次分析铁路沉降原因的目的。

（3）基于中线管理方案，实现结合线位、天地图数据进行铁路正线、周边、区域的方向性沉降、单点沉降及差异沉降分析。

（4）实现基于浏览器端的 DInSAR 沉降监测数据与第三方监测数据（如水准测量）的比较分析。

（5）目前国内外还没有基于 B/S 版的铁路 DInSAR 沉降监测数据管理应用平台，本软件系统的开发，与 InSAR 数据处理软件、铁路 DInSAR 数据分析评估系统结合，在铁路工程中形成了从数据处理、成果分析与产品制作、产品展示与管理的完整应用链条，对推动技术的行业应用有借鉴意义。

## 5.2　DInSAR 沉降监测结果应用

DInSAR 软件系统最终的输出成果以应用需求为导向，针对铁路工程应用而言，其产品类型包括：

（1）形变差分干涉图（图 5－11）。

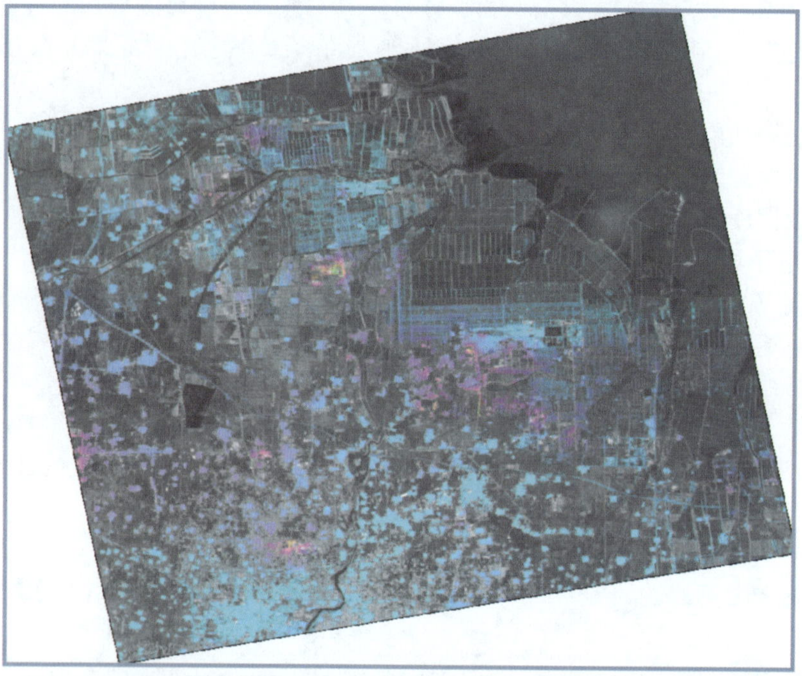

图 5－11　区域形变差分干涉图

（2）区域沉降色阶图，等值线图（图 5－12）。

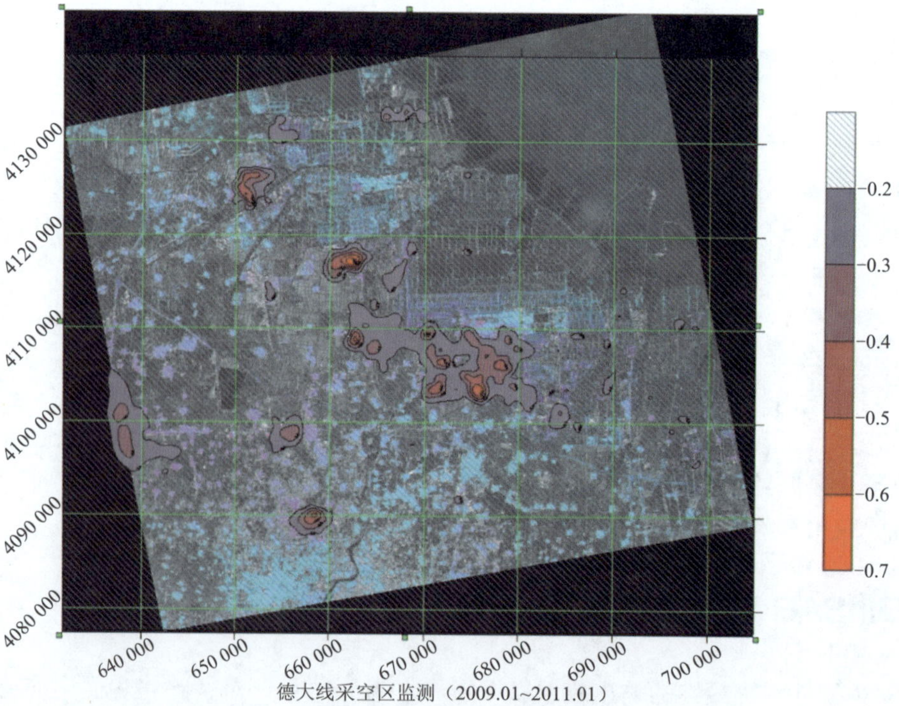


图 5－12　区域沉降等值线图

（3）高铁构筑物任意间隔沉降速率与单点沉降（图 5－13）。

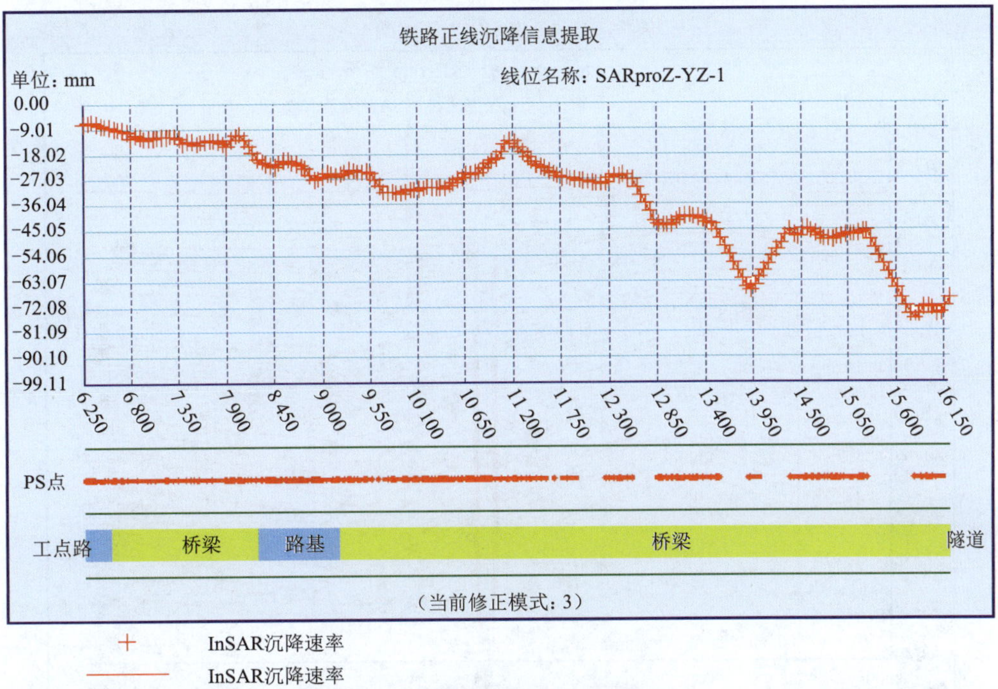


图 5－13　铁路正线信息提取结果

（4）高铁差异沉降成果

纵断沉降剖面图（反映正线与平行正线的左右纵断面沉降比较），如图 5－14 所示。

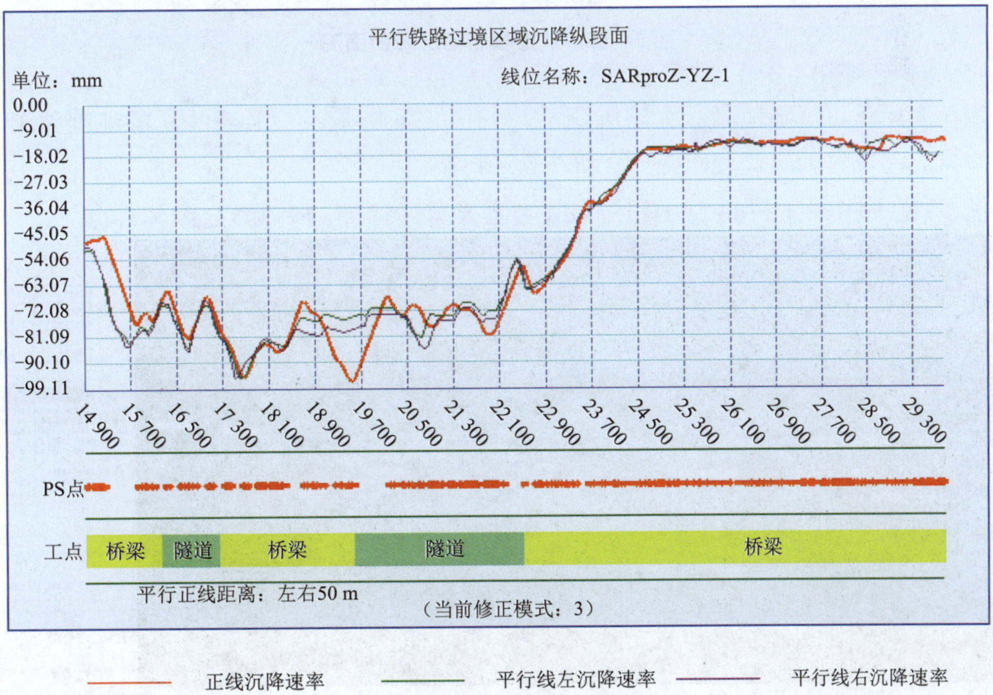


图 5－14　铁路纵断面沉降剖面图

横断沉降剖面（反映高铁线上某处沉降与垂直过该点的剖面上的沉降关系），如图 5－15 所示。

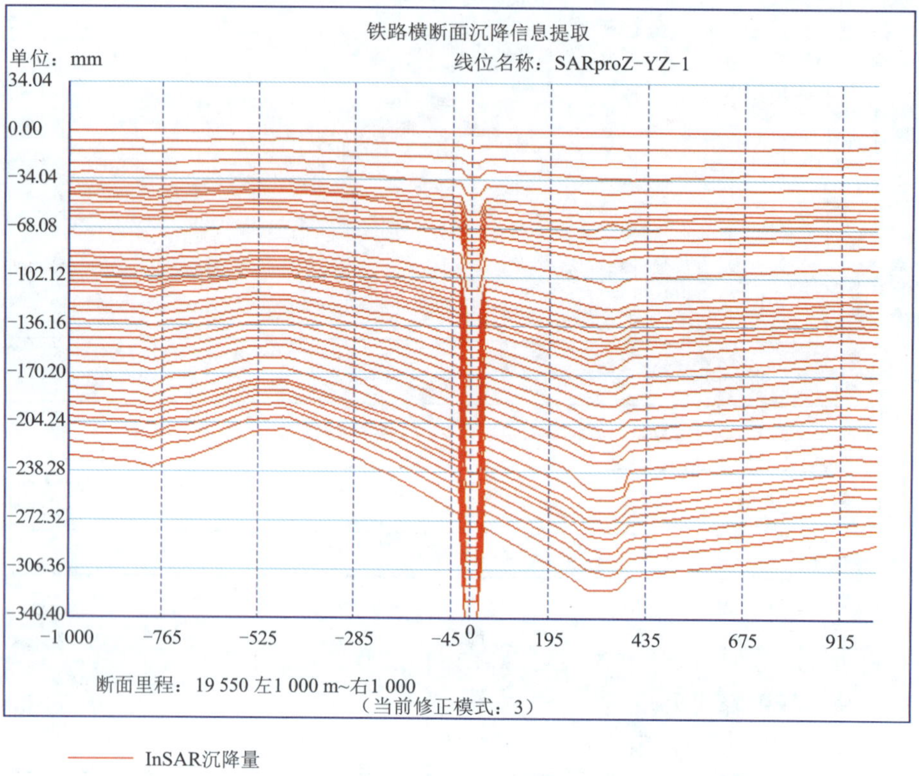


**图 5－15　铁路横断面沉降剖面图**

（5）应用制图

用于表示重点沉降地段（大型沉降不均匀区、沉降漏斗、采空区）的地理位置、范围、等级、与线位关系，如图 5－16 所示铁路区域沉降专题图。

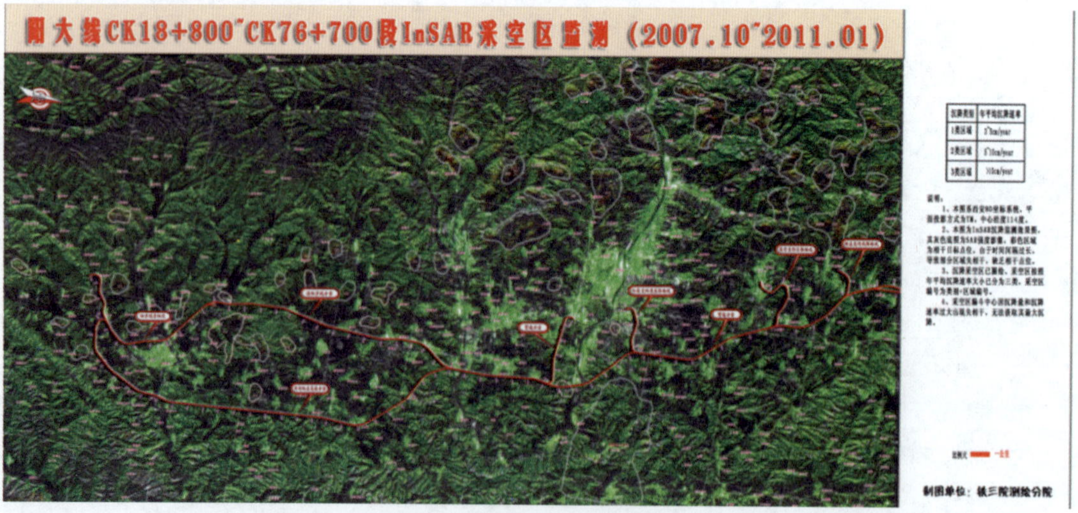


**图 5－16　铁路区域沉降专题图**

# 第 6 章　DInSAR 铁路监测案例分析

前面讲了 DInSAR 铁路沉降监测应用关键技术以及 DInSAR 铁路沉降监测流程，本章结合实际工程应用，介绍 DInSAR 技术在铁路工程全生命周期中的应用案例。

## 6.1　DInSAR 用于历史沉降漏斗探测案例

铁路勘察设计阶段需要对铁路方案沿线的地址情况进行调查，其中历史上因为采矿遗留下来的采空区所形成的沉降漏斗，是影响方案的重要因素之一。在勘察设计阶段尽可能地发现这些采空区所形成的沉降漏斗的位置、范围，并尽可能避开或者提前做好防护措施，提高方案的稳定性。本节结合工程实例，讲解如何利用 DInSAR 技术解决沉降漏斗的难题。

### 6.1.1　项目概况

阳泉—大寨铁路项目线位途经大量煤矿采空区，其特点为煤矿采空区密度高、数量庞大、分布区域不一、采空区边界未知。沿线区域内存在的众多煤矿于 20 世纪 80 年中期开始大量开采的，其中部分小型煤矿在 90 年代初期已经关闭，经变迁后这些采空区表面已经或为植被覆盖，或成为其他农业用地等，难以确定位置。因此利用历史存档的 InSAR 数据进行沉降监测，可以准确获取当时条件下的沉降区，为定位隐形的采空区提供依据。

### 6.1.2　处理过程

（1）SAR 数据源选取

按照地质专业要求，需要获取自 20 世纪 80 年代至今的历史沉降数据，我们对几种常用的 SAR 数据（RADARSAT、Envisat、ERS、TerraSAR-X、Cosmo、PALSAR）进行了查询。

通过查询了解到，发射比较早的 SAR 卫星（ERS、RADARSAT-1、Envisat）在该地区没有合适的差分数据源，发射比较晚的 SAR 卫星（TerraSAR-X、ALOS）有部分存在数据，可以用来做差分，其中 ALOS-PALSAR 存档较多，适合采用进行小基线集分析。

另外，根据沉降区域内植被覆盖较多和大气效应明显的特点，宜选择波长较大的 SAR 数据源，并结合成本因素考虑，选择日本 ALOS-PALSAR 数据。

ALOS-PALSAR 为日本 JAXA 的 L 波段 SAR 数据，其高定轨精度与长波段的特点在剧烈形变监测应用中，相比目前的其他 SAR 卫星优势明显，尤其是对于大范围、采空区的监测而言，ALOS-PALSAR 的探测精度（厘米级）和能力都可以满足铁路工程选线的需要。

根据专业提供的信息，该区域内众多煤矿于 20 世纪 80 年中期开始大量开采的，90 年代初部分不符合国家要求的中小型煤矿开始全部关闭，因此 SAR 存档数据的获取时间应该在与之尽量一致为最佳选择。

但是，由于 ALOS-1 号卫星于 2006 年 1 月发射，我们只能够获取到 2006 年 1 月以后该区域的存档数据，另外，由于采空区有可能在 90 年代初煤矿关闭后沉降逐年减少甚至趋于稳定，一旦某些采空区沉降几乎或者完全停止时，基于 InSAR 沉降监测将无法有效探测出采空区。

通过查询，分布于监测区域的 ALOS 数据源共三个：Frame454750 系列，454740 系列，以及 453750 系列，综合各种因素，本次应用我们首先选取 CK19 公里以后区域（位于南部区域）为监测范围，并根据数据丰富程度和基线组合情况，选择 Frame454740 系列，该系列目前的 SAR 数据获取时间范围为：2007 年 2 月 ~2011 年 1 月，历时 4 年，共 18 幅数据，见表 6 – 1。

**表 6 – 1　研究区的数据源**

| | | |
|---|---|---|
| 20070213 | 20080402 | 20091006 |
| 20070701 | 20080518 | 20100106 |
| 20070816 | 20080703 | 20100408 |
| 20071001 | 20090103 | 20100709 |
| 20080101 | 20090218 | 20101009 |
| 20080216 | 20090821 | 20110109 |

（2）数据处理过程

采用连续时序 DInSAR 处理方案进行数据处理：首先采用连续 2 轨差分干涉方案，判断概略沉降，提取相关经验参数，然后在经验参数的辅助下实施小基线时序 DInSAR 处理，充分利用现有 18 景数据，得到最优结果。

应用连续 3 轨差分干涉方案，通过时空基线指标进行自由配对组合，选取最优主影像为 20071001，之后和粗 DEM 进行 17 个组合的 2 轨差分处理，获取 17 个组合对应时间段的沉降量图，在考虑各类误差因素的基础上对比分析，确定区域概略沉降位置，以及沉降区的演变过程。提取时空基线阈值、相位偏差阈值、振幅离差阈值、信噪比阈值、沉降速率先验值等经验参数。

在提取经验参数的基础上，再次通过时空基线指标进行两两自由配对组合，构建小基线差分干涉像对，从中选取 49 个最优干涉对进行小基线集运算，经过 PS 点提取、差分干涉处理、结合经验参数进行误差相位剔除、沉降反演等步骤，得到最终结果，如图 6 – 1 所示。

### 6.1.3　产品成果与解译分析

按照专业利用 InSAR 技术提取阳大线过境区域内采空区范围及采空区沉降概略速率

图 6－1　研究区的形变结果

的要求。我们通过提取沉降变化速率图并进行解译，提取沉降漏斗和大型沉降区范围，同时基于漏斗边缘年沉降速率的大小，将沉降漏斗区分为 3 类：沉降速率 3～5 cm/年，5～10 cm/年，大于 10cm/年，并实现与二维线位的叠加，获取影响线位走向的危险沉降区域。

通过沉降监测图（图 6－2、图 6－3）分析发现：

（1）在线位里程 CK19～CK48 的西部方向，距线位大约 4 km 之外存在大量采空区，其中主要以 3 类大型沉降漏斗为主，由于其对线位影响较小，不作详细介绍。

图 6－2　采空区监测示意图（全图）

图 6-3　采空区监测示意图（局部放大图）

（2）在线位 4 km 缓冲区内，共发现 1 类沉降区 13 处，2 类沉降区 8 处，3 类沉降区 4 处，具体信息见表 6-2 ~ 表 6-4。

表 6-2　3 类沉降区信息

| 采空区编号 | 位　　置 | 说　　明 |
|---|---|---|
| 3-21 | 固庄至河底联络线里程 LCK0 处往西约 2 km | 杏家洼附近 |
| 3-2 | 沿涉阳线方案里程 CIK60，右侧 3.5 km 处 | |
| 3-20 | 沿涉阳线方案里程 CIK61 - Ck63 左侧 2 km 处 | 与 1 ~ 4 号区域相临 |
| 3-1 | 阳涉线昔阳段里程 YK41 - 42，右侧 300 m 处 | |

表 6-3　2 类沉降区信息

| 采空区编号 | 位　　置 | 说　　明 |
|---|---|---|
| 2-8 | 里程 CIK25 往西约 4 km 处 | 效里村附近 |
| 2-21 | 沿涉阳线方案里程 CIK57 + 500，右侧 2 km 处 | |
| 2-3 | 沿涉阳线方案里程 CIK61 + 300，右侧 1.5 km 处 | |
| 2-2 | 阳涉线昔阳段里程 YK33，右侧 1 km 处 | 李家沟村范围 |
| 2-12 | 阳涉线昔阳段里程 YK35 + 500，右侧 1.2 km 处 | 巴洲村范围 |
| 2-11 | 阳涉线昔阳段里程 YK37，右侧 800 m 处 | 麻黄沟范围 |
| 2-1 | 并行阳左高速方案里程 CK75 处，左侧 3 km 处 | 口庄范围 |
| 2-17 | 并行阳左高速方案里程 CK72 处，左侧 300 m 处 | |

**表 6－4　1 类沉降区信息**

| 采空区编号 | 位　置 | 说　明 |
|---|---|---|
| 1－25 | 里程 CK35＋800 处 | 边缘位于线位上，小型区 |
| x－1 | 里程 CK41＋900 处 | 位于线位上，小型区 |
| 1－27 | 沿涉阳线方案里程 CIK53，左侧 100 m 处 | 前锁黄村地界 |
| 1－8 | 沿涉阳线方案里程 CIK54＋500，右侧 2 km 处 | |
| 1－9 | 沿涉阳线方案里程 CIK55，右侧 400 m 处 | |
| 1－7 | 沿涉阳线方案里程 CIK59＋500，右侧 1.2 km 处 | |
| 1－14 | 沿涉阳线方案里程 CIK64＋500 | 线位上，可能由城市建设引发下沉 |
| 1－3 | 阳涉线昔阳段里程 YK31，右侧 1 km 处 | |
| 1－4 | 沿涉阳线方案里程 CIK64－Ck66 左侧 500 m 处 | 安砰村，程家岭村范围内 |
| 1－12 | 阳涉线昔阳段里程 YK41，左侧 800 m 处 | 赵秦宫村范围 |
| 1－1 | 并行阳左高速方案里程 CK74 处，左侧 1 km 处 | 乔阎沟范围 |
| 1－22 | 并行阳左高速方案里程 CK72 处，左侧 300 m 处 | 留庄村范围 |
| 1－6 | 并行阳左高速方案里程 CK63 处，左侧 500 m 处 | |

（3）在比较方案沿涉阳线方案和并行阳左高速方案中，沿涉阳线方案附近则存在有大量沉降 1 类和 2 类沉降区，该方案穿梭于各沉降漏斗之间的间隙中，不排除潜在的采空区存在，而并行阳左高速方案很好地避开并远离了沉降漏斗区。

（4）CK75 附近，即沿涉阳线方案和并行阳左高速方案相交处，存在大量零散的沉降采空区，需要外业重点勘察。

（5）重点段落分析

根据专业要求，我们对 DK75 附近区域进行重点分析，对照 google earth 影像资料，以及对该区附近沉降采空区内点位沉降序列的分析，获取每个沉降采空区的沉降规律，以及每个沉降区域内的准确的沉降速率信息，如图 6－4 所示，对于其中可能因为城市建设引起的形变区进行说明。

通过对沉降监测速率（图 6－4）的分析可知，该区域内存在不同尺度的沉降区域，其中 1 类沉降漏区域共 5 处，2 类沉降区域共 4 处，3 类沉降区域共 2 处，详细情况见表 6－5。这为线路设计避开开采沉降区提供了重要辅助资料。

**表 6－5　DK75 附近区域沉降信息**

| 类型 | 位　置 | 说　明 |
|---|---|---|
| 3 类 | 阳涉线昔阳段里程 YK41～YK42，右侧 300 m 处 | 速率＞30 cm/年，大型沉降区，面积约 3.5 $m^2$ |
| 2 类 | 阳涉线昔阳段里程 YK41～YK43，左侧 800 m 处 | 速率约 5 cm/年 |
| 3 类 | 并行阳左高速方案里程 CK75 处，左侧约2.8 km处 | 速率＞30 cm/年，大型沉降区，面积约 0.5 $m^2$ |
| 1 类 | 并行阳左高速方案里程 CK74 处，左侧约 1 km处 | 面积＜0.5 $m^2$ |

续上表

| 类型 | 位　　置 | 说　　明 |
|---|---|---|
| 1 类 | 并行阳左高速方案里程 CK73 + 500 处，左侧约 400 m 处 | 面积 <0.2 $m^2$ |
| 1 类 | 并行阳左高速方案里程 CK73 + 500 处，线位上 | 面积 <0.2 $m^2$，此处在 07 年间沉降较大，>10 cm/年，目前沉降消失 |
| 1 类 | 并行阳左高速方案里程 CK72 + 800 处，右侧 300 m 处 | 面积约 0.5 $m^2$，留庄村范围 |
| 2 类 | 阳涉线昔阳段里程 YK37，右侧 800 m 处 | 麻黄沟范围，沉降速率在 5 ~ 10 cm/年间，面积约 1.5 $m^2$ |
| 2 类 | 阳涉线昔阳段里程 YK33，右侧 1 km 处 | 李家沟村范围，沉降速率在 5 ~ 10 cm/年间，面积约 1.5 $m^2$ |
| 2 类 | 阳涉线昔阳段里程 YK35 + 500，右侧 1.2 km 处 | 巴洲村范围，沉降速率在 5 ~ 10 cm/年间，面积约 1 $m^2$ |
| 1 类 | 阳涉线昔阳段里程 YK34 + 800，左侧 500 m 处 | 2007 年沉降较大，主要原因可能是由于城市建设造成，目前沉降已经消失，面积约 0.05 $m^2$ |

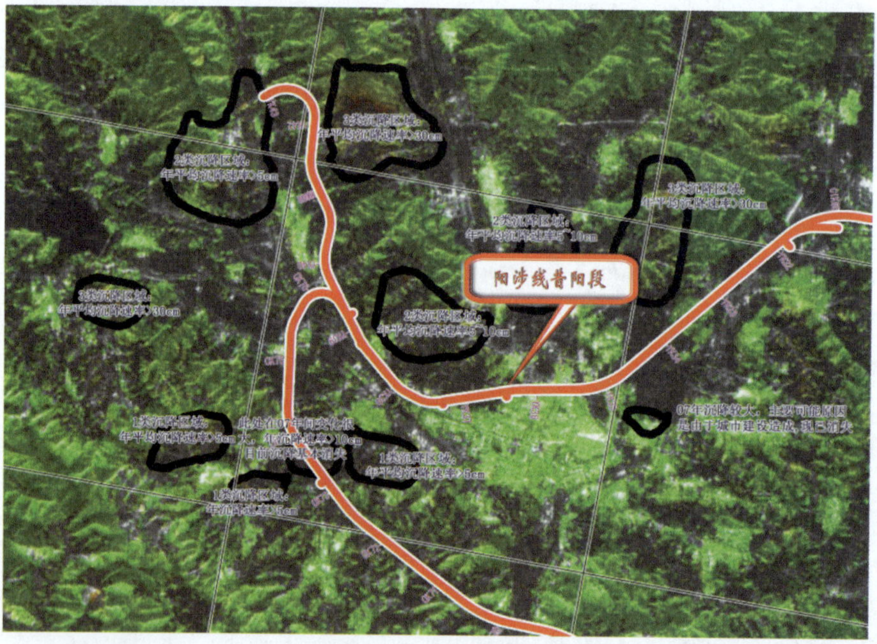


图 6－4　采空区沉降速率图

### 6.1.4　结论

通过上述分析，得到如下结论：

（1）目前所选线位走向基本很好的避开的大型沉降采空区。

（2）并行阳左高速方案较沿涉阳线方案很好地避开了并远离了沉降漏斗区。

（3）在线位4 km缓冲区内，我们共发现1类沉降区13处，2类沉降区8处，3类沉降区4处，在2007~2011年间，1类沉降区整体沉降量<0.3 m，2类沉降区整体沉降量<0.5 m，在线路方案上需要重点关注的大型沉降区。

表6-6中四个区域在2007~2011年间整体沉降量都大于0.5 m，沉降采空区中心因沉降过大产生失相干，无法准确获取其沉降量，基于沉降区边缘差分干涉条纹图推断中心区域的沉降量在1 m以上。

**表6-6 重点关注的大型沉降区信息**

| 采空区编号 | 位 置 | 说 明 |
|---|---|---|
| 3-21 | 固庄至河底联络线里程LCK0处往西约2 km | 杏家洼附近 |
| 3-2 | 沿涉阳线方案里程CIK60，右侧3.5 km处 | |
| 3-20 | 沿涉阳线方案里程CIK61~Ck63左侧2 km处 | 与1-4号区域相临 |
| 3-1 | 阳涉线昔阳段里程YK41~YK42，右侧300 m处 | |

（4）CK75附近，存在大量零散的沉降采空区，通过进一步细化分析，探测到3类沉降区2个，2类沉降区4个，1类沉降区5个，通过分析与线位的关系，需要重点关注的沉降区信息见表6-7。

**表6-7 DK75段落重点关注的沉降区信息**

| 类型 | 位 置 | 说 明 |
|---|---|---|
| 3类 | 阳涉线昔阳段里程YK41~YK42，右侧300 m处 | 速率>30 cm/年，大型沉降区，面积约3.5 $m^2$ |
| 2类 | 阳涉线昔阳段里程YK41~YK43，左侧800 m处 | 速率约5 cm/年 |
| 1类 | 并行阳左高速方案里程CK72+800处，右侧300 m处 | 面积约0.5 $m^2$，留庄村范围 |
| 2类 | 阳涉线昔阳段里程YK37，右侧800 m处 | 麻黄沟范围，沉降速率在5~10 cm/年间，面积约1.5 $m^2$ |

如表6-8所示，有两处沉降区在2007年间沉降较大，在后续的观测资料中缺消失了，需要再继续深入调查找到原因。

**表6-8 DK75段落重点关注的沉降区信息**

| 类型 | 位 置 | 说 明 |
|---|---|---|
| 1类 | 并行阳左高速方案里程CK73+500处，线位上 | 面积<0.2 $m^2$，此处在2007年间沉降较大，>10 cm/年，目前沉降消失 |
| 1类 | 阳涉线昔阳段里程YK34+800，左侧500 m处 | 2007年沉降较大，主要原因可能是由于城市建设造成，目前沉降已经消失，面积约0.05 $m^2$ |

最终提供的成果包括：

（1）全线煤矿区域沉降监测范围、沉降量示意图。

（2）DK75附近区域进行重点分析成果。

## 6.2 DInSAR 用于软土区沉降监测案例

### 6.2.1 项目概况

印尼雅万高铁（Jakarta-Bandung）北始于印尼首都雅加达（Jakarta），南止于万隆（Bandung），其贯通方案全长 139 km。经调查发现，线路所经过的 Bandung 市存在大量软土层地质，其大概里程位于 DK110 ~ DK140 之间。该区域软土地质存在地面下沉现象，不排除其线位经过沉降漏斗中心区域的可能性。本监测目的是准确获取沉降区及沉降漏斗范围，确定沉降漏斗中心，估算该区域历史沉降量大小，以及预测未来沉降趋势，分析线位与沉降区的关系，为铁路选线辅助依据。InSAR 监测范围以及线位走向如图 6－5 所示。

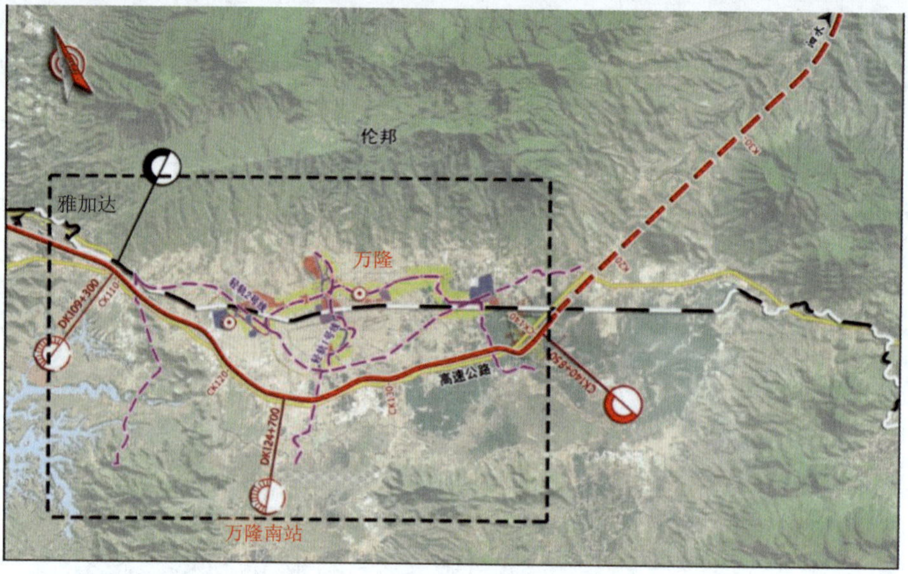


图 6－5　线位走向及监测区域示意图

### 6.2.2 数据源选取及数据处理方法

6.2.2.1　数据源选取

根据专业要求，需要对雅万高铁万隆段 2016 年 10 月之后沉降情况进行持续监测，查询欧空局 Sentinel-1A/1B 数据在 2016 年 10 月至 2017 年 4 月期间覆盖万隆地区共 10 期数据。Sentinel-1A/1B 数据参数见表 6－9。

表 6－9　Sentinel-1A/1B 数据参数

| 卫　星 | 发射时间 | 波长（cm） | 分辨率 | 幅　宽 |
|---|---|---|---|---|
| Sentinel-1A | 2014 年 5 月 | 5.6 | 5×20 | 250 km |
| Sentinel-1B | 2016 年 4 月 | 5.6 | 5×20 | 250 km |

本次万隆地区沉降监测是基于第二期影像数据基础上开展。2014 年 10 月 ~2017 年 4 月期间，覆盖万隆地区 149 轨道的 Sentinel-1A/1B 数据共 44 期影像，具体拍摄时间见表 6－10。

**表 6－10　Sentinel-1A/1B 影像拍摄时间**

| Sentinel-1 | | | | |
|---|---|---|---|---|
| 20141027 | 20150308 | 20151127 | 20160724 | 20170225 |
| 20141120 | 20150425 | 20151221 | 20160817 | 20170309 |
| 20141202 | 20150507 | 20160114 | 20160910 | 20170321 |
| 20141214 | 20150519 | 20160207 | 20161004 | 20170402 |
| 20141226 | 20150624 | 20160302 | 20161028 | |
| 20150107 | 20150718 | 20160326 | 20161121 | |
| 20150119 | 20150811 | 20160419 | 20161215 | |
| 20150131 | 20150916 | 20160513 | 20170108 | |
| 20150212 | 20151022 | 20160606 | 20170201 | |
| 20150224 | 20151103 | 20160630 | 20170213 | |

6.2.2.2　数据处理方法

结合第一、二期沉降监测结果发现，万隆区域沉降以缓慢地面沉降为主，并且本次监测采用的数据，超过 25 景，满足时间序列 InSAR 分析的要求，因此本项目采用 PS-InSAR 的方法进行形变信息提取。PS-InSAR 方法的数据处理流程如图 6－6 所示。

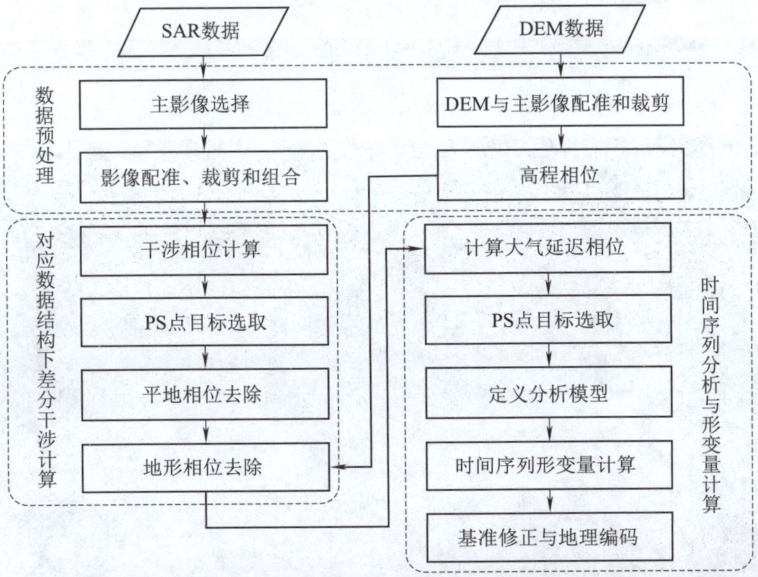


**图 6－6　PS-InSAR 数据处理流程图**

SAR 数据处理采用美国普渡大学开发的商业地表形变检测处理系统 SARProz，软件界面如图 6－7 所示。

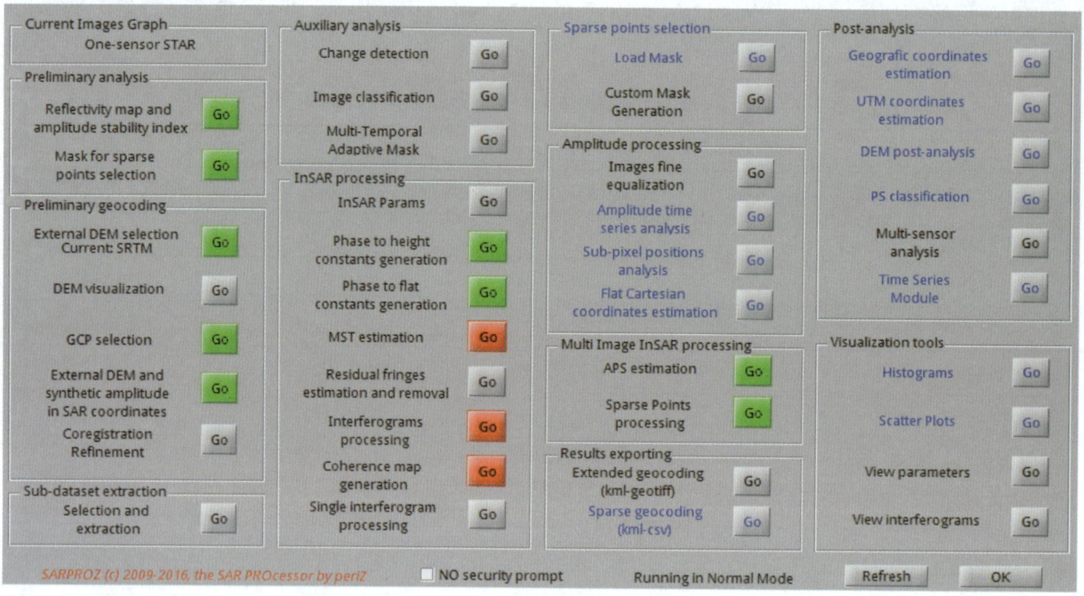


图 6－7　SARPROZ 软件界面

6.2.2.3　沉降结果分析与制图方法

利用中国铁设测绘院开发的针对 SAR 数据处理成果分析软件与 ArcGIS + Photoshop 平台，根据处理结果划定沉降漏斗范围、漏斗中心沉降等指标，撰写监测分析报告。中国铁设自主开发软件界面如图 6－8 所示。

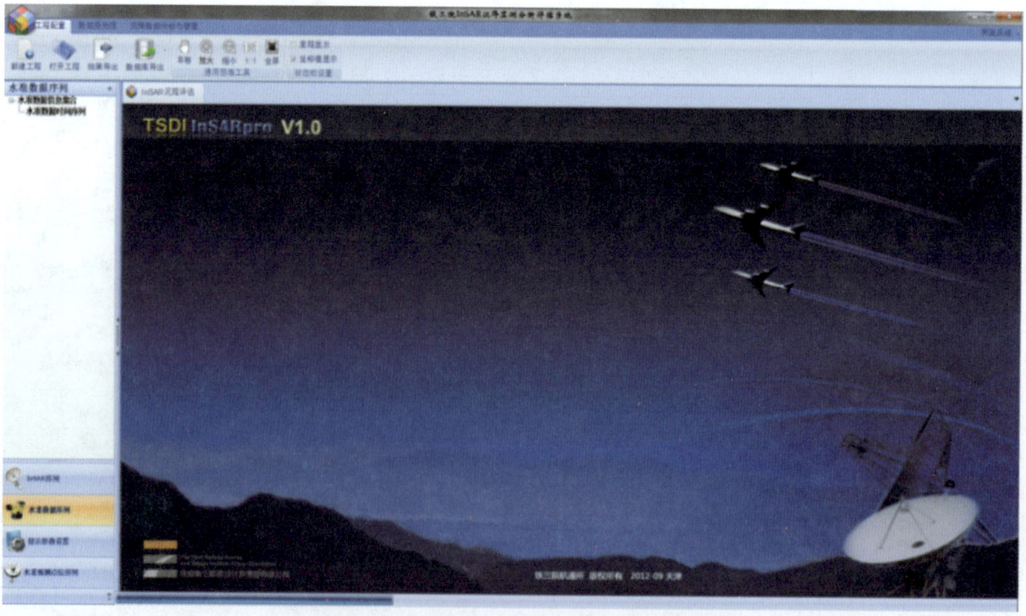


图 6－8　中国铁设自主开发软件界面

（1）沉降数据分析评估

采用后处理分析软件将 InSAR 获取的沉降成果进行优化，将不同区域的成果进行合并。

（2）区域沉降监测产品制作

基于优化后的 InSAR 沉降成果，根据线位建立沉降监测的缓冲区，获取缓冲区范围内以下几个方面内容：①沉降等值线图，并基于沉降等值线图划分不同等级沉降区的范围；②InSAR 沉降监测专题图制作，采用遥感制图技术，将沉降速率图、等值线图、铁路线位、相关地理信息以及区域监测信息进行标准化综合制图。

### 6.2.3　沉降结果分析

#### 6.2.3.1　整体沉降结果

本次监测范围为雅万高铁万隆段 DK109 + 000 ~ DK142 + 900，采用经典 PS-InSAR 时间序列方法，获取了监测段落沿线的区域沉降信息。

图 6 – 9 显示了利用时间序列 DInSAR 分析方法得到的印尼雅万高铁万隆段沿线位的区域地面沉降监测结果。

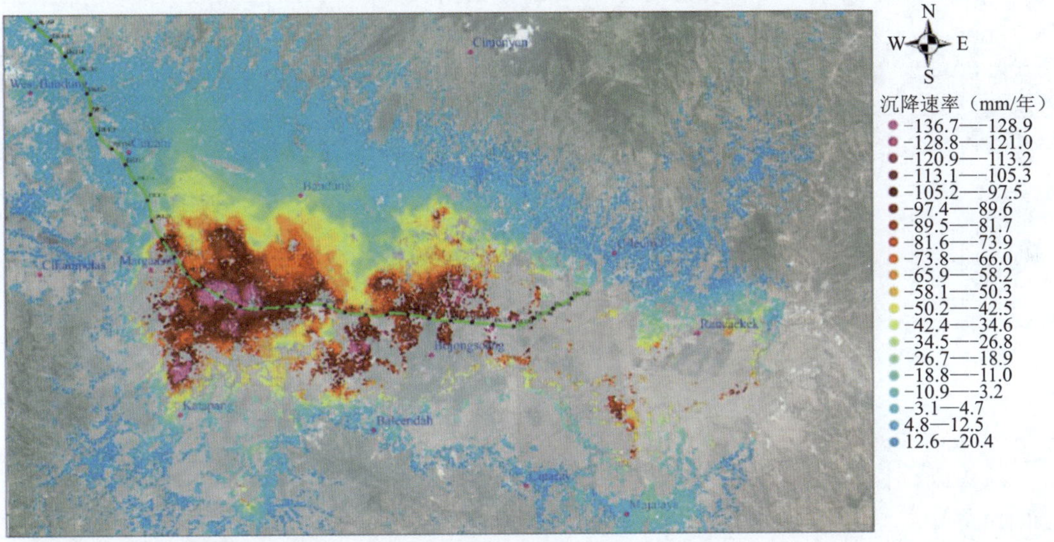


图 6 – 9　InSAR 监测沉降速率图（2014 年 10 月 ~ 2017 年 4 月）

从图 6 – 9 沉降速率结果图中可以发现，整个万隆地区存在大范围的地面沉降，在市中心出现了较大的沉降漏斗。监测段落中 DK118 + 000 ~ DK142 + 900 位于万隆地区的较大沉降漏斗中，线位经过区域地面沉降较为严重。整个万隆地区最大沉降速率超过 150 mm/年，为了更完整地描述形变区域的范围和形变中心，对 PS 点采用克里金插值，然后生成等值线，并将等值线叠加显示，具体结果如图 6 – 10 所示。

根据区域沉降速率结果，采用沉降点构成 Delaunay 三角网，提取了沿线沉降速率纵断面成果，具体如图 6 – 11 所示。

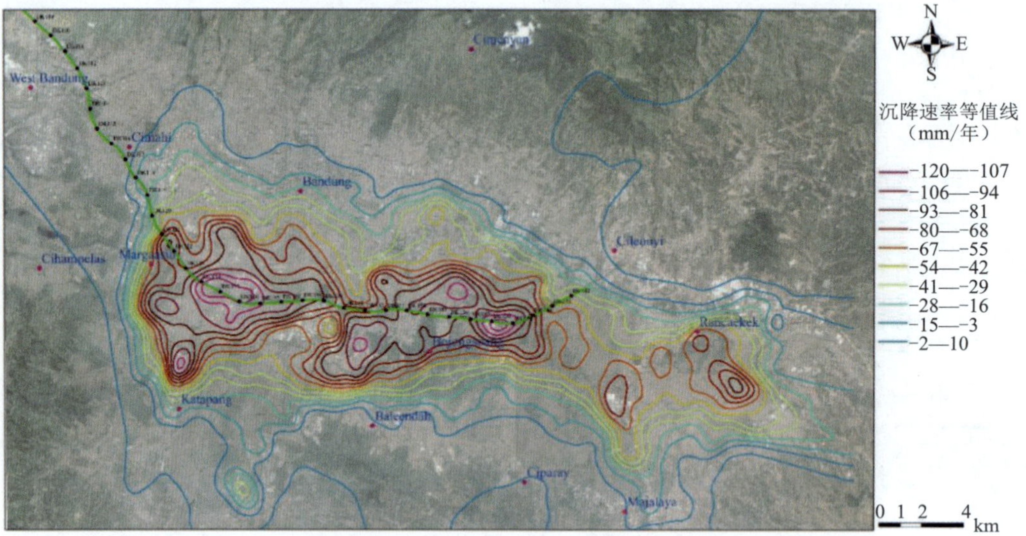


图 6 - 10　InSAR 监测沉降速率等值线图

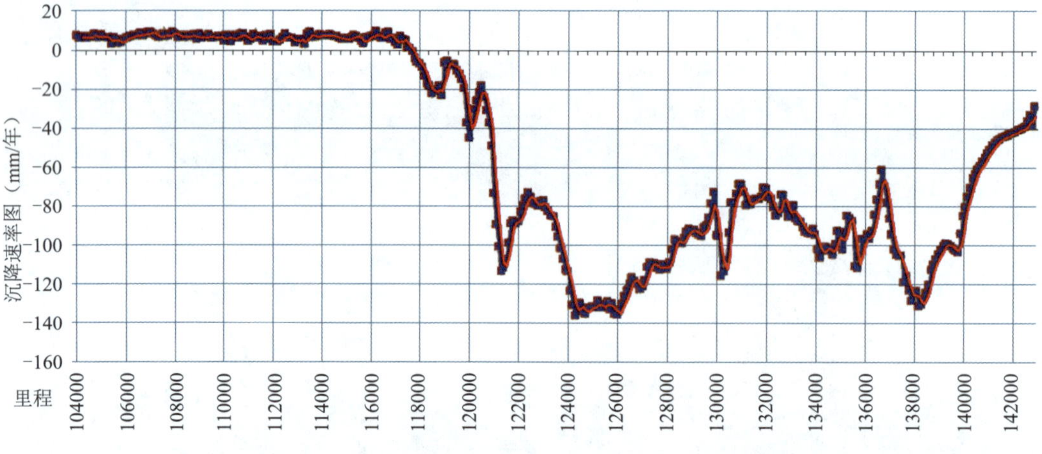


图 6 - 11　InSAR 监测沿线位沉降速率纵断面图

从纵断面图（图 6 - 11）可以发现，铁路线位自 DK118 + 000 ~ DK142 + 900 处于地面沉降中，这与图 6 - 9、图 6 - 10 中万隆地区存在大范围地面沉降是一致的。位于沉降漏斗中的铁路沿线最大沉降速率接近 140mm/年，铁路沿线地面沉降较为严重，尤其是沉降速率变化比较大的 DK116 + 500 ~ DK124 + 300、DK130 + 000 ~ DK130 + 500 以及 DK136 + 000 ~ 终点等段落，为地质专业调查提供辅助判断资料，结合其他地质调查技术加强该区域地面沉降原因的调查和分析，并在该段落的铁路设计过程中采取相应的预防措施。

6.2.3.2　局部分段落结果分析

从图 6 - 9 整体区域沉降分析的结果可以看出万隆地区软土层沉降为一块大范围沉降区域，但依据等值线形状特征可以将区域划分为几个局部沉降区域，划分结果如图 6 - 12 所示。

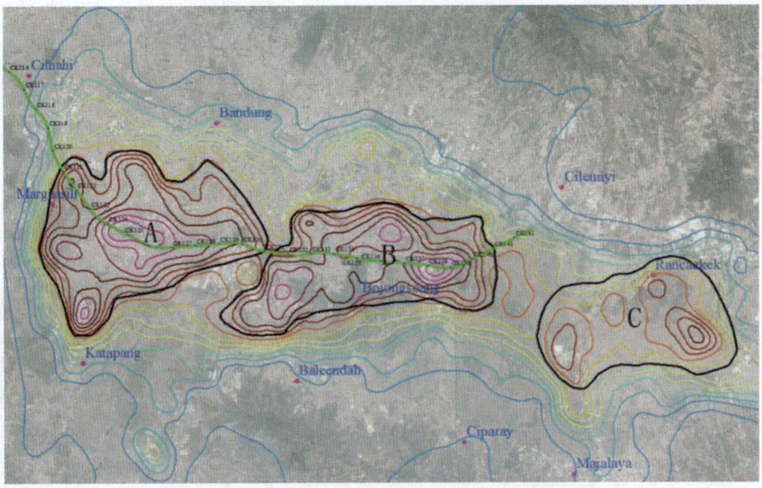


图 6 – 12　沉降区域局部划分示意图

下面将在图 6 – 9 所示的沉降速率图中截取局部放大图，结合等值线图，分别对 A、B、C 三个区域进行对比分析。

（1）A 区域沉降分析

基于 InSAR 后处理分析得到 A 区域范围内的沉降结果如图 6 – 13 和图 6 – 14 所示。从 A 区域的沉降结果可以看出，其沉降速率范围为 60 ~ 140 mm/年，在 A 区域内存在两处漏斗形沉降，其中一处漏斗位于线位 CK125 右侧，漏斗中心距线位 3.8 km，另一处线位穿过漏斗中心，线位上的最大沉降速率为 135.7 mm/年，具体里程为 DK124 + 300 左右。线位 DK117 + 500 ~ DK131 段落穿过该区域，线位经过处的沉降速率范围为：10 ~ 140 mm/年。

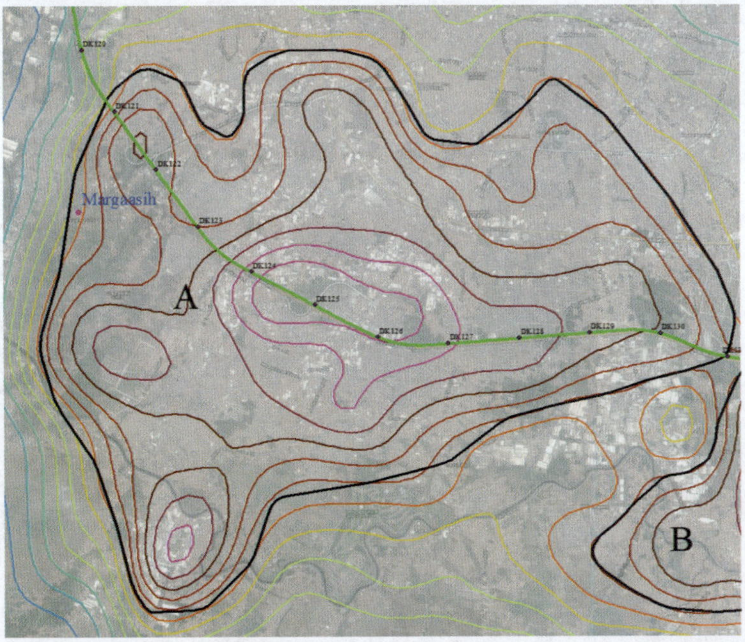


图 6 – 13　A 区域等值线图

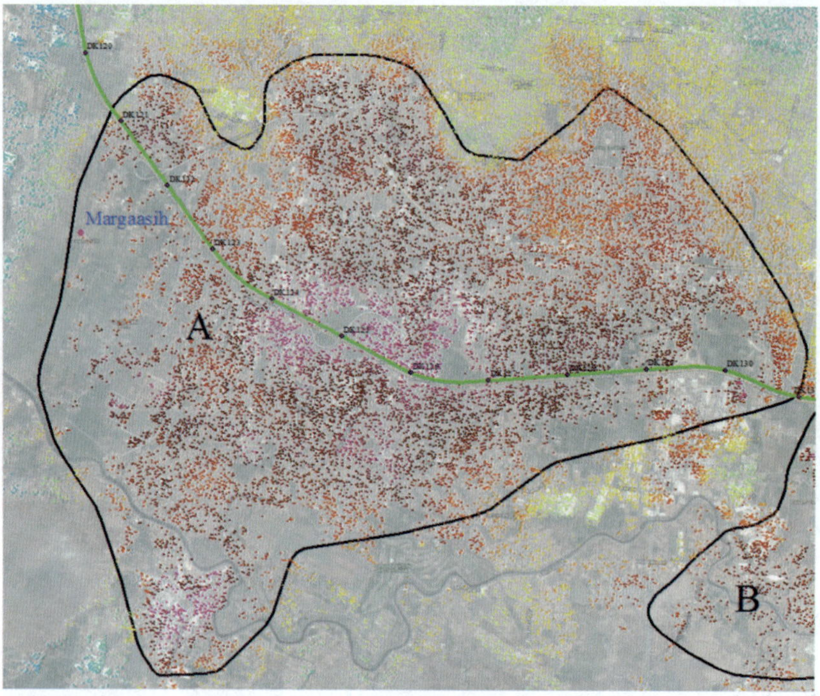


图 6－14　A 区域 PS 点沉降速率图

在线位附近选择三个 PS 点（星号标注）进行分析，如图 6－15 所示。对选择的 PS 点做沉降量时间序列如图 6－16～图 6－18 所示。

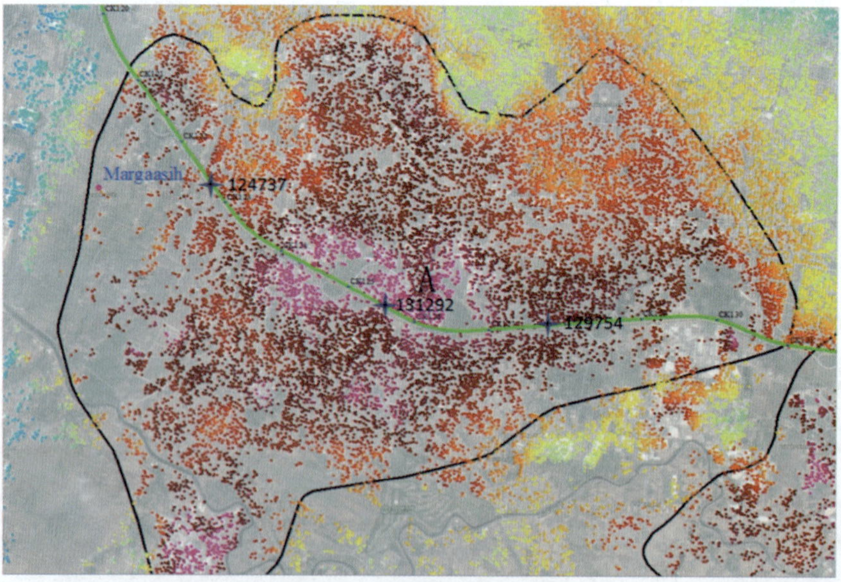


图 6－15　PS 点选取示意图

由于线位正好从该沉降区域的漏斗中心穿过，沉降区范围较大，从 PS 点的时间序列曲线可以看出，其沉降特征在 2014 年 10 月～2017 年 4 月时间段内表现为线性沉降，在监测时间段内，沉降没有减缓的趋势，可以预见该地表将继续沉降，因此建议在后续工程中对该区域进行持续关注。

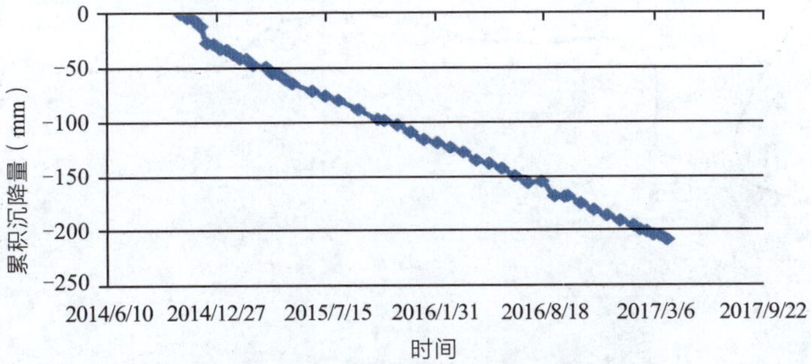


**图 6－16　124737 号 PS 点沉降量时间序列**

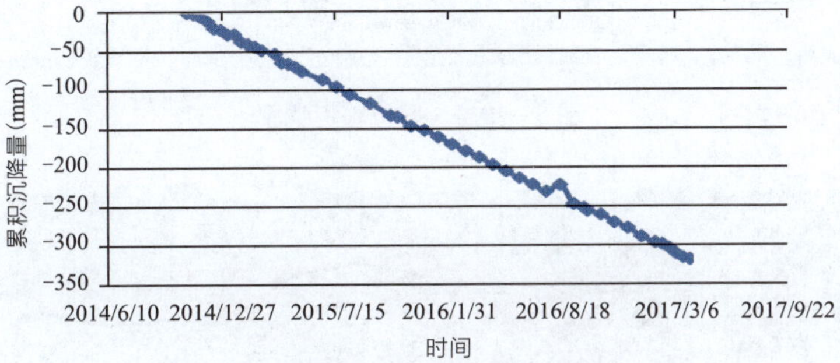


**图 6－17　131292 号 PS 点沉降量时间序列**

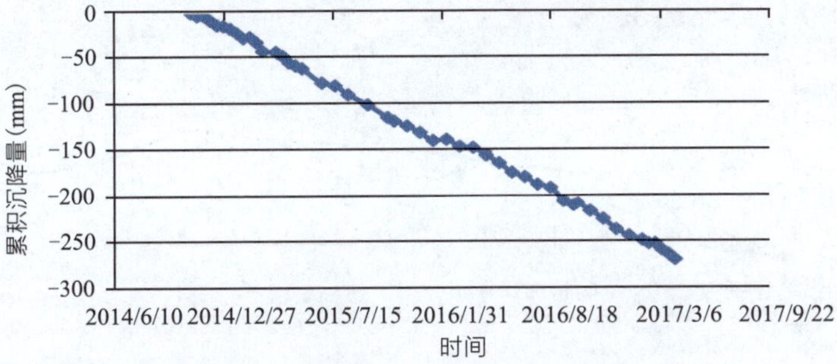


**图 6－18　129754 号 PS 点沉降量时间序列**

由于线位正好从该沉降区域的漏斗中心穿过，沉降区范围较大，且从沉降速率图中没有看到减缓的趋势，因此建议在后续工程中对该区域进行持续关注。

(2) B 区域沉降分析

基于 InSAR 后处理分析得到 B 区域范围内的沉降结果如图 6－19 和图 6－20 所示。从沉降速率结果可以看出该区域为一块大范围沉降区域，但从等值线的形状特征可以发现在该沉降区内存在 3 处漏斗形沉降，其中一处位于线位 CK132 右侧，漏斗中心距线位 1.6 km，一处位于线位 CK136 右侧，漏斗中心距线位 1.2 km，一处位于线位 CK138＋300 右侧，漏斗中心距线位 120 m。线位 CK131～CK141 段落穿过该区域，线位经过处沉降速率范围为：60～130 mm/年。

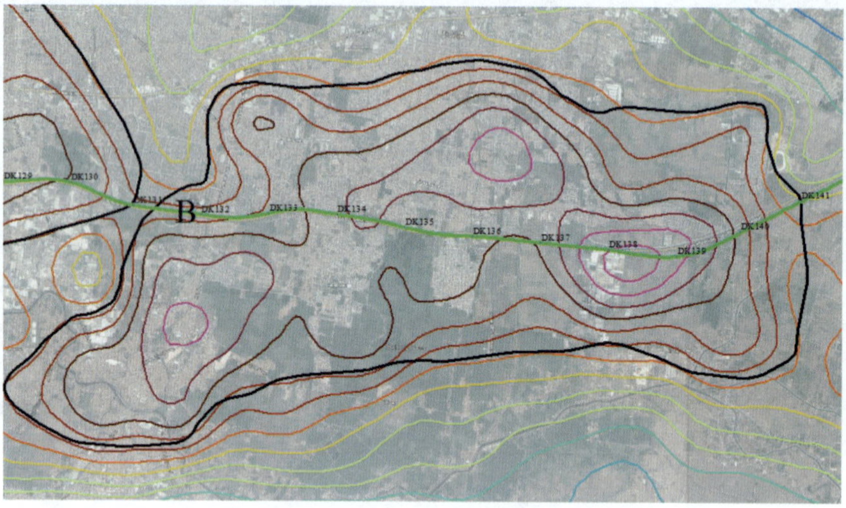


图 6－19　B 区域等值线图

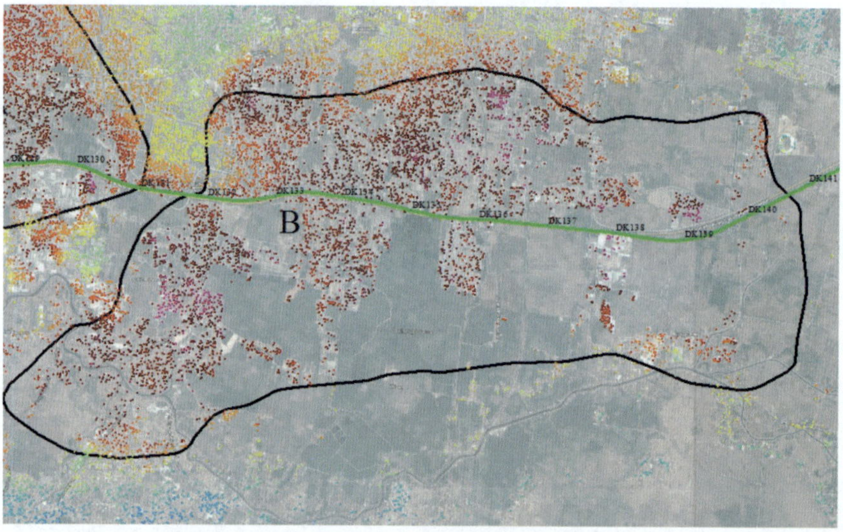


图 6－20　B 区域 PS 点沉降速率图

在线位附近选择三个 PS 点（星号标注）进行分析，如图 6－21 所示。对选择的三个 PS 点做形变量时间序列如图 6－22～图 6－24 所示。

从 PS 点的时间序列曲线可以看出，其沉降特征在 2014 年 10 月～2017 年 4 月时间段内表现为线性沉降，在监测时间段内，沉降没有减缓的趋势，可以预见该地表将继续沉降。

由于线位穿过该沉降区域，沉降区范围较大，且从沉降速率图中没有看到减缓的趋势，因此建议在后续工程中对该区域进行持续关注。

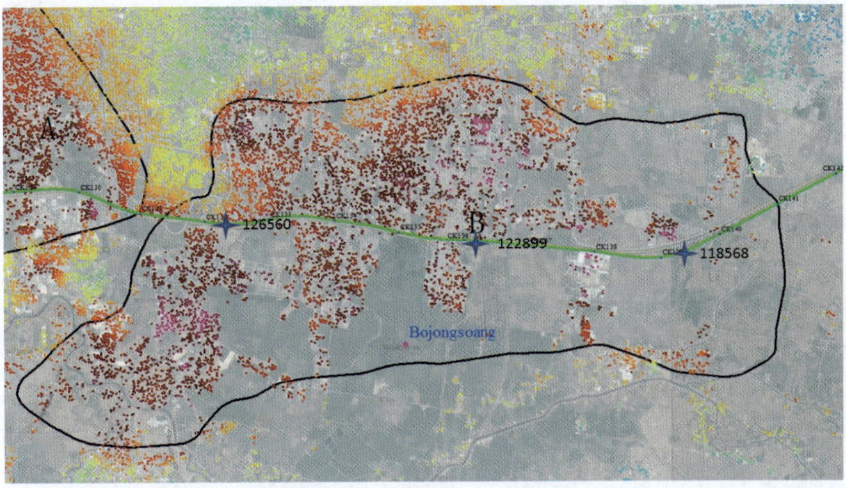


**图 6－21　PS 点选取示意图**

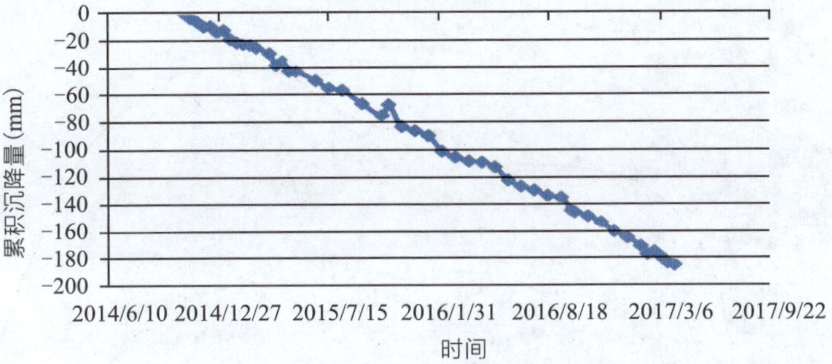


**图 6－22　126560 号 PS 点沉降量时间序列**

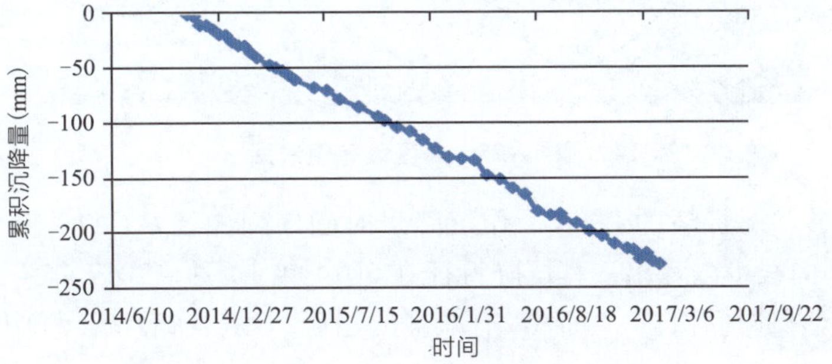


**图 6－23　122899 号 PS 点沉降量时间序列**

(3) C 区域沉降分析

基于时序 InSAR 后处理分析得到 C 区域范围内的沉降结果如图 6－25 和图 6－26 所示。从结果图可以看出，在该区域人工建筑物稀少，大部分地表为荒地或植被，因此在该范围内提取的 PS 点较少，其等值线是利用克里金方法插值后生成的。该区域的沉降速率范围为 30 ~ 120 mm/年，该区域位于线位终点右侧，线位距区域边界 2. 8 km。

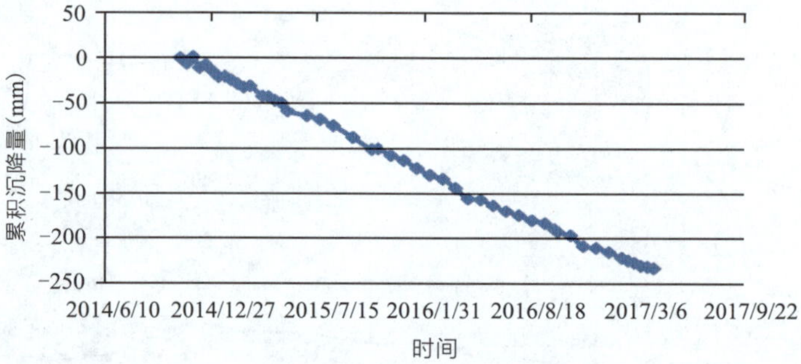


图 6 - 24　118568 号 PS 点沉降量时间序列

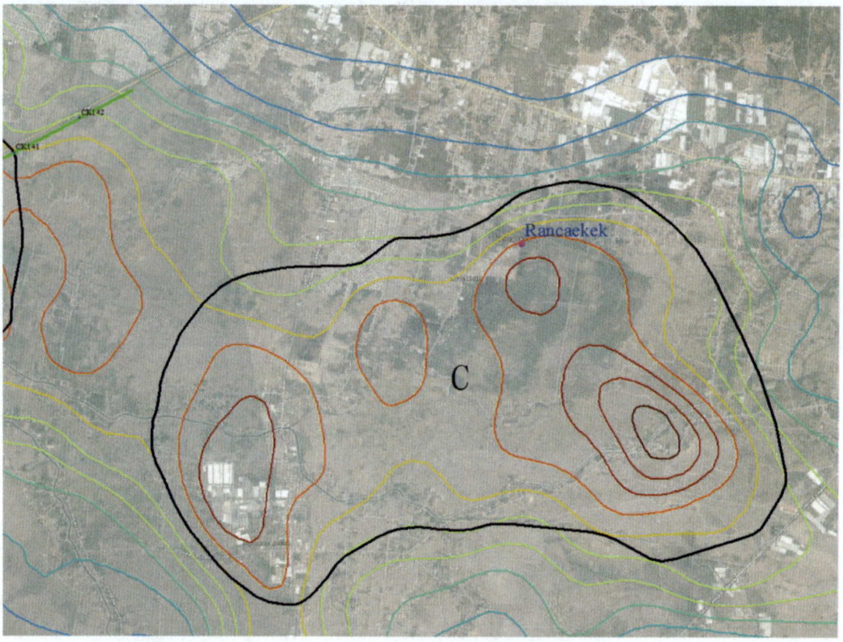


图 6 - 25　C 区域等值线图

选取图 6 - 26 星号标注的 PS 点，作沉降量时间序列如图 6 - 27 ~ 图 6 - 29 所示。从 PS 点的时间序列曲线可以看出，其沉降特征在 2014 年 10 月 ~2017 年 4 月时间段内表现为线性沉降，在监测时间段内，沉降没有减缓的趋势，建议在后续工程中对该区域进行持续关注。

### 6. 2. 4　与外业水准对比分析

通过对 2016 年 5 月万隆地区控制网数据与 2017 年 4 月施工单位的复测数据进行差值比较，计算得到 2016 ~2017 年实测区域沉降速率。复测数据共 15 个水准点，具体位置如图 6 - 30所示。其中 BM44 与 CPI37 两个点为参考基准点，由于 BM43 与 CPI40 位置缺少

PS 点，因此只将其余 11 个水准点与 InSAR 监测结果进行对比分析，具体如图 6－31 所示。

万隆地区水准点数据共有两期，两期监测数据间隔 11 个月，将其换算到年平均沉降速率，与 InSAR 处理得到年沉降速率进行比较。从图 6－31 可以看出两者，水准与 InSAR 监测结果的沉降趋势非常吻合。两者差值的均值为 8.9 mm/年，均方根误差为 10.1 mm/年，标准偏差为 10.6 mm/年。

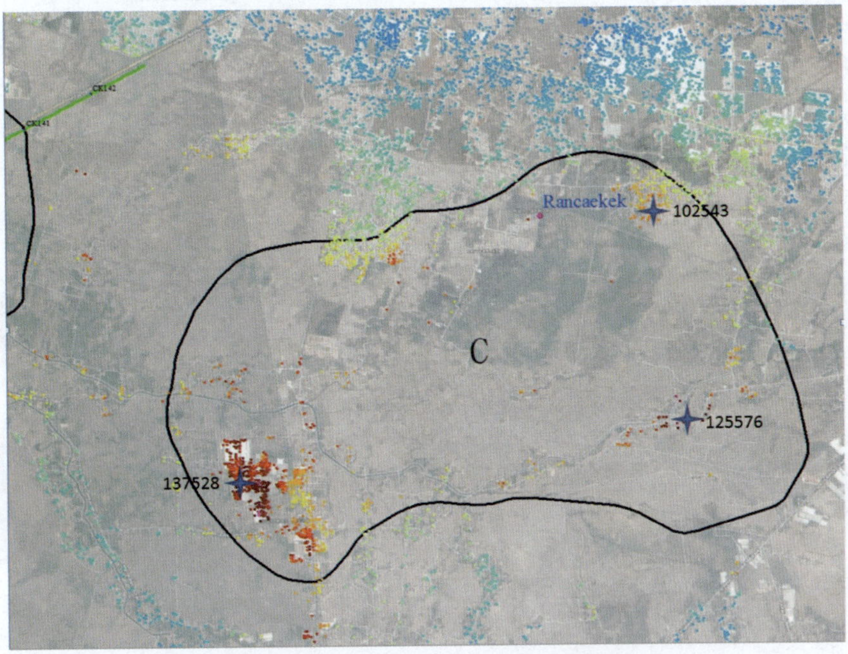


图 6－26　C 区域 PS 点沉降速率图

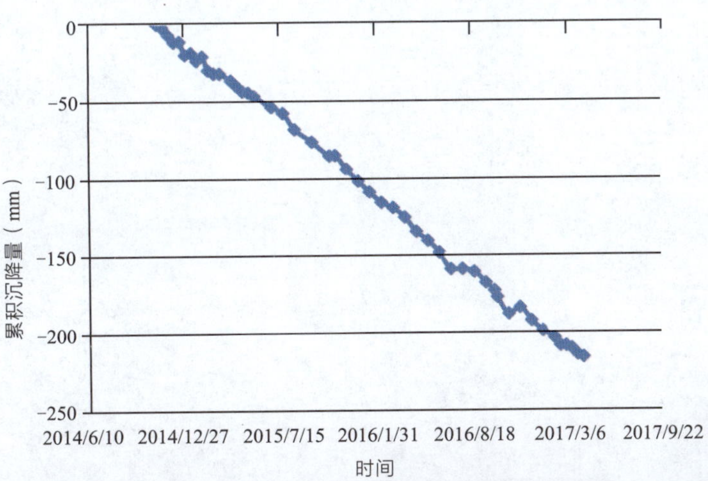


图 6－27　137528 号 PS 点沉降量时间序列

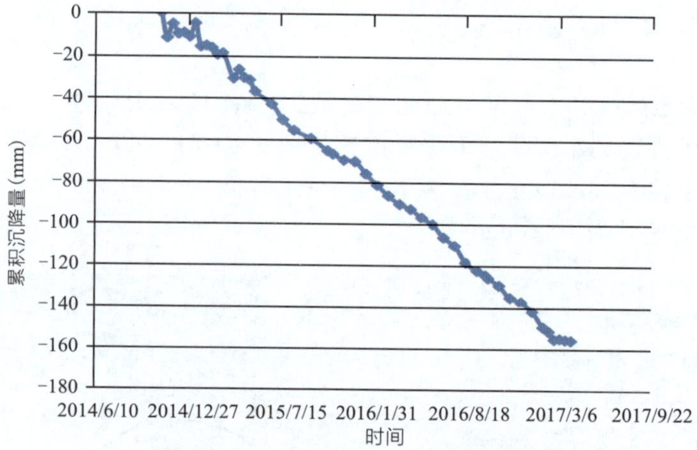


图 6-28 102543 号 PS 点沉降量时间序列

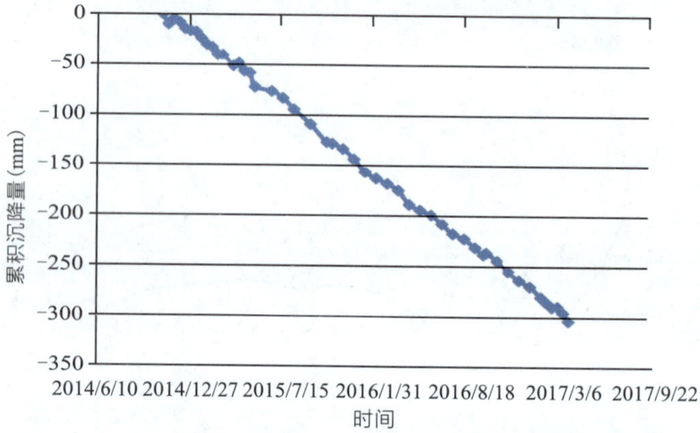


图 6-29 125576 号 PS 点沉降量时间序列

图 6-30 水准点位置分布图

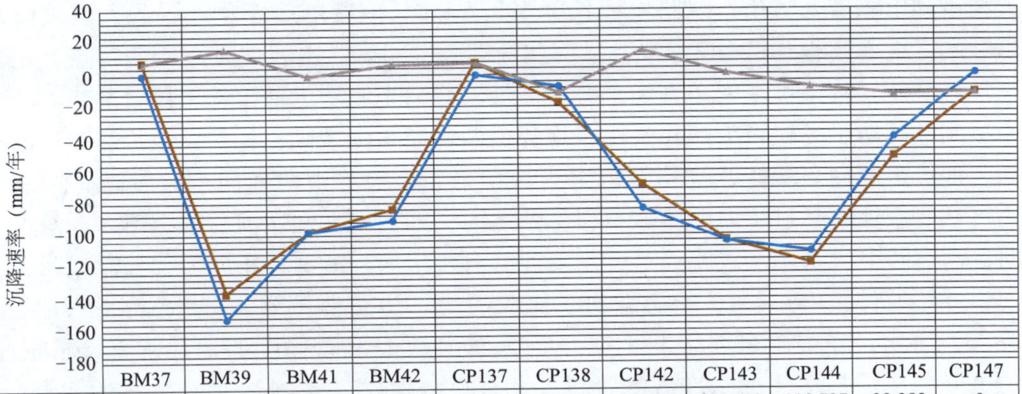


| | BM37 | BM39 | BM41 | BM42 | CP137 | CP138 | CP142 | CP143 | CP144 | CP145 | CP147 |
|---|---|---|---|---|---|---|---|---|---|---|---|
| 水准监测数据 | 0 | -152.618 | -97.855 | -90.436 | 0 | -6.764 | -83.782 | -104.182 | -110.727 | -39.382 | 0 |
| InSAR监测数据 | 7.67 | -136.74 | -98.6 | -84.05 | 7.28 | -17.79 | -68.72 | -103.63 | -118.66 | -52.16 | -12.29 |
| 两者差值 | 7.67 | 15.878 | -0.745 | 6.386 | 7.28 | -11.026 | 15.062 | 0.552 | -7.933 | -12.778 | -12.29 |

**图 6－31　水准与 InSAR 沉降速率对比**

### 6.2.5　结论与建议

本次监测采用 44 期 Sentinel-1A/1B 数据，利用时间序列 InSAR 技术获取了印尼雅万高铁万隆地区在 2014 年 10 月 ~ 2017 年 4 月时间段内的区域地面沉降信息，监测成果包括区域沉降速率图、沉降速率等值线图、沉降速率纵断面、沉降区域范围，总结与建议如下：

（1）雅万高铁万隆地区存在区域地面沉降，万隆市区形成一个大面积的沉降漏斗，地面沉降较为严重，其中年最大沉降速率超过 140mm/年。

（2）雅万高铁万隆段线位穿过沉降漏斗中心，具体里程范围：DK117 + 500 ~ DK142 +900，在线位方向上雅万高铁万隆段最大沉降速率可达到约 140mm/年。尤其是沉降速率变化比较大的 DK116 + 500 ~ DK124 + 300 和 DK130 + 000 ~ DK130 + 500 以及 DK136 + 000 ~ 终点等段落，要特别关注。根据沉降速率纵断面发现，在整个万隆区沉降漏斗中存在不均匀地面沉降，包含几个较小的沉降漏斗。

（3）根据沿线不同位置处 InSAR 监测点的时间序列信息发现，万隆市地面沉降整体表现为线性，即区域沉降没有减缓趋势，有必要进一步观测。

（4）对比水准与 InSAR 沉降监测结果发现，两种监测手段获取的监测成果在地面沉降的空间分布趋势是高度吻合的，中误差为 10.1 mm/年。

（5）雅万高铁万隆地区地面沉降较为严重，且线路刚好从沉降漏斗中心穿过，需要地质专业加强外业调查，查找导致地面沉降的原因，并采取相应的预防措施。

## 6.3　DInSAR 在施工建设中的应用案例

### 6.3.1　项目概况

该案例涉及工程项目位于京沪高铁过境区域之北京到济南段，途径北京市、河北省、天津市和山东省四省市，线路里程长度 393.6 km。该段落属于华北平原，区域内地形平坦开阔，地面高程 0.1～42.0 m，呈南北两端高中间低、由西向东缓倾的特点，团泊洼一带地势低洼，沟渠坑塘密布，为全线最低处。北京至廊坊为冲洪积平原，地势由西北向东南缓倾；廊坊至杨村镇为冲积平原，地势由西北向东南缓倾；杨村镇至沧州为近海冲积平原，地势由西向东缓倾，沧州至济南为冲积平原，地势由西南向东北缓倾。沿线水系发达，从北京往南经过了海河流域，包括蓟运河、潮白河、北运河、永定河、大清河、子牙河、南运河七大水系。线路经过的主要河流有永定河、海河、子牙河、独流减河、子牙新河、、漳卫新河、马颊河、德惠新河、徒骇河等。历史监测资料显示，由于开采地下水等人为活动，在中国东部华北平原一定区域内产生不同程度的地面沉降，形成了若干个沉降漏斗。据多年的水准观测资料，北京至济南段（黄河以北）沿线的北京、廊坊、天津、沧州、德州等城市及周边地区由于多年大量的抽取松散堆积层的地下水，致使区域地下水位下降，导致地层压密，形成了多个沉降中心，引起了不同程度的区域地面沉降。

区域地面沉降对拟建的高速铁路将产生一定影响，特别是局部地区可能存在的不均匀地面沉降会对高速铁路工程产生较大影响。在高速铁路建设过程中，对高铁沿线进行区域沉降监测，分析各类控制网点位布设的合理性，为施工组织提供可靠的沉降信息，预测工程沿线地面沉降的发展趋势，并提出相应的防治对策，对于保证工程的顺利实施和施工进度的合理安排，是十分必要的。

### 6.3.2 实验数据及处理

监测数据主要包括两个部分，分别是铁路沿线的水准监测数据和 SAR 数据。SAR 数据为欧空局（European Spatial Agency，ESA）的 Envisat 卫星的 ASAR 降轨道数据，分为 Track 218 和 Track 447。其中 Track 218 的数据时间为 2007 年 4 月至 2010 年 9 月，有 24 期数据，共 24 幅；Track 447 的数据时间为 2007 年 5 月至 2010 年 9 月，有 26 期数据，共 104 幅。选择的数据都处于京沪高铁的施工建设阶段；水准数据是中国铁设自 2007 年京沪高铁开工至 2010 年 10 月的五期数据，分别为 2007 年 3～5 月的首次建网精密测量以及四次精密复测（2009 年的 3～5 月、2009 年的 8～9 月、2009 年 11～12 月、2010 年 3～5 月）。水准数据主要用来对 DInSAR 监测结果进行精度验证。

采用 D-InSAR 技术及 PSInSAR 技术进行数据处理，主要流程为数据配准、干涉条纹图的生成、相位解缠、高程计算（具体流程参考前文，此处不再赘述）。

采用 PSInSAR 技术对数据进行处理时，Track218 主从影像之间的空间垂直基线范围为 -506.2～386.6 m，时间基线范围为 -445～805 d，如图 6-32 所示。Track447 主从影像之间空间垂直基线范围为 -358.9～511.1 m，时间基线范围为 -280～945 d，如图 6-33所示。

从图 6-32 和图 6-33 所示的时空基线图可以看出，主影像与其他从影像之间的时空基线都能够满足较高精度的时序 PSInSAR 数据处理，以 218 轨道的 SAR 影像为例，生成的差分干涉图结果如图 6-34 所示，除了少量大气相位、基线残差相位和随机噪声影响之外，可以较为清楚地看到形变造成的条纹变化。

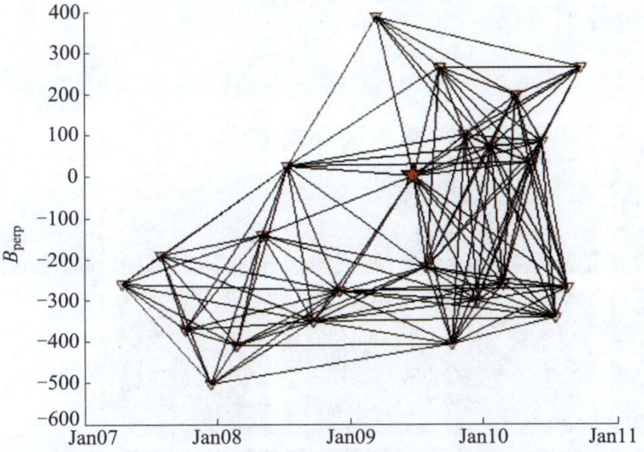


**图 6－32　Track218 时空基线图**

**（五星为主影像，三角形为从影像，黑线为时空基线）**

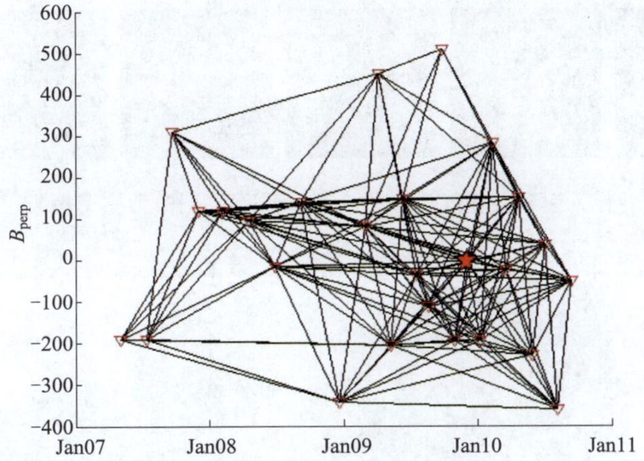


**图 6－33　Track447 时空基线图**

**（五星为主影像，三角为从影像，黑线为时空基线）**

### 6. 3. 3　结果分析

6. 3. 3. 1　沉降监测结果图

根据 PSInSAR 数据处理流程，获取了研究区域内的沉降范围、沉降速率和沉降量等信息，根据这些基本的信息还可以生成更加直观的等值线专题图，用于后续辅助专业应用分析其中，获取的两个轨道的视线向年沉降速率结果分别如图 6－35 和图 6－36 所示。

图 6－35 和图 6－36 中的沉降速率单位为 mm/年，其结果为视线向（LOS）形变速率，分析结果可知，该实验区的相对沉降量为－60～＋30 mm/年，其中北京、廊坊、天津、德州等地区存在较明显的沉降，但两个 Track 之间没有统一的参考点，基准不统一。采用两个 Track 重叠区域及重叠区域内的公共水准点，计算两个 Track 之间沉降量的系统偏差，进行改正，并把视线方向上的沉降量转变为垂直方向上的沉降量，生成了如

图 6－37所示的沉降量等值线图。

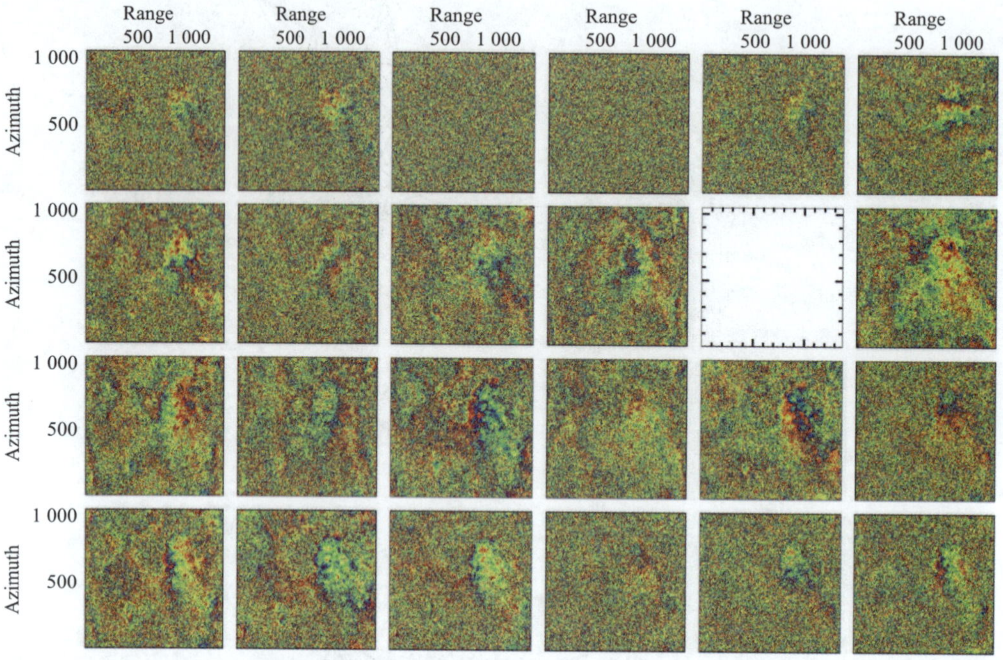


图 6－34　差分干涉图（Track218，空白为主影像）

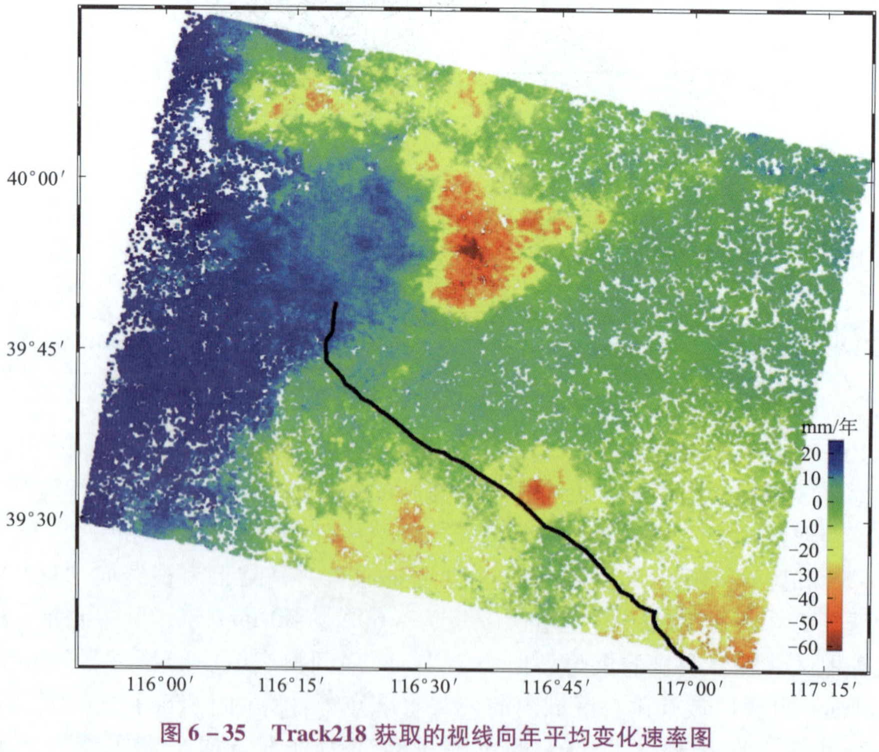


图 6－35　Track218 获取的视线向年平均变化速率图

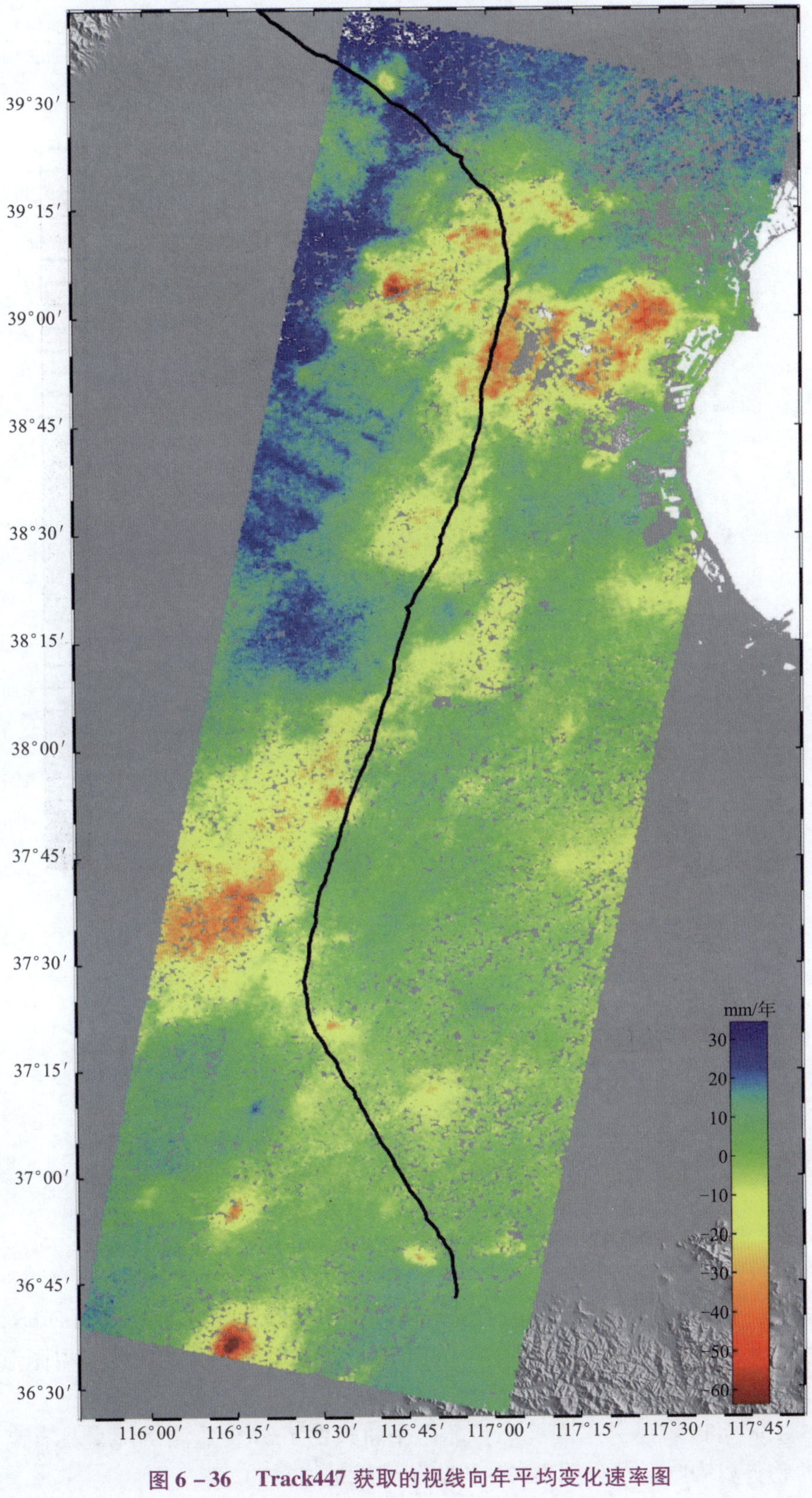


图 6－36　Track447 获取的视线向年平均变化速率图

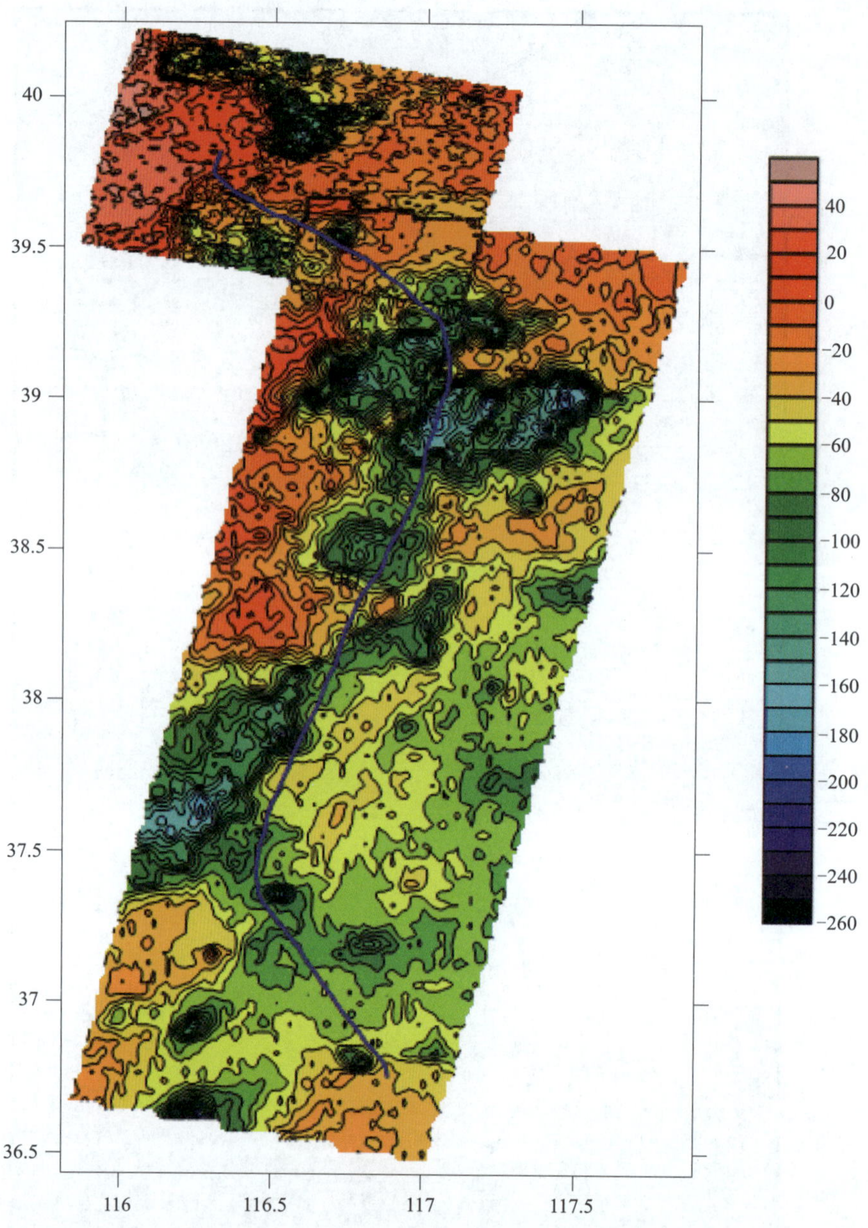


图 6－37　研究区域沉降量等值线图

6.3.3.2　水准与 InSAR 监测结果比较

（1）趋势对比

此次试验，选取铁路沿线水准点的沉降量进行精度验证，同时，根据 DInSAR 监测结果内插得到与水准点相同观测周期时段内的沉降量，然后对二者的沉降量以图形形式进行对比，如图 6－38 所示。

从图 6－38 可以看出，水准沉降量和两个轨道的 InSAR 监测沉降量具有高度的一致性，整体的趋势较为吻合，说明 DInSAR 监测结果是可靠的。

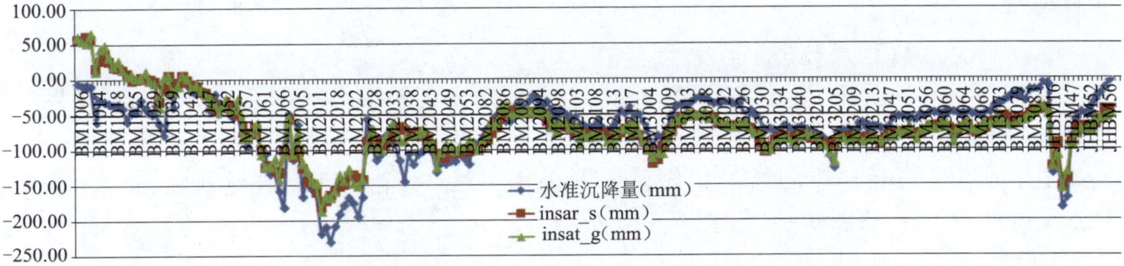


图 6－38　2007. 4. 18－2010. 7. 21 InSAR 沉降量与水准测量结果

（2）PS 点与水准相同监测周期内的沉降对比

依据现有水准资料，基于整体趋势分析的必要性，通过时空线性内插提取了 38 个水准点处（或附近）的 DInSAR 沉降信息，获取了水准监测与 PS 点监测结果的对比结果，如图 6－39 所示。

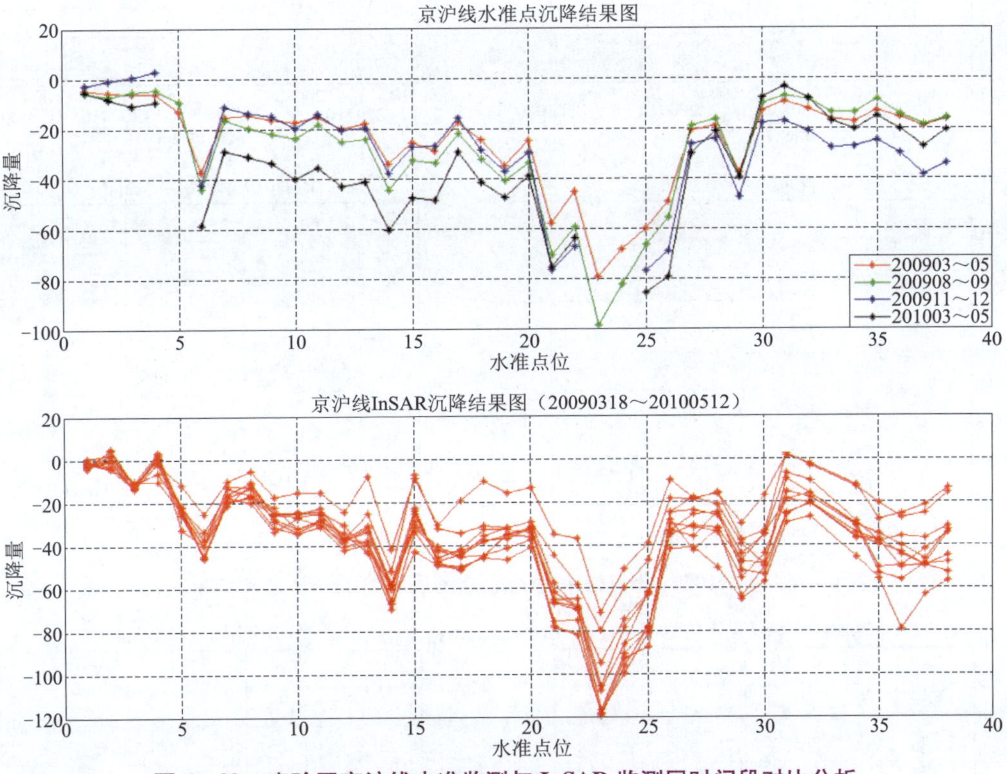


图 6－39　实验区京沪线水准监测与 InSAR 监测同时间段对比分析

根据图 6－39 的对比分析可知，依据同时间内的水准监测与 DInSAR 监测结果发现，两者在全线的沉降变化总图上具备高度相似性，并且其都局部区域存在有不均匀的沉降现象，从图 6－39 看出，无论是水准监测结果还是 DInSAR 监测结果，其在点号 6（BM1014）、点号 14（BM1024）、点号 23（BM1033）、点号 24（BM1034）、点号 29（BM1040），点号 30（BM1041）处存在沉降突变现象，这说明两者在沉降突变区域上保持了高度一致性。从水准监测结果变化趋势看，无论均匀沉降还是非均匀沉降，两者都具体高度一致性。

（3）单点沉降信息分析

为了更精确的反映 DInSAR 沉降监测的精度，需要将单个水准点处的沉降监测结果与 DInSAR 监测结果进行对比分析。通过提取水准点位处具体沉降信息并与水准测量成果进行对比，来分析 DInSAR 的监测精度。依旧采用上述 38 个水准点进行对比，对比结果（选取其中 12 个）如图 6－40～图 6－42 所示。

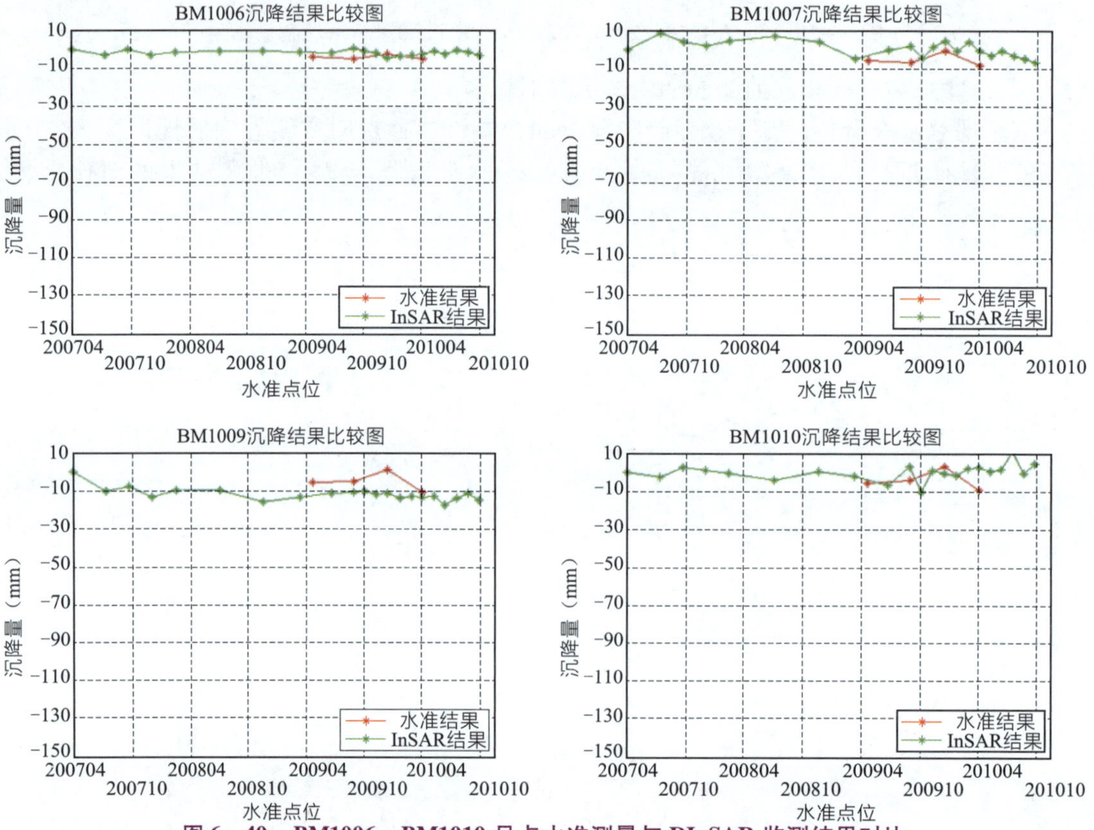


图 6－40　BM1006～BM1010 号点水准测量与 DInSAR 监测结果对比

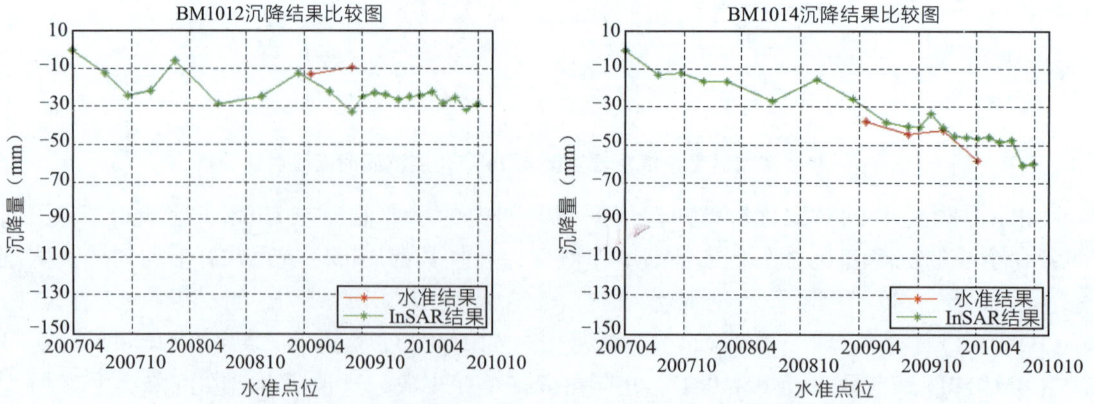


图 6－41　BM1012～BM1016 号点水准测量与 DInSAR 监测结果对比

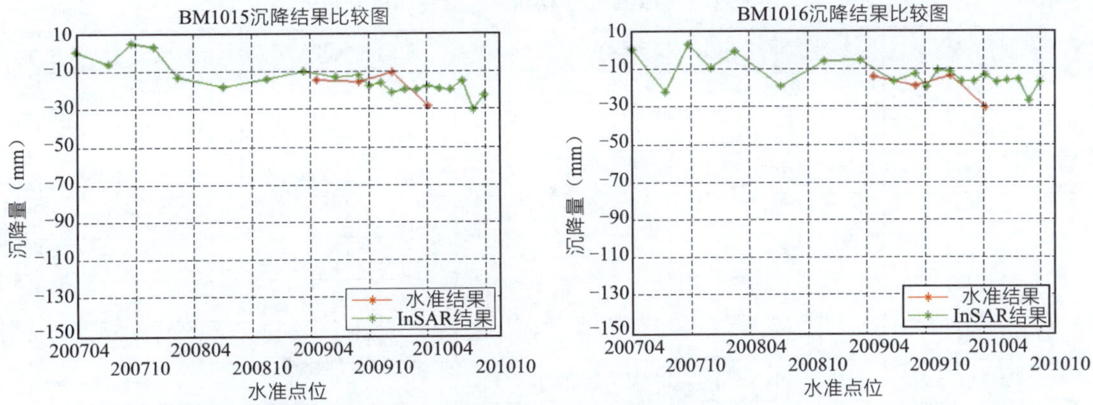


**图 6-41　BM1012～BM1016 号点水准测量与 DInSAR 监测结果对比（续）**

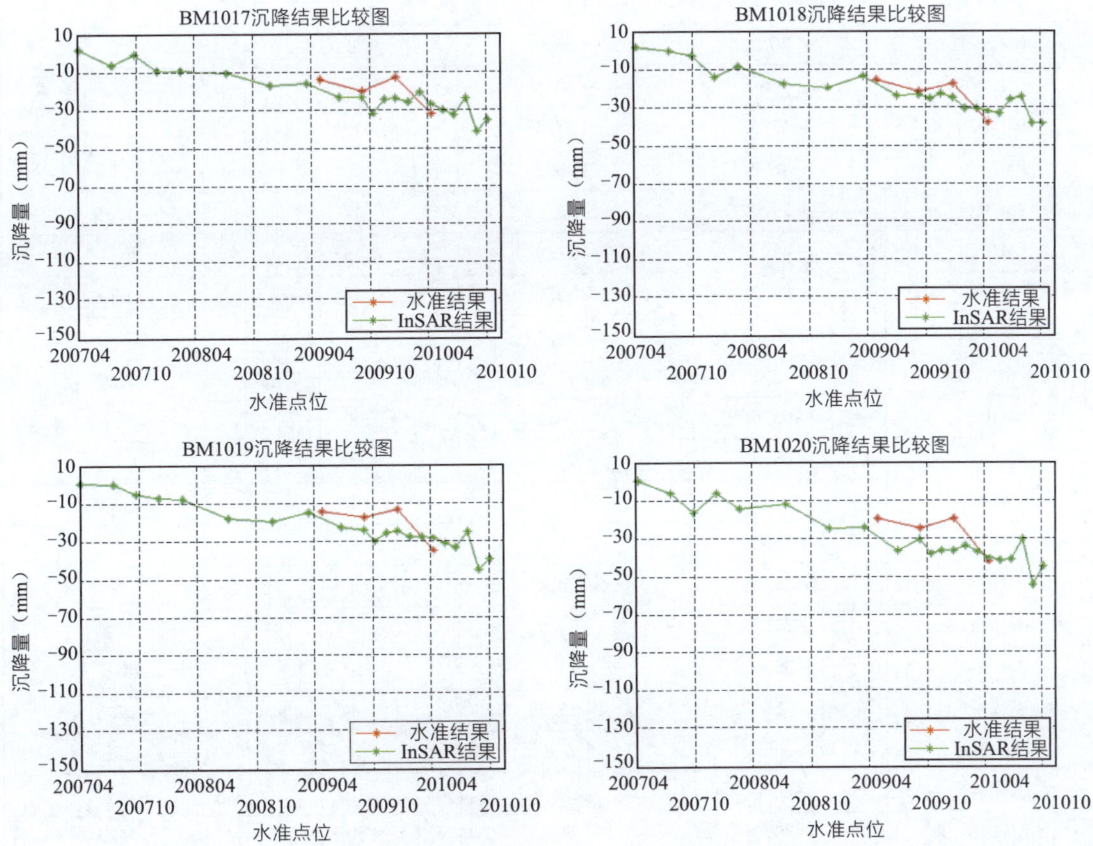


**图 6-42　BM1017～BM1020 号点水准测量与 DInSAR 监测结果对比**

表 6-11 详细列出了水准监测结果与 DInSAR 监测结果的数据对比，根据表格对比分析可知：

表 6 – 11　水准测量与 DInSAR 监测精度分析表

| 点号 | 水准沉降（mm） | InSAR 沉降（mm） | 距离（×30 m） | 差值（mm） |
|---|---|---|---|---|
| BM1006 | -5 | -3.1 | 1 | 1.9 |
| BM1007 | -8.1 | 4.3 | 4 | 12.4 |
| BM1009 | -10.6 | -12.7 | 2 | -2.1 |
| BM1010 | -9 | 1.8 | 3 | 10.8 |
| BM1014 | -58.2 | -45.5 | 2 | 12.7 |
| BM1015 | -28.6 | -20.2 | 5 | 8.4 |
| BM1016 | -31 | -16.7 | 4 | 14.3 |
| BM1017 | -33.7 | -22.6 | 8 | 11.1 |
| BM1018 | -39.7 | -32.3 | 3 | 7.4 |
| BM1019 | -35.3 | -28.2 | 2 | 7.1 |
| BM1020 | -42.8 | -37.6 | 11 | 5.2 |
| BM1021 | -40.8 | -33.6 | 8 | 7.2 |
| BM1024 | -60 | -60.5 | 2 | -0.5 |
| BM1025 | -47.3 | -25.4 | 13 | 21.9 |
| BM1026 | -48.3 | -46.2 | 5 | 2.1 |
| BM1027 | -29.2 | -42.0 | 12 | -12.8 |
| BM1028 | -41.2 | -32.9 | 15 | 8.3 |
| BM1029 | -47.2 | -32.7 | 14 | 14.5 |
| BM1030 | -38.6 | -34.0 | 4 | 4.6 |
| BM10311 | -75.1 | -62.2 | 7 | 12.9 |
| BM1032 | -63.6 | -69.2 | 8 | -5.6 |
| BM1033 | -98.4 | -94.6 | 2 | 3.8 |
| BM1034 | -81.9 | -74.6 | 4 | 7.3 |
| BM1035 | -85.5 | -78.5 | 2 | 7.0 |
| BM1037 | -29.9 | -26.0 | 8 | 3.9 |
| BM1039 | -21.1 | -24.9 | 8 | -3.8 |
| BM1040 | -39.6 | -44.5 | 10 | -4.9 |
| BM1041 | -7.7 | -35.2 | 4 | -27.5 |
| BM1042 | -3.3 | -6.8 | 5 | -3.5 |
| BM1043 | -7.9 | -10.5 | 16 | -2.6 |
| BM1045 | -20.2 | -29.4 | 10 | -9.2 |
| BM1046 | -14.9 | -38.8 | 17 | -23.9 |
| BM1047 | -20.1 | -36.2 | 1 | -16.1 |
| BM1048 | -27.1 | -37.2 | 18 | -10.1 |
| BM1049 | -20.6 | -31.3 | 20 | -10.7 |
| 中误差 | | | | 8.2 |

①从图示 DInSAR 与水准测量结果对比发现，二者在大多数地方，具体相同的沉降变化情况，且其变化趋势基本一致。

②从表中数据可以看出，相对于水准测量结果而言，DInSAR 沉降监测最大误差 23 mm，中误差达到 8 mm（其中包含了 PS 内插造成的误差，水准点监测周期内的观测误差等），这证明该技术与水准测量结果的高度一致性。

（4）结论

①依据实验结果，京沪线在靠近北京市区方向沉降量相对较小，且保持稳定；以 2007 年 4 月为参考点，京沪线 DK0 ~ DK75 段在 2008 年 7 月之前的沉降速率较小；自 2008 年 7 月后沉降有加剧现象，其中在 DK17 ~ K21，DK34 ~ DK38，DK45 ~ DK58，DK62 ~ DK63 区间内存在有沉降突变现象；同时 InSAR 监测结果发现，2010 年 5 月至 10 月间，在 DK39 以后，有沉降加剧的现象。

②根据 DInSAR 监测结果与二等水准监测结果的对比分析，两者具备高度的一致性。与二等水准相比，采用 PSI 方法监测中误差达到 8 mm，说明 DInSAR 监测结果是可靠性。

③通过 DInSAR 监测结果与二等水准监测结果的对比分析，采用中等分辨率的 ASAR 数据，采用 PSI 监测精度与二等水准相比中误差达到 8 mm，说明 ASAR 数据在高铁建设周期的可用性，且数据成本低廉，数据存档多，具有较高的性价比。

## 6.4　DInSAR 用于运营高铁沉降监测

当前高速铁路沉降监测最主要的方式还是精密水准测量。随着 DInSAR 技术的不断发展以及各种高分辨率数据源的不断出现，采用时序 DInSAR 的方式可以对更加精细的监测，使 DInSAR 沉降监测技术应用于高铁沉降监测成为可能。本节结合实际案例介绍 DInSAR 沉降监测如何应用于高铁沉降监测。

### 6.4.1　项目概况

本项目监测对象为京津城际铁路，京津城际连接北京南站和天津站，穿越华北平原沉降最为严重的两个直辖市。从历史水准监测成果来看，该段落内的地表和高铁构筑物存在不均匀沉降现象，需要进行定期监测。

本项目监测目的是对京津城际 2011 年 1 月 ~ 2013 年 12 月的沉降情况进行分析，获取高铁周边地表区域沉降范围、沉降量以及构筑物沉降变化情况，分析区域地面沉降与结构体沉降的差异，深入发掘周边区域地面沉降与高铁构筑物沉降之间的关系，为运营维护提供依据。根据前期水准监测结果，发现全线有三处重点沉降段落。

### 6.4.2　监测方案

根据监测目的，制定详细监测方案，基本原则：由粗到细，精确控制，节省开支。

（1）利用中低分辨率（10 ~ 30 m）的 SAR 影像进行全线沉降普查。

（2）根据普查结果划分风险区域。通过普查性监测，可以将监测区域划分为三种类型，重点监测段落（高风险区域）、一般监测段落（中风险区域）和非重点监测段落（低风险区域），同时对全线水准点的稳定性进行分析。

（3）针对不同风险区域，采用不同的监测数据和监测方法。对于低风险区域，直接利用普查结果，结合水准控制网复测结果进行分析；对于中风险区域，采用中等分辨率（3～5 m）的 SAR 影像进行监测，同时对高风险区域进行“二次普查”；对于高风险区域，利用高分辨率（0.5～1 m）的 SAR 影像进行监测。

本项目已有连续的水准沉降监测数据，包括地面水准点（水准控制网）和高铁线上水准点（CPⅢ），这些监测数据可以作为验证数据分析 DInSAR 监测结果的精度。

### 6.4.3 全线沉降普查

6.4.3.1 全线普查结果

利用欧空局雷达遥感卫星 Sentinel-1 的 35 景中等分辨率数据对京津城际全线区域沉降进行普查监测，采用 PSI 的方法对数据进行处理，获取了 2014 年 11 月至 2016 年 12 月期间全线左右侧各 3 km 范围内的区域沉降信息，如图 6－43 所示。

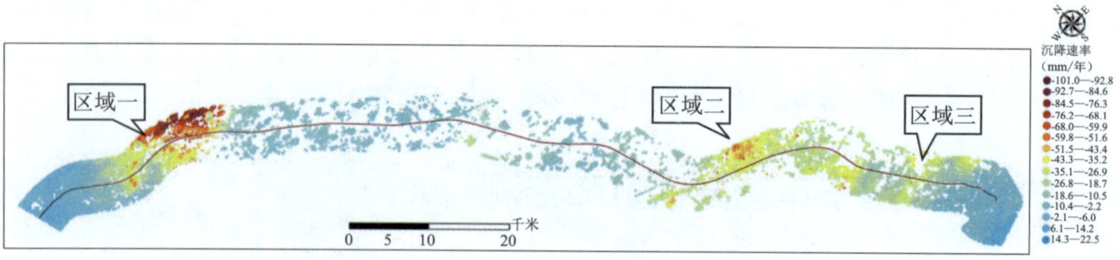


图 6－43 京津城际全线 InSAR 区域沉降速率图

通过对全线地面沉降进行普查，得到了高铁沿线连续的区域地面沉降信息，查明重点沉降中心的分布和变化状况，为重点沉降漏斗的高分辨率连续监测提供监测范围。在满足高铁 DInSAR 沉降监测的要求下，合理分配资源，节省监测费用。

本次监测采用的 Sentinel-1 的 SAR 数据分辨率为 30 m，分辨率较低，重点对全线的区域地面沉降进行普查性检测，提取的铁路线上目标点较少。采用铁路周围的沉降点内插获取铁路沿线路方向的沉降速率纵断面，如图 6－44 所示，从纵断面图上可以清晰判断铁路沿线区域沉降情况。

普查段落已有历史水准监测成果，同样制作水准监测的铁路沉降速率图。

利用 DInSAR 普查段落已有历史水准监测成果，制作了水准监测的铁路沉降速率纵断面图如图 6－45 所示。通过对比 DInSAR 获取的铁路沉降速率纵断面与水准测量对比可以发现，两种方式监测到铁路沉降的位置吻合性较好，铁路线上沉降情况与地面区域沉降速率存在较大相关性，因此铁路构筑物也会存在相关沉降，需要采用更高分辨率的 SAR 数据对铁路构筑物及沿线区域进行精细化监测。

6.4.3.2 风险段落分析

根据图 6－43 和图 6－44 普查结果可知，京津城际沿线存在三个主要沉降区，分别位于北京（区域一），武清区（区域二）及北辰区（区域三），本节将对这三处重点段落的区域沉降进行详细分析。

（1）区域一沉降分析

通过沿线的沉降速率图（图 6－43）可知，该段落是整个城际线路沉降速率最大的位置，线位穿过整个漏斗区。结合图 6－46 沉降速率等值线图分析可知，在 JJK13-JJK14 线位两侧均出现两个小的沉降漏斗，沉降速率在 60 mm/年，铁路在两个漏斗中间穿过。JJK17～JJK24 段落内，沉降速率最大处位于 JJK18＋500 左侧 2 km 处，最大沉降速率为 92 mm/年，在该监测周期内累积最大沉降量为 207 mm。

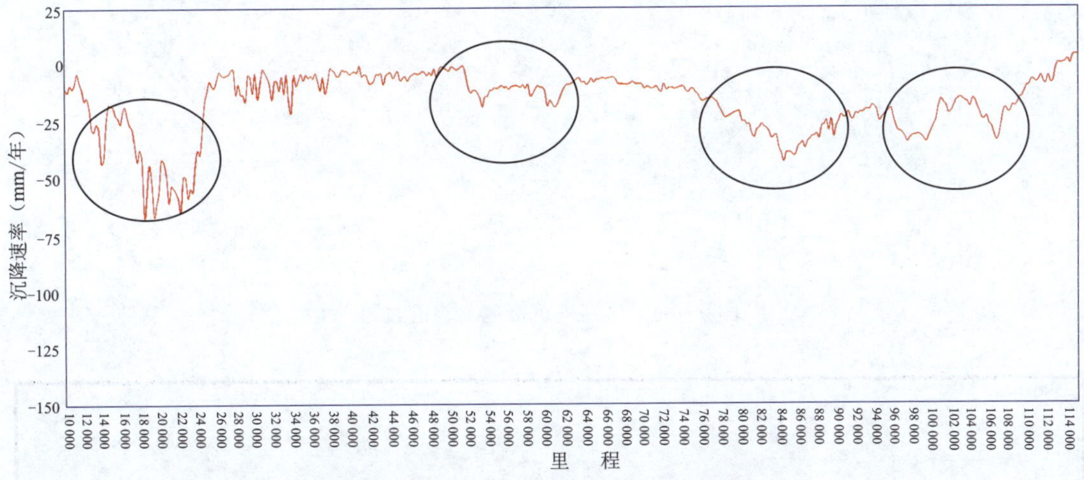


**图 6－44　DInSAR 铁路正线沉降速率纵断面**

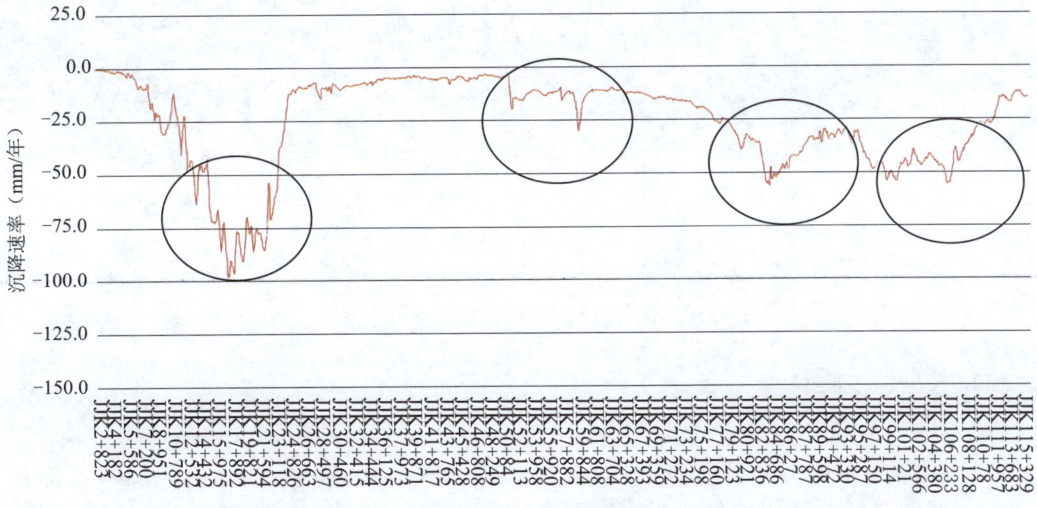


**图 6－45　水准测量铁路沉降速率纵断面**

（2）区域二沉降分析

通过图 6－47 沉降速率等值线可知，区域二线路有约 5 km 范围处于沉降漏斗边缘，沉降速率最大为 76 mm/年，累积沉降速率为 152 mm，线位距离沉降漏斗中心为 2.1 km。另外在小里程方向右侧约 1.4 km 处也存在一处沉降漏斗，最大沉降速率为 58 mm/年，线位未穿越该沉降漏斗。

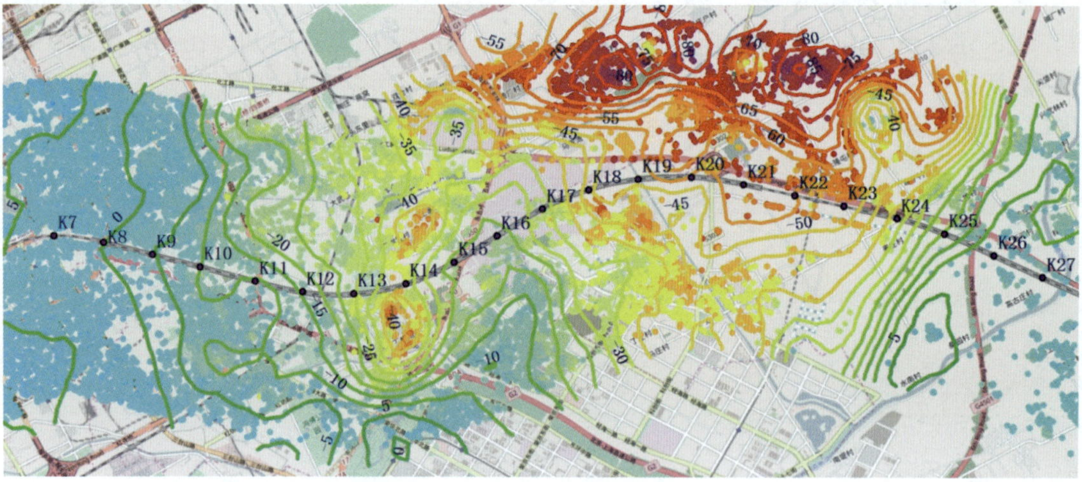


图 6－46　区域一沉降速率等值线图

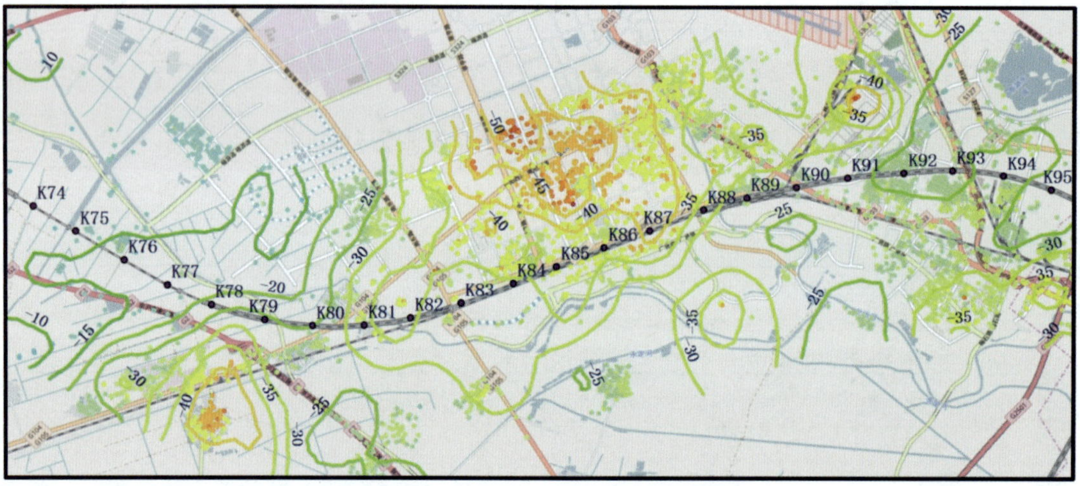


图 6－47　区域二沉降速率等值线图

（3）区域三沉降分析

通过图 6－48 的沉降速率等值线可知，区域三线位有两处位于沉降漏斗中。其中，漏斗 1 处的沉降漏斗中心位于线位右侧 1.5 km，沉降速率为 49 mm/年，累积沉降量为 100 mm。漏斗 2 处沉降速率都约 30 mm/年。

（4）结论

通过对监测结果分析，可以得到以下结论：

①京津城际全线共发现三个大的沉降漏斗区，通过区域的沉降速率图可以发现，铁路穿过区域沉降范围，但是沉降漏斗中心位置与铁路中线存在一定距离。三处沉降漏斗的位置与 2012～2015 年沉降监测一致，说明京津城际铁路沿线区域沉降仍在继续，后续需要

持续观测。

图 6－48　区域三沉降速率等值线图

②DInSAR 获取的铁路沉降速率与水准观测获取的铁路线上沉降漏斗的空间位置基本一致，说明京津城际铁路正线沉降与铁路沿线的区域地面沉降存在相关性。

③由于数据分辨率问题，铁路线上获取的 DInSAR 沉降监测点较少，因此在未来铁路监测中需要综合中高分辨率的策略，监测铁路构筑物及区域地面沉降信息。

④从上述分析中可以看到，北京段的沉降更为严重，沉降范围更大，武清段的沉降和天津段的沉降量相对较小，线路穿越的沉降漏斗范围也相对较小，但因为线位都从漏斗区域穿过，皆需要进行重点监测。因此三处区域作为本次监测的重点段落，采用更高分辨率的数据进行更加细致的监测。

6.4.3.3　水准点稳定性分析

京津城际在北京区亦庄段与武清段总共布设 9 个地面深埋水准点，其中亦庄段 6 个，武清段 3 个。通过将深埋水准点位置与区域沉降速率图叠加如图 6－49 和图 6－50 所示，发现亦庄段 D18、SBM02-1 及 SBM06-1 周围区域沉降较小，这三个点相对比较稳定；SBM03-1、SBM04-1 及 SBM02-1 位于亦庄段沉降漏斗，周围区域沉降速率较大，这三个点稳定性较差。武清段三个深埋水准点同样位于沉降漏斗区内，周围区域沉降速率超过 40 mm，导致武清段三个深埋水准点不稳定。

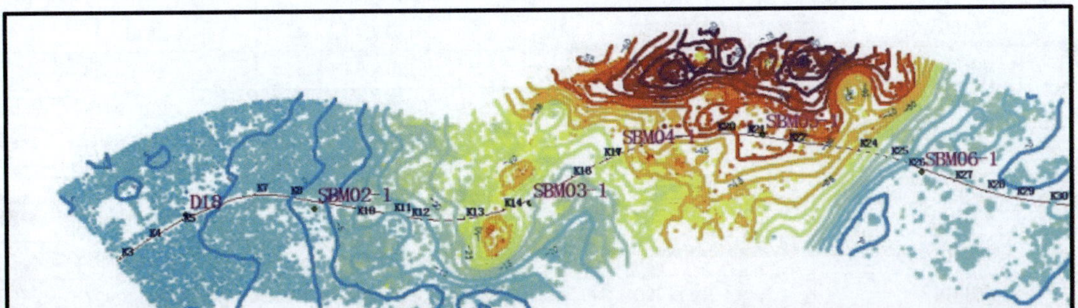


图 6－49　亦庄段深埋水准点与沉降速率叠加图

图 6－50　武清段深埋水准点与沉降速率叠加图

### 6.4.4　重点区域精细监测 I

6.4.4.1　数据选择

经过普查，已经确定了三处重点监测段落，为了准确获取高铁构筑物及周边环境沉降，获取高密度的沉降序列信息，需要进一步采用高分辨率时序 DInSAR 监测方式，出于篇幅考虑，本章节重点以区域一作为重点介绍对象，其他两个区域只做关键点介绍。

通过精细监测，达到以下目的：

（1）区域沉降监测。对京津城际沿线 5 km 范围内的区域地面沉降情况进行分析，分析出重点沉降不均匀区域范围，以及沉降量和沉降速率。

（2）结构体沉降监测。获取京津城际铁路构筑物（路基、桥梁）的沉降纵断面和纵向差异沉降。

（3）差异沉降监测。高铁构筑物与地表之间的差异沉降，构筑物不同结构（路桥结合部）之间的差异沉降，同一构筑物内部的差异沉降（桥墩之间）。

（4）精度分析。对水准监测结果与 InSAR 监测结果进行对比分析。

基于上述目的，获取了该区域内 41 景 3 m 分辨率德国 TerraSAR-X 雷达卫星数据。其数据时间序列见表 6－12。

表 6－12　SAR 数据时间序列情况

| | | | |
|---|---|---|---|
| 20100413 | 20110331 | 20120202 | 20130119 |
| 20100527 | 20110422 | 20120224 | 20130221 |
| 20100710 | 20110627 | 20120408 | 20130326 |
| 20100823 | 20110901 | 20120430 | 20130417 |
| 20101006 | 20110923 | 20120602 | 20130509 |
| 20101119 | 20111015 | 20120705 | 20130531 |
| 20101211 | 20111106 | 20120807 | 20130703 |
| 20110102 | 20111128 | 20120909 | 20130805 |
| 20110124 | 20111220 | 20121012 | 20130907 |
| 20110215 | 20120111 | 20121114 | 20131101 |
| 20110309 | | | |

6.4.4.2　数据处理

采用 SARproZ 软件的 PSI 方法进行处理，获取 InSAR 沉降结果，之后基于中国铁设开发的 InSAR 沉降分析评估系统进行水准 InSAR 数据融合改正，根据处理过程中所遇到因素综合考虑选取时间维统一与空间维分段的修正方案，全线共选取 3 个水准点进行修正，得到最终沉降结果，后基于应用需求提供正线沉降速率、沉降序列量以及高铁构筑物与周边环境之间的差异沉降信息进行精度评定。成果分析与评价采用中国铁设自主研发 TSDI_InSARpro 软件系统，制图输出采用 ArcGIS + Photoshop 平台。具体处理流程和方法参考前文所述，此处不再赘述。评价所用的数据为 SAR 数据时间段内的 CPⅢ测量数据，测量时间周期见表 6-13。

**表 6-13　水准数据时间序列情况**

| | |
|---|---|
| 20100415 | 20120215 |
| 20100815 | 20121015 |
| 20101215 | 20130415 |
| 20110615 | 20131015 |
| 20111015 | |

6.4.4.3　监测结果分析

(1) 沿线区域沉降监测分析

采用高铁构筑物上布设的 CPⅢ控制点对 PS-InSAR 监测结果进行沉降纠正，将 InSAR 技术提取的相对沉降量转换到相对于基岩点的绝对沉降量。经过水准点绝对校正之后，得到监测区的沉降速率图（图 6-51）及沉降量等值线图（图 6-52）。

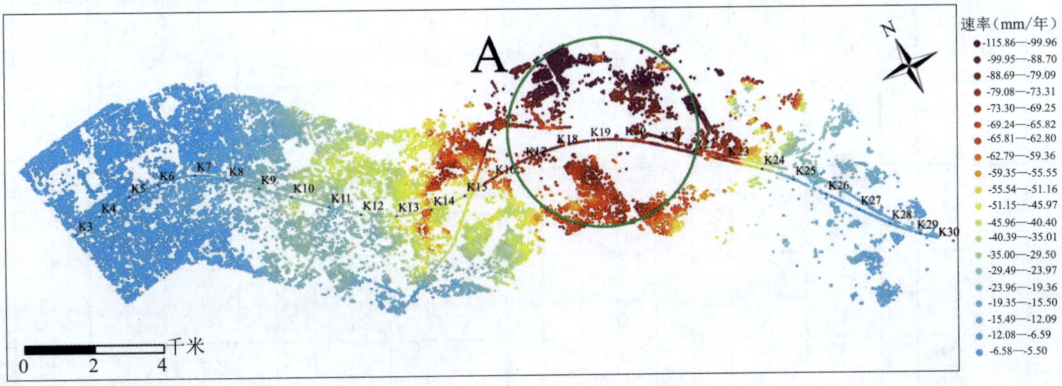


**图 6-51　监测区沉降速率图**

从图 6-51 和图 6-52 可以看出，该区域整体处于沉降中，同时存在一个较大沉降漏斗（在图 6-51 中用 A 标记），沉降漏斗中心位于线路右侧约 1.9 km，铁路经过在 A 漏斗处的最大速率为 94.3 mm/年，与普查时结果基本一致。A 处漏斗沉降范围较大，沉降漏斗周围主要为居民区。该沉降漏斗的形成与地下水开采及地质构造密切相关。北京亦庄段砂层分布范围、厚度相对较大，由于外来人口增加和大量建筑物的兴建，导致 A 漏斗处地下水水位下降明显，从而出现大范围地面沉降。另外，A 处沉降漏斗正好处于南苑—通州断裂带，该区域内的构造单元在区域应力场的作用下呈缓慢下降趋势，因此地壳构造

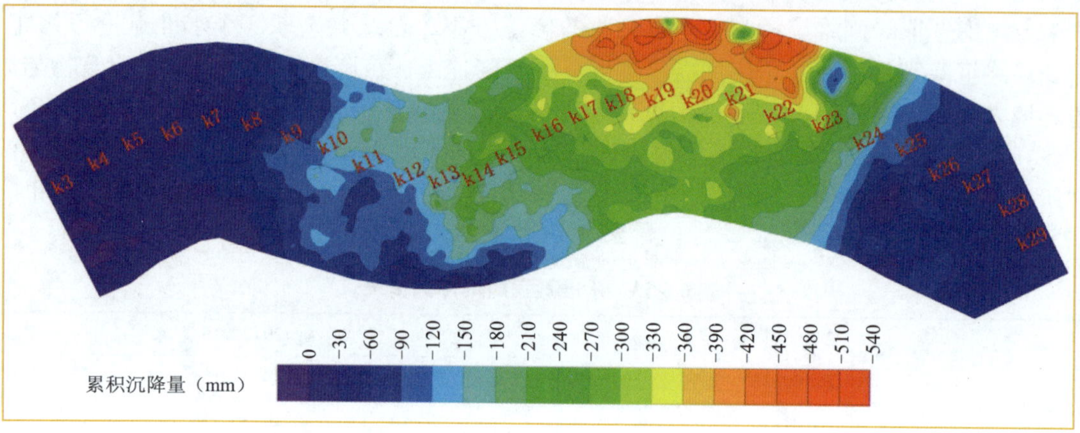


图 6-52　监测区等值线图

运动是该区域地面沉降产生的重要因素。

（2）高铁构筑物沉降分析

为了更深入清晰了解铁路正线构筑物的总体沉降情况，利用 TSDI_InSARpro 软件对 InSAR 沉降信息进行处理，提取铁路中线纵断面沉降信息和不同周期的沉降量曲线图，确定沉降严重的段落位置里程及沉降信息，如图 6-53 所示。

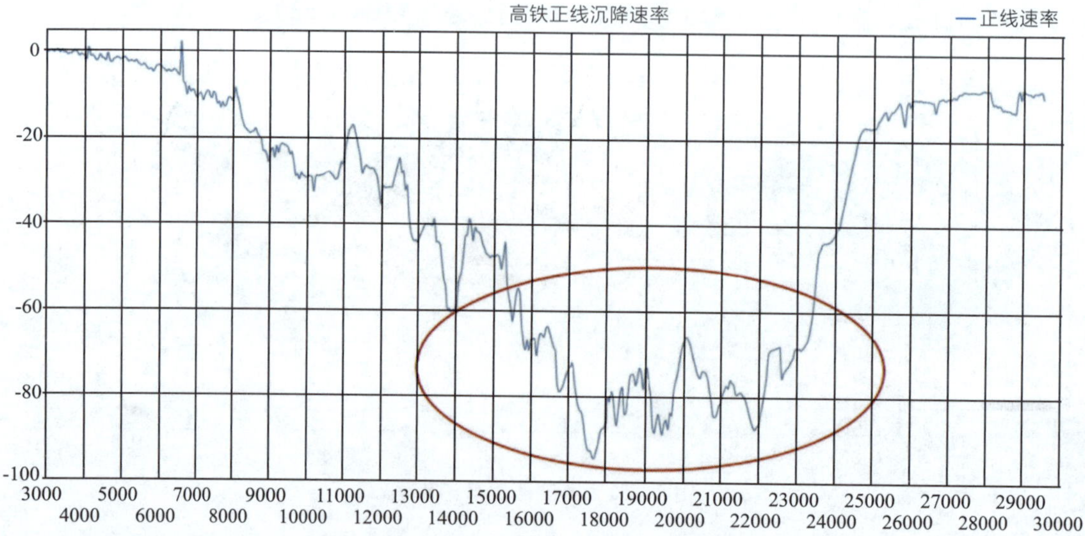


图 6-53　高铁构筑物沉降速率

41 个周期内总体沉降序列如图 6-54 所示。为便于分析，选取 0.5 年作为一个周期的 InSAR 沉降监测结果进行比较，时间序列见表 6-14，对应的沉降量如图 6-55 所示。

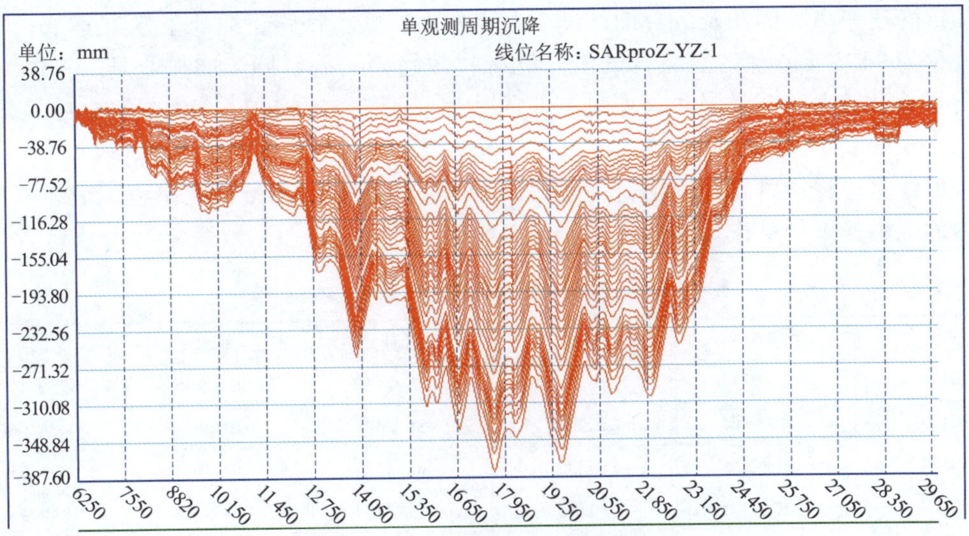


**图 6－54　铁路正线沉降曲线图**

**表 6－14　选取时间序列情况**

| 选取时间点 | 与上期时间差 |
|---|---|
| 20100413 | 0 |
| 20101006 | 约 6 个月 |
| 20110331 | 约 6 个月 |
| 20111015 | 约 6.5 个月 |
| 20120408 | 约 6 个月 |
| 20121012 | 约 6 个月 |
| 20130417 | 约 6 个月 |
| 20131101 | 约 6.5 个月 |

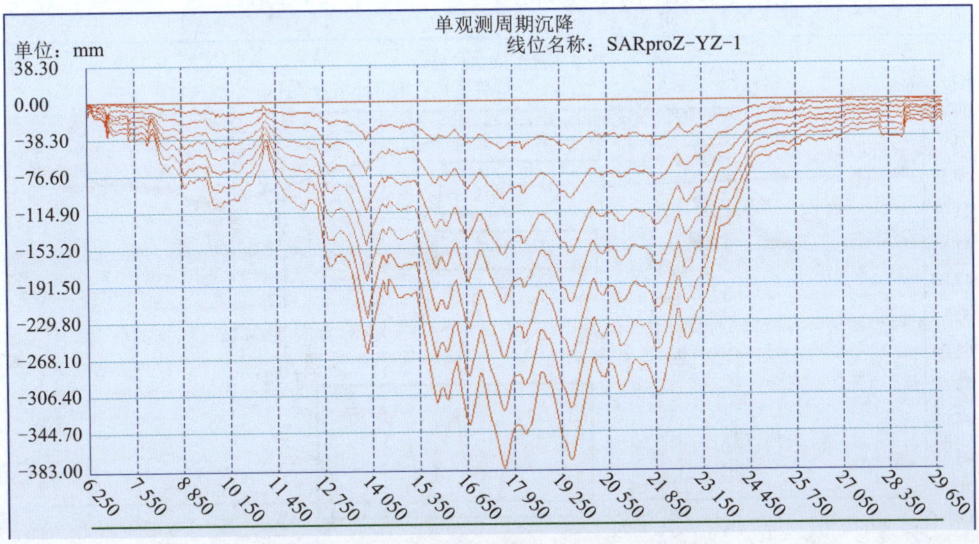


**图 6－55　均匀时间周期下的序列沉降量**

从沉降速率纵断面图及沉降曲线图中可以发现，整个铁路正线处于整体沉降中，最大沉降速率为 94. 3 mm/年，且各处的沉降没有收敛趋势，需要持续加强监测。在铁路正线上出现了一个较大的沉降漏斗，穿过漏斗的线路长度约 18 km，自 2012 年 1 月累计沉降量约为 380 mm。

根据线路里程，可以计算出每一里程出的沉降速率和沉降量，取里程 10100 至 10420 范围内的沉降速率信息作为样例展示，见表 6 – 15。

**表 6 – 15　正线沉降速率信息（单位：mm/年）**

| 里程 | 沉降速率 | 里程 | 沉降速率 | 里程 | 沉降速率 |
|---|---|---|---|---|---|
| 10100 | -8. 02711 | 10210 | -55. 2119 | 10320 | -56. 4748 |
| 10110 | -8. 07165 | 10220 | -58. 2647 | 10330 | -54. 0661 |
| 10120 | -8. 82959 | 10230 | -61. 3176 | 10340 | -51. 7545 |
| 10130 | -10. 8395 | 10240 | -64. 3704 | 10350 | -48. 9311 |
| 10140 | -10. 1655 | 10250 | -67. 4232 | 10360 | -45. 9618 |
| 10150 | -10. 0426 | 10260 | -70. 476 | 10370 | -43. 0092 |
| 10160 | -11. 3026 | 10270 | -73. 5289 | 10380 | -40. 0565 |
| 10170 | -10. 4011 | 10280 | -76. 5817 | 10390 | -37. 3355 |
| 10180 | -10. 5153 | 10290 | -79. 6345 | 10400 | -36. 8591 |
| 10190 | -9. 7968 | 10300 | -82. 6873 | 10410 | -36. 7474 |
| 10200 | -10. 0158 | 10310 | -85. 7401 | 10420 | -36. 9926 |

通过对沉降速率图和高铁正线横断面沉降量和纵断面沉降量的联合分析，该段落内沉降有以下需要关注的地方：

①该区域存在一个较大的沉降漏斗，如图 6 – 56 所示，其中心最大沉降速率达 105 mm/年，边缘沉降速率约为 10 mm/年。

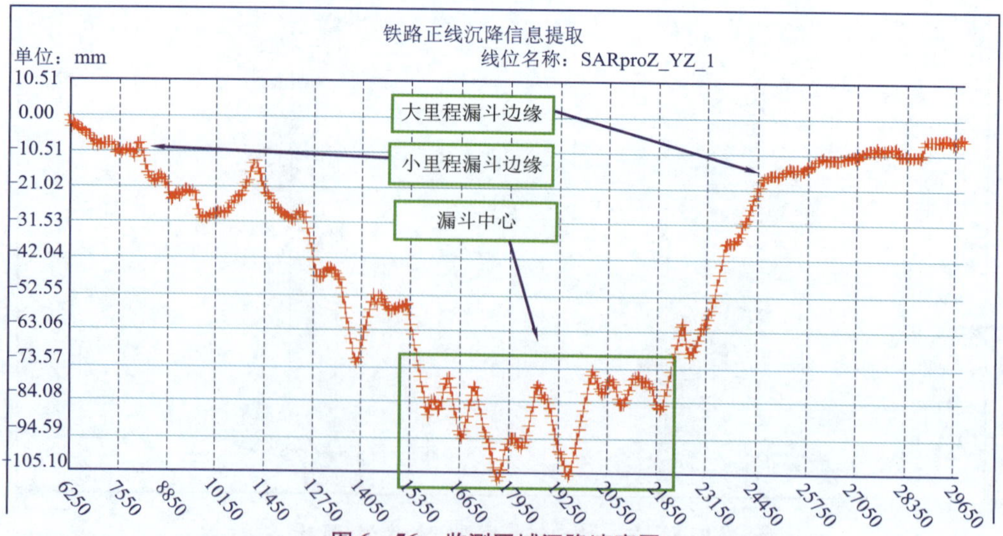


**图 6 – 56　监测区域沉降速率图**

②可以从图 6－57 明显看出，该区域存在沉降速率突变部位，速率突变说明存在差异沉降，日常监测需要重点关注。

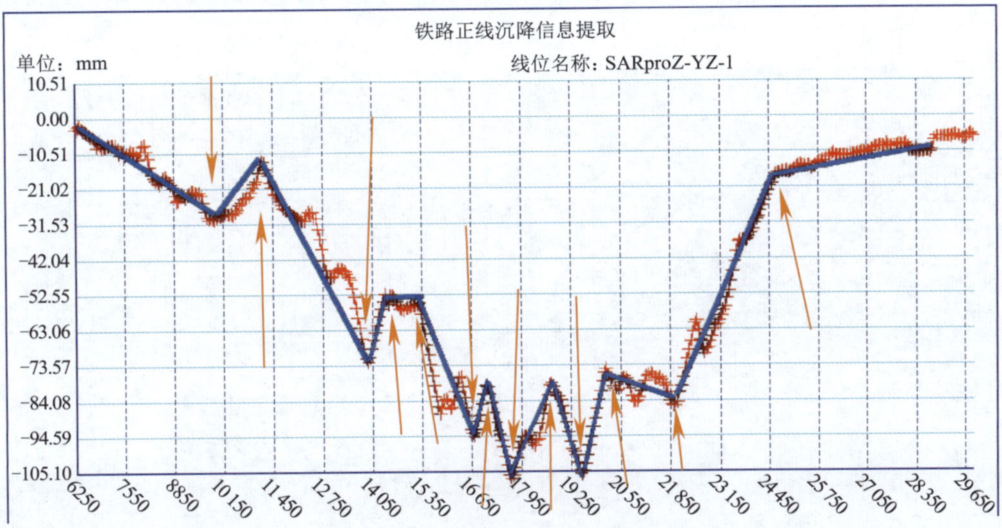


**图 6－57　关键沉降峰谷值提取**

（3）高铁构筑物与周边地表差异沉降分析

为了更全面分析监测区域的沉降情况，为高铁维护提供科学准确数据支持，需要分析高铁构筑物和周边地表区域沉降差异。根据经验，采用平纵断面沉降分析是有效的方法。对京津城际正线与高铁正下方及高铁左右两侧 200 m 范围地面的沿线路纵断面沉降速率进行对比分析；其次分析重点沉降段落的横断面沉降信息；最后对重要工点（如路基与桥梁结合处）差异沉降信息进行对比。

①铁路纵断面差异沉降分析

利用高铁构筑物以及对应的地面沉降量（或者沉降速率）的纵断面，可以分析高铁构筑物与周边地表之间的差异沉降，通过该差异沉降分析，一方面可以通过分析周边环境区域沉降对高铁造成的影响，对区域沉降造成的危害进行评估；另一方面可以发现沉降漏斗和沉降范围，对高铁沉降的原因进行分析，便于工务部门开展运营维护。基于 TSDI_InSARpro 软件，分别提取了高铁正下方及高铁左右两侧 200 m 范围内地面的沿线路纵断面沉降速率，并与高铁构筑物在任意里程处沉降速率进行对比，如图 6－58 和图 6－59 所示。

由图 6－58 和图 6－59 图中分析可以发现，高铁构筑物与高铁正下方及左右侧 200 m 范围地面沉降速率趋势基本一致，铁路线上沉降与周围区域沉降密切相关，个别地方存在差异沉降；左侧 200 m 沉降速率与正线相差不大，右侧 200 m 沉降速率较小，这与区域沉降速率图中显示高铁左侧沉降速率较大相一致。对于高铁正线与铁路沿线区域沉降速率不一致的地方需要实地调查，并分析原因。

其他不同距离、平行于线位的地表沉降速率断面图如图 6－60～图 6－62 所示。从这些纵断面的对比图中可以看出，距离高铁距离越近，地表沉降与高铁构筑物沉降相关性越强，距离越远，相关性越弱。同时也可以看出，凡是有区域沉降的地方，高铁构筑物均有不同程度的沉降。

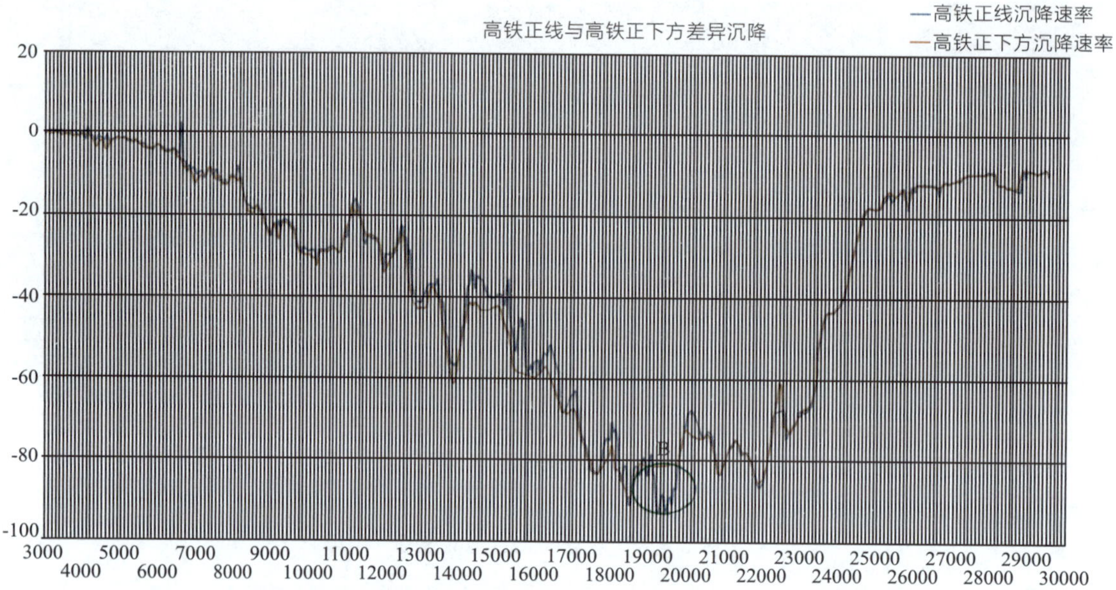


图 6-58　高铁正线与高铁正下方沿纵断面差异沉降速率图

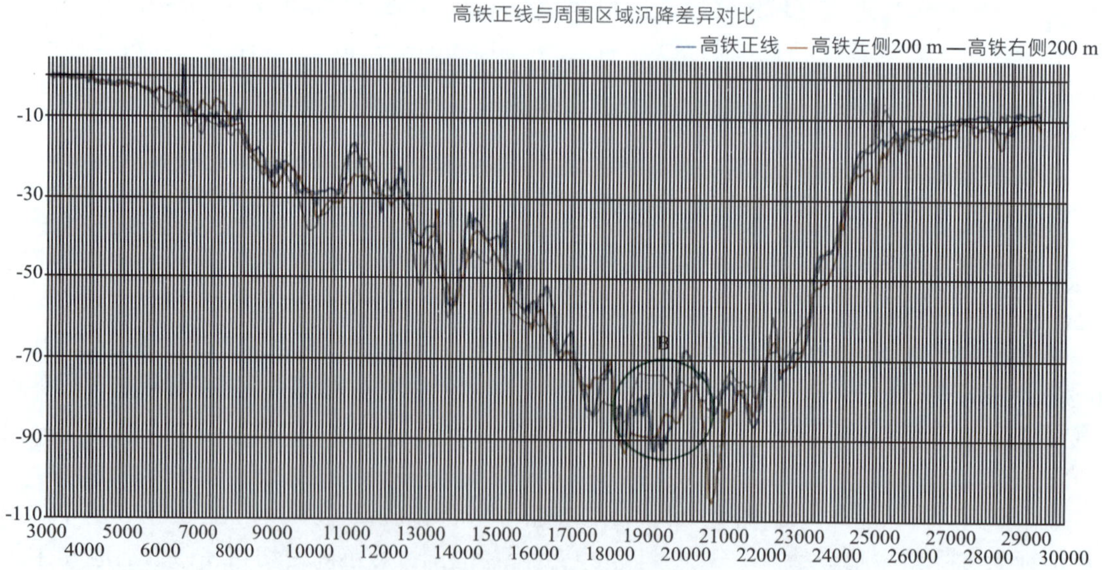


图 6-59　高铁正线与周围区域沿纵断面差异沉降速率图

②铁路横断面差异沉降分析

构筑物与周围区域的差异沉降规律还可以通过横断面差异沉降来表示，在重点里程处垂直线路方向提取沉降速率横断面图，分析铁路两侧的区域沉降与铁路的沉降关系。局部里程沉降横断面如图 6－63 所示。

从沉降速率横断面中发现：高铁构筑物与周围区域沉降在时间序列上的沉降速率存在差异沉降，并且高铁周围区域的沉降速率比高铁构筑物沉降速率大，说明高铁构筑物的沉降不是由桥梁结构本身产生的形变所导致，高铁沿线的整体区域沉降是高铁构筑物沉降的主要因素。

JJK19＋600 处的横断面高铁正线上的沉降速率大于周围区域，这也与前文描述的沉降速率纵断面上的差异相一致，需要通过实地调查并结合铁轨实测资料综合分析。

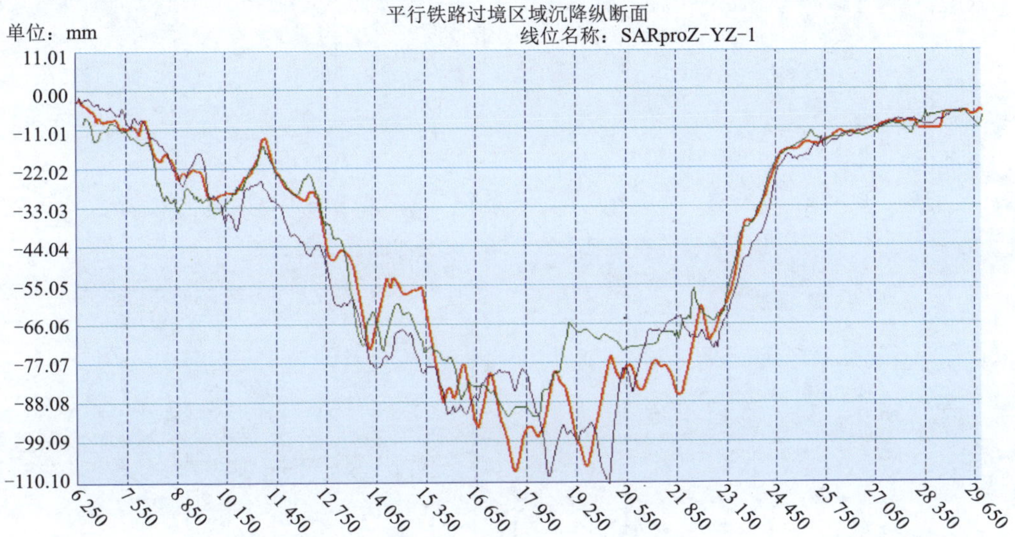


**图 6－60　铁路及左右 500 m 处纵断面沉降速率**

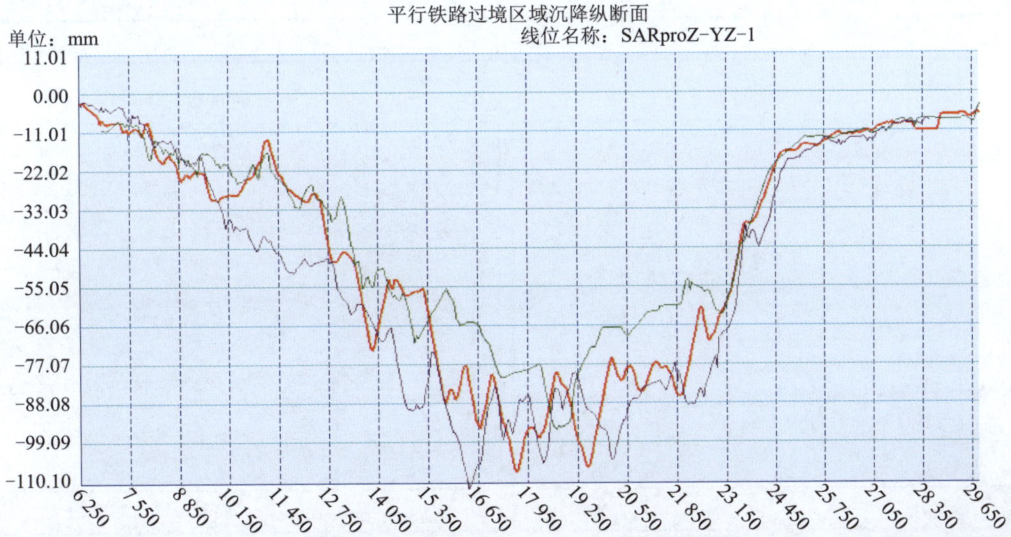


**图 6－61　铁路及左右 1 000 m 处纵断面沉降速率**

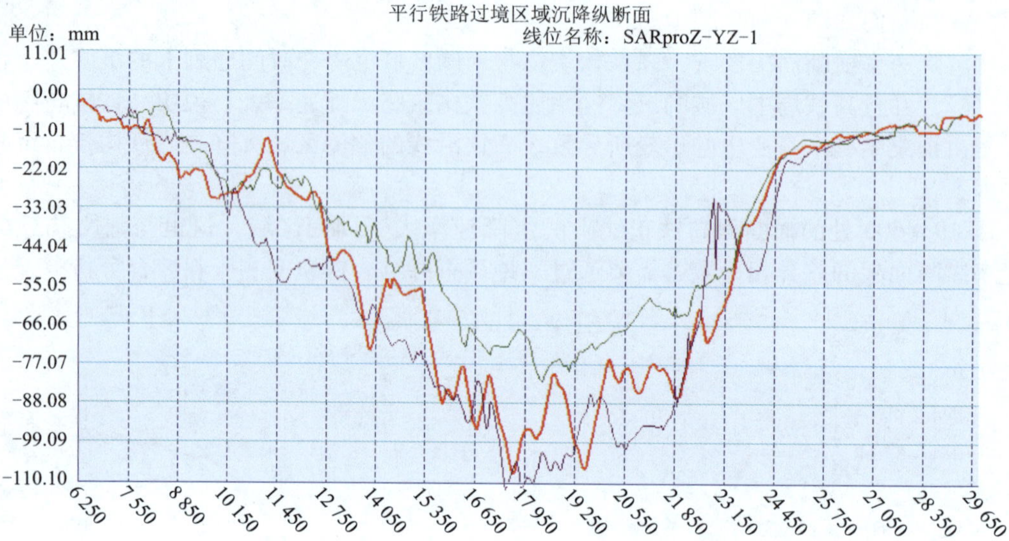


**图 6-62　铁路及左右 1 500 m 处纵断面沉降速率**

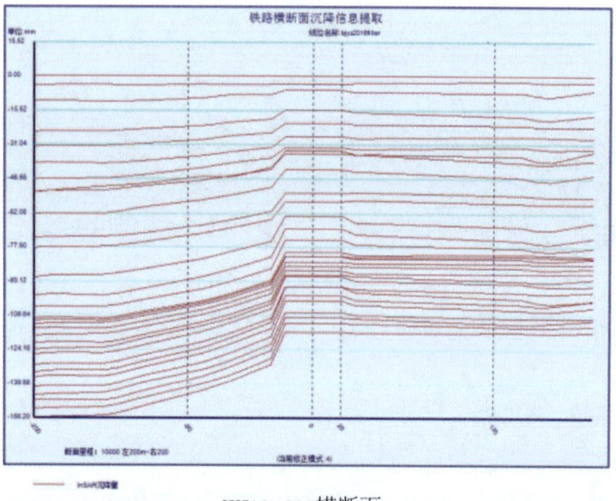


JJK10+000横断面

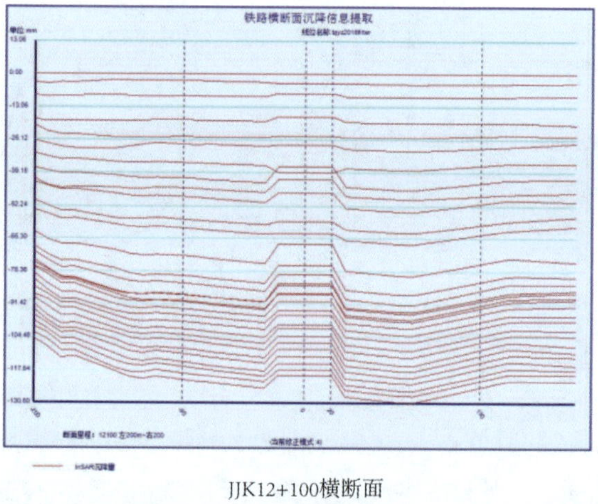


JJK12+100横断面

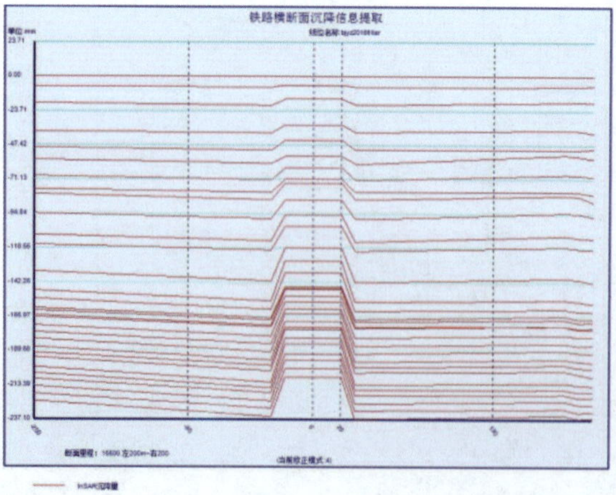


JJK15+500横断面

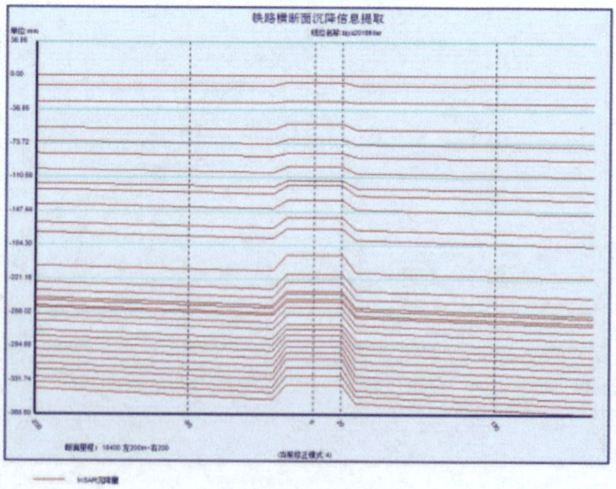


JJK18+400横断面

**图 6-63　局部里程沉降横断面**

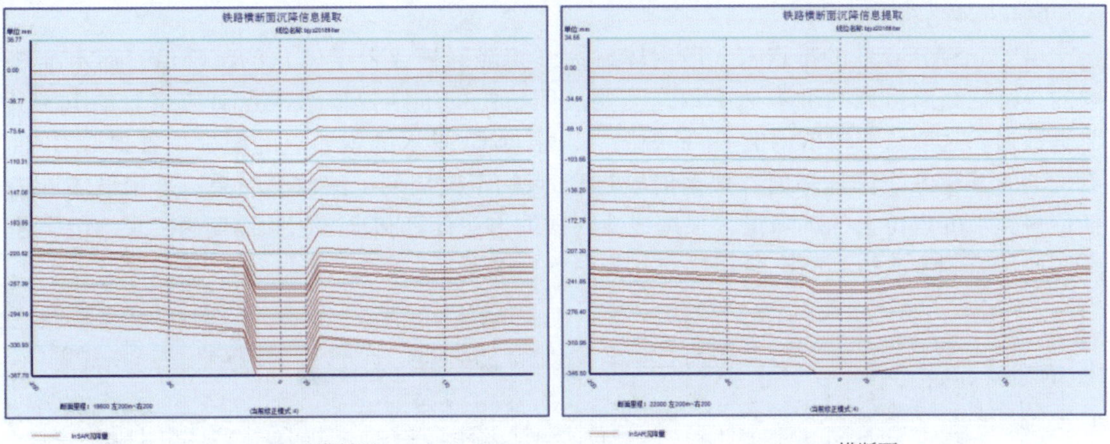


JJK19+600横断面　　　　JJK22+000横断面

**图 6 – 63　局部里程沉降横断面（续）**

③路桥过渡段差异沉降

路桥属于两种不同结构的高铁构筑物，因为其构造机理不一样，对沉降的反映也不一样，容易在路桥过度点上产生差异沉降。对于高铁运营来说，整体的区域沉降是安全的，但对于差异沉降要重点关注，需要控制在安全范围以内。在监测段落内，存在路桥过渡段，通过 InSAR 沉降监测成果对路桥过度点上的沉降进行重点分析，如图 6 – 64 所示，图中显示了检测区内路桥过渡段的高铁构筑物沉降速率。

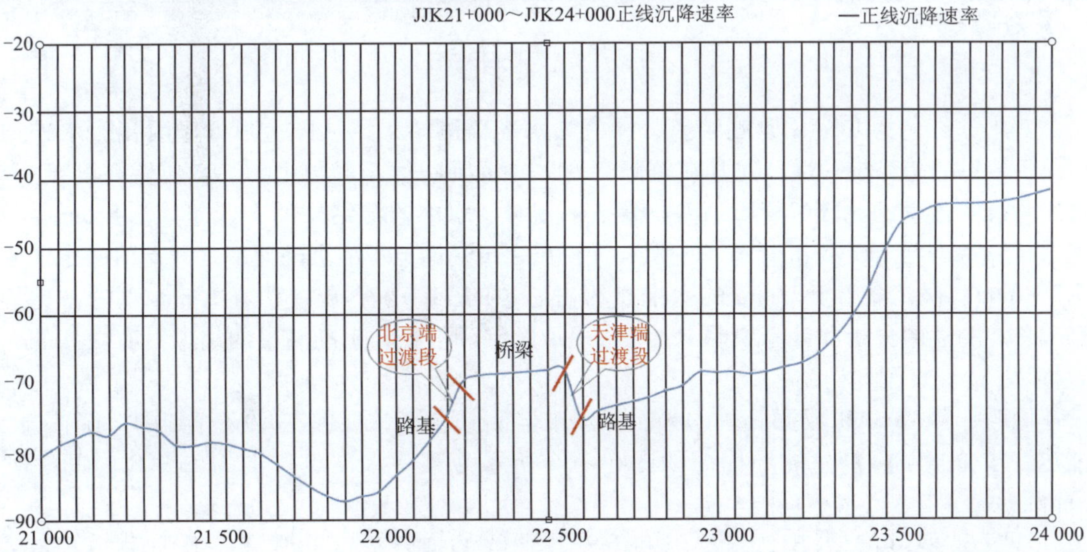


**图 6 – 64　路桥过渡段沉降速率图**

从图 6 – 64 中可以看出，路基段沉降明显大于桥梁段沉降速率，在两端路桥过渡段存在明显的差异沉降，在后期监测中，需要加强观测周期数和采用多种观测手段重点监测该段落的沉降变化，查找差异沉降产生原因，并制定有效的防治对策。

6.4.4.4 精度分析

由于 InSAR 获取的是点永久散射体目标（接触网杆或者梁体）的沉降值，而水准获取的是特定线路里程的沉降速率值，需要按照特定的准则提取水准点对应位置的 InSAR 监测数据。选取监测段落内的 CPⅢ观测点，根据 CPⅢ水准观测点的坐标位置提取 CPⅢ点位上的 InSAR 沉降速率值。根据提取的 PS 点的不同周期上的监测结果，采用最邻近法插值得到水准点位上的沉降量，采用线性内插的方法计算和水准相同周期内的平均沉降速率。两种监测方法得到的沉降速率对比如图 6－65 所示。

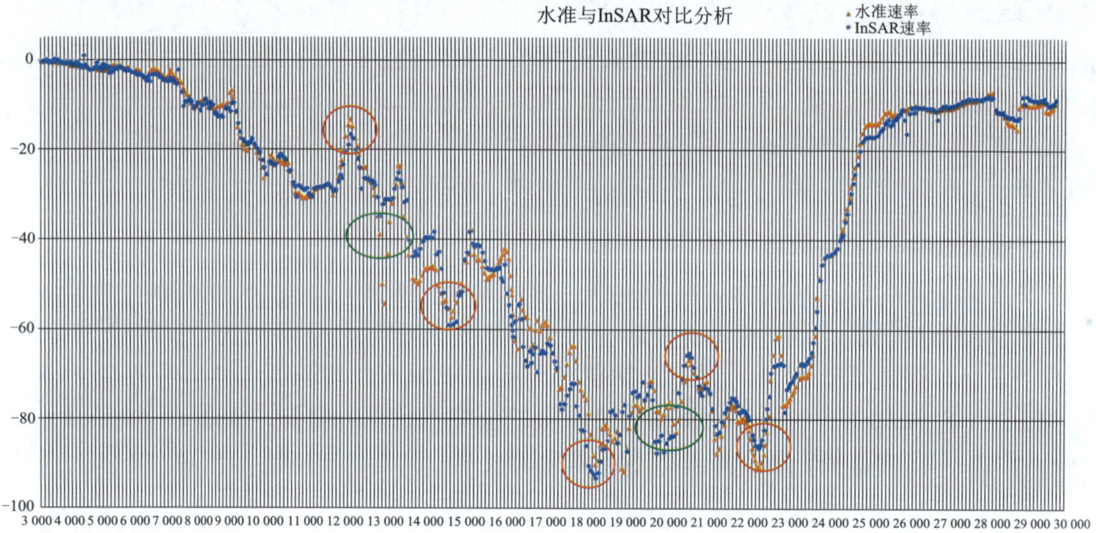


**图 6－65　对比分析图**

其中，红色为 InSAR 监测结果，绿色为水准监测结果，从图上可清晰看出：水准与 InSAR 结果的趋势统一性，尤其在沉降突变区，沉降谷值与峰值上，二者位置高度统一。在平均沉降速率的比较中，InSAR 监测结果相对于水准监测结果的中误差为 2.8 mm/年。通过计算水准与 InSAR 沉降速率差值统计得出，InSAR 与水准沉降速率之间差值的中误差为3.8 mm，误差值小于 3 mm 的水准点约占总数的 71.3%，误差值在 5 mm 以内占比约 85.2%。上述的分析和计算说明 PSI 方法提取的沉降信息与水准测量的结果具有很高的一致性。

同时，因为 SAR 数据获取的频次比水准监测频次高，能够获取更详细的沉降信息，能进一步分析沉降产生的原因。如图 6－66 所示为某一水准点位上的 InSAR 时间序列沉降曲线。

从图 6－66 可以看出，水准点和 InSAR 曲线的拟合程度非常高，最大误差不超过 5 mm，但仅仅从水准点的沉降曲线来看，很难看出沉降规律。此时结合时序 DInSAR 沉降曲线，则可以看出沉降具有明显的“波动”性，如果把波动性跟时间对应，发现沉降最大的时间段基本上都在 1～3 月份期间，而该时间段一般为枯水期，降雨量少且用水量大。从目前的资料来看，目前我国大部分的地表区域沉降均与地下水的使用相关。图 6－67 展示了北京地区分层沉降标监测的地下水位和沉降量之间的关系。

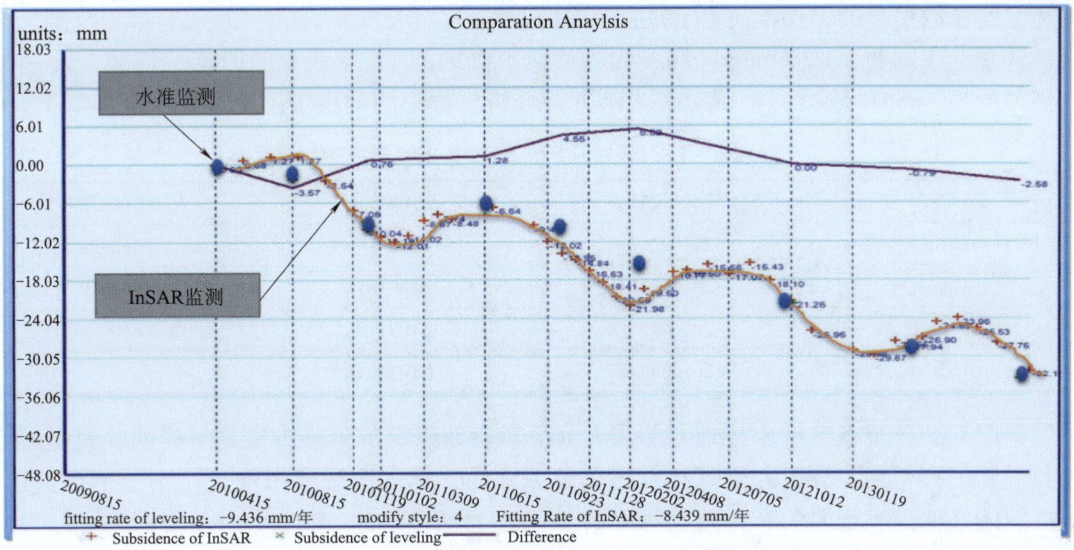


图 6－66　时序 DInSAR 沉降曲线和水准监测结果对比

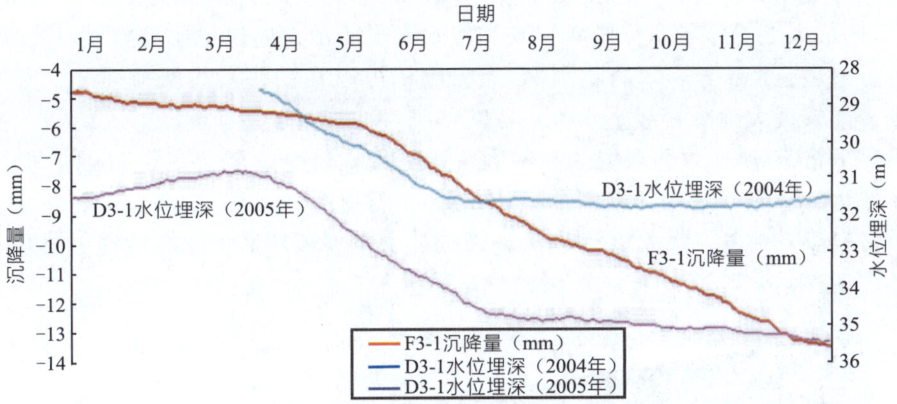


图 6－67　水位埋深与沉降量之间的关系

但在一些速率突变的地方（如图 6－65 圆圈所标注），InSAR 与水准出现了一定偏差，该误差产生可能与 InSAR 沉降速率插值计算或者在某些段落没有提取 PS 点密度稀疏有关，也可能与水准数据的观测周期长和重复观测次数少有关。同时，在某些时间段落内，影像拍摄时间间隔超过 4 个月，这也会对 InSAR 数据处理结果产生一定影响。

### 6.4.5　重点区域精细监测 Ⅱ

在前一节利用 3 m 分辨率的 TerraSAR 数据对北京段重点监测区域进行了沉降监测和分析，从图 6－51 中可以看到，在沉降最严重的段落，高铁线位上缺少 PS 点，其原因跟高铁走向有关，同时跟 SAR 数据源的分辨率不高直接相关。如果高铁行进方向与卫星运行方向垂直，落在高铁上的有效像元不超过 4 个（高铁轨面宽度按照 11 m 计算），能最终选择出来作为 PS 点的将会更少。此时需要更高分辨率的 SAR 数据，以便能够在高铁构筑物上面提取更多的 PS 点，进行更加精细的监测。

针对上述问题，选择沉降区域一内高铁线上提取的 PS 点较少的段落，订购 1 m 超高分辨率的 TerraSAR 数据，重新对该段落进行分析。收集的数据情况见表 6 – 16。

**表 6 – 16 区域 – 1 m SAR 数据时间序列**

| | | | |
|---|---|---|---|
| 20150831 | 20160201 | 20160601 | 20160828 |
| 20151014 | 20160212 | 20160612 | 20160908 |
| 20151025 | 20160223 | 20160704 | 20160919 |
| 20151230 | 20160327 | 20160726 | 20160930 |
| 20160121 | 20160407 | 20160806 | |

采用 1 m 分辨率数据源处理方法和 3 m 分辨率数据源的处理方法是一样的，只是具体参数设置稍有差别，分析的流程和方法也是一样的，具体流程参考前文，本节不再赘述。根据前述处理流程获取的高铁构筑物上的 PS 点，如图 6 – 68 和图 6 – 69 所示，可以看出高铁构筑物上的点分布较多且密集，接触网杆等细节均可以被选作 PS 点并获取到对应监测结果。

为能充分显示 3 m 分辨率和 1 m 分辨率监测细节的不同，将重点展示一下两者在时序 DInSAR 监测成果上的差异，如图 6 – 70 和图 6 – 71 所示，通过对比分析可以清晰地看出，在时序分析过后，1 m 分辨率的监测 PS 点密度仍可以在铁路沿线保持连续，密度较为均匀和规则，能够极大地减轻线上水准点监测的密度。

基于高分辨率 SAR 数据获取的高铁构筑物沉降监测点较多（图 6 – 69），但是高铁构筑物梁体作为一个刚性结构，根据这一特征，对桥梁体上的沉降监测点进行精细分类，将非线上点进行手动删除，并在开发的后处理软件中实现该功能，非高铁线上监测点去除之后的成果如图 6 – 72 所示。

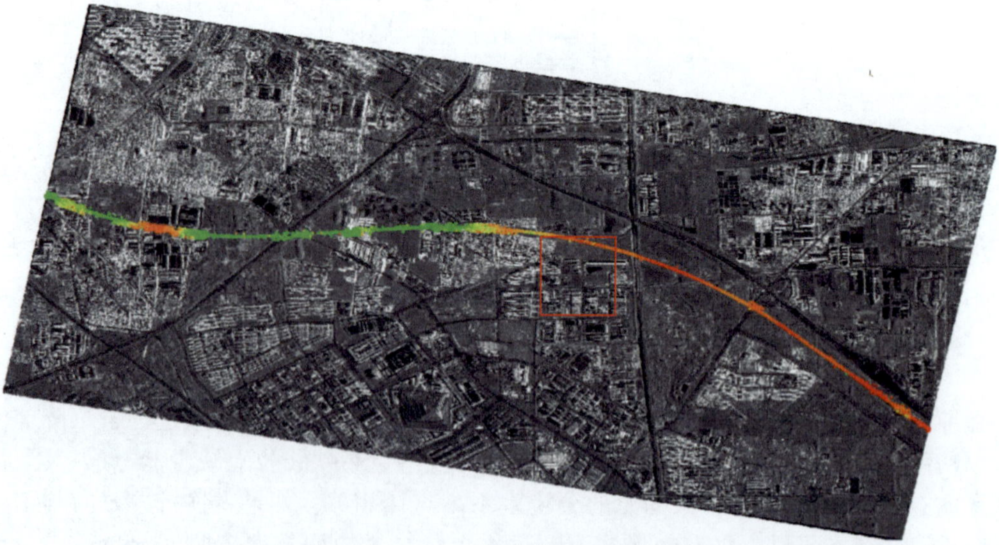

图 6 – 68 利用 1 m TerraSAR 提取的高铁构筑物 PS 点

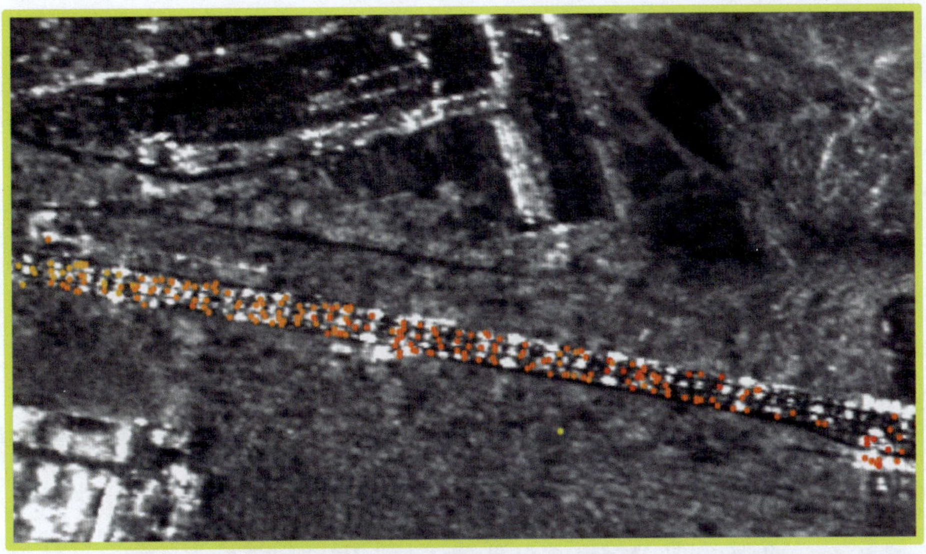

图 6－69　上图黄色方框内局部放大图

图 6－70　3 m 分辨率 TerraSAR 提取的高铁 PS 点

6.4.5.1　高铁构筑物沉降分析

利用 TSDI_InSAR pro 后处理分析软件，沿高铁中线提取纵断面，提取高铁构筑物上的 PS 点沉降速率进行分析，利用 1 m 分辨率 TerraSAR 数据提取的高铁构筑物上的 PS 点沿线位方向的密度平均可达 5 m（相当于 5 m 一个点），局部密度更高，而高铁短波不平顺性的测量间隔是 6.25 m，能够保持与 CPⅢ点相当的密度。基于 1m 高分辨率 TerraSAR 的高铁构筑物沉降纵断面如图 6－73 所示。在沉降纵断面结果中，基于高分辨率 SAR 数据获取的高铁构筑物沉降纵断面的沉降细节更丰富，检测到多个构筑物沉降漏斗，并且沉降曲线更为平滑。

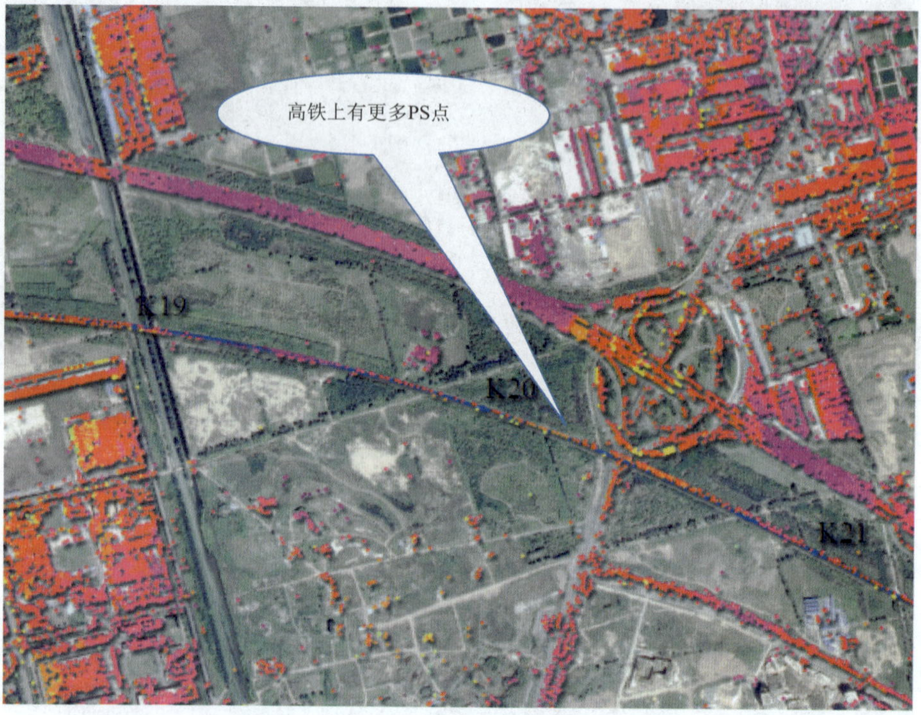


图 6－71　1 m 分辨率 TerraSAR 提取的高铁 PS 点

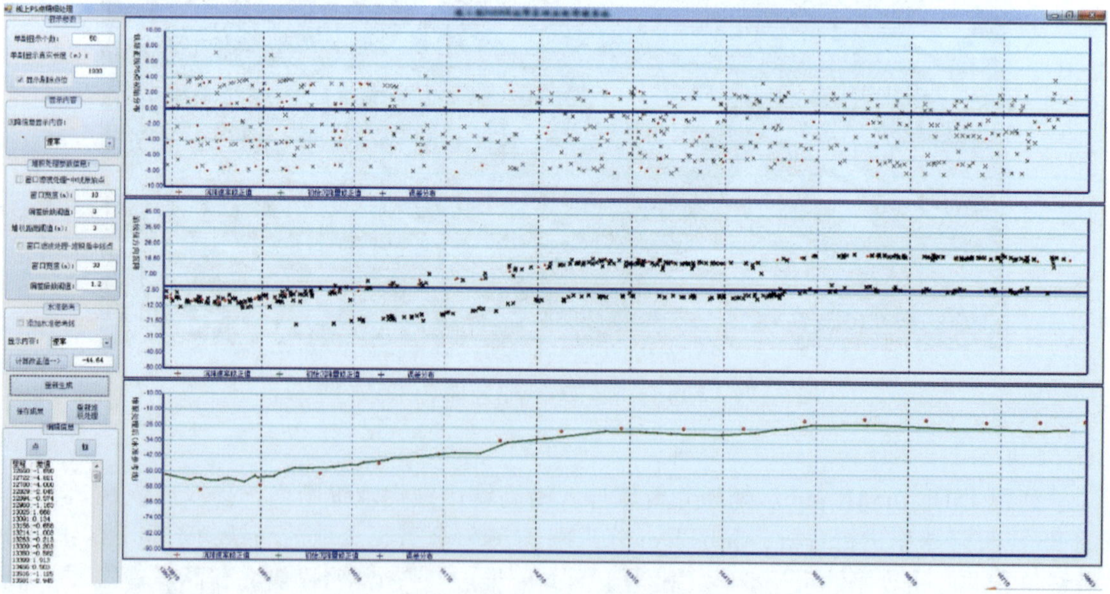

图 6－72　高铁线上 PS 点精化处理界面

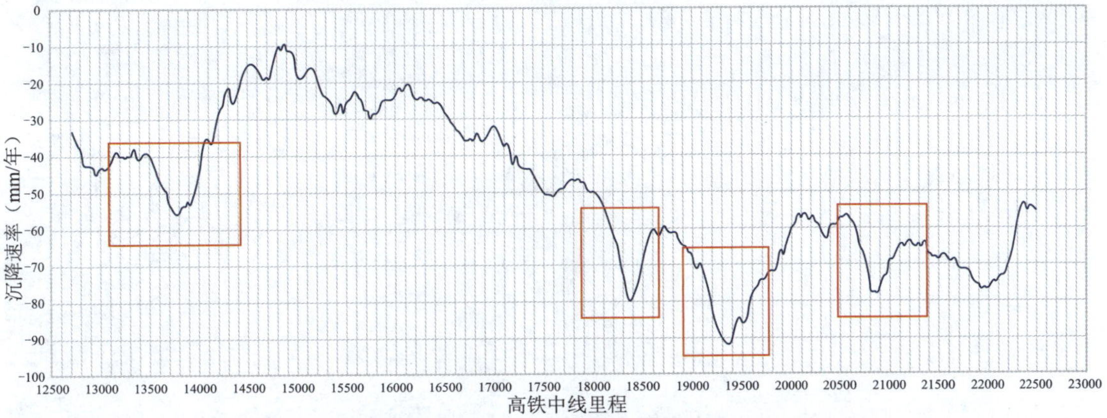


图 6－73　基于 1 m 高分辨率 TerraSAR 的高铁构筑物沉降纵断面

6.4.5.2　高铁构筑物与周边地表差异沉降分析

(1) 铁路纵断面差异沉降分析

利用高铁构筑物以及对应的地面沉降量（或者沉降速率）的纵断面，可以分析高铁构筑物与周边地表之间的差异沉降，通过该差异沉降分析，一方面可以通过分析周边环境区域沉降对高铁造成的影响，对区域沉降造成的危害进行评估；另一方面可以发现沉降漏斗和沉降范围，对高铁沉降的原因进行分析，便于工务部门开展运营维护。基于TSDI_InSARpro 软件，分别提取了高铁构筑物与高铁正下方、高铁构筑物与高铁左侧 100 m 范围内地面的沿线路纵断面沉降速率，并与高铁构筑物在任意里程处沉降速率进行对比，如图 6－74与图 6－75 所示。

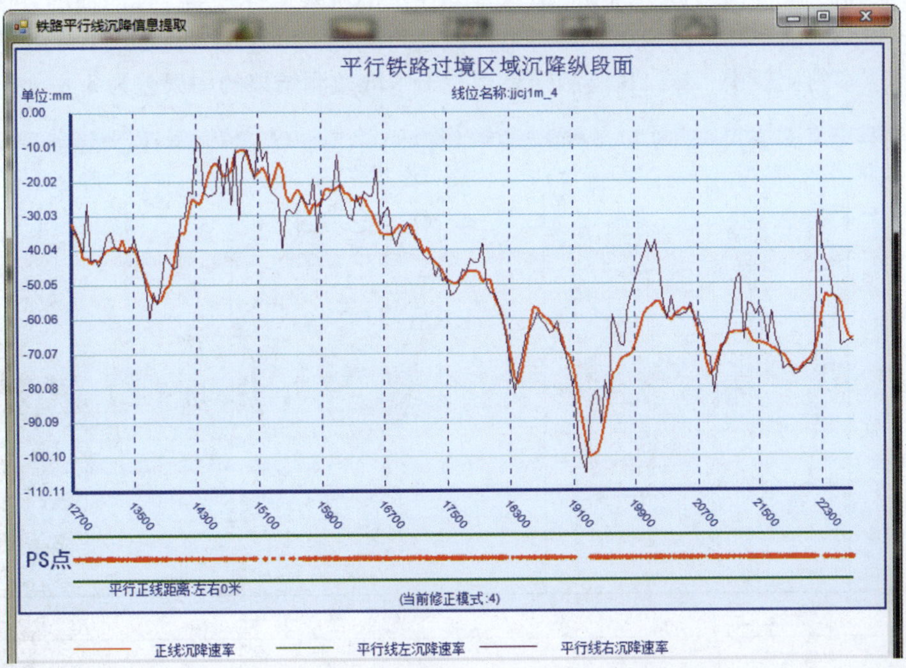


图 6－74　高铁构筑物与高铁正下方差异沉降速率对比

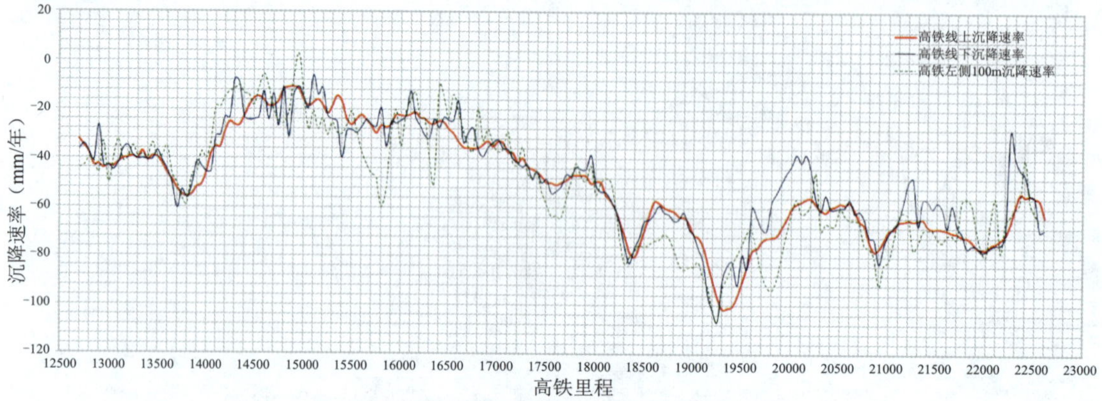


**图 6－75　高铁构筑物与高铁左侧 100 m 差异沉降速率对比**

（2）铁路横断面差异沉降分析

构筑物与周围区域的差异沉降规律还可以通过横断面差异沉降来表示，在重点里程处垂直线路方向提取沉降速率横断面图，分析铁路两侧的区域沉降与铁路的沉降关系。

如图 6－76 和图 6－77 所示，高铁构筑物与周围区域沉降在时间序列上的沉降速率存在差异沉降，并且高铁周围区域的沉降速率与高铁构筑物不一致，具体原因需要结合专业资料与实地调查成果进行详细分析。

6.4.5.3　精度分析

与上一章节的精度分析方法一致，同样选取监测段落内的 CPⅢ观测点，根据 CPⅢ水准观测点的坐标位置提取 CPⅢ点位上的 InSAR 沉降速率值。根据提取的 PS 点的不同周期上的监测结果，采用最邻近法插值得到水准点位上的沉降量，采用线性内插的方法计算和水准相同周期内的平均沉降速率。两种监测方法得到的沉降速率对比如图 6－78 所示。在平均沉降速率的比较中，InSAR 监测结果相对于水准监测结果的中误差为 3.8 mm/年。

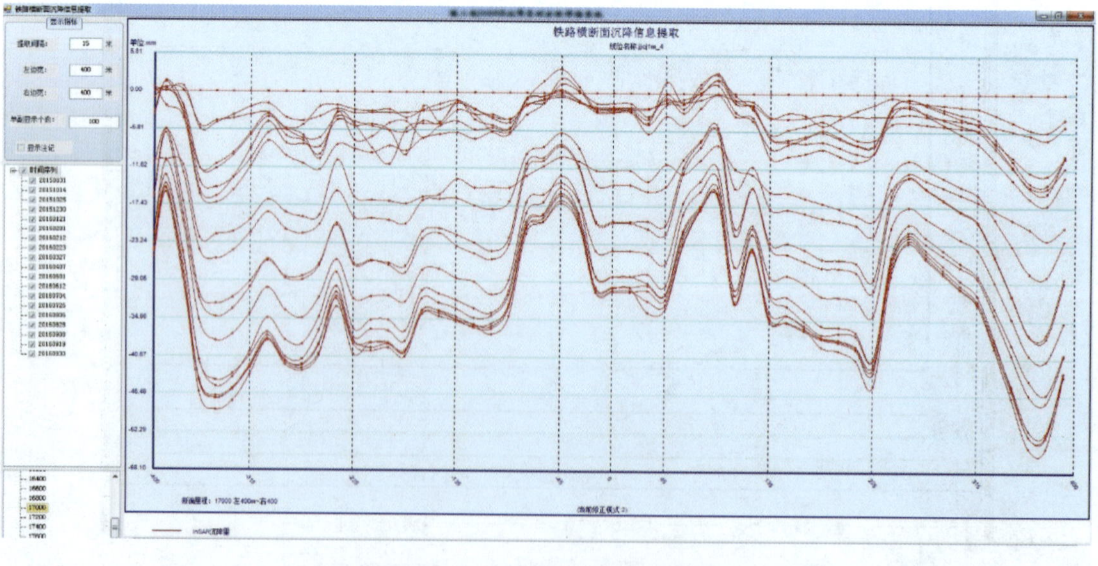


**图 6－76　K17＋000 沉降速率横断面**

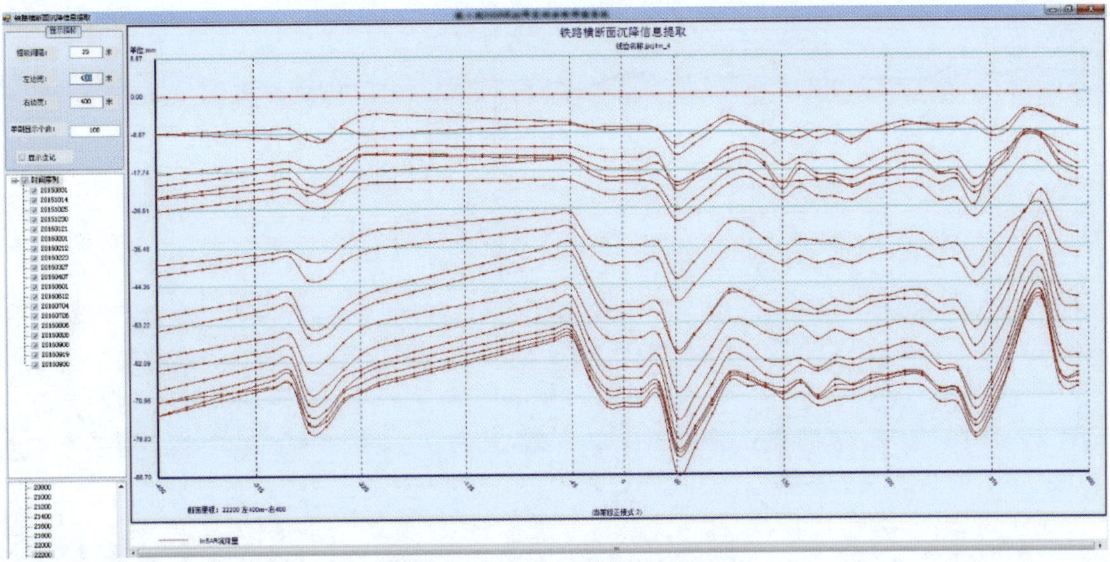


图 6－77　K22＋220 沉降速率横断面

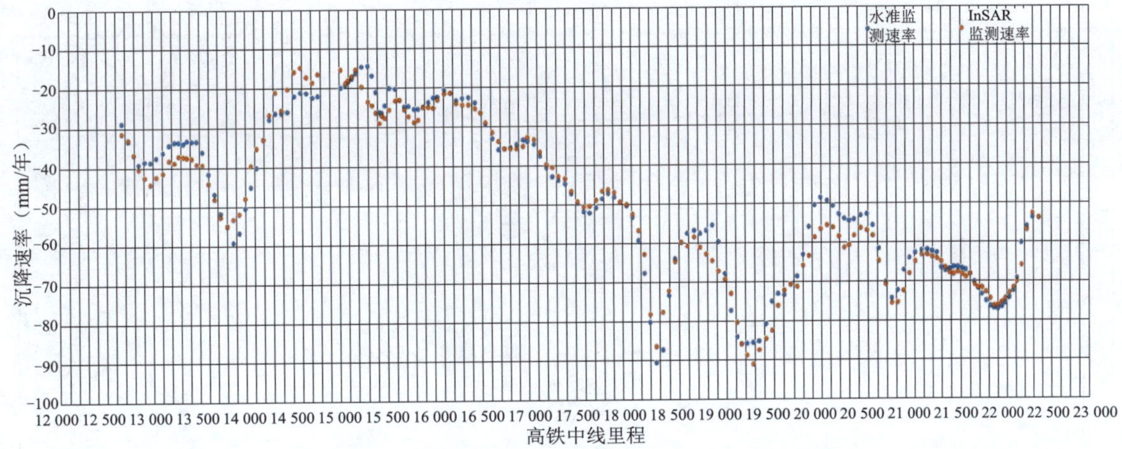


图 6－78　高铁 PS 点密度及与水准点速率对比

通过图 6－78 中可以发现，两者在沿高铁线路方向的沉降趋势基本一致，基于 InSAR 技术提取的构筑物沉降信息可以准确反映高铁的沉降情况，水准与 InSAR 的局部对比如图 6－79 所示。

由于高分辨率数据的监测区域主要为亦庄沉降漏斗区，监测范围内大部分区域地面沉降较为严重，这也是基于 1m 数据计算的 InSAR 与水准沉降监测速率差值中误差较大的一个原因，同时，水准监测的时间周期与 InSAR 不一致，也是导致两者存在误差的重要因素，后续需要采用实时 GNSS 技术方案，进一步验证 InSAR 监测结果的精度。

同时，因为 SAR 数据获取的频次比水准监测频次高，能够获取更详细的沉降信息，能进一步分析沉降产生的原因。如图 6－80 所示为某一水准点位上的 InSAR 时间序列沉降曲线。

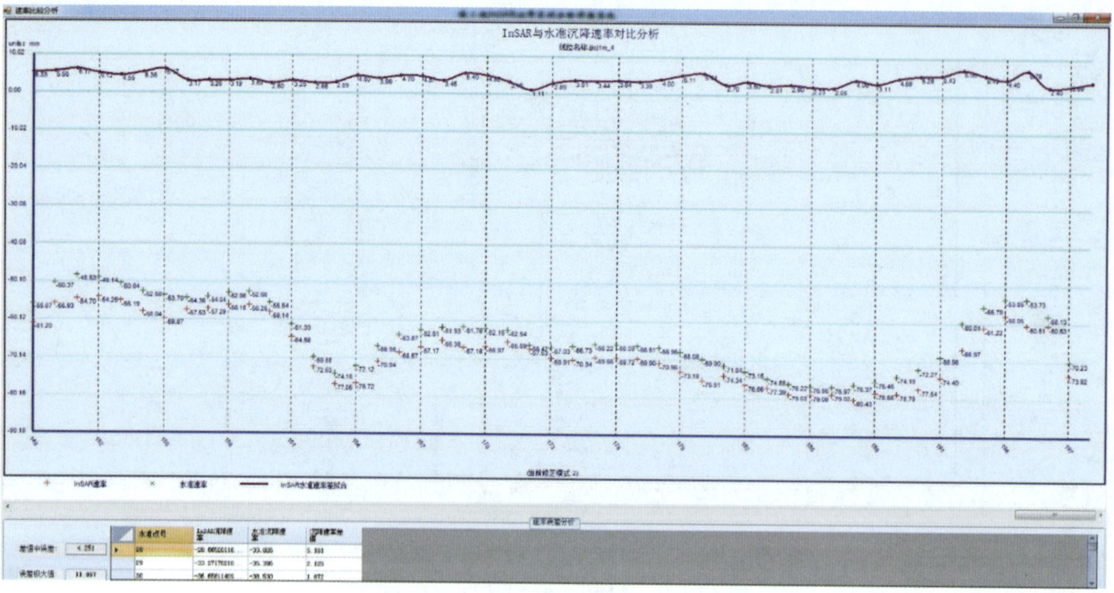


图 6 –79　水准与 InSAR 沉降速率局部对比图

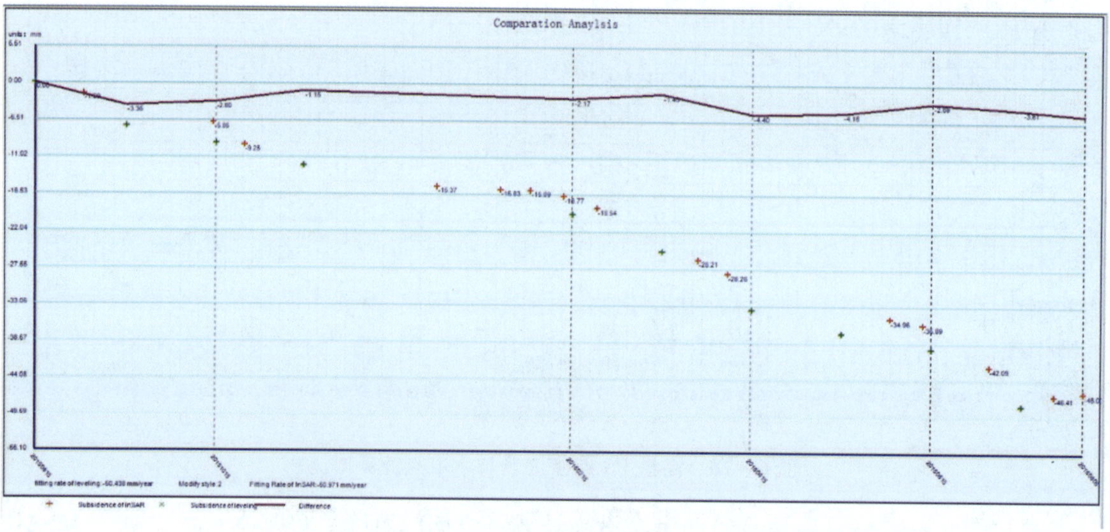


图 6 –80　时序 DInSAR 沉降曲线和水准监测结果对比

通过分析相邻 CPⅢ点位处 InSAR 监测和水准观测结果的差异，如图 6 – 81 所示，可以发现二者的高度吻合，说明 1 m 分辨率 TerraSAR 数据可以实现对高铁纵向差异沉降成果的获取，实现对高铁差异超限段落里程的核查和评价，实现对高铁构筑物更精细的监测。

最终将 PS 点（或者沉降等值线图）叠加 DOM，把关键点位上的时间序列、调查结果、纵断面和横断面等信息在一张图上展示出来，对监测段落有个更加直观的展示，如图 6 – 82所示。

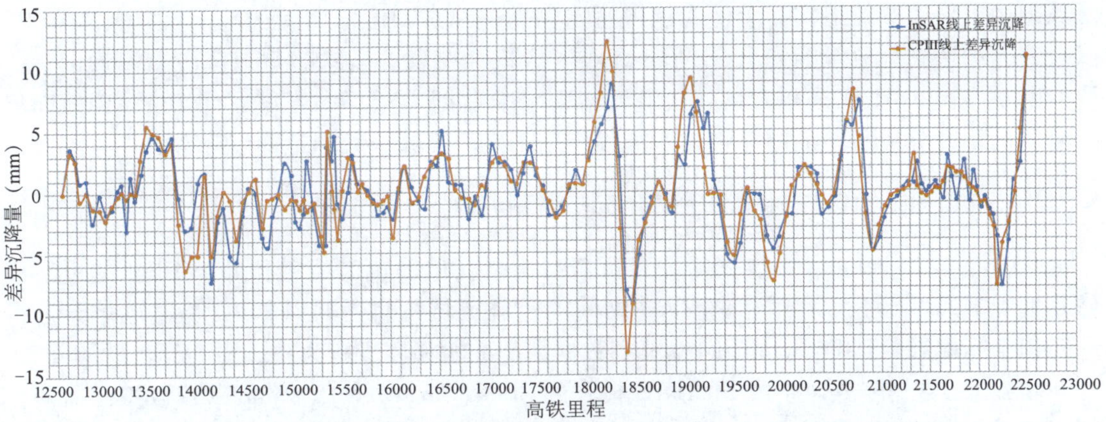


图 6－81　高铁构筑物纵向差异沉降对比

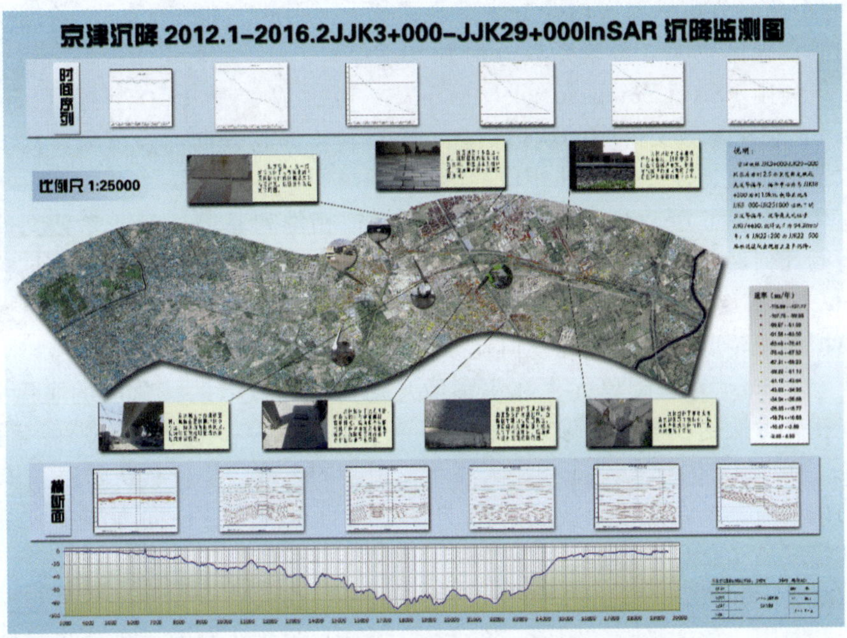


图 6－82　DInSAR 高铁沉降监测成果展示图

## 6.5　基于 Sentinel-A/B 时序 DInSAR 的大区域高速铁路沉降监测

### 6.5.1　项目概况

地面沉降是铁路等大型基础设施规划建设中地质条件评估的指标之一，特别是对路基结构稳定性、连续桥梁及轨道平整性要求极其严格的高速铁路。目前中国高铁已进入快速发展阶段，《中长期铁路网规划》也指出，2020 年，高速铁路将达到 3 万 km，覆盖 80% 以上的城市，2030 年基本实现高铁全覆盖，随之带来的便是高铁规划设计和运营期间大区域地面沉降监测的迫切需求。为能快速响应高铁勘察和运营期间的地面沉降普查需求，以及充分利用宽幅成像能力出众的 Sentinel-1 卫星，在京沪高铁的重点区段京津地区，选取升降轨 Sentinel-1 数据和大量高铁沿线精密水准数据进行了大区域时序 DInSAR 地面沉降监测的精度分析和验证，并将技术流程应用于京沪高铁全线的地面沉降普查。

### 6.5.2 Sentinel-1 大区域时序 DInSAR 沉降监测流程

TOPS 模式 Sentinel-1A 数据的配准可概括为是在借助轨道信息和外部 DEM 的进行成像几何配准的基础上，利用相邻 Burst 之间的重叠区域信息，并以 Burst 为基础单元进行的几何空间配准。TOPS Sentinel-1A SLC 数据精配准的具体步骤为：

步骤 1　数据输入，生成 S1 TOPS 模式的 SLC（Single Looks Complex）数据，当覆盖同一区域或者感兴趣区域较小时，需要按照 Burst 进行裁剪，然后利用 Burst 之间和子条带之间的重叠区域信息生成 mosaic SLC 和 mosaic MLI（Multi Looks Intensity），由于 S1 TOPS SLC 的距离向分辨率与方位向分辨率悬殊较大，因此，和其他 SAR 数据不同，距离向和方位向的多视比较大（多视系数分别为 10 和 2）。

步骤 2　利用 ESA（European Space Agency）提供的精轨 POD 数据（Sentinels POD Team，2011），精化参数文件中的轨道信息，这有利于提高查询列表精度、初步减小卫星定时误差以及后续轨道误差对干涉相位的影响。

步骤 3　借助外部 DSM 地理编码生成 DSM 模拟相位和 mosaic MLI 参数文件，生成主幅影像之间的几何对应关系（查询列表），并利用迭代方法来进一步精化查询列表。DSM 相对于 DEM 来说，包含了建筑物等的高度，更有利于提高城市地区主副影像查询列表精度和地形模拟相位精度，从而提高几何配准的精度。

步骤 4　以 Burst 为基础单元，在主影像几何空间内，借助精化后的主副查询列表，采用强度互相关方法迭代进行成像几何配准，直至方位向偏移值小于 0.02 像素。

步骤 5　为抑制定时误差造成频率失相干而引起的方位向相位跳跃和进一步精确 Burst 在方位向的偏移值，结合频移滤波和 ESD 方法迭代直至消除方位向干涉条纹跳跃，能使得影像配准精度高于 0.001 像素。

大区域时序 DInSAR 沉降监测的难点是在抑制基线误差、大气误差和高程误差等对形变序列相位和时间序列的影响，因此，在此次时序 DInSAR 监测案例中融入了诸多误差改正方法和迭代回归分析模型，主要流程：

（1）预处理：SLC 数据配准并裁剪出感兴趣区域。然后根据 SLC 数据集和参数文件，生成基线文件和记录干涉对信息的文本文件。

（2）选取 PS 点：考虑到大区域内城镇和非城镇区域的同时存在，本案例针对大区域的 PS 候选点密度不会低于 500 个/$km^2$。为充分保证大区域内选点密度以及 PS 点能均匀分布，利用两种选点方法，一是基于时间域像元强度稳定性，二是基于影像点目标的光谱特性信息，通过合并处理两种方法获取的 PS 点，确保后续分块回归分析在参考点之间的传递。基于时间域像元强度稳定性是以均值与标准差的比值和时间域上的强度稳定性双重准则作为阈值进行选点，该阈值在影像数量超过 20 景时才有较可靠的统计；根据影像点目标的信息是基于单景 SLC 影像计算的，可知该方法选出的 PS 点很有可能是移动的目标，后续可通过回归分析的离差阈值进行筛选。

（3）生成差分干涉相位集和进行时空二维相位回归分析：由于 PS 点选取精度、地形误差、基线误差和大气延迟等影响，生成的初始差分干涉图集中包含一定的残余相位，需在后续的回归分析迭代过程中逐步去除。初始回归分析成功的关键在于回归分析参考点的选取以及回归模型的参数设置。参考点应位于稳定、相干性好和 PS 点密集的区域。回归分析参数的设置是保证整个区域全部参与运算和解缠结果可靠的重要因素，遵循先大后小、单一变量原则，合适的参数将会增大回归模型的可靠性以及避免引入较大的传递误差和解缠误差。

（4）残余相位解译和迭代回归分析：残余相位解译的目的在于改善差分干涉相位，通过上述构建的误差模型，优化构网差分干涉相位模型，再通过迭代回归分析模型精化形变速率和高程误差改正。针对差分干涉相位影响较大的残余误差如地形误差、基线误差和大气延迟等已经在上文中阐述了相对应的改正模型，通过逐步改正差分干涉相位中的误差，获取更高精度的形变相位和时间序列。

（5）获取沉降结果：在假设水平向形变为 0 的情况下，视线向（LOS）位移可以通过转化为垂直向沉降。根据已有研究可知，华北平原区域整体水平位移较小，因此可以忽略水平位移，并根据式（6－1）将视线向（LOS）位移转化为垂直向沉降，即

$$\Delta d = \frac{\Delta r}{\cos\theta} \tag{6－1}$$

### 6.5.3　时序参考基准统一方法

时序 DInSAR 解算均是相对于单一参考点或者多参考点均值获取的其他 PS 点或相干点的形变相位，因此，不同区域的时序 InSAR 解算结果是不一致的，且并不是绝对的沉降监测结果。根据已有研究，利用公共区域的同名 PS 点沉降监测结果，或者与水准点地理位置接近的 PS 点沉降监测结果，建立回归分析模型，如式（6－2）所示，从而统一不同监测区域或与水准监测数据之间的参考基准。

$$\Delta s_i = \Delta v_i \cdot t + \Delta s_{\text{res}} \tag{6－2}$$

其中，$\Delta v_i$ 为形变速率之差，$\Delta s_i$ 为沉降量之差，$\Delta s_{\text{res}}$ 为沉降量之差的残差值，上述两个差值代表不同区域 PS 点沉降监测结果的差值，或者代表水准点与临近水准点之间的 PS 点之间沉降信息的差值，通过求解的 $\Delta v_i$ 和 $\Delta s_i$ 统一两者参考基准。

### 6.5.4　时序 DInSAR 大区域多尺度沉降监测与精度评定

#### 6.5.4.1　京津冀区域概况

研究区域如图 6－83 红青黄三框所示，其中红框和青框对应降轨 Sentinel-1 SAR 数据的感兴趣区域，覆盖面积分别约为 1.33 万 $km^2$ 和 1.02 万 $km^2$；黄框对应升轨 Sentinel-1A SAR 数据的感兴趣区域，覆盖面积约为 1.97 万 $km^2$，覆盖了绝大部分的北京、天津、河北省廊坊以及小部分河北省保定和沧州地区。该研究区域是京津冀一体化的核心区域，包含众多的公路、铁路等国家重要基础设施，具有人口密度大，经济开发区众多，道路网复杂且密集等特点。区域内的水文地质条件复杂，地表水资源匮乏，降雨量少，存在严重的

过度地下水开采现象；地基主要为软土、松软土层。其中天津段基岩位于 1 000 m 以下，这类土质具有含水量高、透水性差、压缩性高和强度低等特点。

本次大区域时序 InSAR 沉降监测实验所使用数据，包含 29 景降轨 Sentinel-1A 数据（青框）、51 景降轨 Sentinel-1 数据（红框）和 44 景升轨 Sentinel-1A 数据（黄框），其对应的成像时间范围分别为 2015 年 6 月 4 日至 2016 年 8 月 29 日（跨度为 452 d）、2015 年 11 月 8 日至 2018 年 3 月 27 日（时间跨度为 870 d）和 2016 年 5 月 8 日至 2018 年 2 月 5 日（时间跨度为 638 d）。根据过往研究，单主影像时序 DInSAR 方法监测精度与 SAR 影像数据量有关，一般要求数据量在 20 景以上，因此本实验选择数据量较少的 29 景降轨 Sentinel-1A 数据（青框）作大区域时序 DInSAR 系统误差改正模型实验；由于 51 景降轨 Sentinel-1 数据（红框）和 44 景升轨 Sentinel-1A 数据（黄框）数据时间范围较为一致，利用其公共区域交叉验证大区域时序 InSAR 的监测精度。

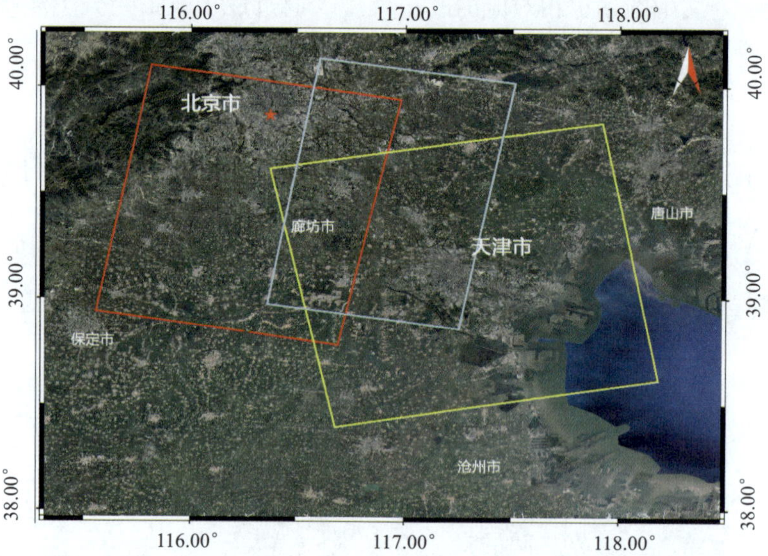


图 6-83　研究区域

6.5.4.2　高铁沿线区域沉降监测分析

利用图 6-83 所示的降轨 Sentinel-1A 数据（青框）进行了时序 DInSAR 数据处理，最终垂直向沉降速率如图 6-84 所示，回归分析选择的参考点（RP）位于三河市，研究区域内整体沉降较为显著，其中较严重的沉降区有北京朝阳区及通州区、燕郊镇、廊坊市区及东冯务村、天津武清区、天津北辰区、天津静海区等，在这些沉降区的沉降中心位置选出以下沉降点金盏地区（a）、通州区黑庄户（b）、燕郊镇（c）、东冯务村（d）、廊坊市（e）、武清区（f）、北辰区（g）、王庆坨镇（h）、胜芳镇（i）、左各庄镇（j）和静海区（k），并绘制出上述沉降点的时间序列图（图 6-85）。根据图 6-85 可知，a 点沉降速率为 138 mm/年，累积沉降量达到 163 mm；b 点沉降速率为 159 mm/年，累积沉降量达到 187 mm；c 点沉降速率为 104 mm/年，累积沉降量达到 121 mm；d 点沉降速率为 161 mm/年，累积沉降量达到 191 mm；e 点沉降速率为 108 mm/年，累积沉降量达到

120 mm；f 点沉降速率为 98 mm/年，累积沉降量达到 120 mm；g 点沉降速率为 106 mm/年，累积沉降量达到 125 mm；h 点沉降速率为 224 mm/年，累积沉降量达到 265 mm；i 点沉降速率为 197 mm/年，累积沉降量达到 234 mm；j 点沉降速率为 163 mm/年，累积沉降量达到 191 mm；k 点沉降速率为 111 mm/年，累积沉降量达到 265 mm。

如图 6－86 和图 6－87 分别展示了研究区域内京津城际高铁沿线区域及线路剖面沉降监测结果，结合两图可以看出区域内的不均匀沉降较为显著且主要发生在城市发展的边缘部分，研究区域内的北京沉降主要位于通州区，沉降速率在 45 mm/年至 94 mm/年之间，该区边缘部分的沉降速率在 20 mm/年上下；线路绕过廊坊市区且到该沉降区边缘的距离约为 2 km 左右；线路穿过天津武清区时，交通基础设施沿线周围的不均匀沉降较为严重，沉降速率在 70 mm/年至 107 mm/年之间。结合图 6－88 高铁沿线剖面结果中的红线框内局部放大图可知，铁路沿线沉降主要位于城市郊区，在北京东部的通州区的最大沉降量为 94 mm/年，在天津郊区的最大沉降量为 107 mm/年，而且郊区的边缘区域沉降梯度较为明显，这是高铁安全运行的隐患区。郊区沉降较为严重的原因在于人口密度较大和工业园区较发达引发地下水超采；但相比于北京东部郊区，天津武清区域内沿线沉降较为严重的原因可能是武清区除工业园区外还有较为发达的种植业；相比于天津郊区，天津市区的沉降较为稳定，这是因为天津市区采取了地下水回灌措施，缓解了沉降状况。

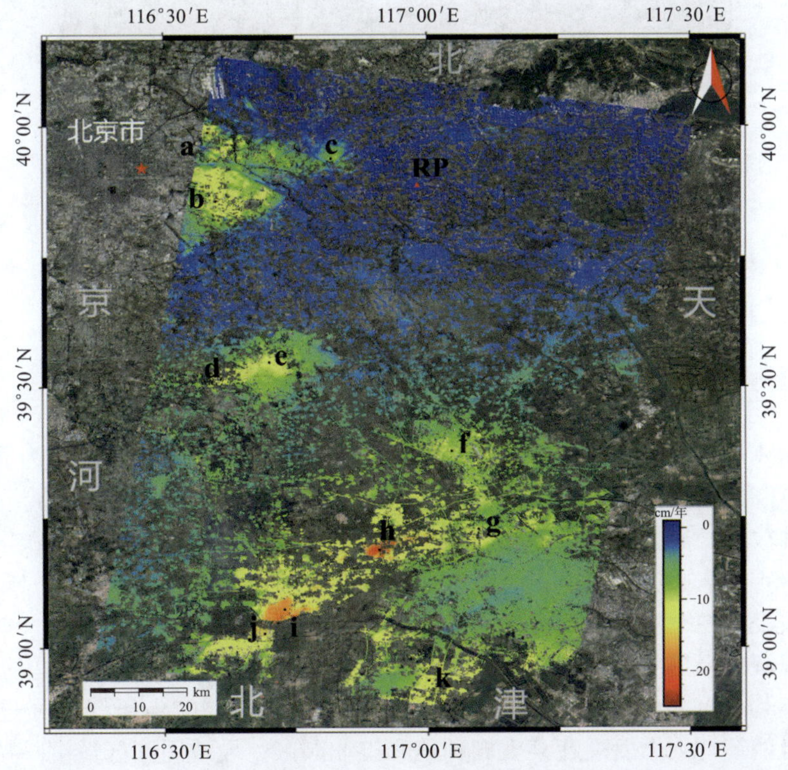


**图 6－84　沉降速率图**

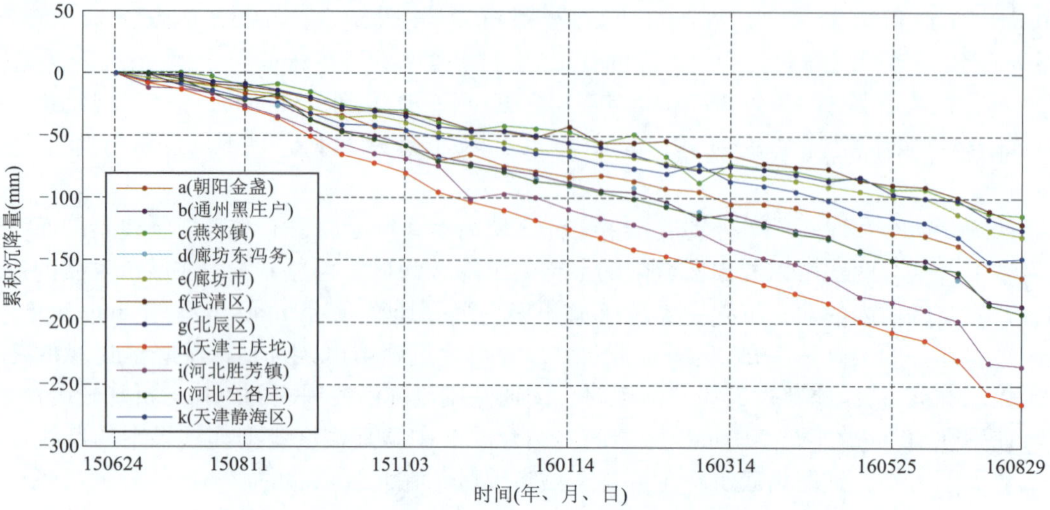


图 6-85　沉降区内点对应时间序列图

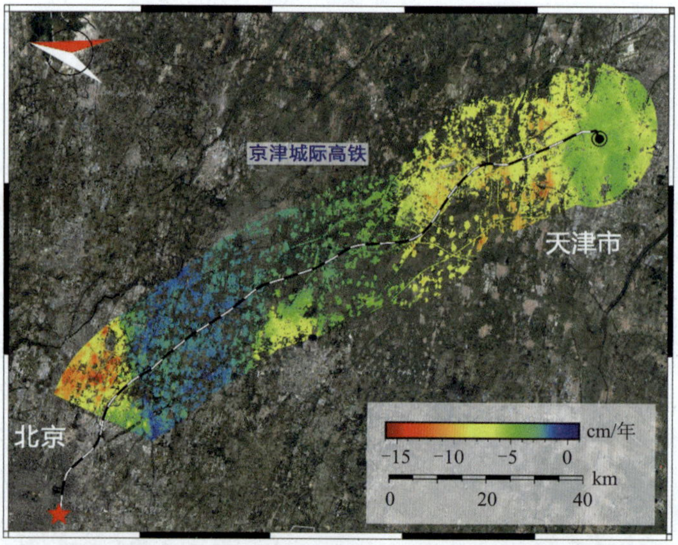


图 6-86　京津城际高铁沿线 10 km 沉降速率缓冲区

如图 6-88 和图 6-89 所示，京沪高铁沿线周围区域的不均匀沉降较为显著，经过了廊坊市中心沉降区、天津武北沉降带和静海沉降区，并将其中的三个较为严重的沿线沉降区域进行局部放大。廊坊市内的高铁沿线周围区域沉降主要以广阳区和安次区为中心向四周扩展，较严重的广阳区东冯务村（D）沉降漏斗边缘距离铁路线约 3.3 km；天津界内区域沉降主要发生在北辰区和静海区，其中北辰区双口镇（S）和青光镇（Q）沉降漏斗已经与左胜王沉降带连接，最大沉降速率已达到 200 mm/年，且该漏斗边缘距线路不到 2 km，这种不均匀沉降会对线路工程安全造成很大威胁，同时由于线路经过两镇居民聚集地边缘，且两镇均大力发展蔬菜大棚种植和工业园区，导致周围区域沉降持续加剧；线路在经过静海区时，东面距离最近的钢铁厂（A）等工业园区不到 2 km，且该区域的沉降速率已达到 150 mm/年，西面紧邻静海工业园区（B），区域沉降速率在 110 mm/年至

150 mm/年。图 6-89 是京沪高铁沿线沉降速率剖面结果，廊坊市区内沿线的最大沉降速率为 106 mm/年，天津郊区内沿线最大沉降速率为 104 mm/年，影响安全运行的隐患区位于廊坊市区边界处和天津郊区边界及与市中心的交界处，其中廊坊市区的沉降防治可以借鉴天津市区沉降缓解的经验。廊坊—天津交通基础设施沿线及周围区域沉降除受人口密度和工业园区影响外，大量需水作物的种植也呈现出重要影响，需要提前预防。

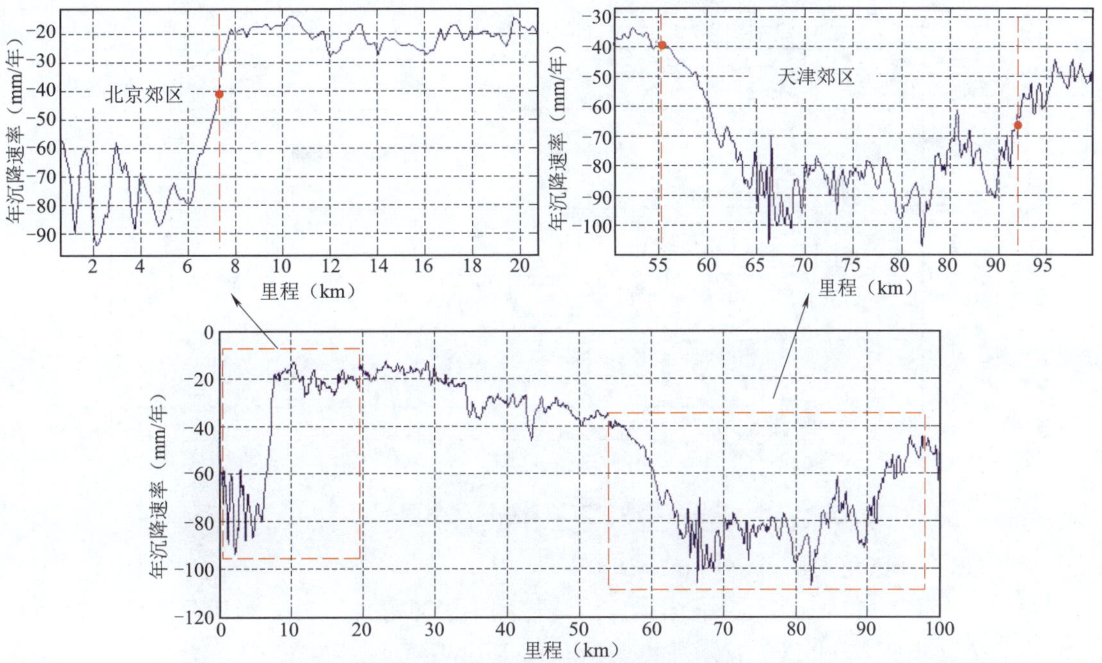


图 6-87　京津城际高铁沿线剖面

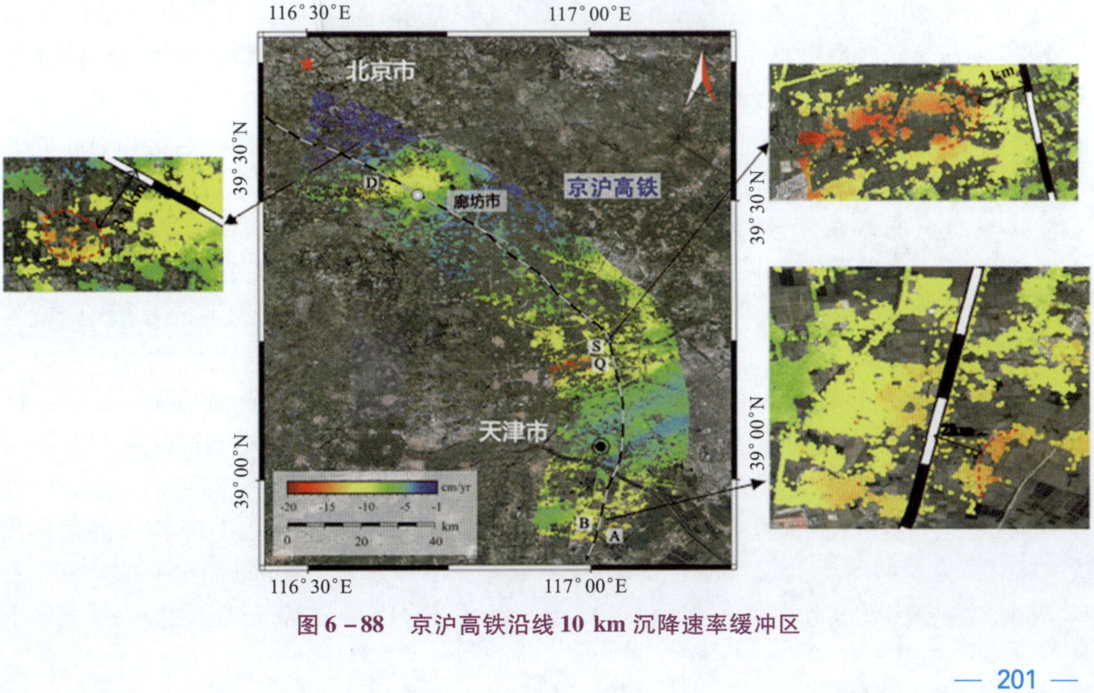


图 6-88　京沪高铁沿线 10 km 沉降速率缓冲区

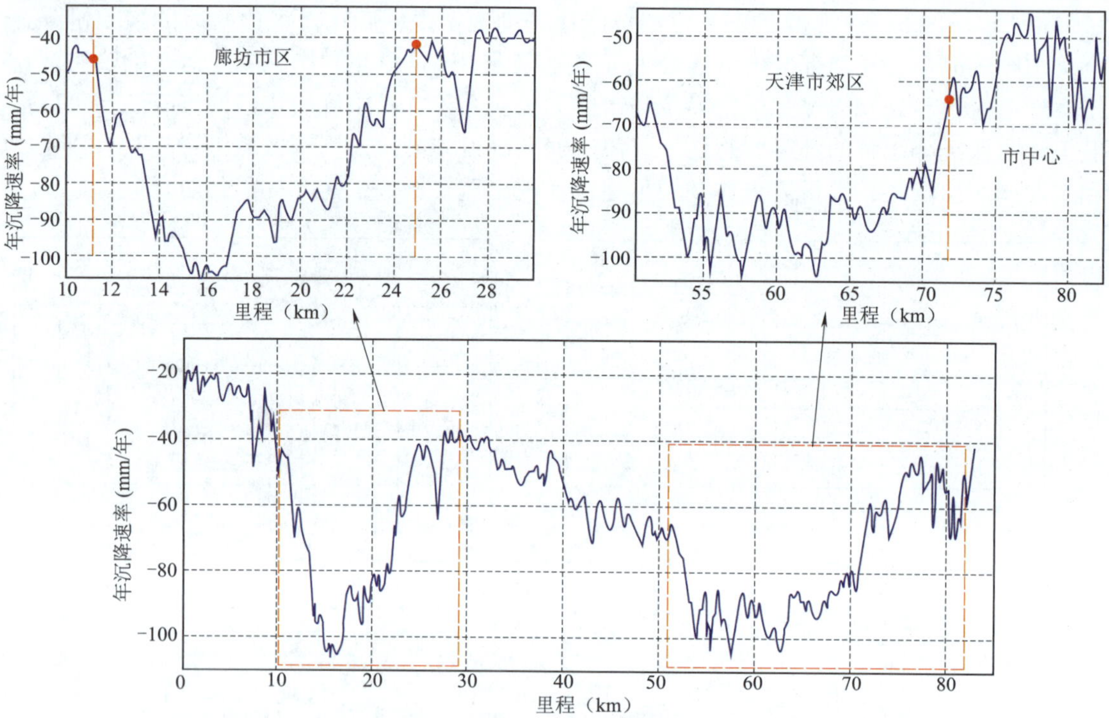


**图 6-89　京沪高铁沿线剖面**

6.5.4.3　升降轨沉降监测精度验证

为验证时序 DInSAR 在大区域多尺度沉降探测中的可靠性，首先利用升降轨平台公共区域内的公共点进行对比分析，公共点是利用 Kd-tree 欧氏距离最近方法选取的，共有 733 068 个点。将升降轨平台沉降监测结果统一参考基准后，分别如图 6-90（a）和（b）所示，图 6-90（a）是降轨 Sentinel-1 数据监测的沉降速率图，其沉降速率范围为 -1.87 mm/年至 -172.52 mm/年，图 6-90（b）是升轨 Sentinel-1A 数据监测的沉降速率图，其沉降速率范围为 -1.88 mm/年至 -173.04 mm/年。由图 6-90（a）和（b）的区域沉降速率图对比分析可知，公共区域的形变速率的极值范围基本一致，且分布有相同的沉降漏斗区域，分别位于廊坊市、保定胜芳镇和左各庄镇等区域。值得说明的是，公共区域内的 PS 点分布均位于整体研究区域的边缘位置，相对于时序解算参考点的距离在 15 km至 80 km 之间，更能用于证明时序 DInSAR 在大区域多尺度沉降监测结果的可靠性；同时，降轨监测结果相对于升轨的监测时间长，在区域沉降演化的情况下，两者沉降监测结果会出现一定的固有差异。

为进一步通过升降轨公共点形变速率结果验证时序 DInSAR 在大区域监测中的可靠性和稳定性，本次实验获取了所有公共 PS 点的沉降速率差值作统计分析，沉降速率差值为降轨沉降速率减去升轨沉降速率值。如图 6-91 所示升降轨公共区域沉降速率差值分布直方图和图 6-92 所示沉降速率差值分布与典型区域沉降速率对比图。公共 PS 点沉降速率差值的标准差为 6.47 mm/年，均值为 0.001 9 mm/年，沉降速率在 5 mm/年以内的 PS 点占 56.29%，总共 410 519 个点；沉降速率在 10 mm/年以内的 PS 点占 88.63%，总共 649 699 个点，由差值的统计分布可知，时序 DInSAR 大区域多尺度沉降监测结果是基本可见的。

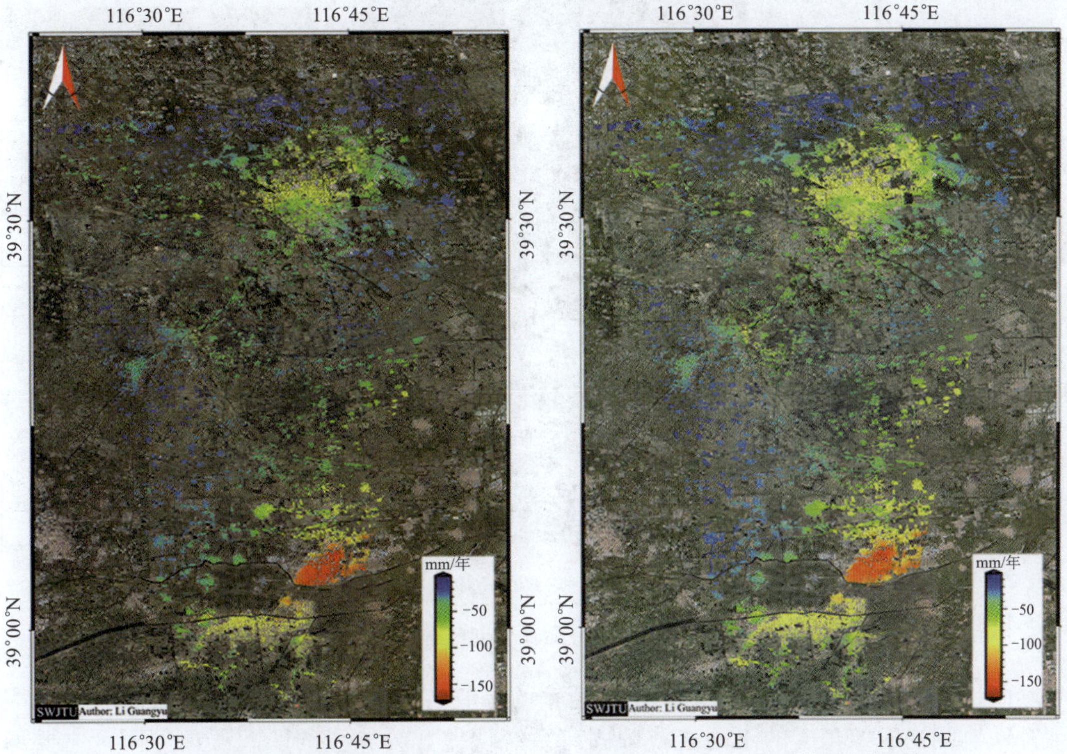


(a) 降轨沉降速率图　　(b) 升轨沉降速率图

**图 6－90　升降轨公共区域沉降速率图**

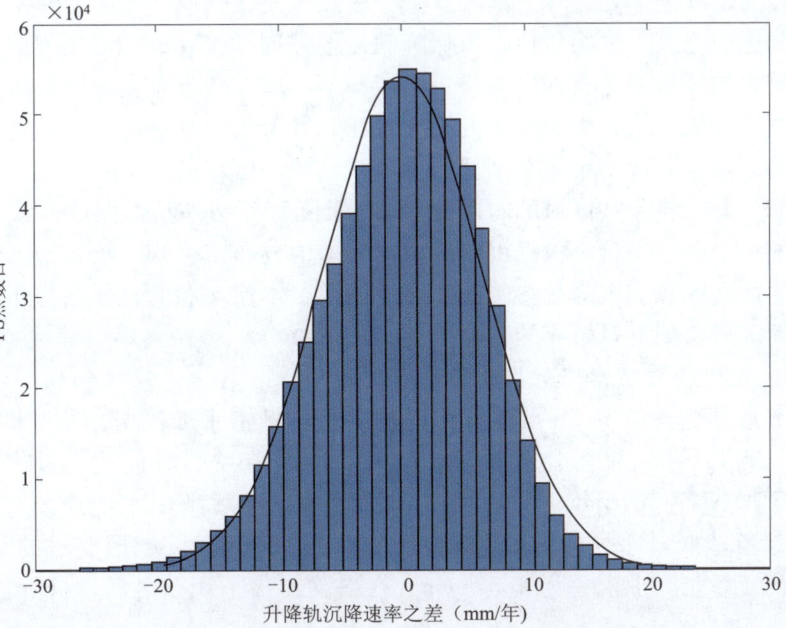


**图 6－91　升降轨公共区域沉降速率差值直方图**

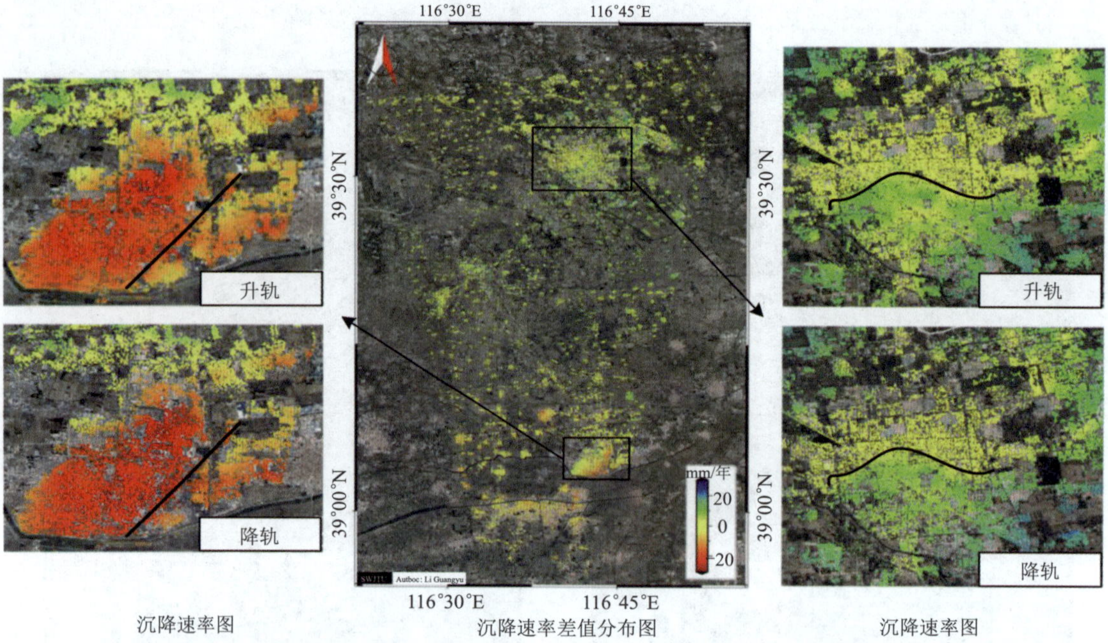


**图 6－92　沉降速率差值分布与典型区域沉降速率对比图**

然而，由降轨沉降速率减去升轨沉降速率的差值结果中仍然存在较大的差值，其原因包括升降轨侧视成像角度的不同造成的固有系统误差和公共点的匹配误差等两大主要原因，结合图 6－92 所示沉降速率差值较大处的局部沉降速率放大图可知，升降轨公共点分布存在较大不一致，这种不一致造成的误差差异在沉降漏斗梯度区域被放大，即在沉降漏斗梯度区域处的沉降速率之差较大如图 6－92 中黑色曲线区域。除此之外，沉降漏斗其余区域内的沉降速率之差大多为负值，根据降轨的监测时段要早于升轨约 232 d，从而可推断：负差值较大的区域漏斗有加剧趋势，这些漏斗区域主要分布在廊坊市区、左各庄和胜芳镇及两者周边区域等，其中较严重的是左各庄和胜芳镇；相对而言，正差值区域则是沉降速率减缓的区域，如廊坊市区东南部的交通线路周边区域。

综上可知，升降轨公共区域的时序 DInSAR 沉降解算结果基本保持一致，考虑到降轨平台监测周期早于升轨平台，根据沉降差值速率差值分布图可知，较大的沉降速率差值分布在沉降漏斗加剧区域和沉降趋势减缓区域。因此，本次实验验证了时序 DInSAR 在大区域多尺度地面沉降监测上是可靠的。

6.5.4.4　基于高精密水准数据的精度验证

根据最邻近原则选取与 PS 点位置相近的 220 个精密水准数据，监测周期为 2016 年 12 月至 2017 年 12 月，并在升轨时序 DInSAR 解算结果的时间序列中提取了同时段 2016 年 11 月 16 日至 2016 年 11 月 11 日的沉降量，然后利用水准观测数据校正了 PS 点沉降监测参考基准。通过分析得出时序 DInSAR 在监测大区域形变时的精度指标见表 6－17，PS 点沉降监测中误差为 4.87 mm；在去除二倍中误差之后，沉降监测中误差为 4.17 mm。

表 6－17　沉降量与水准结果相比的精度指标

| | RMSE（mm） | 最大值（mm） | 最小值（mm） | 点数 |
|---|---|---|---|---|
| 未去除二倍中误差 | 4.87 | 18.54 | 0.01 | 220 |
| 去除二倍中误差 | 4.17 | 11.95 | 0.01 | 213 |

为进一步细化分析时序 DInSAR 大区域多尺度沉降监测精度，结合 PS 点至解算参考点的距离和 PS 点沉降速率等两个因素，探讨了 PS 点沉降监测误差与 PS 点至时序解算参考点距离的关系，以及与 PS 点沉降速率之间的关系，分析结果如图 6－93 和图 6－94 所示。

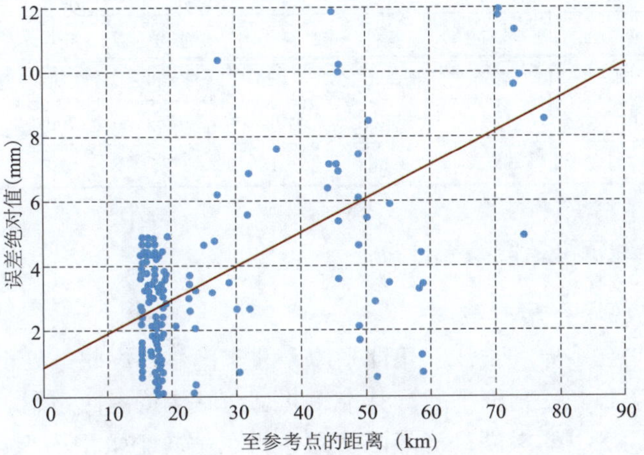


图 6－93　PS 点沉降监测误差与至参考点距离的关系

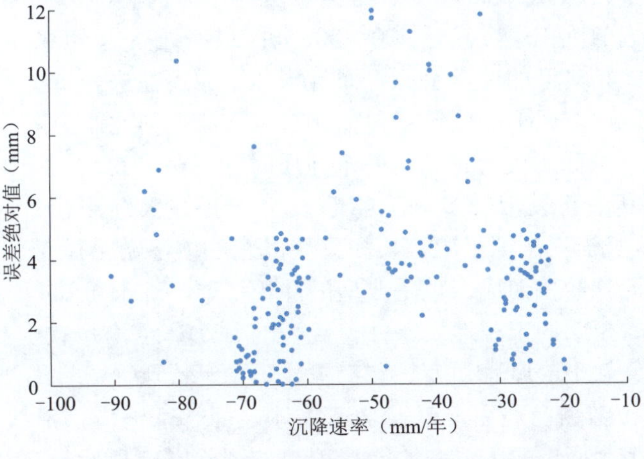


图 6－94　PS 点沉降监测误差与至参考点距离的关系

由图 6－93 可知，PS 点沉降监测误差与 PS 点至解算参考点之间的距离呈线性递增关系，随着距离的增加，PS 点沉降监测误差也在增加，在至时序解算参考点 20 km 的距离内，即监测区域面积在 1 256 $km^2$ 范围内，时序 DInSAR 沉降监测中误差为 2.90 mm，最大值为 4.84 mm，最小值为 0.01 mm，在 80 km 的距离内，即监测区域面积在 2 万 $km^2$ 范围内，时序 DInSAR 沉降监测误差中误差为 4.17 mm，最大值为 11.95 mm，最小值为 0.01 mm。由图 6－94 分析可知，PS 点沉降监测精度与 PS 点沉降速率之间呈现随机分布现象，说明 PS 点在沉降速率为 90 mm/年以内的多尺度沉降监测精度是无差别的。由上可知，时序 DInSAR 随着监测区域的增大，监测误差也会增大，且基本不受多尺度沉降速率的影响，并结合至参考点距离的精度监测影响因素获取了表 6－18 所示的精度参考指标。因此，针对高铁及其他交通线路沿线区域勘测及运营期间不同监测的精度需求，在监测方案设计时，可以参考本文的时序 DInSAR 监测精度指标，指导选取时序 DInSAR 参考点位置以及监测区域面积。

**表 6－18 时序 DInSAR 监测精度参考指标**

| 至参考点距离（km） | ≤20 | ≤30 | ≤40 | ≤50 | ≤60 | ≤70 | ≤80 |
|---|---|---|---|---|---|---|---|
| 时序 DInSAR 解算面积（$km^2$） | 1 256 | 2 826 | 5 024 | 7 850 | 11 304 | 15 386 | 20 096 |
| 精密水准个数 | 156 | 172 | 178 | 195 | 206 | 206 | 213 |
| 去除二倍中误差 | 2.92 | 3.08 | 3.18 | 3.86 | 3.87 | 3.87 | 4.17 |

### 6.5.5 京沪高铁全线沉降监测结果分析

#### 6.5.5.1 研究区域和 SAR 数据

京沪高铁位于华北平原和长江三角洲平原，北京南站到滁州站处于华北平原，南京南站到上海虹桥站处于长江三角洲平原，其中，北京南站至济南西站属于平原地区，地形开阔平坦，地势呈中间底、两端高；济南西站到徐州东站属于鲁中南低山丘陵和丘间平原，地形较为复杂，泰安段处于全线海拔最高的区域；徐州东站至上海虹桥站的地形有丘陵和平原。华北平原大多在海拔 50 m 以下，是由于黄河、海河、淮河和滦河等所带大量泥沙沉积而成，多数地方的沉积厚度高达 700～800 m，最厚处高达 5 000 m，位于徐州、渤海—华北盆地等地区，是典型的冲击平原，而且华北平原还在进一步扩大，其中京沪经过的华北盆地是华北平原比较凹形的区域，包括北京、天津、河北、山东等省市的全部或一部分，是一个新生代（地球历史上最新的一个地质时代，距今 6 500 万年）的沉降平原，广为第四系所覆盖，其中断裂带较多如沧州断裂带（张性大断裂带，向北经聊城、德州、沧州到天津附近）。长江三角洲平原是长江三峡以东的中下游沿岸带状平原，主要是由长江及其支流所夹带泥沙冲积而成，也是典型的冲积平原。综上可知，这些造成了京沪高铁沿线多为软土和松软土层的工程地质条件，代表的有武清至沧州软土和丹阳至上海软土，其具有埋深变化大、软土层厚、强度低和工程性质差等特点。

目前，Sentinel-1 数据已经完全覆盖全球陆地表面，京沪高铁沿线区域也不例外，但同一区域可能需要多个标准幅 Frame 才能覆盖。如图 6－95 所示，京沪高铁沿线由 10 景标准幅 Sentinel-1 数据覆盖，其中红框代表着 Sentinel-1 配准处理的区域范围，将沿线覆盖数据从北向南按 10 段京沪高铁运营段来叙述和处理 Sentinel-1 数据。北京至天津段（京津段）由 51 景降轨 Path47 Frame461 Sentinel-1A 数据和 Path47 Frame460 Sentinel-1B 数据覆盖，时间范围为 2015 年 11 月 8 日至 2018 年 3 月 27 日，跨度为 870 d；天津至沧州段（津沧段）由 44 景升轨 Path69 Frame124 Sentinel-1A 数据覆盖，时间范围为 2016 年 5 月 8

日至 2018 年 2 月 5 日，跨度为 638 d；沧州至德州段（沧德段）由 37 景升轨 Path142 Frame119 和 Frame121 Sentinel-1A 数据覆盖，时间范围为 2016 年 8 月 5 日至 2018 年 2 月 20 日，跨度为 564 d；德州至济南段（德济段）由 35 景降轨 Path149 Frame468 Sentinel-1B 数据覆盖，时间范围为 2016 年 12 月 21 日至 2018 年 2 月 14 日，跨度为 420 d；济南至泰安段（济泰段）由 21 景升轨 Path142 Frame116 Sentinel-1A 数据覆盖，时间范围为 2017 年 5 月 20 日至 2018 年 2 月 20 日，跨度为 276 d；泰安至徐州段（泰徐段）由 21 景升轨 Path142 Frame111 Sentinel-1A 数据覆盖，时间范围为 2017 年 5 月 20 日至 2018 年 2 月 20 日，跨度为 276 d；徐州至蚌埠段（徐蚌段）由 20 景升轨 Path142 Frame106 Sentinel-1A 数据覆盖，时间范围为 2017 年 5 月 20 日至 2018 年 2 月 20 日，跨度为 276 d；蚌埠至南京段（蚌南段）由 24 景升轨 Path142 Frame101 Sentinel-1A 数据覆盖，时间范围为 2017 年 5 月 20 日至 2018 年 4 月 9 日，跨度为 324 d；南京至苏州段（南苏段）由 53 景升轨 Path69 Frame99 Sentinel-1A 数据覆盖，时间范围为 2015 年 11 月 22 日至 2018 年 2 月 15 日，跨度为 816 d；苏州至上海段（苏沪段）由 50 景降轨 Path171 Frame96 Sentinel-1A 数据覆盖，时间范围为 2015 年 11 月 27 日至 2018 年 2 月 22 日，跨度为 816 d。综上可知，京沪高铁沿线需要 12 个标准幅的数据才能覆盖，共使用了 385 景 Sentinel-1 数据，监测周期最长达到 870 d，最短有 276 d。

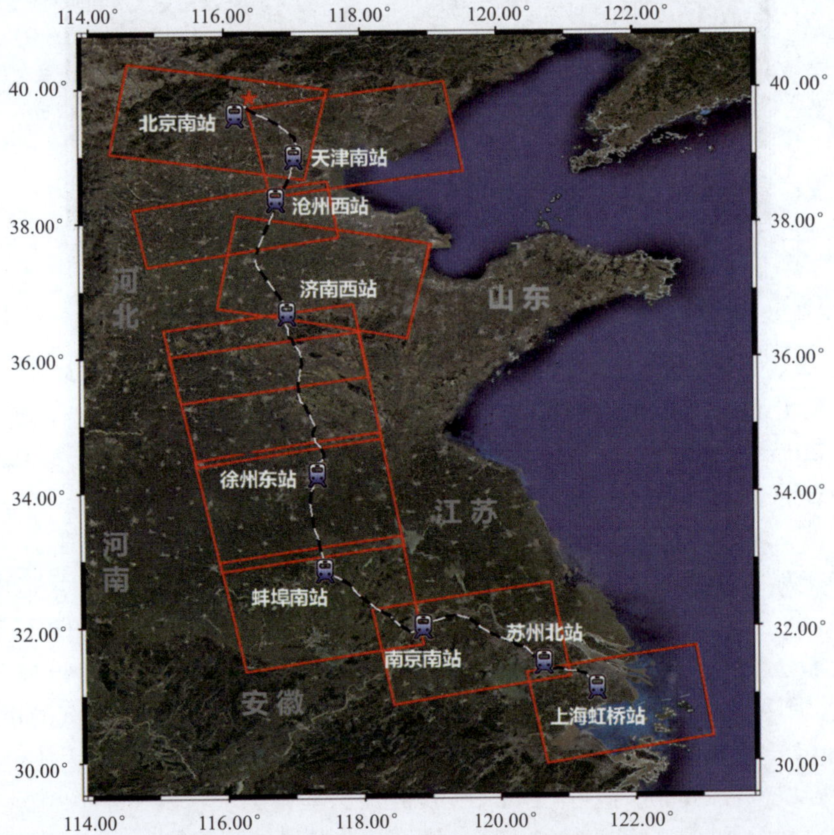


图 6－95　京沪高铁沿线 Sentinel-1 覆盖图

6.5.5.2 结果分析

根据6.5.2节所述技术流程获取了京沪高铁沿线的区域沉降监测结果如图6-96～图6-105所示，图内的黑色小三角代表解算参考点位置，沉降速率均是相对于参考点解算的相对值。

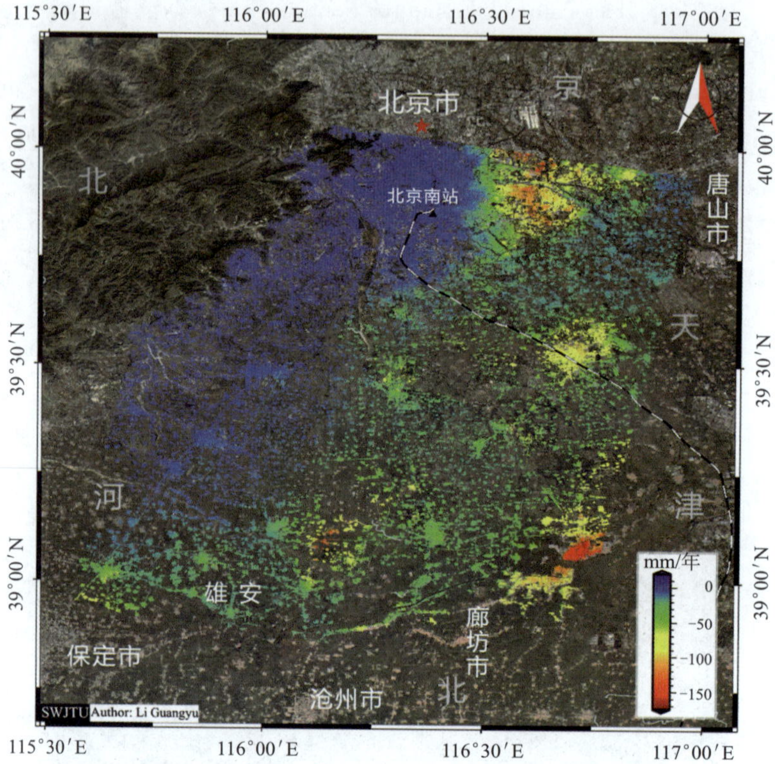


图6-96 京津段沉降速率图

如图6-97所示京沪高铁京津段沉降速率图，监测区域面积约为1.32万$km^2$，覆盖北京、天津的大部分以及河北保定市、廊坊市、唐山市、沧州市及雄安新区等部分区域。监测周期为2015年11月8日至2018年3月27日，跨度为870 d。相对于参考点的沉降速率在-174.51 mm/年至19.56 mm/年，绝对最大沉降速率达到194.07 mm/年，位于廊坊霸州市胜芳镇。区域内分布着漏斗主要位于北京通州区、河北霸州市的胜芳镇和左各庄镇，以及雄安新区边上的白沟镇，其主要原因是经济发展引起的地下水超采造成的。

如图6-98所示京沪高铁津沧段沉降速率图，监测区域面积约为1.97万$km^2$，覆盖天津市的大部分、北京市小部分以及河北唐山市、廊坊市、沧州市等部分区域。监测周期为2016年5月8日至2018年2月5日，跨度为638 d。相对于参考点的沉降速率在-177.485～62.315 mm/年，绝对最大沉降速率达到239.8 mm/年，位于天津市王庆坨镇。除去京津段区域包含的漏斗外，津沧段的漏斗还有天津市王庆坨镇和静海区。

如图6-98所示京沪高铁沧德段沉降速率图，监测区域面积约为1.02万$km^2$，覆盖河北沧州市大部分，以及河北衡水市和山东德州市等部分区域。监测周期为2016年8月5日至 2018 年 2 月 20 日，跨度为 564 d。相对于参考点的沉降速率在 -116.276 ~ 94.67 mm/年，绝对最大沉降速率达到 210.946 mm/年，位于沧州东光县。沧德段区域内水资源较为短缺，居民和工业用水均开采地下水，因此区域内普遍存在沉降。

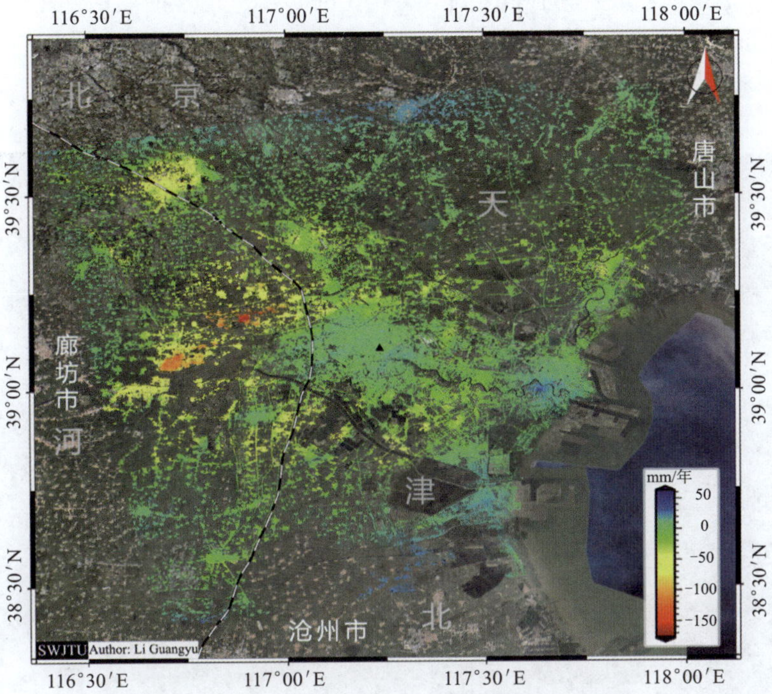


图 6-97　津沧段沉降速率图

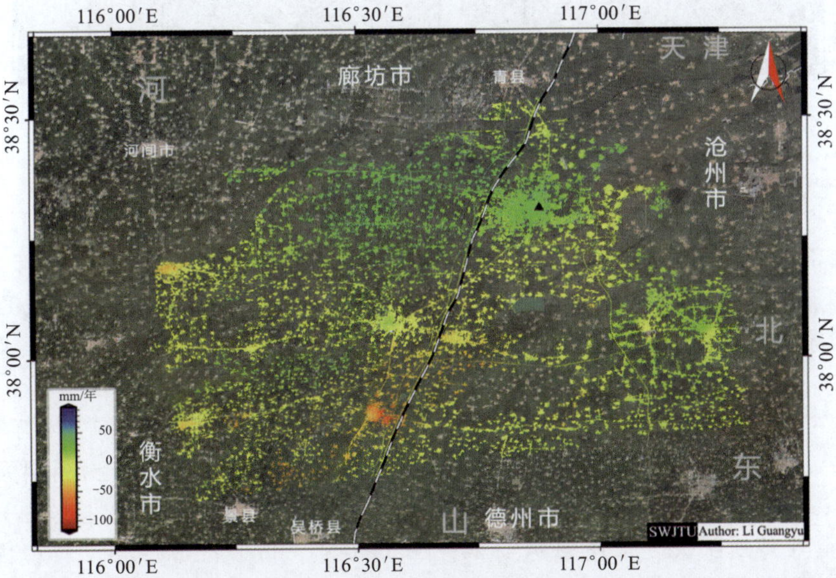


图 6-98　沧德段沉降速率图

如图 6－99 所示京沪高铁德济段沉降速率图，监测区域面积约为 1.87 万 $km^2$，覆盖河北衡水市和沧州市等部分区域、以及山东德州市和济南市大部分。监测周期为 2016 年 12 月 21 日至 2018 年 2 月 14 日，跨度为 420 d。相对于参考点的沉降速率在 －134.101 ~ 49.517 mm/年，绝对最大沉降速率达到 183.618 mm/年，位于河北衡水市景县和阜城县境内。区域内分布的漏斗主要分布在河北衡水市景县和阜城县、德州开发区、德州陵县和齐河县，主要原因仍是该地区水资源短缺和超采地下水造成的。

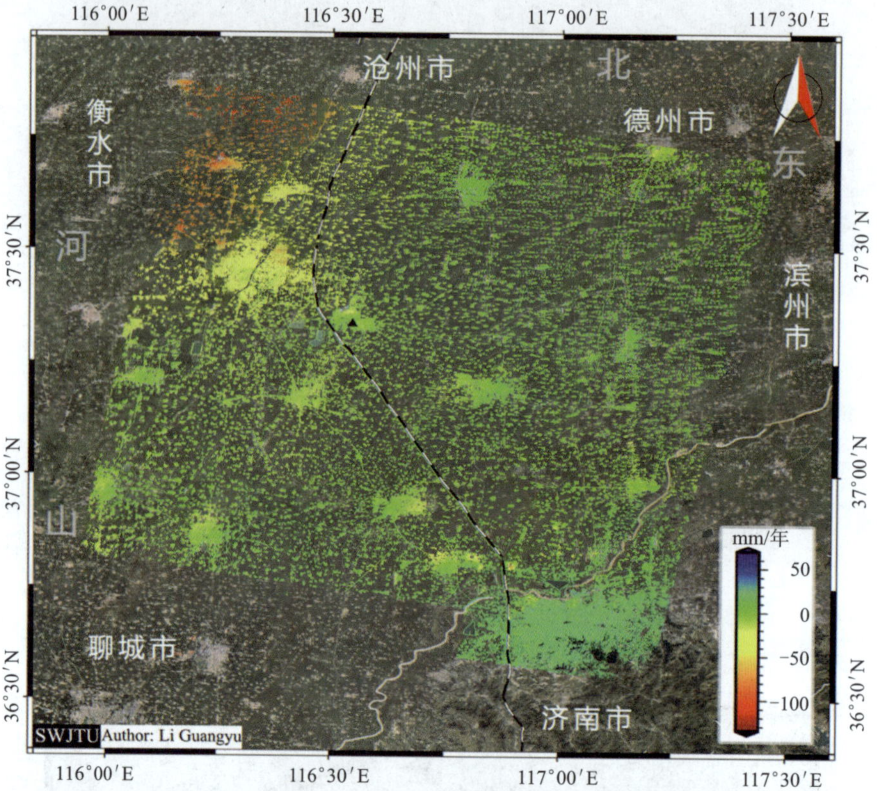


图 6－99　德济段沉降速率图

如图 6－100 所示京沪高铁济泰段沉降速率图，监测区域面积约为 0.34 万 $km^2$，覆盖山东济南市部分区域。监测周期为 2017 年 5 月 20 日至 2018 年 2 月 20 日，跨度为 276 d。相对于参考点的沉降速率在 －91.77 ~ 59.65 mm/年，绝对最大沉降速率达到 151.42 mm/年，位于山东济南市镇孟庄村和南傅庄村附近。该地区沉降与石灰厂和工厂超采地下水有关。

如图 6－101 所示京沪高铁泰徐段沉降速率图，监测区域面积约为 1.84 万 $km^2$，覆盖山东泰安市、济宁市和枣庄市大部分，以及江苏徐州小部分区域。监测周期为 2017 年 5 月 20 日至 2018 年 2 月 20 日，跨度为 276 d。相对于参考点的沉降速率在 －159.71 ~ 89.98 mm/年，绝对最大沉降速率达到 249.69 mm/年，位于江苏徐州沛县境内的一个小漏斗。该区域漏斗主要分布在山东泰安岱岳区、肥城市和东平县，以及江苏徐州市沛县，这些区域分布有金属矿和煤矿，泰安岱岳区包含了众多且密集的工业厂房。

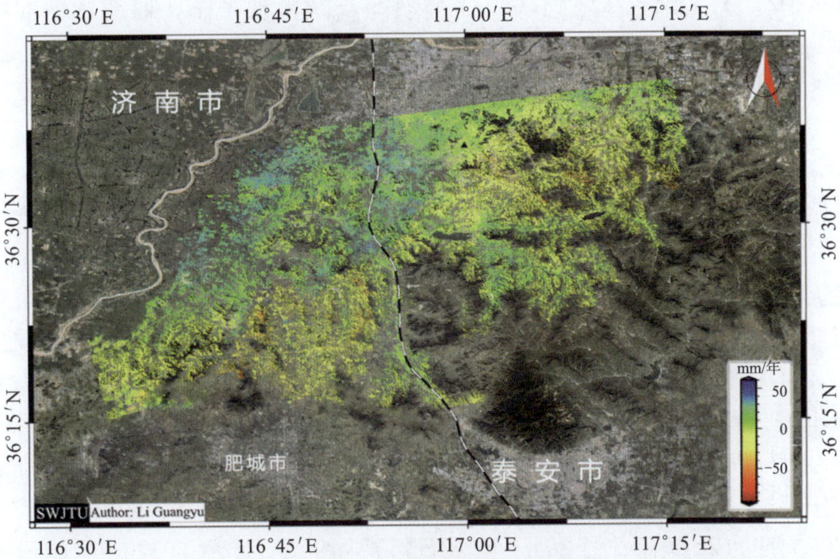


图 6－100　济泰段沉降速率图

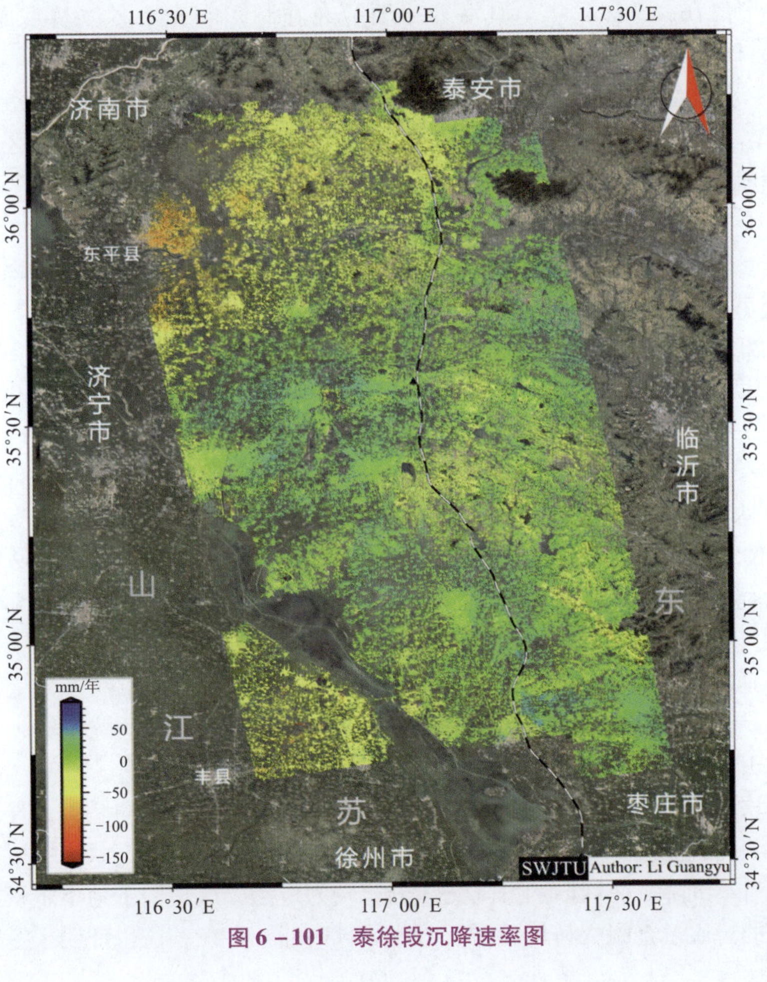


图 6－101　泰徐段沉降速率图

如图 6－102（a）和（b）所示京沪高铁徐蚌段沉降速率图，监测区域面积分别约为 1.72 万 $km^2$ 和 0.70 万 $km^2$，总计约 2.42 万 $km^2$，覆盖江苏省徐州市大部分、安徽省淮北市、宿州市、蚌埠市等大部分区域。监测周期为 2017 年 5 月 20 日至 2018 年 2 月 20 日，跨度为 276 d，跨度为 276 d。如图 6－102（a）所示徐州段沉降速率图，相对于参考点的沉降速率在 －110.46 ~ 79.99 mm/年，绝对最大沉降速率达到 190.44 mm/年。其漏斗主要分布在江苏徐州丰县和沛县、以及安徽宿州刘套镇，这些区域均有丰富的矿产资源。如图 6－102（b）所示蚌埠北段沉降速率图，相对于参考点的沉降速率在 －58.18 ~ 78.23 mm/年，绝对最大沉降速率达到 136.41 mm/年。其中漏斗主要出于宿州市周边和固镇县，宿州市周边漏斗均位于煤矿附近；固镇县为经济强县，工业较为发达，15 年生产总值就达到 170 亿元，其土质为黄土性古河流沉积物，因古黄河泛滥形成，固土质较为松软，导致该地区沉降也较为严重。

如图 6－103（a）和（b）所示京沪高铁蚌南段沉降速率图，监测区域面积分别约为 1.23 万 $km^2$ 和 0.39 万 $km^2$，总计约 1.62 万 $km^2$，覆盖江苏省安徽省蚌埠市、滁州市等大部分区域。监测周期为 2017 年 5 月 20 日至 2018 年 4 月 9 日，跨度为 324 d。如图 6－103（a）所示蚌埠南段沉降速率图，相对于参考点的沉降速率在 －96.54 ~ 79.81 mm/年，绝对最大沉降速率达到 176.35 mm/年。其漏斗主要分布在滁州明光市、以及安徽蚌埠市周边，这些区域均有丰富的矿产资源和工业聚集地。如图 6－103（b）所示南京北段沉降速率图，相对于参考点的沉降速率在 －82.90 ~ 79.93 mm/年，绝对最大沉降速率达到 162.83 mm/年。其中漏斗主要位于滁州市琅琊区和南谯区乌衣镇，琅琊区是省级技术开发区，乌衣镇毗邻京沪高铁，工业较为集中，拥有 60 余家工商企业，超亿元就有三家。

如图 6－104 所示京沪高铁南苏段沉降速率图，监测区域面积约为 4.53 万 $km^2$，覆盖江苏省扬州市、泰州市、南通市和安徽省马鞍山市、宜城市等部分区域，以及基本全覆盖南京市、镇江市、常州市、无锡市和苏州市等苏南地区，其中南京、镇江、常州、无锡和苏州是目前长江三角洲沉降较为严重的沉降带。监测周期为 2015 年 11 月 22 日至 2018 年 2 月 15 日，跨度为 816 d。相对于参考点的沉降速率在 －43.57 ~ 36.28 mm/年，绝对最大沉降速率达到 79.85 mm/年。主要漏斗分布在位于宜兴市和桥镇和万石镇，以及靖江市。宜兴市和桥镇和万石镇地区虽小，但工业厂房鳞次栉比；靖江市地下水质优良，生产矿泉水，日开采量达 1 200 t，且该地区有煤矿集中于孤山附近。

如图 6－105 所示京沪高铁苏沪段沉降速率图，监测区域面积约为 1.52 万 $km^2$，覆盖江苏省苏州南部、浙江省嘉兴市和上海市等大部分区域。监测周期为 2015 年 11 月 27 日至 2018 年 2 月 22 日，跨度为 816 d。相对于参考点的沉降速率在 －47.71 ~ 33.38 mm/年，绝对最大沉降速率达到 81.09 mm/年，位于苏州市。沉降漏斗分布在苏州盛泽镇、上海闵行和吴泾地区。苏州盛泽镇是中国四大绸都之一，有较为发达的丝绸织造，上海闵行、吴泾地区地下水开采严重。

综上，分块监测的区域面积达到 18.45 万 $km^2$，由于监测区域的增大，导致局部小漏斗增大了区域监测的绝对沉降速率，但总体绝大部分区域都处于较稳定状态，或者由于地质条件导致的较小自然沉降。区域内的沉降漏斗分布较为广泛，这是由于地下水资源和矿产资源过度开采造成的。通过查阅资料均验证了监测区域内漏斗存在，这也证明了基于多种误差改正的大区域时序 InSAR 沉降监测方法可有效探测沉降漏斗和具有可靠的监测精度。

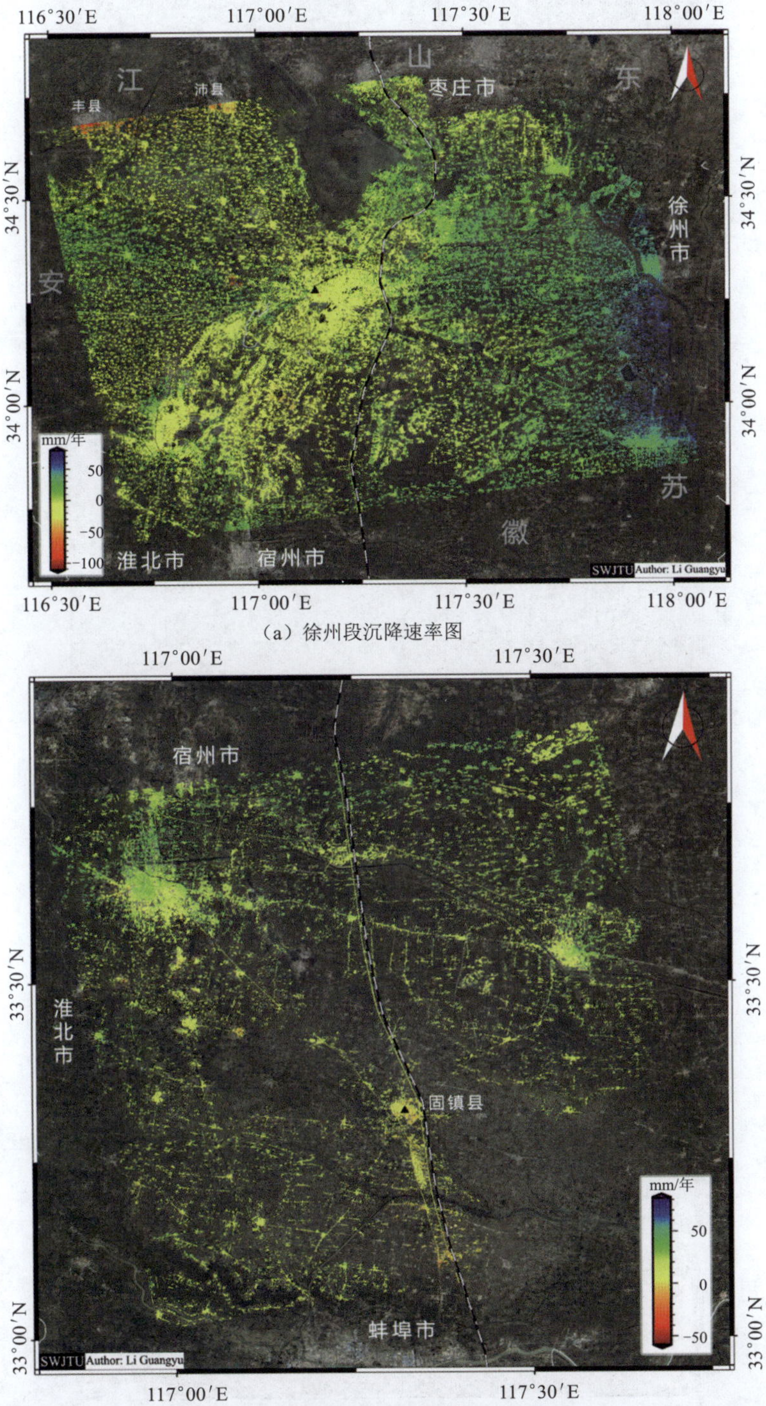


（a）徐州段沉降速率图

（b）蚌埠北段沉降速率图

**图 6－102　徐蚌段沉降速率图**

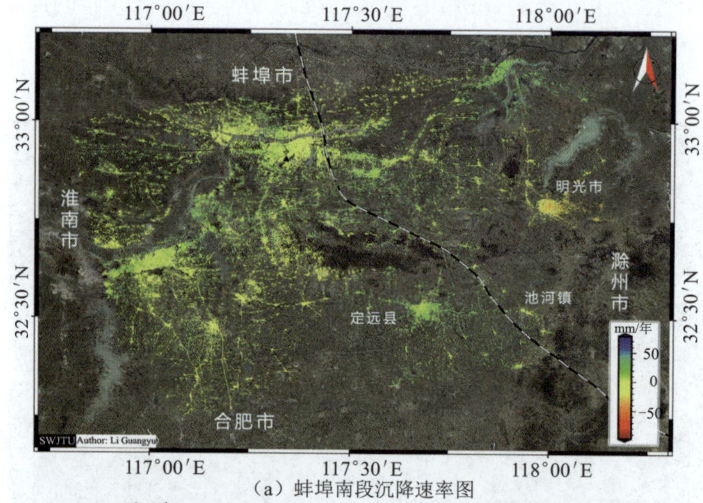


（a）蚌埠南段沉降速率图

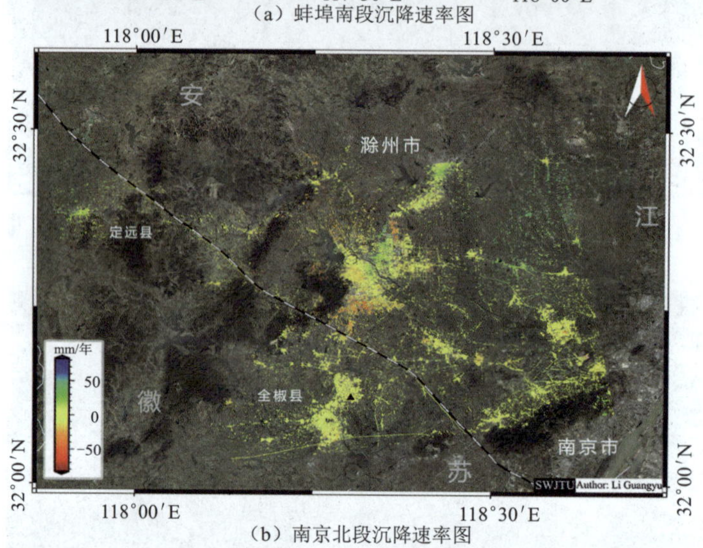


（b）南京北段沉降速率图

**图 6－103　蚌南段沉降速率图**

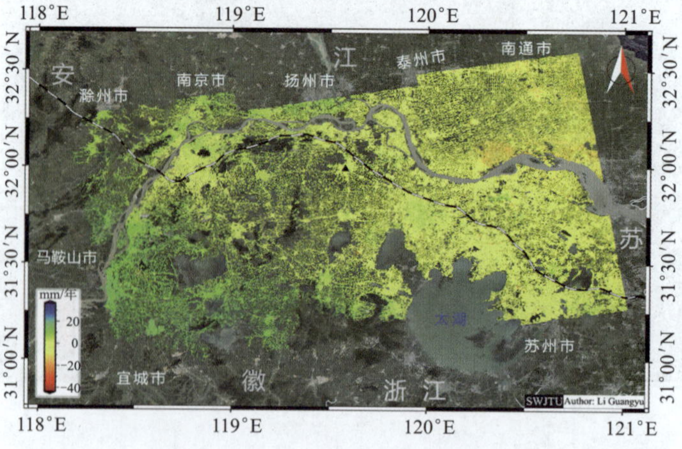


**图 6－104　南苏段沉降速率图**

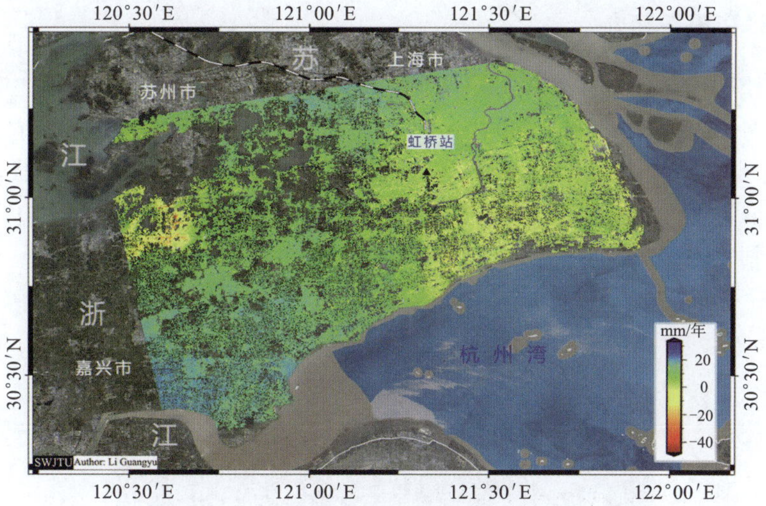


图 6 – 105　苏沪段沉降速率图

## 6.6　地基 InSAR 监测隧道边坡

### 6.6.1　项目概况

杭绍台飞凤山隧道进口位于浙江省嵊州市崇仁镇逵溪村以东约 350 m，如图 6 – 106 所示线路与正射影像的叠加图，显示了研究区域的概况。中铁十八局负责标段内飞凤山隧道进口硅藻土段落地表出现变形，为了该区域地表历史变形情况以及对后续地表变形情况进一步分析，需要采用多种方法进行综合分析，本项目采用了星载 SAR 和地基 SAR 技术进行监测和趋势分析。本节重点介绍地基 SAR 进行隧道边坡监测的案例和方法。

图 6 – 106　线路与正射影像叠加图

### 6.6.2 地基 SAR 设备简介

本次监测使用设备为瑞士 GAMMA REMOTE SENSING 公司生产的第二代便携式雷达干涉仪（GAMMA Portable Radar Interferometer，GPRI2），如图 6－107 所示。雷达影像参数见表 6－19。该雷达由一根发射天线和两根接收天线组成，通过旋转扫描的方式获取图像。该设备获取影像距离向影像分辨率为 0.75 m，方位向影像分辨率为 0.385°，测距范围最大可以达到 10 km。

图 6－107　GAMMA 公司地基干涉雷达示意图

表 6－19　GPRI2 雷达参数

| 参　数 | 数　值 | 参　数 | 数　值 |
|---|---|---|---|
| 中心频率 | 17.1 ~ 17.3 GHz | 带宽 | 200 MHz |
| 距离向分辨率 | 0.75 m | 方位向分辨率 | 6.8 m（1 km 范围内） |
| 测距范围 | 5 ~ 100 000 m | 水平向测角范围 | －270° ~ 270 ° |
| 天线旋转速度 | 0.1° ~ 10°/s | 天线垂直波束角 | 60° |

根据现场的场景，选择稳定的区域架设 GPRI 设备，仪器安置位置如图 6－108 所示，监测距离设置 20 ~ 400 m，扫面角度 －180° ~ －120°，旋转速度是 1°/s，入射角为 +10°，监测时间 2018 年 10 月 12 日 15 点 55 分开始，到 2018 年 10 月 14 日 05 h 02 min 结束，共计 2 227 min。具体参数见表 6－20。

图 6－108　GPRI 现场监测图

表 6－20　GPRI2 雷达参数设置

| 参　数 | 数　值 | 参　数 | 数　值 |
|---|---|---|---|
| 中心频率 | 17.1～17.3 GHz | 带宽 | 200 MHz |
| 距离向分辨率 | 0.75 m | 方位向分辨率 | 6.8 m（1 km 范围内） |
| 测距范围 | 20～400 m | 水平向测角范围 | －180°～120° |
| 天线旋转速度 | 1 °/s | 天线垂直波束角 | 60° |

### 6.6.3　数据处理流程

本次监测共获取 256 景数据，采样频率 2018 年 10 月 12 日 15 点～2018 年 10 月 13 日 15 点为每 5 min 获取一景数据，此后为每 10 min 获取一景数据。获取的图像如图 6－109 所示。可知该区域场景比较复杂，植被区域存在散焦现象，地表裸露区域散射强度较大，图像中呈现较亮的色调，特别是正对雷达天线的区域，与雷达天线平行的裸露地表，由于没有回波，呈现暗色调。

数据处理采用时序 DInSAR 方法，共包括以下步骤：①干涉对组合；②PS 点识别；③差分干涉；④时序分析。

（1）干涉对组合

本监测采用两种方案组合干涉对，第一种方案为依据相邻时刻的监测数据进行干涉对组合，该方案认为相邻时刻监测环境比较一致，可以减弱大气延迟相位的影响，保持高相干性；由于监测内天气条件变化不大，第二种方案采用时间间隔为 1 d 的像对进行干涉组合，该方案可以较好地反映出地表形变。第一种方案组合为 468 个干涉对，第二种组合为 183 个干涉对。

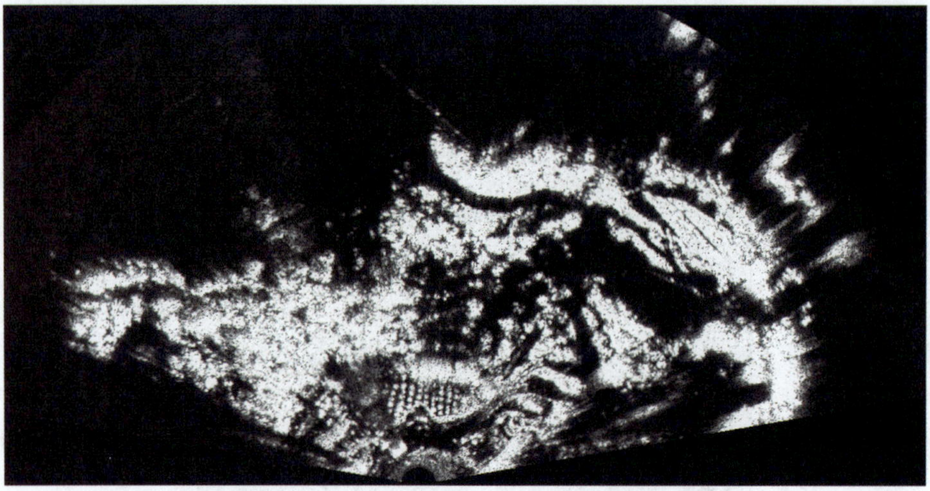

图 6－109　SAR 强度图像

（2）PS 点识别

本次数据分析采用振幅离差阈值法和相干值阈值法两种方法识别 PS 点，这样获取的监测结果可以比较完整反映形变场。其中振幅离差阈值法阈值设置为 0.25，相干值阈值设置为 0.95，共确定 56 412 个点 PS 候选点，点位分布如图 6－110 所示。由图可知，PS 候选点主要为裸露的地表、堆积的树枝、孤立的石头等。

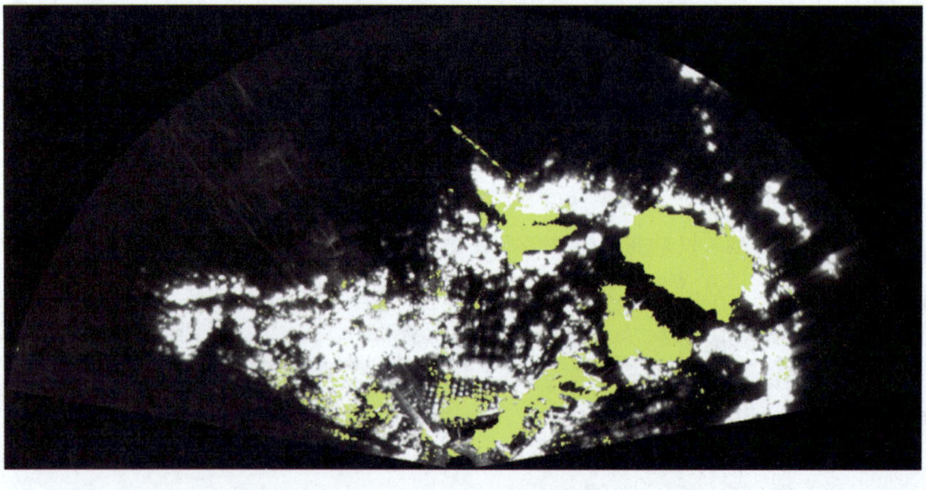

图 6－110　PS 点分布图

（3）差分干涉

对于 GBInSAR 差分干涉比较简单，与星载 InSAR 相比，为 0 基线监测，没有高程的影响，干涉对的相位做差即为差分干涉相位。获取的差分干涉图如图 6－111 所示。可知较短时间（10 min 内）的差分干涉图中干涉相位相干性较好，处理植被区域较差，干涉相位中存在相位变化的区域为小区域的湿度变化引起的。1 d 时间间隔的差分干涉图中可以识别出形变区，且无形变区域的相位比较稳定，验证了相同时间干涉对组合的可靠性，36 h 的干涉对也能识别出形变区，但是稳定区域也存在相位的变化，而且变化趋势与距离相关，可知不同环境条件下的干涉对受大气延迟影响较明显。

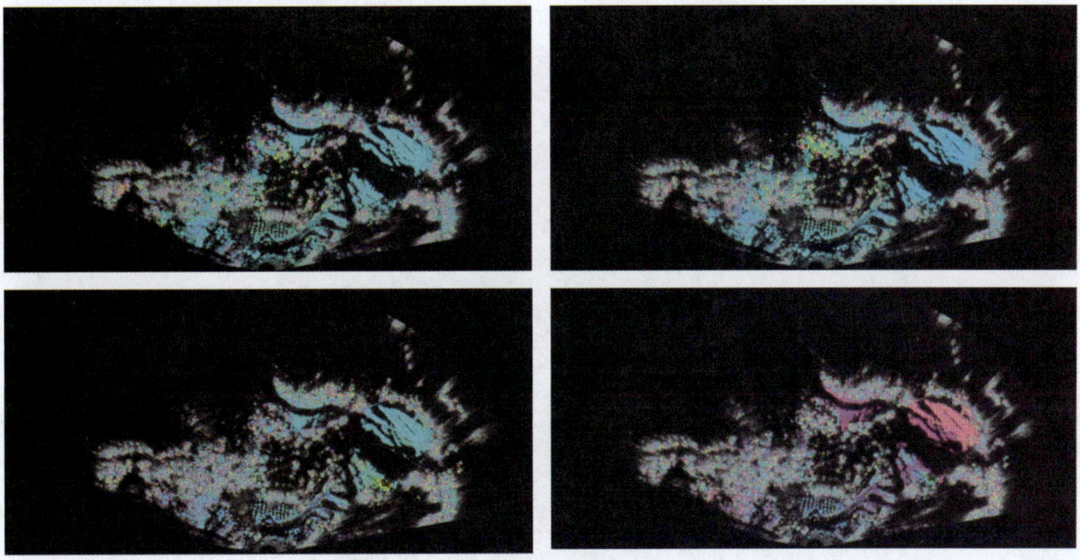

图 6－111　干涉干涉图（分别为 5 min 间隔、10 min 间隔、24 h 监测和 36 h 间隔）

（4）时序分析

由第三步获取的差分干涉相位主要有形变相位、大气延迟相位和噪声三部分组成，因此采用经典 PS 方法进行时序分析，首先进行第一次求解，获取初始形变速率和残差图，接着对残差进行空间域滤波获取大气延迟相位，得到的大气延迟相位如图 6－112 所示，可知对于本次监测的大气延迟相位主要为与距离相关的延迟，图 6－113 为去除大气延迟后的差分干涉图，可知去除后可以明显识别出形变区。

获取大气延迟相位，用原始差分干涉相位减去大气延迟相位后再次进行回归分析，获取形变速率和残差，此时的残差主要为非线性形变和噪声。把形变速率乘以干涉对相隔时间，并加上残差相位，可以得到每个差分干涉对解缠后的差分干涉相位（不含大气延迟相位），由于采用的为多主影像的时序 InSAR 方法，此时不能直接得到时序监测结果。故对解缠后的差分干涉像对进行最小二乘求解，获取时序监测结果。

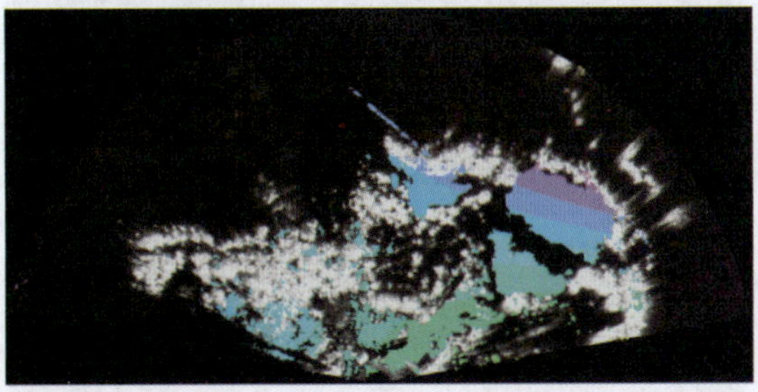

图 6－112　大气延迟相位示意图

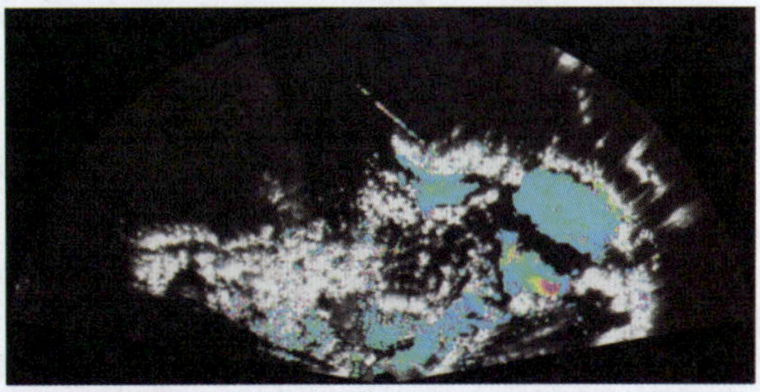

图 6－113　去除大气延迟相位后的差分干涉图

### 6.6.4 监测结果分析

利用地面干涉雷达设备对飞凤山隧道边坡进行监测，获取了 2018 年 10 月 12 日 15 时 ~2018 年 10 月 14 日 5 时的形变速率结果，如图 6－114 所示。

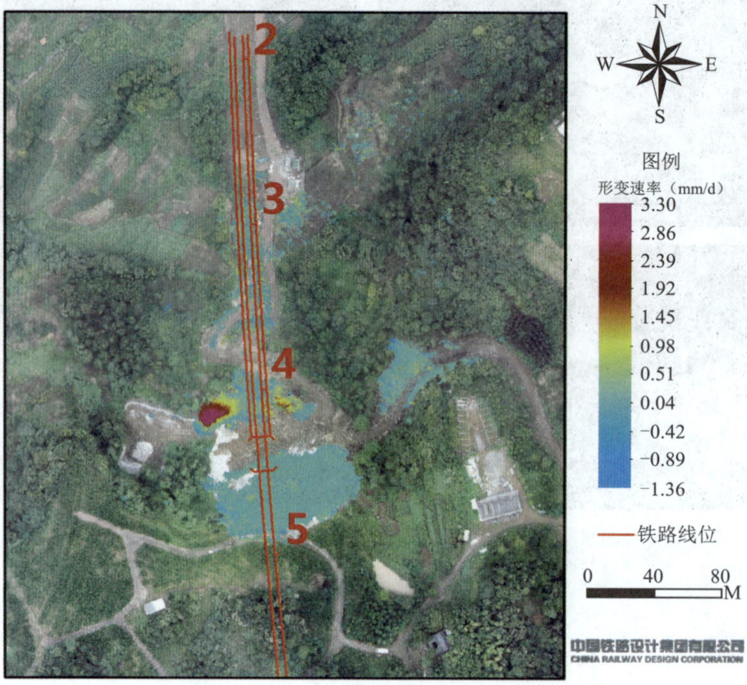


图 6－114　飞凤山地基雷达变形监测速率图

根据图 6－114 分析可知，在隧道口开挖区未监测到明显的大范围地表形变，但是在施工作业平台及施工便道开挖区，存在两个明显的形变区域，形变区现场照片如图 6－115 所示，该区域现场施工的堆积图，该区域没做夯实处理，处于不稳定状态，分别在两个区域选择 A、B 两个点进行时序分析，形变速率分别为 3.33 mm/d 和 2.01 mm/d。在支护区域选择 C 和 D 点进行时序分析，形变速率分别为 0.65 mm/d 和 0.73 mm/d；选择削坡区域的点 E 进行分析，形变速率为 0.61 mm/d。

图 6－115　A 点现场照片

分别选择 A、B 处的监测点进行时间序列显示，具体如图 6－116 和图 6－117 所示。从 A、B 两个时间序列图中可以发现，地表的形变在时间上为非线性，在不同的时间段，形变速率不完全一致。

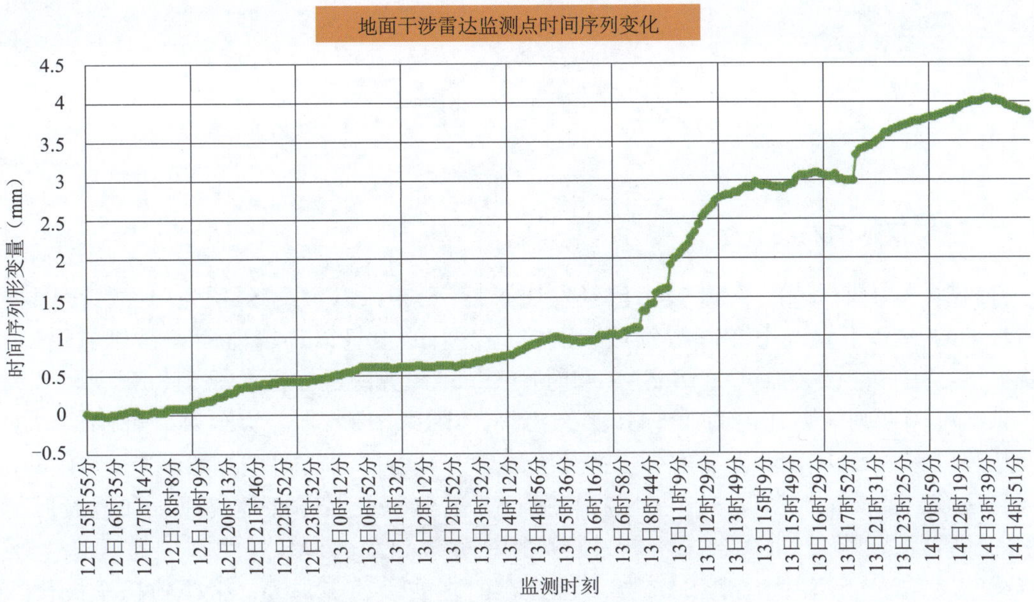


**图 6－116　A 处监测点时间序列形变量**

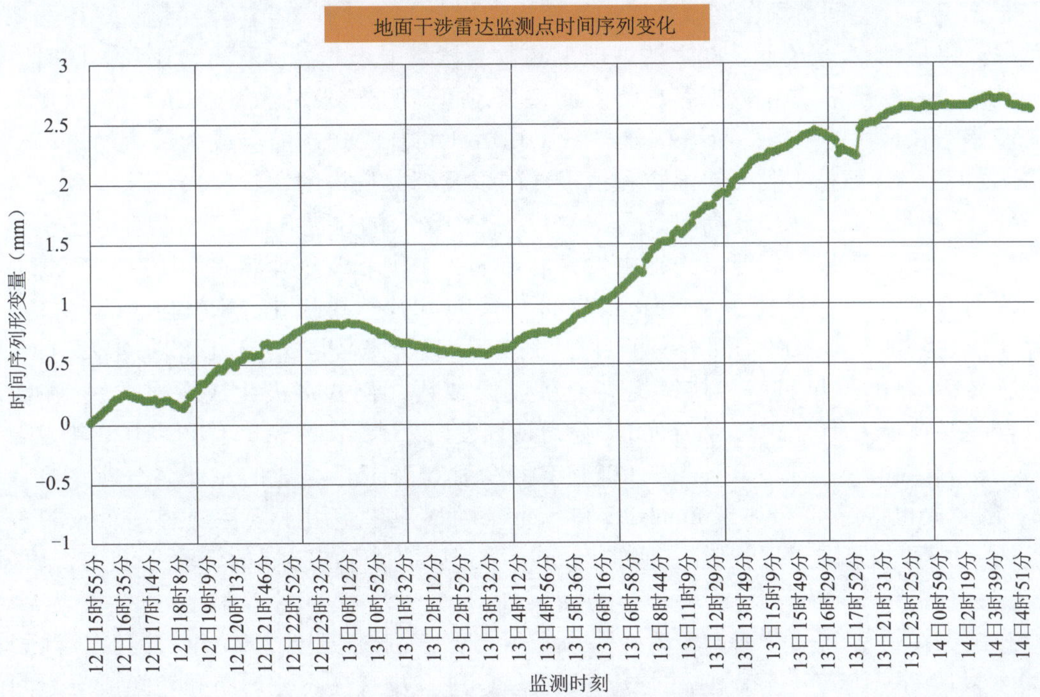


**图 6－117　B 处监测点时间序列形变量**

# 第7章 展望

### 7.1.1 SAR技术的发展

自20世纪中期开始，SAR技术已经发展了近70年，以星载SAR为引领，美国将其最高水平的SAR卫星应用在军事领域，欧空局发射的卫星以环境监测和科研应用为主，免费提供给用户，极大推进了DInSAR和时序DInSAR方法的发展。德国、意大利、加拿大、日本等国家则大力开拓商业SAR影像市场，中国、俄罗斯、以色列、韩国、印度和阿根廷等国家的SAR技术也在进一步持续发展中。私营航天公司也开始涉及SAR星座的组网和建设，目前也有多颗SAR卫星在轨运行。星载SAR技术在地灾应急和地表形变监测中的独特优势吸引着世界各国不断进行应用研发。目前，SAR技术在“空天地”平台上持续发展，最为广泛的星载SAR技术已经在向多波段、多基线、多模式、全极化、高分辨率、高幅宽、高重放周期和低成本的星座方向发展，太空中运行的SAR卫星数量已经达到数十颗，而在不久的未来，还将会出现井喷式增长。

根据卫星与空间市场咨询服务机构最新报告指出，预计到2025年，商业SAR图像的累计收入将达到62亿美元，85%的地球观测业务将集中于北美、欧洲和亚洲。同时。在未来几年，高分辨率SAR数据客户将急速增长，超高的分辨率（<0.5 m）的SAR影像数据将是增长最快的市场，而中高分辨率（0.5～1 m）SAR产品会成为最大的市场。这些高分辨率SAR数据主要面向国防和情报部门以及公共机构的垂直客户，这些客户对优质SAR资源需求高。在如此高的市场驱动下，各个国家的先进SAR卫星发射也已经排上日程。为挽回在商用SAR卫星的领域失去的市场，美国私营企业将在2019年至2021年逐步发射完成由36个敏捷小型SAR组成的Capella星座，单极化，X波段，届时最高分辨率可以达到1.5 m，最高重访周期可以达到1 h，设计寿命是3年，后续每年发射16颗卫星保持36颗的卫星星座和持续提高卫星成像参数（例如多极化成像模式）；在微型SAR卫星星座研发上，日本Synspective公司计划发射25颗小型SAR卫星，2020年发射第一颗用于测试和评估的SAR卫星，2022年将发射6颗卫星组成的星座，分辨率在1～3 m。欧空局也将继续发射Sentinel-1C和Sentinel-1D卫星，用于接替现有Sentinel-1A和Sentinel-1B卫星星座，目前已经在吸取Sentinel-1卫星SAR传感器的经验之上进行研发，性能定会有进一步提升。

德国也在研制下一代TerraSAR-X卫星，用于将其服务延至2025年，同时，计划在2020年发射新一代高分辨率宽幅的HRWS卫星，进一步解决高分辨率和宽幅成像之间的矛盾问题。日本在计划未来发射L波段的ALOS-3卫星，分辨率将会高达1m，幅宽为50km，主要服务于日本山地区域的地灾监测和区域观测等。阿根廷在2020年将继续发射SAOCOM-1B卫星，与2018年发射的SAOCOM-1A卫星进行组网，该卫星星座主要用于应急监测，L波段，全极化成像，分辨率在10～100 m，单颗卫星的重访周期为16 d，星座重访周期为8 d。美国和印度计划会在2020年联合发射全球第一颗双波段SAR卫星，拥有S波段（波长13 cm）和L波段（波长24 cm），重访周期为12 d。

中国在SAR卫星技术的发展起始于20世纪70年代，发展至今已有近50年的时间，成绩斐然。1979年，电子所获取了国内第一张机载SAR影像；2012年成功发射第一颗民用SAR卫星环境一号C星（HJ-1C），S波段，具备条带和扫描两种成像模式，空间分辨率分别为5 m和20 m，幅宽分别为40 km和100 km。2016年成功发射第一颗分辨率高达1 m的C波段高分三号SAR卫星，具有12种成像模式，分辨率从1～500 m，幅宽从10～650 km，设计寿命达到了8年。在未来计划中，中国的星载SAR技术也将继续得到大力发展。指日可待的陆探一号、环境一号后续星和高分三号后续星都会在未来不久发射，其中，陆探一号将会组网成四星星座，L波段，拥有全极化干涉和六种工作模式的成像能力，分辨率从1～10 m，幅宽从150～1 000 km。2023年计划发射性能与TerraSAR卫星星座相当的双天线X波段干涉SAR卫星。这些中国SAR卫星的发射规划将会极大提高中国SAR技术的发展和应用，并能够服务于全球地灾和形变监测市场。

SAR技术全天候的监测能力和干涉能力奠定了其在未来遥感应用市场的重要地位，根据市场应用的引导和国际未来SAR卫星的发射计划，星载SAR系统的主要发展趋势是向高时空分辨率、多基线联合、多波段联合、全极化和低成本，这将极大提高DInSAR技术在铁路行业的应用能力。

### 7.1.2 数据处理技术发展

到目前为止，InSAR技术在国内外的发展已经相当成熟。该技术主要是利用干涉相位和SAR传感器至目标距离的敏感关系，获取精确的地形三维和地表形变信息。

SAR传感器的干涉能力最早是由Rogers和Ingalls在1969年提出的，利用地基雷达观测到的金星雷达回波信号进行干涉成像。星载InSAR技术的发展可以追溯到1987年，Li和Goldstein使用美国发射的第一颗Seasat卫星SAR数据，利用多基线InSAR技术进行地形重建，获取了较高精度的地形测量结果。星载SAR数据在形变监测上的首次应用是在1989年，Gabriel等第一次提出了DInSAR方法以及数据处理流程，使用Seasat SAR影像获取了美国加利福尼亚因皮里尔河谷地的形变信息，并迅速被扩展应用于冰川漂移、地震同震形变场和火山地区形变研究等领域。

随着研究深入，为克服DInSAR技术的时空失相关和大气效应相位对形变测量精度的影响，一系列的时序DInSAR方法被提出。1999年，Ferretti等提出永久散射体的概念，基于人工地物和裸露岩石等稳定散射体形成的强相干目标，利用34景ERS SAR影像获取了初步时序DInSAR形变监测结果。2000年、2001年Ferreti等进一步改进了基于PS点的时序DInSAR的解算策略，用于提取季节性形变序列，并提高了形变监测精度。2002年，Berardino等提出了小基线集（Small Baseline Subsets，SBAS）干涉形变解算方法。该方法通过优化干涉基线进一步解决时空失相干问题和因时空失相干导致的PS点低密度问题。2003年，Colesanti等在基于PS点的时序DInSAR解算模型上加入周期变形模型，用于反演季节性地表形变。此后，在基于PS点和小基线约束下的两种时序DInSAR解算策略的基础上，国内外学者又提出了一系列时序 DInSAR 方法，包括 CRInSAR、IPTA、QPSI 技术、NPSI 技术和基于 DS 点的时序 DInSAR 方法等。

DInSAR 技术和时序 DInSAR 理论发展已经较为完善，应用领域已经遍及区域沉降、构筑物形变、地震、滑坡和采空区等，但是受地形、大气等因素的影响，发展在复杂环境下精细化要求高的 InSAR 数据处理策略和方法仍是今后研究的重要方向，而星载 SAR 系统能力的提升将会是解决或者促进 InSAR 技术理论和应用扩展的一大助力。

### 7.1.3 国内外的应用前景

通过国内外专家学者的研究和多个行业应用单位的大力推广，InSAR 技术在形变监测领域的发展已经较为成熟，被广泛应用于区域地表沉降监测、构筑物形变、滑坡、地震、构造和冰川的监测中。相对于其他监测手段，InSAR 技术具有高时空分辨率、覆盖范围大、自动化程度高、沉降漏斗可发现性强、沉降影响范围可区分性好、沉降细节分布清晰等突出优势，可以预测 InSAR 在形变监测方面的应用前景主要有：

（1）区域沉降勘测与调查。在区域沉降勘测与调查方面，国内外已经广泛应用 DInSAR 技术。华北平原和长江三角洲的沉降监测结果、高铁全线区域沉降监测结果、英国全境沉降监测结果和意大利全境沉降监测结果等大尺度区域沉降监测都使用了时序 InSAR 技术，极大缩短了区域沉降调查的周期并提高了沉降区域甄别的准确性，与此同时还降低了监测成本。

（2）滑坡和采空区塌陷等地灾监测和预测。滑坡和采空区塌陷是自然界的两大杀手，一旦发生会造成一定的财产损失，严重时还会造成人员伤亡。基于全天候、全天时成像的星载 SAR 系统，InSAR 监测手段可以发现滑坡和采空区的地表形变，并能高时效、高精度的进行重复监测，这为潜在地质灾害普查和灾害发生前的预警提供了独一无二的技术手段。

（3）构筑物形变监测。InSAR 技术已经被应用于探测大坝、高铁桥梁和跨河大桥的形变，但实际工程应用时，缺少一定的稳定性和精细程度。随着 SAR 卫星成像技术的提升，高时空分辨率 SAR 影像的低成本商业化运营指日可待，可以进一步实现稳定的长期监测，并满足高铁、大坝、桥梁和楼房的精细化处理要求。

DInSAR 技术在高精度形变监测方法中唯一的遥感手段，在遥感手段中是唯一可用于监测毫米级形变的技术。因此，在人工成本持续增长和灾害频发的背景下，InSAR 技术的优势将更为重要，应用深度将会在不同行业领域被进一步挖掘。

### 7.1.4 铁路行业的应用前景

DInSAR 技术在铁路上的应用，起始于运营铁路沿线的区域沉降提取，后期被逐渐应用于高铁小区域桥梁构筑物形变监测。统计目前所有与 DInSAR 和铁路相关的学术文章，所有的研究对象都是中国高铁，可见，DInSAR 技术在铁路上的应用和发展离不开中国高铁的发展，而中国高铁的安全高速发展定会也少不了 DInSAR 技术的身影。基于中国铁设在铁路行业引入、实践并推广 DInSAR 十一年的经验，我们认为 InSAR 技术在铁路行业的应用前景主要包含以下几方面：

（1）勘察设计阶段。中国境内高铁剩余的规划设计只剩下地形复杂和地质灾害频发的区域，如川藏高铁。同时，在中国高铁走出去和“一带一路”倡仪建设的推动下，中国高铁将会走出国门。上述两种中国高铁未来发展的方向都意味着勘测难度的增加。而DInSAR技术的应用会为上述区域的高铁设计提供宝贵的历史沉降信息，使高铁线路避免穿过不均匀沉降区，从源头降低后期高铁运营的安全隐患，达到服务高铁勘测设计和高铁走出去战略的目的。值得肯定的是，中国铁设已将InSAR沉降监测结果应用于国内外高铁勘测设计阶段，在印尼雅万高铁中得到了成功应用。在勘察设计阶段的应用瓶颈在于山区SAR影像畸变、困难地形失相干以及高质量历史影像缺失和价格昂贵等方面。解决这些问题的关键就在于星载SAR成像技术的提升和成本的降低，而这些问题在可预期的未来是可以得到解决的。

（2）运营维护阶段。2008年，京沪高铁开通以后，中国高铁进入大发展时期，到目前为止，中国高铁里程已经突破3万km。面对如此巨大的高铁运营维护和沿线危险源探查，人工成本和人员安全问题都需要得到一定程度的解决。DInSAR技术全天时、全天候的主动形变监测能力是目前其他监测手段没有的，这为及时获取铁路沿线区域沉降和高铁构筑物沉降提供了独特的技术优势。利用InSAR技术获取的沿线区域沉降和高铁构筑物沉降序列，可以达到探查隐患点和减少工作人员上线监测频次和监测工作量的目的。总结中国铁设在高铁运营期间多年来的应用案例，时序DInSAR技术在长条带高铁构筑物沉降监测上的应用极大受限于高分辨SAR影像昂贵价格。因此，发展先进的时序DInSAR分析技术，能进一步提升中等分辨率SAR影像在高铁运营期间的监测精度。另一方面，大量中等分辨率和少量高分辨率SAR影像的联合分析将能进一步促进时序DInSAR在高铁运营安全监测中应用的常态化。

2009年，中国铁设首次将DInSAR技术应用于高铁勘测设计。到目前为止，也将时序DInSAR技术沉降监测结果成功应用于高铁运营阶段。结合铁路工程应用，中国铁设开发的DInSAR监测结果后处理软件和Web端成果发布软件形成了一套行之有效的SAR影像处理和分析流程，生产了一系列铁路应用的专题地图。在使用过程中也发现存在一些应用问题，主要表现在以下几个方面：

（1）受数据分辨率及基础检核资料的制约，无法获取更高精度的监测成果，后续仍需要继续对不同数据源进行试验。

（2）高铁正线上PS点的提取算法，需要根据工程应用不断优化，有必要结合具体点位提取关键目标地物作为PS点；对于局部不稳定性点位，可采用目前研究较多的部分相干目标算法，以提高线上监测点的密度和精度。

（3）目前高铁的沉降监测，单独使用DInSAR技术还无法解决，需要针对不同分布、不同观测周期情况下的水准点与InSAR技术融合进行高铁结构体沉降监测。

（4）在数据筛选、处理方法、斑点噪声去除、DEM提取、成果应用等方面需要结合实际工程，不断深入研究，不断积累经验。

（5）当前DInSAR数据处理软件昂贵、计算效率不高，不便于生产中大规模推广。

虽然需解决的问题仍然很多，但是我们相信这些问题会随着SAR传感器的进步和时序DInSAR技术的提升及处理软件的研发得到解决，使得时序DInSAR方法成为铁路行业领域形变监测的标准方法。

# 参考文献


[1] DAI K R, LI Z H, TOMÁS R, et al. Monitoring activity at the Daguangbao mega-landslide (China) using Sentinel-1 TOPS time series interferometry[J]. Remote Sensing of Environment, 2016, 186: 501-513.

[2] FERRETTI A, PRATI C, ROCCA F. Nonlinear subsidence rate estimation using permanent scatterers in differential SAR interferometry[J]. IEEE Transactions on Geoscience and Remote Sensing, 2000, 38(5): 2202-2212.

[3] FERRETTI A, PRATI C, ROCCA F. Permanent scatterers in SAR interferometry[J]. IEEE Transactions on Geoscience and Remote Sensing, 2001, 39(1): 8-20.

[4] BERARDINO P, FORNARO G, LANARI R, et al. A new algorithm for surface deformation monitoring based on small baseline differential SAR interferograms[J]. IEEE Transactions on Geoscience and Remote Sensing, 2002, 40(11): 2375-2383.

[5] WERNER C, WEGMULLER U, STROZZI T, et al. Interferometric point target analysis for deformation mapping[C]//IGARSS 2003. 2003 IEEE International Geoscience and Remote Sensing Symposium Proceedings. IEEE, 2004.

[6] WERNER C, WEGMULLER U, WIESMANN A, et al. Interferometric point target analysis with JERS-1 L-band SAR data[C]//IGARSS 2003. 2003 Geoscience and Remote Sensing Symposium Proceedings. IEEE, 2003.

[7] HOOPER A, ZEBKER H, SEGALL P, et al. A new method for measuring deformation on volcanoes and other natural terrains using InSAR persistent scatterers[J]. Geophysical Research Letters, 2004, 31(23): L23611.

[8] HOOPER A. Persistent Scatter Radar Interferometry for Crustal Deformation Studies and Modeling of Volcanic Deformation[D]. San Francisco: Stanford University, 2006, 20-25.

[9] 李德仁,廖明生,王艳. 永久散射体雷达干涉测量技术[J]. 武汉大学学报(信息科学版), 2004, 29(8): 664-668.

[10] 刘国祥,陈强,丁晓利. 基于雷达干涉永久散射体网络探测地表形变的算法与实验结果[J]. 测绘学报, 2007, 36(1): 13-18.

[11] 高文峰. 融合 TS-DInSAR 与水准测量的高铁结构体沉降监测方法[J]. 测绘地理信息, 2017, 42(4): 111-115.

[12] 李广宇,张瑞,刘国祥,等. Sentinel-1A TS-DInSAR 京津冀地区沉降监测与分析[J]. 遥感学报, 2018, 22(4): 633-646.

[13] 张永红,吴宏安,康永辉. 京津冀地区 1992-2014 年三阶段地面沉降 InSAR 监测[J]. 测绘学报, 2016, 45(9): 1050-1058.

[14] 朱建军,李志伟,胡俊. InSAR 变形监测方法与研究进展[J]. 测绘学报, 2017, 46(10): 1717-1733.

[15] BING YU, GUOXIANG LIU, RUI ZHANG, et al. Monitoring subsidence rates along road network by persistent scatterer SAR interferometry with high-resolution TerraSAR-X imagery[J]. Journal of Modern Transportation, 2013, 21(4): 236-246.

[16] BING YU, GUOXIANG LIU, HONGGUO JIA. Short baseline TerraSAR-X TS-DInSAR for monitoring ground subsidence of highways and railways[J]. Proceedings of ISPRS Conference on Serving Society with Geoinformatics (ISPRS2013-SSG), Antalya, Turkey, 2013: 277-285.

[17] LIU Y,ZHAO C,ZHANG Q,et al. Land Subsidence in Taiyuan,China,Monitored by InSAR Technique With Multisensor SAR Datasets From 1992 to 2015[J]. IEEE Journal of Selected Topics in Applied Earth Observations & Remote Sensing,2018:1-11.

[18] 姚宜斌. 利用高精度复测 GPS 网进行中国大陆区域地壳运动特征分析[J]. 地球物理学进展,2008,23(4):1030-1037.

[19] 张瑞. 基于多级网络化的多平台永久散射体雷达干涉建模与形变计算方法[D]. 成都:西南交通大学,2012.

[20] GE D,WANG Y,GUO X,et al. Land Subsidence Investigation Along Railway Using Permanent Scatterers SAR Interferometry[C]//IGARSS 2008. 2008 Geoscience and Remote Sensing Symposium. IEEE,2009.

[21] 王威,陆阳. 地下水资源与地质环境安全管理实践——以天津地区为例[J]. 海河水利,2016(4):1-6.

[22] 熊隽. 天津地区地下水开采对京沪高速铁路路基沉降影响研究[D]. 成都:西南交通大学,2013.

[23] LI F K,GOLDSTEIN R M. Studies of multibaseline spaceborne interferometric synthetic aperture radars[J]. IEEE Transactions on Geoscience and Remote Sensing. 1990,28(1):88-97.

[24] FERRETTI A,SAVIO G,BARZAGHI R,et al. Submillimeter accuracy of InSAR time series:Experimental validation[J]. IEEE Transactions on Geoscience and Remote Sensing,2007,45(5):1142-1153.

[25] BLANCO-SANCHEZ P, MALLORQUI J, DUQUE S, et al. The coherent pixels technique (CPT): An advanced DInSAR technique for nonlinear deformation monitoring[J]. Pure and Applied Geophysics,2008,165(6):1167-1193.

[26] KNOTT E F,SHAEFFER J F,TULEY M T. Radar Cross Section [M]. 2nd ed. SciTech Publishing,Raleigh,North Carolina,NC,2004.

[27] 张阿根,杨天亮. 国际地面沉降研究最新进展综述[J]. 上海地质,2010,31(4):57-64.

[28] OHGAKI S,TAKIZAWA S,KATAOKA Y. Sustainable groundwater management in Asian cities. Report to Institute for Global Environmental Strategies,2007,179pp. http://enviroscope. iges. or. jp/modules/envirolib/upload/981/attach/00_complete_report. pdf

[29] BORCHERS J W,CARPENTER M. Land subsidence from groundwater use in California. Report to California Water Foundation,2014,193pp. http://www. californiawaterfoundation. org/uploads/1397858208-SUBSIDENCEFULLREPORT_FINAL. pdf

[30] 中华人民共和国国土资源部. 2011 年—2020 年全国地面沉降防治规划[R]. 2012.

[31] XU Y S,SHEN S L,CAI Z Y,et al. The state of land subsidence and prediction approaches due to groundwater withdrawal in China[J]. Natural Hazards,2008,45(1):123-135.

[32] 何庆成,刘文波,李志明. 华北平原地面沉降调查与监测[J]. 高校地质学报,2006,12(2):195-209.

[33] 鄂建,孙爱荣. 华北平原地面沉降机理与特点及防治措施[J]. 资源环境与工程,2007,21(2):156-159.

[34] FOSTER S, GARDUNO H, EVANS R, et al. Quaternary aquifer of the North China Plain-assessing and achieving groundwater resource sustainability[J]. Hydrogeology Journal,2004,12(1):81-93.

[35] LIU C M,YU J J,KENDY E. Groundwater exploitation and its impact on the environment in the North China Plain[J]. Water International,2001,26(2):265-272.

[36] SHI J S,WANG Z,ZHANG Z J,et al. Assessment of deep groundwater over-exploitation in the North China Plain[J]. Geoscience Frontiers,2011,2(24):593-598.

[37] GUO H P,ZHANG Z C,CHENG G M,et al. Groundwater-derived land subsidence in the North China Plain[J]. Environmental Earth Sciences,2015,74(2):1415-1427.

[38] PERISSIN D,WANG T. Repeat-pass SAR interferometry with partially coherent targets[J]. IEEE Transactions on Geoscience and Remote Sensing,2011,50 (1):271-280.

[39] PERISSIN D, WANG T. Time series InSAR applications over urban areas in China[J]. IEEE Journal of Selected Topics in Applied Earth Observations and Remote Sensing,2010,4 (1):92-100.

[40] 葛大庆. 区域性地面沉降 InSAR 监测关键技术研究[D]. 北京:中国地质大学,2013.

[41] 张学东,葛大庆,肖斌,等. 多轨道集成 PS-InSAR 监测高速公路沿线地面沉降研究——以京沪高速公路(北京—河北)为例[J]. 测绘通报,2014(10):67-69.

[42] 李国和,许再良,孙树礼,等. 华北平原地面沉降对高速铁路的影响及其对策[J]. 铁道工程学报,2007,24(8):7-12.

[43] 王兆成. 中长期铁路网规划研究[M]. 北京:中国铁道出版社,2004.

[44] 徐飞. 中国高铁的全球战略价值[J]. 人民论坛·学术前沿,2016(2):6-20.

[45] 汪鸣,樊一江,丁金学. 未来我国铁路发展新格局[J]. 中国投资,2016(9):50-53.

[46] 周孟波. 铁路工程企业的机遇与挑战[J]. 中国投资,2016(9):45-49.

[47] 于冰. 高分辨率相干散射体雷达干涉建模及形变信息提取方法[D]. 成都:西南交通大学,2015.

[48] 马震,段永侯. 山东鲁北平原地下水资源与可持续利用[J]. 水文地质工程地质,2005,32(2):1-10.

[49] 中国地质调查局. 华北地区地面沉降工作主要成果与工作体会[R]. 中国地质调查局发展研究中心.

[50] 易立新,侯建伟,李子木,等. 河北省廊坊市地面沉降调查[J]. 中国地质灾害与防治学报,2005,16(4):65-68.

[51] 刘国祥. InSAR 数据处理及关键算法[J]. 四川测绘,2005(1):45-47.

[52] 刘国祥. InSAR 系统中的误差传播[J]. 四川测绘,2005,28(2):92-95.

[53] 李振洪,刘经南,许才军. InSAR 数据处理中的误差分析[J]. 武汉大学学报(信息科学版),2004,29(1):72-76.

[54] 李国和,孙树礼,许再良,等. 地面沉降对高速铁路桥梁工程的影响及对策[J]. 铁道工程学报,2008,25(4):37-41.

[55] 唐嘉,刘国祥,宋云帆,等. PALSAR 和 ASAR PSI 显著地表沉降探测与分析[J]. 遥感学报,2015,19(6):1019-1029.

[56] WANG X,LIU L,ZHAO L,et al. Mapping and inventorying active rock glaciers in the northern Tien Shan of China using satellite SAR interferometry[J]. Cryosphere,2017,11(2):1-36.

[57] WANG X,LIU G, YU B,et al. An integrated method based on DInSAR, MAI and displacement gradient tensor for mapping the 3D coseismic deformation field related to the 2011 Tarlay earthquake (Myanmar)[J]. Remote Sensing of Environment,2015,170:388-404.

[58] 吴松波. 联合永久散射体雷达干涉和像素偏移估计方法提取火山形变及参数反演[D]. 成都:西南交通大学,2015.

[59] SOWTER A,AMAT M B C,CIGNA F,et al. Mexico City land subsidence in 2014-2015 with Sentinel-1 IW TOPS:Results using the Intermittent SBAS (ISBAS) technique[J]. International Journal of Applied Earth Observation & Geoinformation,2016,52:230-242.

[60] GRAHAM L C. Synthetic interferometer radar for topographic mapping[J]. Proceedings of the IEEE,2005, 62(6):763-768.

[61] ROSEN P A,HENSLEY S,JOUGHIN I R,et al. Synthetic aperture radar interferometry[J]. Proceedings of the IEEE,2002,88(3):333-382.

[62] MASSONNET D,FEIGL K L. Radar interferometry and its application to changes in the Earth's surface[J]. Reviews of Geophysics,1998,36(4):441-500.

[63] HANSSEN R F. Radar Interferometry Data Interpretation and Error Analysis[J]. Journal of the Graduate School of the Chinese Academy of Sciences,2001,2(1).

[64] 刘国祥,陈强,罗小军,等.永久散射体雷达干涉理论与应用[M].北京:科学出版社,2012.

[65] 刘国祥,陈强,罗小军,等.InSAR 原理与应用[M].北京:科学出版社,2019.

[66] SANSOSTI E, BERARDINO P, MANUNTA M, et al. Geometrical SAR image registration [J]. IEEE Transactions on Geoscience & Remote Sensing,2006,44(10):2861-2870.

[67] ZEBKER H A,GOLDSTEIN R M. Topographic mapping from interferometric SAR observations [J]. Journal of Geophysical Research,1986,91(B5):4993-4999.

[68] GABRIEL A K, GOLDSTEIN R M, ZEBKER H A. Mapping small elevation changes over large areas-Differential radar interferometry[J]. Journal of Geophysical Research,1989,94(B7):9183-9191.

[69] 吴文豪.哨兵雷达卫星 TOPS 模式干涉处理研究[D].武汉:武汉大学,2016.

[70] 吴文豪,周志伟,李陶,等.精密轨道支持下的哨兵卫星 TOPS 模式干涉处理[J].测绘学报,2017,46(9):1156-1164.

[71] SCHEIBER R,MOREIRA A. Coregistration of interferometric SAR images using spectral diversity [J]. IEEE Transactions on Geoscience & Remote Sensing,2000,38(5):2179-2191.

[72] TAKAKU J,FUTAMURA N,GOTO A,et al. High resolution DEM generation from ALOS PRISM data[J]. Proc IEEE Igarss,2004,57(5):405-407.

[73] 刘国祥. Monitoring of Ground Deformations with Radar Interferometry (英文版)[M].北京:测绘出版社,2006.

[74] 陈雪.星载 InSAR 轨道误差建模与分析[D].北京:中国地质大学,2017.

[75] 杨红磊,彭军还,张丁轩,等.轨道误差对 InSAR 数据处理的影响[J].测绘科学技术学报,2012,29(2):118-121.

[76] ZHANG Z. Iterative point matching for registration of free-form curves and surfaces[J]. International Journal of Computer Vision,1994,13(2):119-152.

[77] YAN Y,DOIN M P,LOPEZ-QUIROZ P,et al. Mexico City Subsidence Measured by InSAR Time Series: Joint Analysis Using PS and SBAS Approaches[J]. IEEE Journal of Selected Topics in Applied Earth Observations & Remote Sensing,2012,5(4):1312-1326.

[78] LIU G X,JIA H G,ZHANG R,et al. Exploration of subsidence estimation by persistent scatterer InSAR on time series of high resolution TerraSAR-X images[J]. IEEE Journal of Selected Topics in Applied Earth Observations and Remote Sensing,2011,4(1):159-169.

[79] LUO Q L, PERISSIN D, ZHANG Y Z, et al. L-and X-band multi-temporal InSAR analysis of Tianjin subsidence[J]. Remote Sensing,2014,6(9):7933-7951.

[80] BONÌ R, HERRERA G, MEISINA C, et al. Twenty-year advanced DInSAR analysis of severe land subsidence:The Alto Guadalentín Basin (Spain) case study[J]. Engineering Geology,2015,198:40-52.

[81] WEGMULLER U,WALTER D,SPRECKELS V,et al. Nonuniform ground motion monitoring with TerraSAR-X persistent scatterer interferometry[J]. IEEE Transactions on Geoscience and Remote Sensing,2010,48(2):895-904.

[82] 张奎,汪慧,宋瑞庆,等.相位萃取技术在 InSAR 小数据集上的应用[J].遥感学报,2017,21(4):645-652.

[83] BIANCHINI S,CIAMPALINI A,RASPINI F,et al. Multi-temporal evaluation of landslide movements and impacts on buildings in San Fratello (Italy) by means of C-band and X-band PSI data[J]. Pure and Applied Geophysics,2014,172(11):1-23.

[84] CHEN F L,LIN H,HU X Z. Slope superficial displacement monitoring by small baseline SAR interferometry using data from L-band ALOS PALSAR and X-band TerraSAR: A case study of Hong Kong, China[J].

Remote Sensing,2014,6(2):1564-1586.

[85] RABUS B, EINEDER M, ROTH A, et al. The shuttle radar topography mission-a new class of digital elevation models acquired by spaceborne radar[J]. ISPRS Journal of Photogrammetry and Remote Sensing, 2003,57:241-262.